《儒藏》精華編選刊

北京大學《儒藏》編纂與研究中心 編

周易口義
洪範口義

〔北宋〕胡瑗 撰
　　　　陳京偉 校點
〔北宋〕胡瑗 撰
　　　　曹書傑 校點

北京大學出版社
PEKING UNIVERSITY PRESS

圖書在版編目(CIP)數據

周易口義；洪範口義/（北宋）胡瑗撰；北京大學《儒藏》編纂與研究中心編.—北京：北京大學出版社，2023.9

（《儒藏》精華編選刊）

ISBN 978-7-301-33969-5

Ⅰ.①周… Ⅱ.①胡…②北… Ⅲ.①《周易》–研究②《尚書》–研究 Ⅳ.①B221.5②K221.04

中國國家版本館CIP數據核字（2023）第091385號

書　　　名	周易口義　洪範口義
	ZHOUYI KOUYI　HONGFAN KOUYI
著作責任者	〔北宋〕胡瑗　撰
	陳京偉　曹書傑　校點
	北京大學《儒藏》編纂與研究中心　編
策劃統籌	馬辛民
責任編輯	魏奕元　吳遠琴
標準書號	ISBN 978-7-301-33969-5
出版發行	北京大學出版社
地　　　址	北京市海淀區成府路205號　100871
網　　　址	http://www.pup.cn　新浪微博:@北京大學出版社
電子郵箱	編輯部 dj@pup.cn　總編室 zpup@pup.cn
電　　　話	郵購部 010-62752015　發行部 010-62750672
	編輯部 010-62756449
印　刷　者	三河市北燕印裝有限公司
經　銷　者	新華書店
	650毫米×980毫米　16開本　33.25印張　366千字
	2023年9月第1版　2023年9月第1次印刷
定　　　價	118.00元

未經許可，不得以任何方式複製或抄襲本書之部分或全部內容。

版權所有，侵權必究

舉報電話: 010-62752024　電子郵箱: fd@pup.cn

圖書如有印裝質量問題，請與出版部聯繫，電話: 010-62756370

目録

周易口義

校點説明 ……………………… 三

周易口義四庫提要 ……………… 五

周易口義發題 …………………… 七

周易口義卷一 …………………… 九

　上經 …………………………… 九

　　乾 …………………………… 九

　　坤 ………………………… 三一

周易口義卷二 ………………… 四二

　上經 ………………………… 四二

　　屯 ………………………… 四二

　　蒙 ………………………… 四八

　　需 ………………………… 五四

　　訟 ………………………… 五九

　　師 ………………………… 六四

　　比 ………………………… 七〇

周易口義卷三 ………………… 七五

　上經 ………………………… 七五

　　小畜 ……………………… 七五

　　履 ………………………… 八〇

　　泰 ………………………… 八四

　　否 ………………………… 八九

　　同人 ……………………… 九三

　　大有 ……………………… 九七

　　謙 ………………………… 一〇一

周易口義卷四 ………………… 一〇五

　上經 ………………………… 一〇五

豫 …… 一〇五
隨 …… 一〇九
蠱 …… 一一四
臨 …… 一一八
觀 …… 一二二
噬嗑 …… 一二七
賁 …… 一三一

周易口義卷五

上經 …… 一三六
剝 …… 一三六
復 …… 一四〇
无妄 …… 一四五
大畜 …… 一四九
頤 …… 一五四
大過 …… 一五八
坎 …… 一六二

離 …… 一六六

周易口義卷六

下經 …… 一七〇
咸 …… 一七〇
恒 …… 一七四
遯 …… 一七九
大壯 …… 一八二
晉 …… 一八七
明夷 …… 一九〇
家人 …… 一九五

周易口義卷七

下經 …… 二〇〇
睽 …… 二〇〇
蹇 …… 二〇四
解 …… 二〇八
損 …… 二一二

益 ……二一六
夬 ……二二一
姤 ……二二六

下經
周易口義卷八

萃 ……二三一
升 ……二三六
困 ……二四〇
井 ……二四五
革 ……二四九
鼎 ……二五四

周易口義卷九
下經

震 ……二五九
艮 ……二六三
漸 ……二六七

歸妹 ……二七二
豐 ……二七六
旅 ……二八〇
巽 ……二八五

周易口義卷十
下經

兌 ……二九〇
渙 ……二九四
節 ……二九九
中孚 ……三〇四
小過 ……三〇九
既濟 ……三一三
未濟 ……三一八

周易口義卷十一
繫辭上 ……三二三

周易口義卷十二 ……三九四

周易口義

繫辭下 ……………………………… 三九四

説卦 ……………………………… 四四三

序卦 ……………………………… 四五四

雜卦 ……………………………… 四六〇

附録 ……………………………… 四六六

　　序（李振裕）……………………… 四六六

洪範口義

　　洪範口義 ………………………… 四六六

校點説明 ……………………………… 四七一

四庫全書總目・洪範口義 …………… 四七五

洪範口義卷上 ………………………… 四七七

洪範口義卷下 ………………………… 四九九

四

周易口義

〔北宋〕胡　瑗　撰

陳京偉　校點

校點説明

《周易口義》十二卷，北宋胡瑗撰。胡瑗（九九三—一〇五九），字翼之，泰州如皋（今屬江蘇）人。其遠祖世居安定（今甘肅涇川北），世人因稱安定先生。胡瑗年輕時，希望通過科舉考試進入仕途，但「累舉不第」，後以經術教授吴中。仁宗景祐元年（一〇三四）受范仲淹聘爲蘇州府學教授。慶曆二年（一〇四二），出掌湖州府學。慶曆四年，朝廷正式建立太學，有司取胡瑗在蘇、湖兩地的學規作爲太學法。皇祐（一〇四九—一〇五四）、至和（一〇五四—一〇五六）間，胡瑗爲國子監直講，朝廷命主太學。嘉祐元年（一〇五六），遷太子中允，充天章閣侍講，仍居太學。嘉祐四年卒於杭州，享年六十有七。事迹見歐陽脩所撰《胡先生墓表》、蔡襄所撰《太常博士致仕胡君墓誌》、朱熹所輯《安定先生言行録》（收入《五朝名臣言行録》及《宋史》本傳。另外，清人許正綬所輯《安定言行録》（收入《月河精舍叢鈔》亦可參考。

胡瑗的易學著作，無論書名還是卷數，晁公武《郡齋讀書志》、陳振孫《直齋書録解題》、《宋史·藝文志》著録皆有出入。對此，清人李振裕作了澄清，指出：「安定講授之餘，欲著傳而未逮，天隱述之。以非其師之親筆，故不敢稱『傳』而名之曰『口義』。傳諸後世，或稱『傳』，或稱『口義』，各從其所見，實無二書也。」（見李振裕《序》據此可知，流傳至今的《周易口義》可視爲胡瑗唯一的易學

著作。胡瑗易學思想對後世影響頗大。程頤認爲，要研治《周易》，最切實的入門功夫是「須看王弼、胡先生、荆公三家」，且程氏《易傳》中多處採納胡瑗的見解。要之，胡氏易學，前承王弼，後啓程頤，以儒理説《易》，開一代風氣。

《周易口義》現存最早的本子，據嚴紹璗《日藏漢籍善本書録》的著録，有「日本静嘉堂文庫」所載明刊本。此本原屬皕宋樓主人陸心源，後售與日方，今藏日本國會圖書館。目前較爲常見的版本，有康熙二十六年（一六八七）白石山房刻本，《四庫全書薈要》本和《四庫全書》本。白石山房刻本所據底本雖然出自胡氏後人「相傳世守」的家藏本，但錯訛甚多。經過比勘，我們確知《四庫全書薈要》本、《四庫全書》本皆以白石山房刻本爲底本迻録，且校訂訛誤數十處。此次校點即以影印文淵閣《四庫全書》本爲底本，以白石山房刻本（簡稱「康熙本」）、《四庫全書薈要》本（簡稱「《薈要》本」）爲校本。

康熙本卷前有李振裕《序》，論析《周易口義》成書過程及學術價值較爲詳確，對於研讀本書頗有助益，今作爲附録載於書後。四庫本提要雖然比較粗略，但也有一定參考價值，故仍置於全書之首。

底本將「上經」「下經」分爲十卷，依次標出，而把《繫辭》《説卦》《序卦》《雜卦》分爲兩卷，未標卷次，現爲結構統一，便於稱述，一併連標卷次，共計十二卷。《周易口義》各本均無目録，本次校點特編目録一份，置於卷端，以便讀者。

校點者　陳京偉

周易口義四庫提要

臣等謹案：《周易口義》十二卷，宋倪天隱述其師胡瑗之説也。瑗字翼之，泰州如皋人。用范仲淹薦，由布衣拜校書郎，歷太學博士，致仕歸，事迹具《宋史》本傳。天隱，始末未詳。葉祖洽作《陳襄行狀》稱「襄有二妹，一適進士倪天隱」，殆即其人。董苳《嚴陵集》載其《桐廬縣令題名碑記》一篇，意其嘗官睦州也。

其説《易》，以義理爲宗。邵伯温《聞見前錄》記《程子與謝湜書》言：讀《易》，當先觀王弼、胡瑗、王安石三家。三原劉紹攽《周易詳説》曰：「朱子謂程子之學源於周子，然考之《易傳》，無一語及『太極』。於《觀》卦象辭云『予聞之胡翼之先生，居上爲天下之表儀』；於《大畜》上九云『予聞之胡先生曰「天之衢，亨，誤加何字」』；於《夬》九三云『安定胡公以陸爲遠』。考《伊川年譜》稱，皇祐中，游太學，海陵胡翼之先生方主教導，得先生所試，大驚，即延見，處以學職。意其時必從而受業焉。世知其從事濂溪，不知其講《易》多本於翼之也。」其説爲前人所未及。今核以程《傳》，良然。《朱子語類》亦稱：胡安定《易》，分曉正當。則是書在宋時，固以義理説《易》之宗也。《宋志》載瑗《易解》十卷，《周易口義》十卷。朱彝尊《經義考》引李振裕之説云：「瑗講授之餘，欲著述而未逮，其門人倪天隱述之。以非其師手著，故名曰《口義》。後世或稱《口義》，或稱《易解》，實無二書。」其説雖古無明文，今考晁公武《讀書志》亦云：胡安定《易傳》，蓋「門人倪天隱述之」，則《易解》、《口義》

周易口義

隱所纂，非其自著」，故序首稱「先生曰」。其説與《口義》合，而列於《易傳》條下，亦不另出《口義》一條。

然則《易解》《口義》確爲一書，《宋志》誤分爲二，明矣。乾隆四十三年三月恭校上

總纂官臣紀昀臣陸錫熊臣孫士毅

總校官臣陸費墀

六

周易口義發題

先生曰：夫《易》者，伏羲、文王、周公、孔子所以垂萬世之大法，三才變易之書也。自伏羲仰觀天文，俯察地理，始畫八卦，故爻有九、六，以盡陰陽之數；位有三畫，以盡三才之道；寫天、地、雷、風、水、火、山、澤之象，以盡天下之用；明健、順、動、入、止、説、陷、明之體，以盡天下之理。然而伏羲之時，世質民淳，巧偽未興，詐端未作，故雖三畫亦可以盡吉凶之變。自神農至堯舜，莫不取法八卦之象，以爲大治之本。歷夏沿商以及桀紂之世，民欲叢生，姦偽萬狀，禮隳樂缺，天下紛然，故三爻不能盡萬物之消長，究人心之情偽。文王有大聖之才，罹於憂患，觀紂之世，小人在位，詐偽日熾，思周身之防，達憂患之情，通天人之淵蘊，明人事之始終，遂重卦爲六十四，重爻爲三百八十四，又於逐卦之下爲之象辭，故天地通變之道，萬物情偽之理，一備於此。然謂之易者，按《乾鑿度》云：「易，一名而含三義：簡易也，不易也，變易也。」故穎達作疏，洎崔覲、劉正簡皆取其説。然謂「不易」「簡易」者，於聖人之經繆妄殆甚。且仲尼曰：「名不正，則言不順；言不順，則事不成。」是言凡興作之事，先須正名，名正則事方可成。況聖人作《易》爲萬世之大法，豈復有二三之義乎。按揚子曰：「陰不極，則陽不生；亂不極，則德不形。」又《繫辭》曰：「易窮則變，變則通，通則久。」又云：「生生之謂易。」是《大易》之作，專取「變易」之義。蓋變易之道，天人之理也。以天道言之，則陰陽變易而成萬物，寒暑變易而成四時，日月變易而成晝夜。以人事言之，則得失變易而成吉凶，情偽變易而成利

害，君子小人變易而成治亂。故天之變易，則歸乎生成，而自爲常道。若人事變易，則固在上位者裁制之如何耳。何則？在位之人，苟知其君子小人相易而爲治亂，則當常進用君子而擯斥小人，則天下常治而无亂矣，知其情僞相易而成利害，當純用情實而黜去詐僞，則所爲常利而无害矣；知其得失相易而成吉凶，當就事之得而去事之失，則其行事常吉而无凶矣。是皆人事變易，不可不慎也。故《大易》之作，專取變易之義。

謂之《周易》者，自伏羲畫卦，文王重之，又從而爲之彖辭，至周公又爲之爻辭，仲尼又十翼之，數聖相繼，其道大備于周，故曰《周易》。謂之上經、下經者：自乾坤至坎離三十卦，謂之上經；自咸恒至未濟三十四卦，謂之下經。然則所以分上、下二經者，以簡帙重大，故分之也。乾坤者天地之象，坎離者日月之象，故取以爲上經。咸恒者夫婦之義，既濟未濟人倫終始之道，故取以爲下經。先儒亦常謂，不分之即无損于義，分之亦无害其實，但以簡帙重大而分之也。

乾傳者，乾，卦名也；傳，傳也，言傳述聖人之法，以示萬世也。

周易口義卷一

宋　胡瑗　撰

上經

乾

☰☰ 乾上
乾下　乾

義曰：此伏羲所畫之卦也。伏羲畫八卦，始有三爻。一爻爲地，二爻爲人，三爻爲天，以象三才之道。然未能盡變通之理，故文王重之爲六爻。初爲地之下，有蒙泉之象。二爲地之上。三于人爲臣民之位。四出于臣民之上，爲儲貳之象。五正當天位。六爲天之上，有太虛之象。然後萬物成形，而天下之能事畢矣。六爻皆陽，象天積諸陽氣而成也。既象天，其不名天而名乾者，蓋天者乾之形，乾者天之用。夫天之形，望之其色蒼然。南樞入地下三十六度，北樞出地上三十六度，狀如倚杵，此天之形也。言其用，則一晝夜之間，凡行九十餘萬里。夫人之一呼一吸，謂之一息。一息之間，天行已八十餘里。人之一晝一夜，有萬三千六百餘息。是故一晝一夜，而天行九十餘萬里，則天之健用可知。自古及今，未嘗有毫釐之過，

亦未嘗有毫釐之不及，蓋乾以至健至正而然也。故聖人于此垂教，欲使人法天之用而不法天之形，所以

名乾而不名天也。且天之形，象人之體魄也；天之用，象人之精神也。使寒暑以成，日月以明，萬物以

生，此天之健用也。若人之有耳目口鼻四體，是其形也。其口言、鼻臭、目視、耳聽、手足四體之運，此其

用也。至于心之思慮，蘊于内則為五常百行，發于外則為政教禮義，故為君、為臣、為父、為子、為兄、為

弟、為夫、為婦，以至于為士農工商，莫不本于乾。乾不息，然後皆得其所成立也。《左氏》曰：「民生在

勤，勤則不匱。」是皆言人當法天之健用也，故曰「乾」。

元亨利貞。

義曰：文王既重伏羲所畫之卦，又為此卦下之彖辭，以明乾之四德，又配之四時、五常而言也。「元」者，

始也。言天以一元之氣始生萬物，聖人法之，以仁而生成天下之民物，故于四時為春，于五常為仁。「亨」

者，通也。夫物，春始生之，夏則極生而至于大通，故高者、下者、洪者、纖者，各遂其分而得其性也。聖人

觀夏之萬物有高下洪纖，乃作為禮以法之，使尊者、卑者、貴者、賤者，各定其分而不越於禮，故於四時為

夏，于五常為禮。「利」者，和也，在《文言》曰「利者義之和」。言物之既生既育，故必成之有漸。自立秋凉

風至，八月白露降，九月寒露降，以至為霜為雪，以成萬物，聖人法之，以為義。義者，

宜也。天下之民，雖有禮以定其分，然必得其義以裁制之，則各得其宜也，故於四時為秋，於五常為義。

「貞」者，正也，固也。言物之既成，必歸于正，以陰陽之氣，幹了於萬物，聖人法之為智。事非智不能幹固

而成立，故於四時為冬，于五常為智。然則，此五常不言信者，何也？蓋信屬于土，土者分王四季。凡人

之有仁義禮智，必有信，然後能行，故于四者无所配也。

爲刑，貞爲政。何則？蓋元者始生萬物，萬物得其生，然後鼓舞而和樂，聖人法之制樂，以治天下，則天

下之民亦熙然而和樂，故以元爲樂也。天下既已和樂，然而不節則亂，故聖人制禮以定之，使上下有分，

尊卑有序，故以亨爲禮也。夫禮樂既行，然其間不无不率教者，聖人雖有愛民之心，亦不得已乃爲刑以治

之，于是大則有征伐之具，小則有鞭朴之法，使民皆畏罪而遷善，故以利爲刑也。夫天下既有樂以和之，

禮以節之，刑以治之，不以正道終之，則不可也。故政者，正也，使民物各得其正，故貞爲政也。夫四者達

而不悖，則天下之能事畢矣。故四者在易，則爲「元亨利貞」；在天，則爲春夏秋冬；在五常，則爲仁義禮

智。聖人備于乾之下，以極天地之道，而盡人事之理也。

初九，潛龍勿用。

義曰：自此至「用九」，皆周公所作之爻辭也。爻者，效也，效一卦之動而爲之，故謂之爻。謂之「初」者，

一卦之始也。謂之「九」者，陽之數也。凡《易》言九、六者，皆陰陽之數也。天一、天三、天五、天九是陽數

之奇也。地二、地四、地六是陰數之耦也。「潛」者，隱也。「龍」者，有變化之神，陽氣之象也。陽以生成

爲德，君子之象也。凡乾坤之十二爻，配之十二月。今初九乃是建子之月，一陽始萌于黃鍾之宮，雖生成

之功未及于物，然已有生成萬物之心矣。若君子未得位之時，雖道未澤于世，然已有澤天下之心矣。謂

之「潛龍」者，言陽氣未發見而在潛隱之地也。「勿用」者，聖人戒後世勿用此潛龍爲德也。何以言之？謂

凡人萃五行秀氣而生，爲萬物之最靈者也，然天下之衆，愚不肖者常多，賢智者常少，況聖人挺全粹之德，

受天元之純，則又過于賢也遠矣。夫有聖人之資，則无所不通，无所不明矣。固當出見於世，輔其君，澤其民，利其物，以成天下之事業則可也。《文言》曰：「君子以成德爲行，日可見之行也。」今有聖人之德之明，反以潛隱爲事，則天下之愚不肖將誰治之？是不知天所以生聖人之意也。孔穎達作疏，以謂勿用者，于此時小人道盛，若其施用，則爲小人所害，寡不敵衆，弱不勝強，禍患斯及，故戒勿施用。此大非聖人之旨。夫聖人，才无所不能，智无所不周；懷道德，持仁義，以革天下弊，舉陋典，新污俗，矯曲爲直，表邪爲正，以陶冶於上而天下治矣。又何憚小人之害！若懼其見害而勿施用，則是天下常亂而不可得治也。然此「勿用」者，蓋言勿用此潛龍爲德也。今歷考《易》中，或象或爻，言「勿用」者有四。若《屯》之象云「勿用有攸往」，言屯難之時，不可往撓其民，務安全也。《蒙》之六三曰「勿用取女，見金夫，不有躬，无攸利」，言婦人必當正靜其德，以待六禮之備，然後用父母之命，媒妁之言，方可歸之。今六三持身不正，見其金夫遂欲從之，聖人戒之勿用取此女也。《師》之上六曰「大君有命，開國承家，小人勿用」，言上六師道之成，大君班爵行賞，其功大者，開建其國爲諸侯；其功小者，建立其家爲卿大夫。若小人偶立一戰之效，與之金帛可也，賜之甲冑可也。後漢光武不任功臣以吏事，深得其道。不然，若用小人必亂其邦，所以韓、彭、英、盧立功受地，不旋踵而就戮也。《姤》之象云「勿用取女」，言一女配一男，是其正也，今一陰而遇五男，剛壯者也。若此之女，勿可取之，不可與長也。由是觀之，聖人之戒後世，不可用潛龍爲德，誠无疑矣。故孔子目長沮、桀溺曰：「鳥獸不可與同羣，吾非斯人之徒與，而誰與？」又曰：「素隱行怪，後世有述焉，吾弗爲之矣。」蓋後世之人，多以潛隱爲德，或隱於巖野，或遯於林泉，罔德義以沽名，傲衣

冠以耀志，故有終身不見用於世而亂人倫者也。且疏又引舜耕歷山、漢祖爲泗水亭長，是豈終潛哉？

蓋養成其德耳。然聖賢其無隱乎？曰：己道未著，己行未成，必學問之以養成聖德，然後施爲于天下

耳，甘終身于山林、川澤哉？然或上下爲庚，亦有可隱之時，故《中庸》曰：「君子之道費而隱。」雖然，

豈隱遯哉？隱其身不隱其道。所以然者，不以一己之私忘天下之公。故孔子皇皇於衰周，孟軻汲汲

於戰國，皆謂有聖人之德，身未顯，而其道不自窮也。乾六爻皆聖人象也，若之何有聖人之資而潛隱自

居乎？《文言》曰：「潛之爲言也，隱而未見，行而未成，是以君子弗用也。」聖人之戒勿用潛隱爲德，可謂

明矣。

九二，見龍在田，利見大人。

義曰：九二之爻，是十二月中氣之後，正月中氣之前，陽氣發見地上之時也。「田」者，稼穡所生而有資益

之地也。以人事言之，則是聖賢君子有中庸之德，發見于世之時也。夫君子之道，積于內則爲中庸之德，

施于外則爲皇極之化。此爻但有君德而无君位，故曰「見龍在田」。「利見大人」者何？蓋凡有大人之

德，必須利見有大才大德之君，然後可以行己之道，若舜之得堯，禹之得舜，伊尹、傅說之得高

宗，呂尚之得周文是也。然則，五得天位亦曰「利見大人」者何？曰：有是君，必須有是臣，然後萬務可

舉，天民可治，若堯得舜，舜得禹、皋陶，禹得稷，成湯得伊尹，文王得呂尚是也。故九二、九五之爻皆言

「利見大人」。今驗于《易》，或象或爻，言「利見大人」者有七。《萃》之象曰「王假有廟，利見大人」，言既作

廟以萃聚先祖之神靈，必須得大才大德之人，以輔行其禮。《訟》之象曰「利見大人」，言訟之事，必須利見

大才大德之人，以辨其是非。《巽》之象曰「小亨，利有攸往，利見大人」，言申其號令法制，必須大才大德

之人，以參酌恢隆之也。《蹇》之上六曰「往蹇來碩，吉，利見大人」，言居蹇難之極，往則益蹇，若來居位則

安，安則得其碩大之福而吉，必須利見大才大德之人，以求解散蹇難也。及此乾之二、五，凡七，皆聖人之

微旨也。

九三，君子終日乾乾，夕惕若，厲，无咎。

義曰：九三居下卦之上，在人臣之極，位正當公相之權也。上則須輔弼于君，下則須總領百官，以平均天

下之民，凡朝廷之幾務莫不一責于己。若專奉上而怠于恤下，則有佞邪之諂。若勤恤于下而簡于奉上，

則有侵權之誅。固宜終朝乾乾，日不自暇，慎思之，力行之，不倦以終之。是上則以思輔其君，下則以思

總百官以治天下之民，自朝及夕，常戒懼而惕若，則可以无咎矣。「若」者，辭之助。注以爲「至于夕，猶惕

然若厲」，今則不取。

九四，或躍在淵，无咎。

義曰：「或」者，疑惑也。「躍」者，騰躍也。「淵」者，龍之常處也。九三已極人臣之位。九四出人臣之上，

切近至尊之位，既非人君，又非王官，是儲貳之象也。何哉？仲尼曰「或躍在淵，乾道乃革」，言人道近於

地，今九四近於天位，已出人臣之上，是乾道革變之始也。夫太子者，天下之本、生民之望也。不有所進，

則无以副四海之望。欲進其位，又恐侵君之權，處多懼之地，故不得不疑也。始則疑惑，終則无咎者，蓋

或躍以進其德，在淵以守其位分，是進其德不進其位也。故昔者太子必入太學，求賢師以教諭之，就賢友

以漸摩之，使知爲君爲臣，爲父爲子之道。目見正色，耳聞正聲，是躍以進己德，而在淵以守己位也。

《震》曰「震驚百里，不喪匕鬯」，言「百里」者，威不遠也；「匕鬯」者，宗廟之器也。有威而不過，守禮而循

常，是以見臣子之道全而不侵於君父也。今輔嗣之注曰：「近乎尊位，欲進其道，迫乎在下，非躍所及。」

孔穎達從而疏之曰：「以其遲疑進退，不敢果敢以取尊位。」且聖人六經垂萬世之教，爲天下之法，所以教

人臣之忠，人子之孝也。今其言曰「不敢果敢以取尊位」，是何人臣之忠、人子之孝哉！又言曰「西伯內

執王心，外率諸侯以伐紂」，此尤違聖人之旨。如其言，則篡逆之道也，今故不取。夫聖人之言，不勸則

戒。勸之者，欲其進德也。戒之者，懼其侵君之權也。爲儲貳者，但進修其德，以禮法而守其位，則《文

言》所謂「進德修業，欲及時也，故无咎」。

九五，飛龍在天，利見大人。

義曰：九五之爻，當建辰之月，陽氣盛而上升於天，如龍之騰飛然，猶聖人積中正誠明之德，德既廣，業既

成，即人君之位，上合天心，下順人情，以居至尊之地也。然乾之六爻，九二、九五並言「利見大人」者，九

五雖有聖人之德之位，必須得大才大德之臣輔佐之，然後可以有爲於天下，使一民不失其所，一物必遂其

性，此聖人之心也，故言「利見大人」。九二雖有聖人之德，固須得大才大德之君，然後得己道之行。先聖

云：「水流濕，火就燥，雲從龍，風從虎，聖人作而萬物覩。」此言聖人在位，天下有聖人之德者，皆來仕于朝，

皆以類應也。《禮》曰：「天降時雨，山川出雲。」如聖人在上，則天下聖人皆來輔佐之也。《孟子》曰：「堯以

不得舜爲己憂，舜以不得禹、稷、皋陶爲己憂。」堯，大聖人也，必得舜，舜，大聖人也，必得禹、稷、皋陶，故可

以治。是雖有大才大德之君，必利見大才大德之臣，然後成天下之治也。

上九，亢龍有悔。

義曰：此一爻居卦之終，亢極之地也，若聖人當衰耗之年，不可更專己任，必得聖賢之人以代己之聰明也。故堯之耄期，倦于勤，則授之舜。舜耄期，倦于勤，則授之禹。禹耄期，則授之啟。是聖人與時消息，知進退存亡而不至亢極，故无悔耳。今上九是年齒衰耗，精神倦怠之時。若居此時不能自反而求代己任，則必有悔矣。然聖人之德，固无亢也，蓋其身有盛有長有耄耳。是皆聖賢謂耄必求代，而著萬世之戒也。

《離》之九三曰：「日昃之離，不鼓缶而歌，則大耋之嗟，凶。」《太玄》中首之上九曰「巔靈氣形反」[1]正此謂也。

用九，見羣龍，无首，吉。

義曰：乾之六爻，自初至上，皆稱龍者，終始全用剛陽之德也。王者，法天之健，居兆人之上，亦當終始用其剛陽之德也，故言「用九，見羣龍」。然謂「无首，吉」者，言全用剛德，不可居物之首也。何則？夫國家兵武，至剛威者也，動則蠹民之財，殘民之命，聖人不得已而用之也。凡人臣有背叛，四夷有侵撓，天子于是加兵以誅討之，去其元惡大憝，以安天下之生靈。待其有犯，然後應之耳，不可先之也，先之則窮黷矣。夫窮兵黷武，豈聖人事哉！秦之始皇，漢之孝武，隋之煬帝，唐之明皇，皆爲首以自取敗亡之道耳。故聖

[1]「中」，原脫，今據康熙本、《薈要》本補。

人戒之，言无首乃得无咎也。

《象》曰：大哉乾元，萬物資始，乃統天。雲行雨施，品物流形。大明終始，六位時成，時乘六龍以御天。乾道變化，各正性命，保合太和，乃利貞。首出庶物，萬國咸寧。

義曰：「象曰」者，仲尼爲「十翼」之文，贊明易道，以解文王所作卦下象辭之辭，以明一卦之大要，故亦謂之「象」。「大哉乾元，萬物資始，乃統天」者，此三句釋「乾元」之義也。「大」者，无限極之辭。「乾」者，剛陽至健之氣。「元」者，始生長養之德。言天以一元之氣生成萬物，而无有限極也。「資」者，取也，言乾以一元之氣發育施生，故萬種之物資而爲始。坤則待天氣之降，然後能生萬物，故《乾》言「資始」，《坤》者，蓋天氣降於地，爲萬物之始，地承天之氣，以育成萬物之形，是有所至，故曰「至哉」。然《坤》則稱「至哉」言「資生」，此聖人於一字皆有旨意。「乃統天」者，夫天者形之名，今以剛健之德運行不息，故得天氣常存，是乾元能統領天之形也。「雲行雨施，品物流形」者，此釋「亨」之德也。乾爲陽氣而上統于天，天將降雨，山川出雲，雲氣升行，雨澤下施，故品彙之物，各流布其形體而得亨通也。「大明終始，六位時成，時乘六龍以御天」者，此四句總結乾之德。大明終始之道，六爻之位，各有次序。初則潛，陽氣潛萌于黃鍾之宮。二則見，陽氣見於地之上。三則處人臣之極。四則出人臣之上，爲儲君。五則陽氣至盛，隮升於天。上則亢極，在太虛之中。時潛則潛，時見則見，時躍則躍，時升則升，是六位以時而成也。「時乘六龍以御天」者，夫以上下定位而言之謂之六位，以陽氣變化而言謂之六龍。陽氣自十一月漸升，冬至之日萌于黃鍾之宮，至五月而陰氣漸升，是乘此六龍之位，以時而升降，故大明生成萬物終始之道，以控御天體也。

且人之神氣，萃之則生，散之則亡。天有剛陽之氣，運行不息，故天體常存也。「乾道變化，各正性命」者，

此二句申明「乾元」之德。「變」者，後來改前，以漸變易也。「化」者，天生之質，有剛柔遲速之別也。命者，人所禀受，有貴賤夭壽之等也。天以剛陽之德，自然以漸變化，各正

其萬物之性命。按《書》曰：「惟天陰隲下民。」是或富或貴，或夭或壽，皆上天默定之也。至於草木之性，有甘有苦，有益人者，有害人者，皆天所賦性命之然也。「保合太和，乃利貞」者，此釋利貞之德也。天以

剛陽之德生成萬物，必以漸成之，以保合太和之道。蓋剛陽不以健而利物，則不能保合者也，❶故必漸成

之。若立秋涼風至，八月白露降，九月寒露降，以至霜為雪，是漸成其物而不暴，終能正固而幹了之也。

若其大暑之後，寒涼暴至，則萬物能成乎？故曰「保合太和，乃利貞」。「首出庶物，萬國咸寧」者，自「大

哉」而下，明乾之四德。元為春，以始生。亨為夏，以大通。利為秋，以遂成。貞為冬，以幹了。是天道自

然而然也。此二句言人為天下之君，首出萬民之上，法乾之四德，為禮樂刑政，以生成天下之萬民，故樂

為元，禮為亨，刑為利，政為貞，四達而不悖，萬國所以皆得安寧也。

《象》曰：天行健，君子以自強不息。

義曰：此先聖所作《大象》之辭，所以明一卦之用也。「天行健」者，蓋言天以至健而行。故一畫夜之間，

凡行九十餘萬里；而君子之人則當法之，而健健不已。以至為君為臣，為父為子，小之一身，次之一國，大

❶「合」，康熙本、《薈要》本作「和」。

之天下，皆當法天之至健之德，強勉於己，夕思晝行，无有休息，則可以成天下之事業，而行天下之大道

也。故曰「天行健，君子以自强不息」。

「潛龍勿用」，陽在下也。「見龍在田」，德施普也。「終日乾乾」，反復道也。「或躍在淵」，進无咎也。「飛龍

在天」，大人造也。「亢龍有悔」，盈不可久也。「用九」，天德不可爲首也。

義曰：「潛龍勿用」至「不可爲首也」，此先聖又解釋周公之爻辭，故謂之《小象》。「潛龍勿用」，陽在下

也」者，言建子之月，陽氣始發而功尚未及于物，是猶以聖人之德而在於潛隱之時也。然千里一賢，猶爲

比肩，且千里至遠之處，而間有一賢，則猶以爲比肩相接，是則普天之下，庸庸者多，而賢智者寡矣。以賢

者尚或如此其少，況聖人乎？是蓋千載而一遇也。以天之所以生聖人者，必將有以益于天下，而興天下

之利，除天下之害，舉天下之教化，行天下之大道也。而復潛遯爲事，則是辜天地之生矣。雖然天陽之

氣，有時而潛，有時而見，聖賢君子，亦有時而潛，有時而見，蓋聖人慮萬世之下，觀此潛龍之事，遂務隱遯

而失其施用，故於此戒之，言當勿用此「潛龍」爲德也。今言「潛龍勿用」者，以其陽氣在地之下，而功未及

物，故曰「陽在下也」。「見龍在田」，德施普也」者，言陽氣發見於地之上，而功及乎物也。是猶聖人執中

道，其功施布而无所不至，是其「德施普也」。然而雖有聖人之德，而无聖人之位，不能大營造天下之事

无不得其宜而皆合于中道，使賢者智者皆可以俯而就之，愚者不肖者皆可企而及之，以至一民一物，欲使

業，故曰「德施普也」。「終日乾乾」，反復道也」者，「乾乾」，健健不息之謂。九三當公相之位，其責甚重。

上以道承事於天子及其儲君，而盡其忠義之分，竭其人臣之節。下以道表率百官之事，平均萬民之政教，

反復以事上治下，不離其道，故曰「反復道也」。「或躍在淵」，進无咎也」者，言儲貳之位，能進其德，則不

失天下之望，守其位分，則絶君上之疑。雖曰進其德，而无有咎悔，故曰「進无咎也」。「飛龍在天」，大

人造也」者，言九五之爻，正當陽氣極盛之時，生成萬物，而萬物各遂其性，猶聖人有大中之德，又居聖人

之位，故當興利除害，扶教樹化，鋤姦進賢，以至經營萬事，設爲仁義之道，使一民一物，无不被其澤，无不

遂其性，故言「飛龍在天」是大人營造興制之時，故曰「大人造也」。「亢龍有悔」，盈不可久也」者，大凡日

中則昃，月盈則蝕，物理之常也。今聖人，自初至上，其功已著，其德已成，則至于年衰齒耗，當求所代，以

副天下之望則可；不然，則有過亢之悔。故謂之盈滿之地，不可久居，知其可退而退，則悔吝可遠，故曰

「盈不可久也」。「用九」，天德不可爲首也」者，言聖人用剛健之德，以化成天下，鎮撫四夷，懷來諸侯，如

四夷交侵中國，諸侯不臣天子，則聖人應之以兵應之，是不爲首也。凡先動爲首，後動爲應。若其純用剛德，

而又爲事首，是必至于過暴而爲禍害也。待其有犯己者，然後應之，則不失其道，故曰「天德不可爲首

也」。

《文言》曰：元者，善之長也。亨者，嘉之會也。利者，義之和也。貞者，事之幹也。

義曰：「文言」者，先聖以乾坤之義尤深，故又作文飾之言，以解其義。「元者，善之長也」者，自此以下至

「元亨利貞」，《文言》之第一節也。「元者，始也」，言天以一元之氣始生萬物，萬物皆由一元而生，是爲衆善

之長也。何則？善莫大於生德，故「天地之大德曰生」。是大德生成以元爲始，即此元者能長於衆善也。

「亨者，嘉之會也」者，言天既以一元之氣施生萬物，而至于盛夏之月，則陽氣極盛，萬物皆極其生養，而无

不繁蔚，故高下洪纖，无不得其所，是嘉美之所聚會也。「利者，義之和也」者，義，宜也；和，漸也。所謂

自立秋涼風至，以至爲霜爲雪，是天之生物皆使不失其宜，以積漸而成之也。「貞者，事之幹也」者，言天

之使物自始生至于亨通，而又成之有漸，及冬之時則生成之功已畢，使皆得其正固而幹了之。

君子體仁足以長人，嘉會足以合禮，利物足以和義，貞固足以幹事。君子行此四德者，故曰：「乾，元亨

利貞。」

義曰：此以下言君子法天四德而行也。「君子體仁足以長人」者，言天以一元之氣生成萬物，而萬物得遂

其性，各安其所，故君子以至仁之德，陶成天下，使一民一物莫不受其賜。是故于一家施仁，則一家之內

愛敬而尊事之；一國施仁，則一國之內愛敬而尊事之。雖有鰥寡孤獨窮民之无告者，均使之不失其所，

如此是爲衆人之長也。「嘉會足以合禮」者，言天以盛夏亨通萬物，而萬物莫不茂盛，故君子施嘉美之道，

使各得會聚，謂猶民物既已富庶，則不可以無節。故欲男女有別，則爲之制婚姻之禮；欲上下交接而和

樂，則爲之制鄉飲酒之禮；欲其尊君賓王，則爲之制朝覲之禮；欲其篤哀戚孝思，則爲之制喪祭之禮。如

是之類，是君子以嘉美之道，而使皆合禮也。「利物足以和義」者，言君子法天霜露之氣而成就萬物皆有

其漸，故始以仁義禮樂教之導之。然民有不令不肖者，雖善教之而終不能遷，則必用刑罰以整齊之，❶使

不至於亂而皆得其利，又以漸而成治，使天下之物各得其宜也。「貞固足以幹事」者，言君子法天貞正之

❶「齊」，康熙本、《薈要》本作「治」。

周易口義卷一　乾

二一

德，能幹了其事。若正而不固，則无能終其正。若固而不正，則入於邪。必當守正堅固，然後可以幹濟天

下之事也。此君子法天之四德而行，故曰「乾，元亨利貞」也。

初九曰「潛龍勿用」，何謂也？子曰：「龍德而隱者也。不易乎世，遯世无悶，不見是而无悶，樂

則行之，憂則違之，確乎其不可拔，潛龍也。」

義曰：此孔子欲申言乾六爻之旨，故假設問答以明其義。此以下至「動而有悔」，《文言》之第二節也。

「潛龍勿用」，其義何謂也？子曰「龍德而隱者也」，言有聖人之德而處於貧賤，是隱遯之時也。「不易乎

世」者，言有聖賢之道，則必隨世俗而施爲教化，以磨揉于下，使其亂則變而爲治，惡則悛而爲善。今潛隱

之時，但韜晦其光而自修其己，是不爲世俗而變易者也。「不成乎名」者，其有實則名隨

之矣。今但以潛隱爲事，而不行教化之實，是不成其名也。「遯世无悶」者，言既潛遯，則不務行其教化之

實，是無所憂于天下，故遯世而无以爲悶也。「不見是而无悶」者，言有聖人之德，居其位，行其道，是爲世

所是也。今止以潛隱爲事，而不務行其教化，則不見是於天下也。雖不見是於天下，然己亦終无所憂悶，

而務專獨爲事也。「樂則行之，憂則違之」者，凡聖人有爲於時，則其所施設教化皆與天下同之。若天下

之所樂，己亦樂而行之；天下之所憂，己亦憂而違去之。是憂樂皆同於天下，此聖人之常行也。今止以

潛遯爲事，是所爲皆異於衆也。若天下之所憂，己或樂之，則行也。天下之所樂，己或憂之，則違去之而

不行也。是務隱晦者，雖憂樂必異於世也。「確乎其不可拔，潛龍也」者，言如上之數事，確然不能舉拔

也。其所爲者，是潛隱之人也。此皆聖人著爲萬世之戒言。上之所行，皆潛晦之事，故當勿用此爲德也。

九二曰「見龍在田，利見大人」，何謂也？子曰：「龍德而正中者也。庸言之信，庸行之謹，閑邪存其誠，善

世而不伐，德博而化。」

義曰：此釋九二爻辭，言聖人居于下位，而所行无過无不及者，以其有中正之德也，故曰「龍德而正中者

也」。「庸言之信，庸行之謹」者，庸，常也，言九二之君子，有聖人之德，故俯仰循理，從容中道。至於常言

必信實，常行必謹慎，是由其性至明。故出處語默，皆合於中和之域，然後，口无可擇之言，身无可擇之行

也。「閑邪存其誠」者，寬而防之謂之閑，誠則至誠也，言此九二能以中正之德，防閑其邪惡，慮其從微而

至著，故常切切而防閑之。若《中庸》所謂「博學之，審問之，慎思之，明辨之，篤行之」。以小善至於大善，

由大善乃至于聖，是由能防其邪惡而内存至誠然也。《中庸》又曰：「至誠無息，不息則久，久則徵。」言至

誠之道，終而不已，則有證驗也。又曰：「其次致曲，曲能有誠。唯天下至誠爲能化」。蓋言委曲之事，發

於至誠，則形於外而見著，見著則章明，章明則感動人心。人心感動，則善者遷之，惡者改之，然後化其本

性，故曰「惟天下至誠爲能化」。此聖人存誠之驗也，故曰「閑邪存其誠」也。「善世而不伐」者，伐，矜伐

也。夫中人之性，有一善，則益然溢于面目，而自矜伐其能也。若夫有善功，有善德，而不自矜伐者，唯聖

人能之。若堯之時，洪水泛濫于中國，而民幾魚矣，唯大禹能排決疏導之，以消其難，使萬世之下被其賜。

然而禹亦未嘗矜伐之，故舜稱曰：「汝惟不矜，天下莫與汝争能。汝惟不伐，天下莫與汝争功。」又若仲

尼，萬世之師，其功配天地，其明並日月，然且嘗言：「君子之道四，丘未能一焉。」以仲尼之于四事，豈有

不能哉？蓋聖人雖有大善于世而不自伐也。「德博而化」者，此言既有中正之德，其言常信，其行常謹，

又能防閑其邪惡而存其至誠，有大善而不自伐，故其德廣而化行于天下矣。《易》曰「見龍在田，利見大人」，九二雖未居大人之位而爲人臣乃有人君大中之德，故特舉本爻之辭以結之。

九三曰「君子終日乾乾，夕惕若，厲，无咎」何謂也？子曰：「君子進德脩業，忠信所以進德也；脩辭立其誠，所以居業也。知至至之，可與幾也。知終終之，可與存義也。是故居上位而不驕，在下位而不憂。故乾乾因其時而惕，雖危无咎矣。」

義曰：「君子進德脩業，忠信所以進德也」者，內盡其心謂之忠，不欺于物謂之信。蓋九三居人臣之極位，內能盡己之心不欺于物，使德行日進而功業日脩也。「脩辭立其誠，所以居業也」者，辭，謂文教也；誠，謂至誠也。言外以脩其文教，內以敦其誠實，此所以居業也。然上謂之「修業」，下謂之「居業」者，蓋文辭聖賢之事業，亦功業之盛，故當居之也。「知至至之，可與幾也」者，幾者，有理而未形之謂也。言君子之所學，學聖賢之事業，致君澤民之術也，小而一邑，次而一郡，以至爲將爲相，佐天子治天下。當其未至之時，知其必至，蓋由知至而至之耳。至于有位，宰一邑，牧一郡，爲將爲相，舉而行之，无所施而不可，蓋由知至而至之耳。「知終終之，可與存義也」者，言爲臣之義，終始一德，以奉其上，凡天下之事莫有動其心者，是知終而終之也。昔孟子四十不動心，蓋當志學之年，天下之事无所不學，及其壯仕之歲，凡天下之事莫有動其心者，是得臣之宜也，豈非知終乎？然後之人臣，居于顯位，上而奉一人之尊，下而有百官萬民之責，內无覬覦僭竊之心。若伊尹之於太甲，周公之於成王，霍光之于昭帝，諸葛亮之于蜀主，此數君子是謂知終終之于人臣之分，能存萬世之義也。「是故居上位而不驕，在下位而不憂」者，言九三居人臣之分，其德業既已進

脩，則宜進退必以德，而升降必以道，故居上位而无驕亢之色，在下位而無憂悶之心，故乾乾不息，因其所

爲之時而惕懼戒慎，雖履至危之地，亦免其咎矣。

九四「或躍在淵，无咎」，何謂也？子曰：「上下无常，非爲邪也。進退无恒，非離羣也。君子進德脩業，

欲及時也，故无咎。」

義曰：此先聖釋九四之爻辭。以位言之，曰上下。以出處言之，曰進退。今九四當儲貳之位，故雖或上

或下，非苟爲其邪佞也；或進或退，非苟離其羣類也。是故進其德以副天下之望，脩其業以絕君上之疑，

如此者，是將欲及時而行道也。故上與進是或躍之義，下與退是在淵之謂也。「故无咎」者，言若不能進

其德，以塞天下之望，又不能守其位分而致君之疑，則其爲禍也不細矣。今得无咎者，誠能副民望而去君

疑也。

九五曰「飛龍在天，利見大人」，何謂也？子曰：「同聲相應，同氣相求。水流濕，火就燥，雲從龍，風從虎，

聖人作而萬物覩，本乎天者親上，本乎地者親下，則各從其類也。」

義曰：此釋九五之爻辭。「同聲相應，同氣相求」者，此釋聲氣自然相感之道也。同聲，若彈宮而宮應，彈

商而商應，「鳴鶴在陰，其子和之」之類是也。同氣，若天欲雨而柱礎潤，磁石引針，琥珀拾芥之類是也。

「水流濕，火就燥」者，此釋无情之物，自然相應。夫地體卑下，水性就下，其流必就卑濕也。火本炎上，其

性燥，故焚其芻薪，必先於燥也。「雲從龍，風從虎」者，此言有情感无情也。龍者，水畜，雲者，水氣，故龍

吟則景雲出。虎是猛威之物，而風亦是震動之氣，故虎嘯則谷風生。「聖人作而萬物覩」者，言聖人之作，

光明盛大，與天地合德，萬物莫不徧燭。夫天地感應而生萬物，聖人感應而用天下之賢，共成天下之業，

敷爲皇極之教，而天下萬物莫不觀視。前言大人造，是聖人營造興制之時，此統言之，故曰「聖人作

而萬物覩」也。「本乎天者親上，本乎地者親下」者，此言本天則動物也，本地則植物也。言天之運動，而

飛物亦動；地之凝静，而植物亦静。此聖人推舉自然之理以明之也。

上九曰「亢龍有悔」，何謂也？子曰：「貴而无位，高而无民。賢人在下位而无輔，是以動而有悔也。」

義曰：夫卦之六爻，上與初爲无位。初則未中，上則過中，是雖在高貴而无大中之位。既貴而无位以居

于尊高，則安得天下之民也！「賢人在下位而无輔」者，今既亢極，則賢雖在下位而亦不輔佐矣。夫如

是，則動静之間皆有悔也。

「潛龍勿用」，下也。「見龍在田」，時舍也。「終日乾乾」，行事也。「或躍在淵」，自試也。「飛龍在天」，上治

也。「亢龍有悔」，窮之災也。乾元「用九」，天下治也。

義曰：此以下至「天下治也」，《文言》之第三節，全以人事明其義也。「潛龍勿用」，下也」者，言聖人有龍

德在於潛隱之時，故聖人戒其勿用此爲德者，以其功不及物，居无位之地，而處于卑下也。「見龍在田」，

時舍也」者，舍，棄舍也。若仲尼有聖人之德而无其位，當衰周之時，皇皇汲汲而不得見于世，是爲時之所

棄舍也。夫既爲時棄舍，然而前又言「德施普也」及「天下文明」者，何也？前蓋以聖人之德言之也，此所

謂時舍者，以位言之也。「終日乾乾」，行事也」者，言九三居人臣之極位，有奉上率下之責，至難至重，故

終日之間乾乾不息，以行當位之事也。「『或躍在淵』，自試也」者，言九四已離下卦而居上卦之下，逼近至

尊，慮有僭上之嫌，故疑之，而或騰躍以試己之才德，副天下之望也。「『飛龍在天』，上治也」者，言聖人有

龍德而居天位，以興天下之治也。「『亢龍有悔』，窮之災也」者，言聖人當過亢之年，其精力耗倦，若不求

所代以終其位，則必有窮極之災也。「乾元『用九』，天下治也」者，言乾以一元之氣，自潛至飛，終始本末，

能用剛陽之德以生成萬物，在聖人則有剛明之道。以一己不能盡天下之治，固在左右前後大臣小臣，皆

能用剛正之君子，然後得天下治矣。

「潛龍勿用」，陽氣潛藏。「見龍在田」，天下文明。「終日乾乾」，與時偕行。「或躍在淵」，乾道乃革。「飛龍

在天」，乃位乎天德。「亢龍有悔」，與時偕極。乾元「用九」，乃見天則。

義曰：此以下《文言》之第四節，全以天氣明其義也。「陽氣潛藏」者，言建子之月，陽氣潛施於地下，而藏

遁之時也。「天下文明」者，言天氣發見於地上，使勾萌皆達，枯槁畢榮，故高下洪纖皆流形品使，天下之

物有文章而光明也。「與時偕行」者，言建寅之月，三陽並用之時，其卦成泰，故君子終日之間，乾乾不已，

與天時相契而行也。「乾道乃革」者，言九四離下卦之上，而入上卦之下，故其道有所變革也。「乃位乎天

德」者，言天者積諸陽氣而成，今九五之爻，以剛陽之德居至尊之地，是位本乎天位者也。「與時偕極」者，

言四月之間，陽氣盛極，如聖人當耄期之年，是與時偕極也。「乃見天則」者，言乾元能用剛陽之德，乃顯

天之法則也。

乾「元」者，始而亨者也。「利貞」者，性情也。乾始能以美利利天下，不言所利，大矣哉！大哉乾乎，剛健中

正，純粹精也！六爻發揮，旁通情也。「時乘六龍」，以御天也。「雲行雨施」，天下平也。

義曰：此以下《文言》之第五節，又重釋乾之四德也。「乾『元』者」，元，始也；亨，通也。言乾以一元之氣始生萬物，萬物皆資始于一元，然後得其亨通，是乾以一元之氣始生于物，而物得其亨通也。「『利貞』者，性情也」者，言萬物既生而繁盛，則必漸成之，故利於秋，貞於冬。當秋之時，則萬物和漸而成；至於冬，則幹了而无不獲其正也。言之人事，則聖人能生成天下民物，使皆獲其利，而不失其正者，蓋能性其情也。何則？蓋性者，天生之質，仁義禮智信五常之道无不備具，故稟之爲正性。喜怒哀樂愛惡欲七者之來，皆由物誘於外，則情見於內，故流之爲邪情。唯聖人則能使萬物得其利而不失其正者，是能性其情，不使外物遷之也，所以不爲之邪者，但能以正性制之耳，不私于己而與天下同也。聖人莫不有喜之情，若夫舉賢賞善，興利于天下，是與天下同其喜也。聖人莫不有怒之情，若夫大姦大惡反道敗德者從而誅之，是與天下同其怒也。聖人莫不有哀之情，若夫鰥寡孤獨則拯恤之，凶荒札瘥則賙貸之，是與天下同其哀也。聖人莫不有樂之情，若夫人情欲，則生而不傷人情，欲安則扶而不危。若此之類，是與天下同其樂也。是皆聖人有其情，則制之以正性，故發於外則爲中和之教，而天下得其利也。小人則反是，故以情而亂其性，以至流惡之深，則一身不保，況欲天下之利乎！「乾始能以美利利天下，不言所利，大矣哉」者，此又嘆美乾之德，言乾始以一元而生成，美利于天下。于卦不言所利者，誠由至廣至大，无有限極，故不可以所利言之也。然則易卦有具四德者七，其餘皆言所利，若《坤》言「利牝馬之貞」《屯》言「利建侯」之類是也。蓋有所係然耳，獨乾德至大，故不可言所利也。其曰「大哉乾乎，剛健中正，純粹精也」者，此言乾之德至大而不可窮測也。以

其剛健運行，晝夜之間凡行九十餘萬里而无毫釐之過與不及。至於春夏以生，秋冬以成，自古逮今，未嘗

違悖，是其至健而不失中正也。所以然者，蓋以至純至粹精健而不雜故也。「六爻發揮，旁通情也」者，言

乾之六爻，或潛或見，或躍或飛，而跡皆不同，故發越揮散，則可以見聖人出處進退之情也。「時乘六龍以

御天也」者，已解在《象》。「雲行雨施，天下平也」者，言乾以一元之氣布而爲雲，散而爲雨，以生成天下而

无不均也。

君子以成德爲行，日可見之行也。潛之爲言也，隱而未見，行而未成，是以君子弗用也。

義曰：自此至「其唯聖人乎」，《文言》之第六節也。此一節復釋「潛龍」之言，故先發上二句，以明不可用

潛龍爲德也。言君子之人得其天性之全，故五常之道亦必博學審問，然後修成其德，爲常行之行而發之

於天下，使天下之人日見其所行，此謂君子之常道也。「潛之爲言也，隱而未見，行而未成，是以君子弗用

也」者，夫君子之人，既以成德爲行爲心，則不可專務隱晦，今之潛則是以聖人之資性反在于潛遯未見之

時也。「行而未成」者，言既有聖人之性，則必學之問之，修成其道，而爲行於己，然後用之於外，則可以成

聖人之全德。今止以潛遯爲心，則是有聖人之資質，而不學不問，亦終不能成行于己，是與不聖同矣。故

聖人于此戒之，言是以君子弗用此潛龍爲德也。

君子學以聚之，問以辨之，寬以居之，仁以行之。《易》曰「見龍在田，利見大人」，君德也。

義曰：此釋九二爻辭也。言君子之人稟天之全性，發見于世，而能執中庸之道者也。何哉？蓋聖人雖

得天生善性之全，亦須廣博其學以精其德，審問以辨其疑，而又寬裕居其時，以畜聚其事業而志于遠大，

是以執其中庸而不有妄動，以至推仁義以愛人，示恩信以撫物，其德業恢廣，无所不至，使天下之賢智者可以俯就，天下之愚不肖者可以企及，此皆由博學、審問、寬居、仁行之然也。是故庸人之情，苟一善得于己，則必悻悻然耻于下問，而又躁妄以求其進，所居失其寬，所行失其仁，是故業不能成於遠大，而終爲淺丈夫矣。故聖人又于此歎美九二之德，言其見龍在田，以其有人君之德而无人君之位耳。

九三，重剛而不中，上不在天，下不在田。故乾乾因其時而惕，雖危无咎矣。

義曰：此又釋九三之爻。蓋此一卦上下皆乾，是重剛也。三、四介重剛之間，下已過于二，上不及于五，故皆曰「重剛而不中也」。「上不在天」，非九五之君也。「下不在田」，非九二之臣也。正當大臣之位，上有一人之奉，下有百官萬民之責，故乾乾因其時而惕懼，❶不敢遑安，如此則雖在危地亦可无咎。

九四，重剛而不中，上不在天，下不在田，中不在人，故或之。或之者，疑之也，故无咎。

義曰：此又釋九四之爻。乾之六爻，上二爻爲天，下二爻爲地，中二爻爲人，備三才也。此九四一爻，上不在天，下不在田，中不在人，是中不在人臣，而正得儲君之位。既爲儲貳，則進退上下皆有疑惑。故所進而上者，修德也，所退而下者，守位也。夫如是，故无咎矣。

夫大人者，與天地合其德，與日月合其明，與四時合其序，與鬼神合其吉凶。先天而天弗違，後天而奉天時。天且弗違，而況于人乎？況于鬼神乎？

❶ 「而」，康熙本、《薈要》本作「之」。

義曰：此又釋九五之爻。「大人」者，大才大德之人也。夫天高而覆，地厚而載，故其德曰生。聖人亦能以仁愛生成物，故與天地合德。日月至明，故无幽无隱，皆燭之，而聖人亦能同其明。天以春夏秋冬而生成肅殺，聖人亦能以仁義刑政化天下，故與四時合其序。鬼神之爲道，善者福之，淫者禍之，聖人則賞善罰惡，是與鬼神合其吉凶。先于天時而行事，則天弗違之，是天合大人也。後於天時而行事，則奉順於天時，是大人合天也。以天之至大而聖人合之，況于人與鬼神乎？

亢之爲言也，知進而不知退，知存而不知亡，知得而不知喪。其唯聖人乎！知進退存亡，而不失其正者，其唯聖人乎！

義曰：此又釋上九之爻。亢之爲言，但知進而不知退，知存而不知亡，知得而不知喪。如此之類，皆聖人之所不爲，是亢而招悔者也。唯聖人爲能知進而不忘退，知存而不忘亡，知得而不忘喪，故于衰耗之年，則求所代而終之，堯、舜、禹是也。上一句「其唯聖人乎」，于義不安，當爲羨文。

坤

坤下
坤上　坤

義曰：此伏羲所畫，文王所重，純陰之卦也。上下六爻皆陰，以象地積諸陰氣而成也。坤者，順也。言坤柔順之德，上承于天以生成萬物，猶臣以柔順之德，上奉于君以生成萬民也。

元亨，利牝馬之貞。君子有攸往，先迷後得主，利。西南得朋，東北喪朋，安貞吉。

義曰：此一節是文王所作卦下之彖辭也。凡坤之四德與乾之四德同也，但乾以剛健之德資始萬物，坤以

柔順之德資生其形也。其言「利牝馬之貞」者，蓋乾體至大，全用剛德，故于乾卦之下直言「元亨利貞」，而

不言所利也。今坤主臣道，故言「利牝馬之貞」者，蓋馬取其服乘，有善行之才，而又牝馬，順之至也，以言

地之為道，能順承天之氣以生成萬物，无有休息。若人臣承于君，而能宣君之令，行君之事，皆不失其

正道，故言「利牝馬之貞」也。「君子有攸往」者，夫牝馬之利，唯至順至正，然後不失其常道。人臣之分亦

當執其正而濟之以順。若順而不正，則失于諂媚。若正而不順，則失于悍愎，而有先君之事。是故惟君

子有全德，乃能循此道，始終不失其分，以此而往，无所不利，故曰「君子有攸往」也。「先迷後得主利」

者，夫乾者，天道，坤者，地道。言之人事，則乾為君、為父、為夫，坤為臣、為子、為婦。言其分，則君倡而

臣和，父作而子述，夫行而婦從。若臣先君而倡，子先父而作，婦先夫而行，則是亂常道也。若能處其後

而順行其事，不為事先，則得其主守，而不失為臣、為子、為婦之道也。「西南得朋」者，西南，致養之地，陰

之位也。今坤本陰，以陰之陰，是得其朋類而行。若君子未仕之時，必得明師、賢友以相切磋。蓋聖賢事

業尤甚淵博，獨學則不能成，獨見則不能明，固須資于朋類而後有所至也。故《伐木》詩曰「自天子至庶

人，未有不須友以成也」，是言人必得朋類而事業可成也。「東北喪朋」者，西南為陰位，東北為陽位，今離

西南而反之東北，是以陰之陽，喪失其朋類。如君子之人與師友講成道德，及其業已就，其性已明，務行

其道而薦身於朝廷之間，以求致君澤民之事，是喪失其朋類者也。「安貞吉」者，言地體安靜而永守其正。

若天氣降於地，地則承而發生，是不妄有所發也。如臣之輔君，當常守安靜貞正之德。待君倡，然後和

之，是亦不妄有所動，故得獲其吉也。

《象》曰：至哉坤元，萬物資生，乃順承天，坤厚載物，德合无疆。含弘光大，品物咸亨，牝馬地類，行地无疆。

柔順利貞，君子攸行，先迷失道，後順得常。「西南得朋」，乃與類行。「東北喪朋」，乃終有慶。「安貞」之吉，

應地无疆。

義曰：此以下先聖釋文王彖辭之辭。「至哉坤元，萬物資生，乃順承天」，此三句釋坤元之德也，故先嘆美

之。言「至哉」者，蓋坤主承天之氣而生萬物之形，必有所至也。「萬物資生」者，言一元之氣降于地，為萬

物之始也。承一元之氣以生萬物之形，是天下萬品之物，莫不資取於坤元，而生其形質也。「乃順承天」

者，蓋地得天之降氣，然後順從而發生萬物也。「坤厚載物，德合无疆」，此二句釋坤之自然之德也。「坤

厚載物」者，言地道博厚，于天下之物，高下洪纖，无不持載，无不包容也。「德合无疆」者，言地者，形之

名；坤者，地之用。是地之形，則至廣至大，而無疆畔。若其德，則持載生育萬物，大无不周，遠无不及，

是坤之德亦合地形之无疆也。「含弘光大，品物咸亨」者，此釋亨之德也。含，包也。弘，厚也。光，明也。

大，盛也。謂之「含」者，言坤之為體，无所不包，无所不周。謂之「弘」者，言博厚而无所不載。謂之「光」

者，言萬物由地而生，皆得亨通而光明。謂之「大」者，言其體至廣至大。「牝馬地類，行地无疆」者，此釋「利牝馬之貞」。言地之為道，生成萬物，无有休息。馬為人

所服乘，亦能行之不息，是為地之倫類，而行之无疆也。「柔順利貞，君子攸行」者，此釋「君子有攸往」之

義。言君子之人，能柔和謙順，以盡其為臣之節，而又不失其正，是所往无不獲其利也。「先迷失道，後順

得常」者，此釋「先迷後得主，利」之義。言爲人子、爲人臣、爲人婦，其爲道必須待倡而後和，行而後隨。

若首先而行，則迷惑錯亂而失其道。若所行居人之後，而順承其上，乃得君子之常道也。「『西南得朋』，

乃與類行」者，已釋在前。「東北喪朋」，乃終有慶」者，此言君子已仕，進用朝廷，上以致君，下以澤民，以

施己之素蘊，是終獲其美慶之道也。「『安貞』之吉，應地无疆」者，此言坤之所以安静、守正而得吉者，蓋

由承天之氣，以發育萬物，无所不得其生，是其德之无疆也。君子之人，上承於君，亦當安然守至正之德，

而不爲事先，不爲物先，待君令而後行，此其所以獲吉也，是其德應地无疆也。

《象》曰：地勢坤，君子以厚德載物。

義曰：此先聖大《象》之辭。言地之形體，固本柔順。柔順者，地之勢也，故能生成萬物之形質也。「君子

以厚德載物」者，言君子之人，法地之道，以寬厚其德，使其器業廣大、弘博，无所不容，以載萬物，使萬物

无不得其所，皆如地之容載也。

初六，履霜，堅冰至。《象》曰：「履霜堅冰」，陰始凝也。馴致其道，至「堅冰」也。

義曰：言「履霜，堅冰至」者，陰氣始凝結之時也。「堅冰」者，陰氣極盛之時也。夫坤之六爻皆陰，而初六居其最

下，是陰氣始凝之時也。大凡陰之爲氣，至柔至微，不可得而見，故自建午之月，則一陰之氣始萌於地下，

以至于秋，人但見其物之衰剝，時之愴慘，且不知其陰之所由來。然于履霜之時，則是其迹已見，故可以

推測其必至于堅冰也。以人事言之，則人君御臣之法，此其始也。夫人之深情厚意，不易外測，故大姦若

忠是也。然爲臣而佐君，必有行事之迹。於其始，善善惡惡可得而度之，故在人君早見之也。見其人臣

之間，始有能竭節報效，則知終必有黃裳之吉，乃任而用之，使之由小官至于大官，則爲國家之福。若姦邪小人，其有諂佞之狀，一露則知積日累久，必至於龍戰之時，故當早辨而黜退之，則其惡不能萌漸也。若使至于大位，以僭竊侵陵，則惡亦不易解矣。是由履霜之積，積而不已，終至堅冰，是宜辨之在始也。

《象》曰「履霜堅冰」，陰始凝也」者，言陰之至于履霜，是陰氣始凝之時也。「堅冰」二字當爲羨文，蓋下文已有「至堅冰也」。「馴至其道，至『堅冰』也」者，蓋馴者，馴狎之義，謂臣之積惡，有漸久而不已，則至大患也。

六二，直方大，不習无不利。《象》曰：六二之動，直以方也。「不習无不利」，地道光也。

義曰：直，正也，待夫陽之至，然後發而生成萬物，是其體安靜守正而不爲物之先也。方，義也，宜也，言生物得其宜也。大者，言地體至大，无所不包，无所不容也。「不習无不利」者，言坤有三德，自然而物生，故不待修習而後能。以人事言之，則君子之人，其德素蘊，其行素著，聖賢之事業已習之于始，至此用之朝廷之上，隨時而行之，且非臨事而乃營習，故无所不利，是以孟子四十不動心者，此也。於卦，則二爲地之上，是萬物發生之時也。故三德之備，地道之美盡於此矣。《象》曰「六二之動，直以方也。」地道光也」者，言六二以直、方、大之三德，發動而生物，无不得其宜，蓋以自然之質，不勞而生，不爲而成，光大之至也。

六三，含章可貞，或從王事，无成有終。《象》曰：「含章可貞」，以時發也。「或從王事」，知光大也。

義曰：含，畜也。章，美也。貞，正也。言六三陽位，今以陰居之，是能執謙，不敢爲事之倡始，故內畜聖

賢之事，章美之道，待君之所令及謀議之所至，則從而發其章美之道以進于君。如此，是得臣子之正。「或從王事，无成有終」者，言六三之君子，執臣子之分，不敢先倡，待君有命，然後從而行之。既行之，又歸美于君，而不敢居其成功，但竭節盡忠而終于爲臣之分也。《象》曰「含章可貞」，以時發也」者，言人臣含畜章美之道，若謀議未及而先發之，非其時而宣行之，使天下之人但知臣之所爲，而不知君之所命，則失所以爲臣之分也。今含畜章美，俟可發而發之，然後功成于己即歸之于君，而不失臣子之分也。「或從王事」者，此言君子待君之命而從之，則是君子之智益光明而盛大也。

六四，括囊，无咎无譽。《象》曰：「括囊无咎」，慎不害也。

義曰：括，結也。囊，所以盛物也。坤是陰卦，六四本陰位，又以陰居之，則是陰陽之道不交，而君臣之間不相接也。然六四既當此否塞之時，則必括結其囊、藏其德，卷而懷之，以待其時。「无咎」者，言六四有聖賢之才，若非時而進，則爲小人所害。今既能韜光晦迹，故得无咎也。「无譽」者，言六四既括結其囊，所以斂其才德，則天下之美譽何由而至哉？故曰「无咎无譽」也。《象》曰「括囊无咎」，慎不害也」者，言六四當君臣不交之時，而能慎密而不出，則小人雖有殘賊之心而欲害之，必不能及也。

六五，黄裳元吉。《象》曰：「黄裳元吉」，文在中也。

義曰：黄者，中之色。裳者，下之飾。蓋衣譬其君，裳喻其臣。以六五居上卦之中，而當公卿之位，是能執中道，施美利，而暢於四方，故獲元大之吉也。《象》曰「黄裳元吉」，文在中也」者，大凡五色備具謂之文，今六五能居中而施其美利，自內及外，自朝廷及天下，是得黄中之色，而可以見四方之色也。

上六，龍戰于野，其血玄黃。《象》曰：「龍戰于野」，其道窮也。

義曰：龍者，陽之氣。戰者，戰敵之稱。野者，非龍之所處。言陰之爲物，至微至柔，若能積其善，杜其惡，及其終則有黃裳之大吉。若不能杜其惡，積而不已，至于彰著，必成堅冰。蓋自履霜，若能積其善，杜其惡，及其終則有黃裳之大吉。若不能杜其惡，積而不已，至于彰著，必成堅冰。夫姦臣賊子之爲心，其禍亂之萌包藏之久，至此既不可遽滅之，則必有賢明凶于而國，終有龍戰之災也。然而，以陽來勝陰，不无相傷，故血玄黃也。玄者，天之色。黃者，地之色。言上下相之君起而誅討之。《象》曰「龍戰于野」，其道窮也」者，言自細惡而不辨，至于盛大以及于戰，是其道之窮極也。傷之甚也。

用六，利永貞。《象》曰：「用六永貞」，以大終也。

義曰：此言六者，陰之位。自初至終，皆有柔順之德，故曰「用六」。然既柔順而不守其正，則爲邪爲惡。故純用柔順，則利在永長守其貞正，則不失臣子之道也。《象》曰「用六永貞」，以大終也」者，言既能用其柔順，又能永守貞正之道，則是臣子能以大義而終也。

《文言》曰：坤至柔而動也剛，至靜而德方。後得主而有常，含萬物而化光。坤道其順乎，承天而時行。

義曰：此以下仲尼之《文言》釋坤之德也。「坤至柔而動也剛」者，言坤之體用至柔，得天之降氣，然後生成萬物之形質，无不持載，是其動也。「至靜而德方」者，言地體凝靜，不妄有所動，待天之降氣，然後始發生萬物。若天氣不降于下，則凝結安靜，而其德至方至正，不妄有所發也。「後得主而有常」者，此釋文王之象辭也。凡爲人臣之道，必待君倡而後和，君令而後從，不敢居事之先，則得所守而不失臣子之常也。「含萬物而化光」者，此釋「含弘光大」之義。言地之道，含養萬物，其德弘厚而光大也。「坤道其順

乎，承天而時行」者，此仲尼嘆美坤卦之辭。言坤道至柔至順，承天之道，順時而行之，若春則生，秋則成

是也。以人事言之，若臣奉君之命，以時而行之，皆无不得其宜也。

積善之家，必有餘慶。積不善之家，必有餘殃。臣弑其君，子弑其父，非一朝一夕之故，其所由來者漸矣，由

辨之不早辨也。《易》曰「履霜，堅冰至」，蓋言順也。

義曰：此釋初六之爻辭也。「積善之家，必有餘慶」，此釋「履霜」之義，因先發此文。言君子之人，不以小

善爲无益而不爲，故積日累久，至于大善，延及于乃子乃孫，皆獲慶善之餘也。德爲聖人，尊爲天子，富有四海之内，宗廟饗之，子孫保之。故大德必得其位，必得其禄，必得其

名，必得其壽。」其言大舜，自匹夫有一小善未嘗捨去，以至積爲大善，而終享聖人之位，流慶于後，此積善

之慶也。「積不善之家，必有餘殃」者，夫小人以小惡爲无傷而弗去，故積小惡以至大惡，累小罪以及大

罪，而終有殃禍加之于身，以至乃子乃孫皆受餘殃也。「臣弑其君，子弑其父」，非一朝一夕之故，其所由來

者漸矣，由辨之不早辨也」者，言君素寵其臣，父素寵其子，寵而不已。耳目之所狎習荏成凶惡，以至包藏

禍賊之心，非在弑君之朝，弑父之夕驟使然也，蓋由積久漸漬而成其凶災也。如此，由君之不早辨其臣，

父之不早辨其子故也。《易》曰『履霜堅冰至』，蓋言順也」者，此先聖因履霜之戒，故引上文以結。「蓋言

順」者，是言履霜而至堅冰，由順而積至之也。

「直」其正也，「方」其義也。君子敬以直内，義以方外，敬義立而德不孤。「直方大，不習无不利」，則不疑其

所行也。

義曰：此釋六二之爻辭也。「直」其正也」者，言地之爲道，不爲妄動，必待天氣至而後發之，故其德无有

不正也。「方」其義也」者，義，宜也，言地之爲德，四時之間，生育萬物終始，皆得其宜也。「君子敬以直

內」者，凡人有忿怒之氣，皆出于心之不敬，故君子之人，既執直于內，則必濟之以恭敬也。以之事君，而

能恭敬其顏色，內有執直不回之心，則反覆之間皆合于道也。「義以方外」者，夫君子外有廉隅方正而立，

則邪不能入。然而所行又能合其宜，則于事无不通濟也。夫直而不敬，則傷于訐。方正而不得其宜，則

傷于愎。故君子直則必敬于內，方則必合于外也。「敬義立，而德不孤」者，言君子之人，內直以敬，外方

以義，則其德不孤也。何則？蓋君子既以敬義接于人，則人亦以敬義反于己，是不孤也。「直方大，不

習无不利」，則不疑其所行也」者，夫直而不邪，正而謙恭，義則與物无競，方則凝重不躁，如此，既不假營

習而无所不利，則不須疑慮其所行，而皆中于道也，故曰「不疑其所行也」。

義曰：此釋六三之爻辭也。言爲臣之道，當內含章美之德，以待君議論之所及、詢謀之所至，然後發己之

素蘊，以贊行君之事業，輔成君之教化。及其有所成功，則歸美其君，而不敢自居其成功。此所以盡爲

臣，爲子之分，故曰：「陰雖有美，含之以從王事，弗敢成也。」「地道也，妻道也，臣道也」者，此先聖釋地之

道，因舉大綱而言之。蓋凡爲子當奉于父，爲弟當事于兄，卑者當事于尊之類，皆下奉上之道也。「地道

无成，而代有終也」者，言地之爲德，必待天之氣至，然後發之，以贊成天之生育之德，是得其地道大終之

義也。

天地變化，草木蕃，天地閉，賢人隱。《易》曰「括囊，无咎无譽」，蓋言謹也。

義曰：此釋六四之爻辭也。「天地變化」，若陽下交陰，陰上交陽。陰陽交通，故能生成萬物，而草木品類皆得蕃昌，猶如君臣之道交接，則天下得其安也，故曰「天地變化，草木蕃」也。「天地閉，賢人隱」者，言天地不交，陰陽不通，則草木枯槁而萬物衰滅，猶君不交于臣，臣不交于君，君臣道塞則賢者退隱也。蓋坤爲陰卦，四本陰位，又以陰居之，是天地閉塞、陰陽不交之時，是猶君不交于臣，而賢者退而自處也。若於此不能退，則爲小人之害也。《易》曰「括囊，无咎无譽」者，言賢者當此之時，既能括結其囊而自處，是能謹慎而避害也。

君子黃中通理，正位居體，美在其中，而暢于四支，發于事業，美之至也。

義曰：此釋六五之爻辭也。黃者，中之色。居其中則通于四方之理，言其黃則極于四方之色。今六五之君子，有此黃中之德，故能通天下之物理也。「正位居體」者，言六五位極公相，是得其正也，而又執柔順之道以全臣子之節，是居其體也。「美在其中，而暢于四支，發于事業，美之至也」者，言六五正居公相之位，内總百揆，外統九州牧伯，而又作樂以興天下之和，制禮以正天下之序，施刑以懲天下之惡，爲政以正天下之治，是皆内含章美之道，以通暢于四支，開發天下之事業。如此，是文明章美之極至者也。

陰疑于陽必戰，爲其嫌于无陽也，故稱龍焉。猶未離其類也，故稱血焉。夫玄黃者天地之雜也，天玄而地黃。

義曰：此釋上六之爻辭也。言其疑者，蓋其始不杜凶惡之漸，以至于極盛，則疑忌之心生而僭竊禍亂之

事作，以至見侵于陽而陽與之戰也。「爲其嫌于无陽也，故稱龍焉」者，此坤六爻皆陰，故无陽。龍，陽也。

此稱之者，蓋言陰至于此，既已極盛，則是至于建子之月，必有一陽之生以消退羣陰，使之不能有爲也。

猶如亂臣賊子爲惡已甚，❶則必有剛明之君子與之戰而滅之也。此蓋聖人不容陰之過盛，故稱龍以存戒

也。「猶未離其類也」者，言陽微陰盛，以至相敵。然而，陰雖至極，猶不能離其陰類，故雖見敵

于陽，但稱血也，猶臣雖盛極見侵于君，猶不能離臣之分也。「夫玄黃者天地之雜也，天玄而地黃」者，玄，

天之色，黃，地之色，以其上下相敵必有相傷，故玄黃之色錯雜于其間。然陰雖至盛，終不能勝于陽，猶臣

之道惡，雖至盛，亦終不能有其成也。此皆聖人存戒于人君，言于履霜之時，則必察其臣之所爲而進退

之，故至此可无龍戰之事也。

❶「猶如」，康熙本、《薈要》本作「固如」。

周易口義卷一　坤

周易口義卷二

宋 胡瑗 撰

上經

屯

震下
坎上 屯，元亨利貞。勿用有攸往，利建侯。

義曰：此文王所作之卦名也。文王既定乾坤二卦于前以明天地之道，又以震坎二象畫爲六位以次于後，名之曰屯。屯者，屯難之名，天地始交而生物之時也。夫天地氣交而生萬物。萬物始生，必至艱而多難，由艱難而後生成，盈天地之間。亦猶君臣之道始交，將以共定天下，亦必先艱難而後至于昌盛。如湯之于伊尹，文武之于呂望，其始交時皆有四方之多虞，然後卒能共治天下，是皆先艱而後通也。然萬物始生多難，何以見之？試以草木言之。當勾萌、甲坼之時，其體弱而未成，日曝之則槁，必雨以潤之，雨久反害，是始生多難可知也。君臣倡治，豈无難哉？然屯有二義。一爲屯難，剛柔始交而難生是也。二爲盈。《序卦》云：「有天地，然後萬物生焉。盈天地之間者惟萬物，故受之以屯。屯者，盈也。」是爲二義。

以人事言之，自古聖賢未有不由險難成名。若文王囚羑里，周公攝政，有管、蔡之流言。仲尼厄于陳，畏于匡，拔樹于宋，削跡于魯。孟軻有藏倉之困，齊梁之君以爲迂闊。是皆出于險難，而後能興事業于當時，或垂名教于後世。是以君子之人，將欲立功、立事，不可以時而不往，世難而不行。雖小人之譖毀、傾險，安損君子之道哉。且君子之道，獨立不懼而行。若終屯而不行，乃生靈之不幸耳，小人何能掩我哉。唯君子能徧歷險阻艱難，然後可以成名，此聖人明卦之深教也。「元亨利貞」者，此屯之四德，亦天地之四德也。注疏以爲劣于乾，非也。蓋陰陽之始交，必有屯難，萬物由屯難而後生。如春之時，則勾萌畢[1]達，元之德也。夏之時，則物生而大通，亨之德也。秋之時，漸而成之，利之德也。既生，既通，既成，而又于冬幹了之，貞之德也。是屯之四德，亦乾坤之四德也。以人事言之，則君臣始交而定難，難定而後仁著德著。故揚子曰「亂不極，則德不形」，是其拯天下之大危，解天下之倒懸，出民于塗炭，由于難而後仁著也。此元之德也。天下既定，必得禮以總制之，使君臣、父子、兄弟、夫婦，尊卑上下之分不相錯亂。此亨之德也。天下既定，人倫既序，然後保合太和而各得其宜。此利貞之德也。「勿用有攸往」者，此以下專以人事言之。屯難之世，天下未定，萬民未安，不可重爲煩擾之事往而撓之，是益屯也，必在省其刑罰，措其甲兵，輕其徭役，薄其稅斂，以安息之可也。「利建侯」者，夫天下始定，民方息肩于困難，一人不能獨治，政教不能徧及，必建侯分守，使之行上之號令，布上之德教，以各治一國之

[1] 「畢」，康熙本、《薈要》本作「必」。

民，則幽僻遠陋之地无不被其澤。故屯難可以寧，生民可以定也。

《彖》曰：屯，剛柔始交而難生，動乎險中，大亨貞。雷雨之動滿盈。天造草昧，宜建侯而不寧。

義曰：此以下先聖釋文王彖辭之辭也。言謂之屯者，是天地剛柔二氣始交，萬物始生，則必有其難也。「動乎險中，大亨貞」者，此以上下二體言之也。震為動而下，坎為險而上，是動于險中也。屯之初，動而不已，故得大通。言聖人創業，初在險難而教化未濟，故于此動乎險中而不已，則出乎險中而施元亨利貞之四德，以濟天下之民也。「大亨貞」者，釋四德也。不言「利」者，蓋聖人于乾坤二卦既備言四德，故于諸卦有雷雨之澤以生成萬物，而使盈滿于天地之間。若君臣始交，「亨貞」之義也。言屯者，盈也，陰陽始交則有雷雨之澤者，皆略而不舉也。「雷雨之動滿盈」者，此聖人重釋以德澤布于天下，使天下之人皆被其賜而至于盈盛也。「天造草昧，宜建侯而不寧」者，草，草創也，昧，冥昧也。夫天之營造萬物於草創冥昧之時，在聖人則當興制天下之事。然教化未備，人民冥昧而未通，以聖人一己不能獨治，必分建邦國之諸侯，以撫綏其民。是聖人于此之時，豈得安寧而遑暇，宜急急以治屯也。

《象》曰：雲雷屯，君子以經綸。

義曰：此先聖《大象》之辭也。言「雲」而不言「雨」者，蓋雲者畜雨將降之時也。故君子法此之象，當屯難之世，撥亂反正，施教行化，興天下之澤以蘇天下之民物，是天地經綸之始也。故又有雷動于下，將興雨利，除天下之害，以經綸當世之務也。

初九，磐桓，利居貞，利建侯。《象》曰：雖「磐桓」，志行正也。以貴下賤，大得民也。

義曰：「磐桓」者，不進之貌。言初九居屯難之初，天下方定，不可煩擾于民，故磐桓然，不遽而進。然身

雖磐桓，而其志在經綸天下不失其正也。「利建侯」者，以其天下至廣，不能獨治，況當屯難之世，生民方

定，必須封建聖賢之諸侯以康天下不失其正也。《象》曰「志行正也」者，此先聖《象》辭，言身雖不進，然志在

經綸天下，所行不失其正故也。「以貴下賤，大得民也」者，此言初九以一陽居眾陰之下，是以崇貴而謙處

于下，屈己而就卑者也，故身能禮下賢善，而民心莫不歸之。

六二，屯如邅如，乘馬班如，匪寇，婚媾。女子貞不字，十年乃字。《象》曰：「六二」之難，乘剛也。「十年乃

字」，反常也。

義曰：屯，難也。邅，迴也。如，語辭也。言六二與九五為正應，而下乘初九之剛，欲乘馬而行，往應于

五，則以其難在于初，故邅迴班旋而不敢進也。「匪寇，婚媾」者，「寇」謂初也，言六二若非初九為寇于己

也，則上與五為婚媾矣。「女子貞不字，十年乃字」者，女子，以陰言之，未有所從者也。蓋此六二以陰居

陰，正也；處下卦之中，中也。六二能居中得正，不以初九為寇于己而下從之，是女子能守正不變，不為

初之愛字者也。「十年乃字」者，十年，乃天地之終數也。數終則反常，難釋則亨來，是以中正之女，至此

十年難極，則可以受九五之愛字也。《象》曰「六二」之難，「乘剛也」者，言六二所以邅迴班旋，乘馬而不敢

進者，蓋以陰柔之質而乘初九之剛也。「十年乃字」，反常也」者，言于十年難終之後，得從九五之應，是

反得常道也。此爻施之人事，猶君子守正，專應不妄有所從者也。

六三，即鹿无虞，惟入于林中。君子幾，不如舍，往吝。《象》曰：「即鹿无虞」以從禽也。君子舍之，「往吝」

窮也。

義曰：即，就也。虞，虞人也。以畋獵言之，欲就其鹿而无虞人導之，鹿不可得也。夫六三以陰居陽，本

失正也。夫人之不正，則雖君子能博施者亦不愛于己矣。上又无應，若往求于五，五屯其膏，自與二為

應，必不見納。若下求于初，初又有六四之應，則是以不正而妄動，上下皆不獲其安。故君子立身處世，

則必內畜其德，外潔其行，而存心于聖賢自任，以天下生靈之重，不為躁進妄動，君子之援

引，以為先容，則位可得而道可行也。今以不正之質，而又不畜其德，不潔其行，但以躁進妄動為心，而又

无君子之援，是其往必无所得也。故若欲就其鹿，无虞人援引度其可否，則鹿必不可得，而徒入于林中而

已，何所獲哉！「君子幾，不如舍，往吝」者，注疏謂「幾」為語辭，非也。蓋「幾」者，有理而未形者也。君

子之人能知之先見，知微知彰，度其所然，正身而動，知其進退无所適」而又无其援，必不利矣，則不如舍

之。是能豫決其可否，知幾之君子也。若不能如是，而務為躁進，必取其悔吝也。《象》曰「『即鹿无虞』，

以從禽也」者，凡飛走可擒獲者皆謂之禽，故《曲禮》曰「猩猩能言，不離禽獸」，又《書》云「无禽荒者皆可擒

取」之義也。六三雖欲即鹿從禽，然而无虞人以度其可否，雖有鹿亦不可得也。鹿即喻干祿、財利之謂

也。「君子舍之」，「往吝」窮也」者，此聖人為妄求躁動之戒也，故《繫辭》云：「君子安其身而後動，易其心

而後語，定其交而後求。危以動，則民不與也。懼以語，則民不應也。无交而求，則民不與也。莫之與，

而傷之者至矣。」今六三居屯難而求進，是危以動也；非應而往，是懼以語也；以无虞而求鹿，是无交而求

也。如此而往，則速其悔吝，困窮可知矣。

六四，乘馬班如，求婚媾，往吉，无不利。《象》曰：求而往，明也。

義曰：此一爻誠可謂知幾之君子也。然己守正而无求于陽，故待初九之來求于己以爲婚媾，然後往而應之，則獲吉而无所不利也。若君子雖懷才蘊德，有聖賢之事業，然亦不可以己而求于人，必待其人再三見求于己而往，則道可行。故伊尹耕于有莘之野，由湯三聘而後往，以堯舜之道覺天下之民是也。《象》曰「求而往，明也」者，言六四居其正而能知其幾，性修智明，不爲妄動，必待人求于己，然後往而應之。果非君子性修智明，其能與于此乎？

九五，屯其膏，小貞吉，大貞凶。《象》曰：「屯其膏」，施未光也。

義曰：凡爲人君之道，當如天之造物，雲行雨施，滿盈天下，使萬物无不被其澤則可也。《書》曰「无偏无黨，王道蕩蕩」，此爲君者所當然也。今九五據至尊之位，而反屯難其膏澤，專應在二，不及于衆，是但能煦煦之仁，子子之義，私己之親，偏己之應。若施之一家，則可以澤一家；若施之一國，則可以澤一國；若施之天下，則无以濟。是恩澤不及于廣遠，使天下之人无以慰其望，是以小貞則吉，而大貞則凶也。是所施膏澤不至光大也可知，故《象》曰「施未光也」。

上六，乘馬班如，泣血漣如。《象》曰：「泣血漣如」，何可長也？

義曰：此言上六處一卦之上，最居屯難之極。欲應于五，五屯其膏而无所告也。固若鰥寡孤獨，失職之

民，不得其所而罹于塗炭之中，无所告愬者也。五既澤不及于己，三又失其正應，故乘馬班旋而不得進，泣血相續而无所愬也。《象》曰「泣血漣如」，何可長也」者，此先聖之微旨，非謂上六也，蓋責其爲君臣之道也。夫人君者不欲一夫有失其所，一物不遂其性。爲人臣者，又當佐君力行之。今人見赤子墜井，自非親戚，皆將匍匐而救之。況爲民之父母，豈可使斯民有此屯難之事，泣血漣如而无所告哉？是不可使之長如此也。是不可長者，蓋責其爲君臣之道也。此先聖之微旨，然自古以來，獨伊尹可能當此也。

蒙

坎下
艮上　蒙，亨。匪我求童蒙，童蒙求我。初筮告，再、三瀆，瀆則不告。利貞。

義曰：蒙，即蒙昧之稱也。凡義理有未通，性識有未明，皆謂之蒙。所以次于屯者，按《序卦》云：「屯者，物之始生也。物生必蒙，故受之以蒙。」又曰：「蒙者，物之稚也。」言若人之幼稚，其心未有所知，故曰蒙也。「蒙，亨」者，言蒙昧之人，其性不通，其志不明，必得賢明之人舉其大端以開發之，則其心稍通，通而不已，遂至大通。亦若民之生，雖懵然無所知，冥然無所明，必得在上賢明之君善教化之，教化之不已，則知禮義而至于大通，故曰「蒙，亨」也。「匪我求童蒙，童蒙求我」者，我，謂賢明老成之人也。言非是賢明老成之人，往求童蒙者而告之，蓋是童蒙之人，其性不明，其志不通，思其開釋而來求于我，我則告之。亦若賢明之君，非是己欲自求于民而治之，蓋其民無知，不能自治，思欲開發暗昧之心以求于己，則己然後居其位，明教化以導之。是以古之聖賢在上者，其處心積慮，非樂居于權位好處于富貴，蓋民來求治于

我，我當治之。亦以天之生民蚩蚩者眾，无所知識，須得聖賢之人以治之。以堯舜居之而不爲樂者，是聖人之本心也。「初筮告，再、三瀆，瀆則不告」者，筮，所以決疑也。言童蒙之人不能自明志，有所疑來決于己，而己舉其大端一理以明告之，而蒙者必當精思其可否，深慮其善惡，然後可以大通其志。若或不思不慮，而其性不達，以至于再、于三求告于老成之人，則其事煩而瀆亂矣。故仲尼曰：「舉一隅不以三隅反，則吾不復之矣。」故古之時，有朴作教刑，以至蒙昧之人不復告之，告之而不慮，則有鞭朴夏楚之刑以戒之。亦如蒙昧之民求治于在位者也，聖賢之人在上，則道之以教化，漸之以禮義，有或不能以自通，以至反善趨惡，瀆上之化。故古之時有明于五刑以弼五教以正之，是言再、三瀆亂，則不復告之而有懲戒之刑也。「利貞」者，此言亨蒙之道當利以正也，故先聖曰「子帥以正，孰敢不正」言必以正道開發于人也。

《彖》曰：蒙，山下有險，險而止，蒙。「蒙，亨」以亨行，時中也。「匪我求童蒙，童蒙求我」，志應也。「初筮告」，以剛中也。「再、三瀆，瀆則不告」，瀆，蒙也。蒙以養正，聖功也。

義曰：艮爲止，爲山。坎爲險，爲水。山之下有險，室塞而不通，則是蒙之義也。夫水之性无不下，導之則爲江爲海，止之則爲潢爲汙。今止而未決，是其有蒙之象也。「『蒙，亨』，以亨行，時中也」者，言蒙昧之人智性既未明，而賢明老成之人必以一理而決之，使其由稍通以至于大通，如此是以亨通而行，皆得時之中也。「匪我求童蒙，童蒙求我」，志應也」者，言非賢明老成之人求于童蒙之人，蓋童蒙之人來求決于賢明老成之人也。既來求決，則賢明老成之人當告以善道，是上下之志相爲合應也。「再、三瀆，瀆則不

告』，『蒙，昧也』者，言蒙昧之人既來求決于賢明之人，賢明者但開發一隅而告之，其蒙者既得賢明之人之告，必

當思慮之，自一隅以至于三隅，然後可通也。今若不思不慮，以至于再、于三而瀆問于賢明之人，則賢明

之人不復告之，以其不能思慮，而自瀆亂于蒙者也，孔子曰「學而不思則罔」是也。「初筮告」，以剛中也」

者，剛中，謂九二也。言九二以剛明之德而居中，是能以剛中之德而發其蒙昧者也。「蒙以養正，聖功」

者，此言聖賢外能蒙昧其德，而內養其至性，至誠不息以育其德，是其聖賢之功也。此正合「潛龍」之義：

始卷懷其才德，而終存心于天下後世。怪民不知蒙養正之意，乃退身于山林，是豈聖賢之功乎？

《象》曰：山下出泉，蒙。君子以果行育德。

義曰：言泉之始發于山下，未有所之，則必待決導之，然後流注而至爲江爲海。于未決之前，雖出於山之

下，而未有所適，是蒙之象也。「君子以果行育德」者，言君子之人，則當果決其行，而力學、審思、強問、篤

行，使其性明志通，又且養育其德，以修其志，使其道之大成，至于聖賢而後已，然後發其所畜，以教化于

人也。

初六，發蒙，利用刑人，用說桎梏，以往吝。《象》曰：「利用刑人」，以正法也。

義曰：據此一爻注疏之解，以爲初六在屯難之後，居蒙昧之初，不能自明，而上得九二之陽以照于己，遂

發其蒙。蒙昧既發，則志遂明，于事而无所疑，可以用刑于人，或說其罪，无所不當也。今則不取，蓋此一

爻乃亨蒙之法也。初六居蒙之初，久在蒙昧不能通明，必得在上聖賢之君，申嚴其號令，設張其教化，以

開示之，使得其曉悟，故曰「發蒙」也。若其性識至昧，雖得號令教化開發之，而尚不通曉于心，反善趨惡，

犯君之教化，則賢明之君當用刑罰以決正之，故曰「利用刑人」也。然又其間久在蒙昧之時，不

知教化，過而爲之，以至遭桎梏之苦，始曉悟而自悔，則聖賢之君又當肆赦之，《書》曰「舊染污俗，咸與維

新」是也，故曰「用說桎梏」也。「以往吝」者，言凡刑法者，小懲而大戒，刑一而勸百，使天下之人皆遷善而

遠罪，是不得已而用之也。《語》曰：「上失其道，民散久矣。雖得其情，則哀矜而勿喜也。」不可恃己之

勢，肆己之威，快己之欲。用之以往，无有休已，則自取悔吝也。

九二，包蒙吉，納婦吉，子克家。

《象》曰：「子克家」，剛柔接也。

義曰：初六「發蒙」，蒙之小者也。上九「擊蒙」，蒙之大者也。而餘四爻皆陰柔之質，惟此九二以剛明之

德居下卦之中，是居得其中者也。夫剛則能斷天下之事，明則能察天下之微。有剛明中正之德，則天下

之賢不肖者皆從而歸之，天下之蒙昧之人皆樂而求之，而己能包容，无所不納，故曰「包蒙吉」。「納婦吉」

者，婦，所以助己而成治也。以上下三爻皆陰柔之質，故稱婦也。然其中必有賢者能者，而九二又能納之

以助于己，蓋言九二居人臣之位，正應于五。五爲至尊，而以柔順之質專委于二，荷天子之重任，掌天下

之繁務，其責至重，雖有剛明之德亦不能獨當之，必在廣納天下之賢才以相輔助，然後可以成治也，故云

「納婦吉」也。「子克家」者，言有包蒙納婦之吉，施之人子，則可以幹父之事而克集一家之治；施之人臣，

則可以幹君之命而克成天下之治也，故曰「子克家」。《象》曰「子克家」，剛柔接也」者，言六五與九二爲

正應。上以柔順而接于下，父之慈也；下以剛明而奉于上，子之孝也。父子之義相交，則家道成也。君

臣之義相交，則天下治也。是六五之君能以柔順之道下委于九二之臣，九二之臣能以剛明之德上奉其六

五之君，是則剛柔相接而克成其治也。

六三，勿用取女。見金夫，不有躬，无攸利。《象》曰：「勿用取女」，行不順也。

義曰：「金夫」者，剛陽之人也。六三以陰柔而居陽，位本不正也。以不正之女，不能順守婦道，比近九二

剛陽之人，故起躁求之心而欲遽從之，是不有其躬，非清潔之行，故聖人戒之曰：勿用取此六三不正之女

也。「无攸利」者，言六三之女，以不正之質而從于剛夫，則必盡其一家之事，亦猶不正之臣以此道而事

君，必害其天下之治。復何有所利哉？《象》曰「勿用取女」，行不順也」者，先聖所以言勿用取此女者，

以其不正之質，而又躁求于金夫，不待夫求見而自遽應之，是行不順也。

六四，困蒙，吝。《象》曰：「困蒙」之吝，獨遠實也。

義曰：六四以陰柔之質居蒙昧之世，又處陰之位，上既遠上九之陽，下又遠九二之陽，在二陰之間，无陽

以發明于己，困于蒙暗，不得通達，故有悔吝。是以自古聖賢未有不自擇師取友，親仁善鄰以成者也，故

子貢問爲仁于仲尼，仲尼答曰：「工欲善其事，必先利其器。居是邦也，事其大夫之賢者，友其士之仁

者。」夫賢者事之仁者友之，以相訓導，以相琢磨，未有不成其道業者。果能此道，則雖愚必明，雖弱必強，

則自小賢以至于大賢，自大賢以至于聖人也。故孔子又曰：「里仁爲美，擇不處仁，焉得智。」言人之所居

必擇仁者之里而處之，觀其動作必中于道，觀其言語必中于義，出入游處，日漸月摩，雖有凶子頑弟，未有

不率而至于善者。又若孟子之母三徙其居，而卒使其子爲萬世之大賢，是由母能親仁善鄰之力也。今六

四不能親仁善鄰，故至于困窮而有悔吝也宜矣。《象》曰「困蒙」之吝，獨遠實也」者，夫陽主生物，故爲

實。今六四既遠上下之剛陽，至于困窮而有悔吝，是遠于陽實，故曰「獨遠實也」。

六五，童蒙，吉。《象》曰：「童蒙」之吉，順以巽也。

義曰：六五陰柔之質而居陽位，至尊之極也。內有剛德，可以通天下之志，外示柔順，足以專任臣之道，故獲童蒙之吉。非六五柔順之德，无以委任九二剛明之臣，非九二剛明之才，无以當六五委任之重，故此能專權委寄，所謂勞于求賢，逸于任使，不勞聰明，垂拱而自治者也。《象》曰「童蒙」之吉，順以巽也」者，以陰柔居至尊，是順也，能專任于賢，而以柔接之，是巽也。

上九，擊蒙，不利爲寇，利禦寇。《象》曰：利用禦寇，上下順也。

義曰：據初九是蒙之小者，故曰「利用刑人」。凡昧于理者皆謂之蒙。若爲臣不盡臣之忠；爲子不盡子之孝，爲弟者當奉于兄，而反爲輕侮之事；爲兄者所以友于弟，而反爲傷虐之行；爲士者所以守義，明先王法則，以正流俗，而反爲偷薄之行；爲農者所以力穡務本，而反爲怠惰之事；爲工者所以作器用以利于人，而反爲彫巧之弊，而商者所以通濟有无，而反爲侈靡之異。是皆反于常理而蒙昧之小者，故用刑法以正之。今上九乃是蒙之大者，若諸侯羣臣所以佐天子而反爲叛逆之醜，若夷狄所以柔服于中國而反爲叛亂之孽，罪深惡大，非五刑所能制，必在興師動衆以征伐之，故曰「擊蒙」也。「不利爲寇」者，夫兵，凶器也，戰，危事也。若逞其凶器，肆其危事，以自寇于人，往必不利。故秦之始皇，漢之孝武，隋之煬帝，皆貪一時之欲，恃一己之威，窮兵黷武，長征遠伐，使天下之男死不得緣南畝，天下之女罷不得就蠶室，而勞于餽餉，流離四郊，以至老母弔其子，幼婦哭其夫，怨毒之氣徹于骨髓，愁痛之聲淪于腸胃，此皆爲寇不利之

明效也。言「利禦寇」者，言征伐之事非務乎窮兵黷武，蓋在于禦難備害而已。若三苗之民反道敗德，而

舜征之。葛伯有先祖之奉而不祀，有千乘之富而奪人之餽餉，湯始征之。昆夷獫狁爲華夏之難，而文王

討之。三監叛周，而周公誅之。四夷交侵，宣王伐之。此皆利于禦寇之明效也。《象》曰「利用禦寇，上下

順也」者，言諸侯之叛逆，四夷之不賓服，人神之所共怒也，故聖人選兵簡將以擊之，則上下之心无不承

也。《中庸》曰：「喜怒哀樂發而皆中節謂之和。」若此，可謂怒中其節也，上下安得不順承之哉。

䷄
乾下
坎上

需

需，有孚，光亨，貞吉，利涉大川。

義曰：需訓爲須，須待也。需所以次于蒙者，按《序卦》云：「蒙者，物之稚也。物稚不可不養，故受之以

需。需者，飲食之道也。」夫需又爲濡潤之義。物在蒙稚，必得雲雨以濡潤之。人在蒙稚，必得飲食以濡

潤之，以養成其體也。謂之待者，蓋卦之二體，乾在下必務上進，既欲其進，而又險在于上，于是見險而

止，猶君子以險難在前，故待時而動，不妄求進，是須待之義也。「有孚，光亨」者，此指九五而言也。故卦

辭或統論一卦以明其體，或因一爻以明其德。此需是九五當其義，故指而言之，以明其德。孚者，由中之

信也。光，明也。亨，通也。夫九五以陽明之德，處至尊之位，有由中之信以待于物，物亦以由中之信接

于己，上下交相，以至誠之道浹洽于天下，其德乃光明而亨通也，故曰「有孚，光亨」也。「貞吉」者，言九五

以陽居陽，得正者也。夫既有由中之信接于物，必須濟之以正乃獲其吉也。若信而非正，則入于邪僻，故

先聖云「信近于義」，又曰「子帥以正，孰敢不正」，故曰「貞吉」。然則此非止于九五人君之道獨當然。若凡在位者能以正信之道接于下，則下亦信之而從正也。若父子之間以正信相接，則不陷于不義。是凡為人者，有由中之信，皆當正而行之乃得吉也。然既以正信接于人，而人亦以正信歸于己，以此而濟大難，何不利之有？故曰「利涉大川」。

《彖》曰：需，須也。險在前也。剛健而不陷，其義不困窮矣。「需，有孚，光亨，貞吉」，位乎天位，以正中也。「利涉大川」，往有功也。

義曰：需者，濡潤飲食之謂也，亦謂須待之義也。「險在前也」者，此以二體明之。坎在上，為險。乾在下，務于上進，而坎險在上，是以待時而動，不躁求安進，故曰「需，須也，險在前也」。「剛健而不陷，其義不困窮矣」者，此言雖險阻在前，而下之三陽皆剛明至健之人，必有欲進之心也。然而既剛且健，其進又不躁不安，固不陷溺于險難之中，而其義不至困窮矣。「需，有孚，光亨，貞吉」，位乎天位，以正中也」者，此言九五之位有剛明之德，居至尊之極。以陽居陽，是正也。又在上卦之中，是中也。既內有由中之信，而外得其正，故得光明而亨通，是處至尊之位而以中正者也。「「利涉大川」，往有功也」者，言有光亨之德，知其可進之時，然後施己之道，又本懷乾健之性，以斯而往，必有成功，故曰「往有功也」。

《象》曰：雲上于天，需。君子以飲食宴樂。

義曰：坎為水為雲，乾為天，今坎在乾上，是雲上于天也。且雲者，畜雨之具也，今上于天，是必反降雨澤于下也。君子觀此需待之象，以飲食養其身，以宴樂寧其神，居易以俟命，待時而後動也。注疏之說，以

飲食宴樂謂童蒙既發，盛德光亨，无所爲而但飲食宴樂而已。觀此，則是教天下以逸豫爲心也。非聖人

之旨，今則不取。飲食者，所以養身也。宴樂者，所以寧神也。是亦樂天知命，居易俟時耳。故君子之于

飲食，非謂肥甘其口腹也。《孟子》曰：「飲食之人无有失也，則口腹豈適爲尺寸之膚哉？」君子之于宴

樂，非謂苟安其身也，所以保其躬，治其心，明其性，是君子樂天知命，待天時之至也。《孟子》曰：「仁義

忠信，樂善不倦，此天爵也。公卿大夫，此人爵也。」古之人修其天爵，而人爵從之，今夫君子之待時也，若

農夫之趨于田也。農者，非不耕耨而可待其食也，非務休逸而可待四時之有成也，必力勤于稼穡，志專于耕

耨，然後春生之，夏長之，秋成冬藏之。如不耕耨，不播種，則四時何有成哉。君子之待時，必須修其仁義

忠信之德，然後可享其位，伸其道也，故曰：「君子以飲食宴樂。」

初九，需于郊，利用恒，无咎。《象》曰：「需于郊」，不犯難行也。「利用恒，无咎」，未失常也。

義曰：郊者，曠遠之地也。按此卦坎在上爲險，乾在下爲健。夫有剛健之德必欲上進，今初九雖是剛健

之質，然而險難在前，故見險而止，待時而動，厄窮而不憫，樂天知命，不務速進，但需待其時遠難而已。

然所以于郊者，郊最遠于水，待之于此，最遠難者也，故曰「需于郊」也。「利用恒，无咎」者，言居无位之

地，又處險難之下，本有咎也，然初九若能守其恒心，不爲困窮而易其節，不以貧賤而渝其志，相時之可

否，可進則進，故得免其咎也。《象》曰『需于郊』，不犯難行也」者，言此初九能見險待時于遠郊之地，是

不犯冒險難而行也。「『利用恒，无咎』，未失常也」者，言俟時而動，不犯難行者，乃有常之君子也，故《中

庸》曰：「君子居易以俟命，小人行險以徼倖。」言君子雖居貧賤，而但守平易之心，不妄動，不躁進，俟時

而已；小人則務險詖其行，以徼恩倖。今初九能守常不變，是君子所爲也。

九二，需于沙，小有言，終吉。《象》曰：「需于沙」，衍在中也。雖「小有言」，以吉終也。

義曰：沙者，近于水，亦平易之地焉。按六四爲險難之初，三最近之，初最遠之，而二居遠近之間，以陽居中。內有剛明之德而處得其中，但守平易之心，需于沙而已。「小有言，終吉」者，言九二將近于難者也。夫險難者，小人陰險之行也。己以君子之道守其中正，不與小人苟合，則小人興讒搆之言以謗于己。然九二動以剛德，行以中道，不顧流俗之毀訾，雖有小人讒搆之言，終不能爲害于己，故曰「需于沙，小有言，終吉」也。《象》曰「需于沙」，衍在中也。雖「小有言」，言九二所以需待于沙者，以中有寬衍之德而居中也。夫小人之言也，如犬之狺狺焉。吠其聲者有之，吠其形者有之，安能爲君子之害？故九二雖有小人之言將害于己，然而終不能害之，自獲其吉也。

九三，需于泥，致寇至。《象》曰：「需于泥」，災在外也。自我致寇，敬慎不敗也。

義曰：上卦坎爲險，又爲水，六四在陰，險之初，而三最近之。夫泥之爲物，最近于水者也。此九三去難最迫，故曰「需于泥」也。「致寇至」者，六四居險難之初，小人之行也。以小人之心毀壞正道，荼毒良民，讒謗君子者也，則君子之人必在敬而遠之。然九三以陽剛君子之德而反不敬遠小人，則己之道何以著于天下？又以至健之質務欲上進，而最迫于小人，故致小人之爲寇也。然九三以陽居陽，雖不及中，且履正者也。以至正之道，又內謹其心，外慎其事，則爲寇之小人終不能陷于己。《象》曰「需于泥」，災在外也」者，《易》中凡上卦爲外，下卦爲內。今九三雖進而至此，然尚未入于難，但迫近六四，是來害己者

在外也。「自我致寇，敬慎不敗也」者，言寇之欲來，皆由己之欲進而自迫之也。然君子所行必中道，所爲必中節，使無毫髮之差，則小人不能窺伺而起害也。今既至此，則固宜恭敬謹慎其所爲，則小人終亦不能克勝也，故曰「敬慎不敗也」。

六四，需于血，出自穴。《象》曰：「需于血」，順以聽也。

義曰：血者，傷之謂。穴者，所居之地也。夫乾之爲體本在于上，今卦反在于下，三陽皆欲上進復其本位。六四以小人陰險之質居險之初而窒塞其中，然下之三陽以至健之德俟時而動，至此皆引類而進六四。雖始欲拒其進，妨其路，然親衆賢之來，其勢度己之力必不能退，故退而避之則始獲安居。如或止而不使之進，是必致衆賢之所害，自待其傷，故曰「需于血」也。「出自穴」者，言若能度己之力不能禦，則退其所居而不敢妨衆賢之進，如此則庶可以免害也。《象》曰「順以聽也」者，夫小人不能與君子敵，今三陽上進，己必柔順以聽，從其所命也。

九五，需于酒食，貞吉。《象》曰：「酒食，貞吉」以中正也。

義曰：注疏之解，謂需之所須，須于天位，何所復需？需于酒食以宴樂而已。若此，則是教人以體逸爲心耳，无足爲法。夫自古聖帝賢王，雖當平治，未敢忘于喪亂危亡及匹夫匹婦之失所者，夕思晝行，以濟于天下，安敢自懷于安逸哉？蓋九五以中正之德，居至尊之位而息于險難，又以由中之信待于物，則天下之賢者樂從之。賢者既樂從之，則必養之。故需于酒食，所以待賢也，亦所以養身也。賢人既養，則天下之賢皆引類而歸之。身既安，則可以暢仁義之道于天下，故曰「需于酒食」。既以酒食待天下之賢，得

其正則吉也，故曰「貞吉」。《象》曰「以中正也」者，言九五居卦之中，是以中也；以陽居陽，是以正也。既

有中正之德，于是用酒食以待賢，所以獲吉者也。

上六，入于穴，有不速之客三人來，敬之，終吉。《象》曰：「不速之客」來，「敬之，終吉」，雖不當位，未大失也。

義曰：上六居一卦之極，以陰柔之質乃復入于穴以獲其安，何則？蓋六四退避不敢妨羣賢之路，九五又

能用酒食以待之，賢者既以仕進不見害于己，故得入其穴以安其居也。●「有不速之客三人來，敬之，終

吉」者，速，召也，言四、五既使羣賢並進，而上六又執柔而得安居，故下之三陽君子皆不期而自應，不召而

自來。然既以一陰而當三陽之應，則是為其主也。上六固當執柔順恭敬，盡其禮而接納之。如此，則終

得其吉也。《象》曰「雖不當位，未大失也」者，言上六既當无位之地，而能恭敬以接納三陽之君子，是能來

天下之賢者也。位雖不當，而有所過失，然亦不至于大也，何哉？夫納賢好善，優于天下，天下之至美者

也。有此至美，雖有過失，又何大哉。

訟

坎下
乾上　訟，有孚，窒惕，中吉，終凶。利見大人，不利涉大川。

● 上「其」字，康熙本、《薈要》本作「于」。

義曰：按《序卦》云：「需者，飲食之道也。飲食必有訟，故受之以訟。」然謂之訟者，上下不和，物情違戾，所以致也。「有孚，窒惕，中吉」者，蓋孚者，由中之信，人所以興訟，必有由中之信實于己，而為他人之所窒塞，不得已而興訟。蓋己直而彼曲，己是而彼非，其間情偽利害雖存，則必具兩造以聽斷于在位之人。然雖己有信實而為人之窒塞，亦須恐懼兢慎而不敢自安，則庶幾免于凶禍。又中道而止，則可以獲吉也。「終凶」者，言能兢懼中道而已則可也。若于訟之時，必欲終成而不已，則聽訟之人必加之以鞭朴之刑，重之以流竄之罪，如此則是凶之道也。「利見大人」者，夫爭訟之所由興，皆由情意之相違戾，上下之不和同。鬪訟一生，姦偽萬狀。然刑獄之情至幽至隱，必得大才大德之人以明斷其事，則情偽利害、是非曲直可曉然而決矣。何則？蓋大人者，才識明達，智慮通曉，雖幽隱纖芥，皆能察辨之，故訟者往求而決之宜矣。「不利涉大川」者，大川謂大險大難也。凡歷險涉難，必須物情相協，志氣和同，則可得而濟也。今訟之時，是其物情違忤而不相得，欲濟涉險難，必不可得。何則？以剛健在上，坎險在下，用剛健而涉坎險，則愈入于深淵，何利之有？

《象》曰：訟，上剛下險，險而健，訟。「訟，有孚，窒惕，中吉」，剛來而得中也。「終凶」，訟不可成也。「利見大人」，尚中正也。「不利涉大川」，入于淵也。

義曰：大凡在上者剛，在下者柔，則不至于不和。在上者巽，在下者險，亦不至于為訟。今在上者既剛，為下者又險，其訟必興，故曰「訟，上剛下險，險而健，訟」。「『訟，有孚，窒惕，中吉』，剛來而得中也」者，此言九二之爻也。以訟之所由興，由己有信實而為人之所窒塞，又兢懼怵惕，得中而止，不敢終竟其事而獲

其吉，是惟九二以剛明之德而處得其中則能然也。「終凶」，訟不可成也」者，爲訟之道，雖有理而見窒于

人，然亦不可久于其事。若必欲成其事，而終竟于訟，則凶禍必及之也。「利見大人」，尚中正也」者，言

九五之爻以剛明居中，又處得其正，獄訟之事皆可決之，是善聽訟之主，蓋所尚者中正而已。「不利涉大

川」，入于淵也」者，大川謂大險大難也。若以訟道入于大險大難，則訟愈深也，故曰「入于淵」，淵即川之

又深者也。

《象》曰：天與水違行，訟。君子以作事謀始。

義曰：天之運行則左旋而西，水之流行則无不東流。以天與水所行既相違悖，則不相得，是訟之象也。

君子之人當法此訟卦，凡作一事必須謀其始而圖其終，使爭訟之端无由而起。以之居一家，興一事，則皆

謀慮其初，使上下和睦而絕閨門之訟。以之居一國，凡造一事，必須謀度其初，使人民和同而絕一國之

訟。若此之類，皆于其始慎慮之，則忿爭辨訟自然可以息也。故孔子曰：「聽訟，吾猶人也。必也使无

訟乎？」其獄訟之事，得明賢之人聽治之，而又謀之在始，則刑可期于无刑也。

初六，不永所事，小有言，終吉。《象》曰：「不永所事」，訟不可長也。雖「小有言」，其辯明也。

義曰：夫剛險相勝，物情違戾，故理有窒塞而事有侵犯，是以成訟也。今此一爻，以柔順之質居下卦之

初，其性柔順，不好爲訟者也。然應在九四，九四以剛強而好訟來犯于己，是以初六不得已而應之。然訟

之所由興，在乎得理而已，不可終竟其訟，故曰「不永所事」。「小有言，終吉」者，興訟之道，若不務終其

事，則聽訟者亦必哀矜之。雖然事理明辨，亦須惕懼戒慎，然後可以終得其吉。今初六其性柔順，不好辯

訟，雖小有忿爭之言，又不終竟其事，故終獲吉也。《象》曰「其辯明也」者，言雖小有辯訟之言，且非己好，蓋九四來侵于己，其理自可明矣。

九二，不克訟，歸而逋，其邑人三百戶，无眚。《象》曰：「不克訟」歸逋竄也。自下訟上，患至掇也。

義曰：克者，能勝之辭。據彖辭言「訟，上剛下險」，則好訟之人也。今九二以剛強之質，又居坎險之中，好爲其訟，而上敵于九五。然九五居至尊之位，而行得其正，今九二以非理訟之，是下訟于上，少訟于長，卑訟于尊，賤訟于貴。此而行訟，何由勝？故曰「不克訟」也。「歸而逋」者，九二既不克訟，若不退歸而逋竄，則禍必及之矣。「其邑人三百戶，无眚」者，言訟不克勝而逋逃，若反據其強盛之國，則是復有敵上之意，故退避于至小之邑而止，三百之戶則可以免其災眚。三百戶，即《周禮·司徒》所謂通十爲成，成一百井，三百家，革車一乘，二十人，徒二十人之邑，是其邑之至小者也。《象》曰「自下訟上，患至掇也」者，掇，拾取之謂也。自外來謂之災，自己召謂之眚。此先聖因象而戒之言。凡人以下而訟上，至于逋逃，蓋自掇取其患害也。

六三，食舊德，貞厲，終吉。或從王事，无成。《象》曰：「食舊德」，從上吉也。

義曰：六三以陰柔之質居坎險之終，其性和同，不犯于物，然而上應于上九。上九之性剛暴，乃來訟于己，己不與之辯爭，故衆人莫克傾覆，時君不爲憎忿，所以保全舊德，是所食爵祿不爲上九之侵奪也，故曰「食舊德」。「貞厲」者，言本亦失正而又介二陽之間，雖得食其舊德，于正道言之亦危屬也。「終吉」者，言此六三雖有危屬，然己不好辯訟，能以順從于上，故終得吉也。「或從王事，无成」者，言六三居一卦之下，

體柔而不敵上，雖有訟于己而已能順之，不爲之辯，是以終爲在上之信任，而人委之以事，及其成功而且

不自恃其力，又不敢居其成，但從王事，守其本位本禄而已，故獲其吉也。

九四，不克訟。復即命渝，安貞吉。《象》曰：「復即命渝」，安貞不失也。

義曰：九四以剛暴之性與物不和，好爲爭訟者也。而初六爲己正應，己以非理訟之，然初能以陰柔之質

不與物兢，雖爲九四見陵而自能辨明，故四于此不能勝之也，故曰「不克訟」也。「復即命渝，安貞吉」者，

即，就也；渝，變也。言九四以非理訟于初，既不能勝，則當反就其好而變爭訟之命，故可安靜守正而獲吉

也。然而九二、九四皆不克訟，二乃逋，四乃吉，何也？蓋二者以下訟上，以卑訟尊，于義不可，是以懼而

逋竄，不敢據其强邑，然後始可免咎。此九四者以上訟下，雖爲不可，然能反其所好，變其所訟，改前之

非，從今之是，此所以獲吉也。《象》曰「復即命渝」安貞不失也」者，九四既復即其命，變其前非，修其正

應之道，守其安貞之德，復何有所失也。

九五，訟，元吉。《象》曰：「訟，元吉」，以中正也。

義曰：九五以剛明之德居至尊之位，爲訟之主者也。以陽居陽，故所行者正，而无過與不及，皆得中道。

而內有剛明之才，則无所偏黨，臨事果斷。以此爲聽訟之主，則可察天下幽隱之情，決天下冤枉之獄也。

然以居中得正，又能決斷无私，以此數德，故獲元大之吉也。

上九，或錫之鞶帶，終朝三褫之。《象》曰：以訟受服，亦不足敬也。

義曰：上九以剛陽之性居訟之極，而下有六三之應，六三又柔順而不與物爭，故此上九訟而能勝也，乃有

聲帶之錫。夫聲帶者，寵異之服也。且上之賜必以禮，下之受必以功，此古之常道。今上九以爭訟忿競

而受其寵異之服，則是賜之不以禮，受之不以功，其爲愧恥可知矣，故于終朝之間三褫之而不能自安也。

褫云者，爲褫奪之褫，又爲恥辱之恥。蓋受之不當其分，則必反覆褫奪而不自安也。何哉？至如有虞之

時，所賜皆以禮，所受皆以功，以至九官尚相遜而不敢當其所賜。況今上九乃因爭訟而受此寵異之服，則

褫不亦宜乎。《象》曰「以訟受服，亦不足敬也」者，言凡授受賜予有差過其分，則君子且不敢當，是恐貽其

羞辱也。今上九以訟而當其厚賜，何足敬尚之哉。

師

坎下
坤上　師，貞，丈人吉，无咎。

義曰：按《序卦》云：「訟必有眾起，故受之以師。師者，眾也。」「師，貞，丈人吉，无咎」者，丈，長也，丈人

者，言能以法度長于人也。《語》曰：「杖者出，斯出矣。」是長之謂也。夫興師動衆，其賞罰號令必一。賞

罰號令既一，則羣聽不惑，衆心皆歸，則天下之人合志畢慮，同心戮力，可以立大功于天下也，此乃長子帥

師，以中行者是也。若賞罰號令出于二三，則羣聽必惑，衆心無所適，從而上下違背，離心離德，則兵戰之

功无由而成也，故師或興尸，大无功者是也。然師卦之中最得其正者，唯九二而已。然此一卦五陰一陽，

而九二獨以剛陽之德居得其中，爲六五之委任，是將之有材有德而又有其權位者也。如是，則可以興師

動衆而不失其將兵之道，以役天下之人，使皆同心戮力，悦從于上而无怨望者也。然須吉而无咎者，夫兵

之所動，生靈之性命、社稷之安危皆繫之。若一失其機、一失其道，則血肉生靈板蕩天下，其爲禍不細矣。

故在將兵者，以恩威兼濟而協民之心，合民之力，而使不失其機變，不失其威權，必致成功大吉，然後可以

无咎也，故曰「師，貞，丈人吉，无咎」。夫所謂丈人者，莊嚴之稱。言必須以威猛剛强，然後可以陳師鞠旅

而役毒師衆，此未盡其旨。何則？凡用兵之道，必剛柔相濟，恩威相須，然後可以戡難成功。或第莊嚴

其色，慄其威貌，夫何益哉？

《象》曰：師，衆也。貞，正也。能以衆正，可以王矣。剛中而應，行險而順，以此毒天下而民從之，吉又何

咎矣。

義曰：師者，衆之稱。貞者，正之謂。故曰「師，衆也。貞，正也」。此言于丈人獲吉者，蓋能以法令長于

人，統其衆，帥其民，使天下之人皆同心戮力而歸正，則其丈長之人如此而可以王天下矣。凡言王者，天

下之所歸于己者也，即湯武之兵戡亂而王是也。「剛中而應」者，此指九二而言也。言九二以剛陽之德而

處得其中正，上應于六五之君，爲六五之君所委任，是以居于中正，有將帥之才也。其體剛陽，剛陽則明

斷，有將帥之德也。而又爲五所注意，有將帥之任也。故能興師動衆，使天下之民畢從之。何哉？蓋

將兵之道，若剛而不中，則失于暴，暴必傷物。明而不中，則失于太察，太察則不能容民，而士不附，皆失

所以將兵之道也。故此有中正之德，有剛明之才，又爲君之所寵任，兼此數長，故可以成必戰之功而協從

于天下也。「行險而順」者，此據二體而言也。坎爲險，坤爲順。以興師之道，天下之至險也，何哉？夫

兵，凶器也。戰，危事也。其征伐一出，則安危隨之，豈非至險乎！然而行此危險之事，必須順于物理，

協于民心，然後得爲師之道也。「以此毒天下而民從之吉」者，此言以剛中之才德役使天下之民，而民皆悅隨，乃得其吉。既得其吉，何過咎之有？故曰「又何咎矣」。

《象》曰：地中有水，師。君子以容民畜衆。

義曰：坎爲水，坤爲地，以地至博厚而水行其中，无所不容，此師卦之象也。君子法此師卦之象，包容其民，畜聚其衆，是得爲師之道也。故將驅民于兵，戰則必須以恩信而懷結之，以仁義而畜養之。及其臨事而使，則人之從也雖死而不怨，故曰「君子以容民畜衆」。

初六，師出以律，否臧凶。《象》曰：「師出以律」，失律凶也。

義曰：師，衆也。律，法也。言行師之道，役其羣衆，在于事始未必盡從，故或勇或怯，或逆或順。如此，則宜何爲？須在將兵者必有法律以制之，使進者必進，退者必退，然又不可失其威嚴。蓋戰鬥之事，動驅民于死亡，非如此，則莫可爲之統率也。故初六者，居卦之下，爲出師之始，必當用之以道，制之以威，動靜之間不可一失其法律也。「否臧凶」者，否，不也，臧，善也。言爲將統衆于一動一止之間，捨法律則不可。苟不以法律，則行伍無以齊一，衆心无所適從。故雖偶有一策能屈于人，能勝其敵，是皆一時之幸然，于長久之策終至于凶也，故《象》所謂「失律凶也」。

九二，在師中，吉，无咎。王三錫命。《象》曰：「在師中，吉」，承天寵也。「王三錫命」，懷萬邦也。

義曰：夫九二以剛陽居下卦之中，爲六五柔順之君之所信任，是用剛而不失其威嚴，居中而所行无過无不及，而又有權有位，可以出奇策立功、立事于國家者也。何則？夫將兵統衆，柔而无剛，則失于怯懦而

不能斷，剛不居中，則過不及皆有之。既剛而中，苟不見任于君，則雖有胸中之奇萬全之策，无所施也。

今九二於此數事皆備有之，故統兵出征必立其功，是能以中而獲吉也。「无咎」者，夫兵者，國家之大事，

社稷之安危，生民之性命所繫。苟一失其道，咎莫大焉，必獲其吉，然後可以无咎也。故曰「在師中，吉，无

咎」。「王三錫命」者，言九二既爲六五之信任，是其有才有德而又承其權位，酌行中道，不失爲師之義也，

故王者再三錫其命。所謂三錫者，一命受爵，再命受服，三命受車馬也。然九二所以致其賜者，蓋人君以

忠良難偶，才不易得，又況于不常之事而立不常之功，故所以稠厚其賜也。《象》曰「在師中，吉」，承天寵

也」者，言九二以剛陽居中，然能在師旅之間成立其功，蓋應于五而六五能信任之，使己之才德可以運籌

決勝，扶衛社稷，是能上承天寵然也。「『王三錫命』，懷萬邦也」者，此又言承上王再三之錫命者，蓋由得

將之才德備而盡所以用兵之道。以卦體終始六爻，獨此九二有剛中之德，爲師之主，上下莫不歸之，是有

懷萬邦之象也。

六三，師或輿尸，凶。《象》曰：「師或輿尸」，❶大无功也。

義曰：輿，衆也。尸，主也。六三居下卦之極，以陰居陽，失位不正之人也。以六三當行師之時，是不能

專一號令，紛揉羣聽，在衆皆得以主之也。以此而行，則凶可知矣。《象》曰「大无功也」者，此言出軍行

師，其動作必以律，進退必以法，精練士卒，整一行伍，或天時不得，或地利不順，以至无功而敗于敵。又

❶ 「師」，原誤作「尸」，今據康熙本、《薈要》本改。

況六三以不正之陰柔，使號令二三，而衆得主之，則是大无功者也。

六四，師左次，无咎。《象》曰：「左次无咎」，未失常也。

義曰：次，止也。按《春秋》莊二年冬，公次于滑；八年，師次于郎，以俟陳人蔡人。是皆次者，止之義也。

夫師必尚右。右者，陰也，陰主于殺。左者，陽也，陽主于生。今六四不右而左次之，是止而不進之義也。

既不進，則是志不在于殺者也。何則？夫六四以陰柔之質，本无剛嚴果斷之德，不能成戰陣之功，但次

止其兵而无肅殺之意，以此而行，則是量時度力，不蹈于禍。雖无功于大事，止獲保全而免其凶咎而已

矣。《象》曰「『左次无咎』，未失常也」者，言六四雖不能統衆成戰陣之功而次止其師，然亦不失其常也。

六五，田有禽，利執言，无咎。長子帥師，弟子輿尸，貞凶。《象》曰：「長子帥師」，以中行也。「弟子輿尸」，

使不當也。

義曰：夫田野之有禽，則是害苗稼，固當獵取之。天下有姦詐之人，則是犯王之命，固當征討之。蓋姦臣

賊子，雖治平之世亦不能无，但在上之人即時誅之，不可使滋蔓，其牙蘖必務翦除而清其亂也，是如田之

有禽必傷害苗稼，固獵而去之可也。「利執言，无咎」者，夫兵者，凶器，聖王不得已而用之，用之者所以誅

不廷而討不軌也。然而征討之事，聖人固不當親往之，所利者但執彼之不順之言，遣將而征討之可也。

以此而行，于義自得其无咎矣。「長子帥師」者，夫長子止言九二之爻也。言九二有剛明之才，中正之德，

能統一師衆，又爲六五所委任，故能帥其衆，同心戮力以赴難，然後獲其成功也，是長子帥師之效也。「弟

子輿尸，貞凶」者，弟子止謂衆陰之爻也。輿，衆也。尸，主也。夫統兵舉衆，必使號令齊一，法律中正，然

後能成戰陣之功。或任以柔弱之質而復衆主其兵，號令賞罰出于二三，以至衆有離叛之心，又不能成戰陣之功，以正道則凶也。

上六，大君有命，開國承家，小人勿用。《象》曰：「大君有命」，以正功也。「小人勿用」，必亂邦也。

義曰：夫初六者，行師之始也，當以法律而用之。今上六居用師之終，賞功之際，是大君有賞賜之命也，故曰「大君有命」。「開國承家」者，功大，則開建一國以爲之諸侯也；功小，則承一家以爲卿大夫也。「小人勿用」者，夫兵家之道，動以萬數，故所任之人，或以勇力，或以謀智，是必有小人廁于其間，未必皆賢也。是以成功之後，居上者論功定賞，差次其秩，必審其可用不可用。若是賢人君子，運謀智而決勝者，則當封之公侯，爵之卿大夫可也。蓋君子雖獲大功，而无矜伐之心，雖位尊權重，又无驕慢之志，寵盛則益恭，爵崇則愈謹者也。若小人，得一小功則希其大賞，使之在高位，必生驕慢，驕慢生，則覬覦之心熾，是堅冰之漸所由來矣。然則小人宜如何而置之？錫之金帛，厚之田宅可也；若賞之以大位，則不可也。以是庶可絕覬覦而窒禍階也。是故漢之高祖以韓、彭、英、盧之輩而王天下，及其賞功，則封之列國，授之大權，然其終亦不免叛逆之禍而幾至于喪亂也。後光武中興有天下，雖臣有大勳大功，亦但賜之金帛土田而已，此誠英斷睿哲，深謀遠慮，先天下之禍亂而思之，合聖人之微意，得「小人勿用」之深旨者也。聖人于此切戒之，言勿用此小人居于大位，若其用之，必至于亂邦也。

坤下
坎上　比

比，吉，原筮，元永貞，无咎。不寧方來，後夫凶。

義曰：比者，相親比之義也。「比，吉」者，言所以得吉，蓋上下順從，衆心和睦，則禍害不生，故由此而得吉也。「原筮，元永貞，无咎」者，原，究也。筮者，決疑之物也。元，善之長也。貞，正也。言人之所相親比，不可不慎也。若所比之人善，則爲吉爲美也。若所比之人惡，則爲凶爲禍也。故當原究其情性，筮決其善惡，必須有元善之德，永長而不變，守正而不回。有此三德，故可親附之，獲其吉而得无咎也。苟三德不備者，未盡所以相親附之道也，則凶咎將至焉。是以君子之人居官則親其同僚，爲士則親其朋友，以至閭里則親其賢善之人，如此則皆可以獲其无咎也。「不寧方來」者，寧，安也，方，將也。言有此元、永、貞三德之人爲比之主，則人將親比之，然後獲其安也。是以天下之人，其有不安者，有不得所者，率將輔從于賢善之人，則此相親比者無不獲其利，而无不得其所從也。「後夫凶」者，言在上爲比之主，能使天下之人皆悦而來親比。然天下之人既至親比，其有後至而不從者，則必爲居上之人所誅戮也。故昔夏禹會于塗山，執玉帛者萬國，獨防風恃强而後至，爲夏禹之所戮，此其後夫凶之驗也。

《象》曰：比，吉也。比，輔也，下順從也。「原筮，元永貞，无咎」，以剛中也。「不寧方來」，上下應也。「後夫凶」，其道窮也。

義曰：「比，吉」者，此統明比卦之義，言人之所以相附近，由其志意符契而无所相違，以是爲比，故獲其吉也。「比，輔也」者，言人之所來比于上，由其有元、永、貞三德之人爲比之主，以是天下之人皆悅慕依輔之也。「下順從也」者，言此比之卦惟九五一爻，以剛陽之德而居尊位，爲比之主，使下之衆陰皆來親附而順從，是蓋居上者有德以率服之然也。「原筮，元永貞，无咎者，蓋其以剛陽之德居上卦之中故也。「原筮，元永貞，无咎」，以剛中也」者，言九五以剛陽之德居于尊位，上下衆陰皆親附于己，至于不寧之人罔不來應也。「不寧方來」，上下應也」者，言九五所以爲天下之人來比附而无咎者，蓋其以剛陽之德居上卦之中故也。「後夫凶」，其道窮也」者，言九五以剛陽之德居于尊位，至于不寧之人不來應也。「後夫凶」者，親比之時己獨後人，是比道已窮，其凶也不亦宜乎。

《象》曰：地上有水，比。先王以建萬國、親諸侯。

義曰：坤下，地也。坎上，水也。且地得水則潤澤，水得地則安流。今地上有水，乃合和親比之象也。「先王以建萬國、親諸侯」者，言比之大莫大于建國親侯，是以先王法此象，建萬國，使相親附其諸侯，使之和協，然後天下四方皆可以使之親比也。且諸卦言「君子」而此獨言「先王」者，蓋建國親侯莫非天子之事也，故止言先王。凡能君臨天下愛萬民，通謂之君子。又諸卦或言「后」者，天子、諸侯之通稱也。

初六：有孚比之，无咎。有孚盈缶，終來有它，吉。《象》曰：比之初六，「有它，吉」也。

義曰：凡親比之道，貴心无係應，光大其志，來者見納，則得爲比之道也。今初六處比卦之初，以柔順之質而上无專應，是有由中之信，行親比之道，自然不蹈于咎過者也。「有孚盈缶」者，缶，即素質之器也。凡親比之人，苟无由中之信，雖豐其禮，盛其器，以接于物，終无有信之者，今以至約之禮、至儉之器也。

然此初六本有至信發之于中以接于物，雖此質素之器以其信而盈溢之則合于親比之道，所以獲吉也。故《左傳》曰：「苟有明信，澗、溪、沼、沚之毛，蘋、蘩、薀藻之菜，筐、筥、錡、釜之器，潢、汙、行潦之水，可以薦于王公，可以羞于鬼神。」夫以鬼神之尊，王公之貴，以此微薄之物尚可爲薦羞，蓋以至誠爲之本而物爲之末也。「終來有它，吉」者，蓋此初六本負廣大之德，无專應之私，又以其至信盈溢于素質之器，故于終久之道有它來比輔而得其吉也。若西漢鄭當時待四方賢士以延時髦，而輔己之不逮，然奉養不過一盤餐而已。蓋本以至信接物，當世賢士英傑莫不歸心，以是盡所以比附之道也。

六二，比之自內，貞吉。《象》曰：「比之自內」，不自失也。

義曰：六二止與九五相應，是不若初六之廣大其道，恢宏其志。廣比于人，但偏私以應于五，故于卦言之是自內而比于上也。然得其「貞吉」者，以六二志偏專應，苟更不以正道處之，則淫邪佞媚无所不至也，故當大正乃得吉也。

六三，比之匪人。《象》曰：「比之匪人」，不亦傷乎？

義曰：六三，過二不得中也，以陰居陽不得正也。夫以不中不正之人，當親比之世，則所行皆非人之常道也。夫以是雖有中正之人，必不相輔，故孔子于衛主顏讐由。彌子之妻與子路之妻，兄弟也，彌子謂子路曰：「孔子主我，衛卿可得也。」子路以告，孔子曰：「有命。」孔子進以禮，退以義，得之不得曰「有命」，是聖賢之人雖欲假位行道，汲汲于救時，然非人則不主也。又若魯桓公以不正之人于家則殺兄，于國則弒君，嘗欲求會于衛，至桃丘之地，而衛侯以其弒逆不正之君則弗與之見，故仲尼于《春秋》但書「公會衛侯于桃

丘，弗遇」。是由持不正之道，欲求比于人，則人莫之于輔。以人莫有與之者，誠可悼也，故《象》曰「不亦

傷乎」，是可傷也。

六四，外比之，貞吉。《象》曰：外比于賢，以從上也。

義曰：二言「比之自內」者，以其上係于九五，一志而專應之，是自內而比者也。此六四「外比之貞吉」者，

蓋初六有由中之信而能比天下之賢，故不專于一應，而天下之人皆比之，故有它來之吉。此六四既非初

之專應，必須外比于九五之賢也。然以陰居陰，履得其正。九五以陽居陽，亦得其正。故九五之爻以一

陽居至尊，眾陰之所歸也。此則往而親比之，是能外附于賢而不失其正道，所以獲吉也。

九五，顯比。王用三驅，失前禽。邑人不誡，吉。《象》曰：「顯比」之吉，位正中也。舍逆取順，「失前禽」也。

「邑人不誡」，上使中也。

義曰：九五「顯比」者，言此九五以剛明居至尊，爲比之主者也。必須虛心廣志，以待天下之賢，以比天下

之人，故于比道光大也。今反一志專應，其道褊隘而私係于物，是止能顯然明比于六二也。「王用三驅，

失前禽」者，三驅，田獵之禮。欲左者左，欲右者右，不用命者入吾網，此三驅之禮也。然用此三驅者，蓋

從田獵之時，禽有逆之而去者，則棄而殺之，其有順而來者，則愛而活之。田獵之禮，常失前往之禽也。

今九五不能恢洪廣大其道，而止應于二，是應于己者比之，不應于己者棄之，是常失于不應己者也。

「邑人不誡，吉」者，言九五其志既狹，但顯然明比于二，是不能親天下之賢，而賢者亦不來附于上，故止于

己邑之人，不爲誡令而歸附于己，故得其吉也。《象》曰「顯比」之吉，位正中也」者，五處至尊，不能廣遠

其志，而第顯然比于六二，然本不得吉，此所以獲吉者，蓋以其居中得正也。「邑人不誡」，上使中也」者，言此比道雖不廣，而能于己邑之間不須誡令而得吉者，蓋由居上者使以中道之故也。

上六，比之无首，凶。《象》曰：「比之无首」，无所終也。

義曰：《比》言「无首凶」，而《乾》言「无首吉」者，何也？蓋乾之爲道，至剛至健，若爲事物之先，必至玩威而暴物，是必待物之來犯，然後從而加之，所以得吉也。此親比之道，必先往比于人，如在下者比于上，卑者比于尊，愚者比于賢，又原究其情性，筮決其善惡，觀其有元永貞三德之人從而附之。如是，卑可升于尊，愚可至于賢，是必先往而比則可獲其吉也。是故聖人一起，天下之人畢來附之。其有不從而逆之者，則爲聖人之所誅戮也，故有後夫之凶。今上六以陰柔之質居比卦之終，是不能率先親比于賢者，所以致其凶咎，信无所終也。

周易口義卷三

宋　胡瑗　撰

上經

小畜

乾下
巽上　小畜，亨。密雲不雨，自我西郊。

義曰：《序卦》云：「比必有所畜，故受之以小畜。」是由比卦既相親比，則必有畜積之道也。蓋此一卦是乾巽二體，乾本剛健而居上，處于下則必務于進，而巽以柔順處上必不能止禦之也。此「小畜，亨」者，以大畜之卦，其畜道至盛，故不言亨，而此得亨者，蓋大畜是乾下艮上，以乾在下必欲上通，而艮居上卦爲山，又能止物，是使在下之陽不得上進，及夫畜極乃亨，故卦下所以不言亨也。若此小畜，亦乾在下而巽在上，巽以柔順之質不能拒物，乾雖上進而不能止之，故初則「復自道」，九二則「牽復」，至于依附乃能止之，獨止于九三一爻而已，是陽志得以上升，故言亨也。然按此一卦之迹，其文王之事耶。蓋文王當紂殘暴不道之君，以己雖有其才德，然

紂之左右前後皆僉壬，故終不能止之也。以此知文王內文明外柔順，而道在小畜也。「密雲不雨，自我西

郊」也者，夫陰陽交則雨澤乃施，若陽氣上升，而陰氣不能固蔽，則不雨；若陰氣雖能固蔽，而陽氣不交，

亦當不雨。猶若釜甑之氣，以物覆之則蒸而爲水也。夫東震北坎皆陽方，其陰氣上交于坤位則雨矣；南

離西兑皆陰方，其雲氣不能爲雨。今言「自我西郊」，是雲氣起于西郊之陰位，必不能爲雨也。以人事言

之，則猶君之邪惡已形，而又有便佞之臣左右逢迎其志，其間雖有一二賢正之人，亦必不能止矣。夫君欲

既行，而諂諛以滋之，臣又不能止畜，則膏澤何從而下哉？

《彖》曰：小畜，柔得位而上下應之，曰小畜。健而巽，剛中而志行，乃亨。「密雲不雨」，尚往也。「自我西

郊」，施未行也。

義曰：「柔得位而上下應之，曰小畜」，此指六四而言也。小畜卦有二義。何者？夫陽以生物，其德至

大，陰以濟陽，其德至小。今六四以一陰柔得位，體无二陰以分其應，故上下五陽皆應之，是小者能畜

矣。夫三陽在下而並進，四以一陰獨當其路，勢極柔弱，必不能止禦，至于進極乃始能畜，是小有所畜也。

此二義也。「健而巽，剛中而志行，乃亨」者，此據二體而言，又就釋所以得亨之義也。夫乾以健位于下，

巽以順處于上，乾健務進，而巽順不能止之，使其剛健巽順安然由中而行，是于邪欲得亨耳。「密雲不雨」

「自我西郊，施未行也」者，已解在前。

《象》曰：風行天上，小畜，君子以懿文德。

義曰：風者，震動之氣，能生物亦能成物，其行于地上則可以助天地生成之力也。今以二體言之，則巽在

乾上，則是風行于天之上，其功不及于物，是小畜之象也。君子當此之時，知其未可以進用，則懷畜仁義，

懿美文德，樂天知命，待時而動，其志在于佐君以澤天下之民物而已。

初九，復自道，何其咎？吉。《象》曰：「復自道」，其義吉也。

義曰：乾體在上，今居于下，必務上進也。此初九以剛健之質居乾之初，勢必務進。而又應在六四，六四

又以柔弱居巽始，是必不能為之制畜，但聽其進而不拒，順其性而不違，此所以得復自故道而剛志得行，

安然不犯咎過而自以為吉也。《象》曰「其義吉也」者，言復自故道而无所違拒，于義理自吉也。

九二，牽復，吉。《象》曰：「牽復」在中，亦不自失也。

義曰：九二以剛陽而務進，然其應在五。五雖以剛陽居上，而體本巽順，非制畜之極，不能逆己之進，故得牽

連而復。所以得吉者，居中之故也。然五本剛健，雖不違己志，然猶不若六四以柔道依違于初，使其安然上

進，故此必待牽連而後得復也。《象》曰「牽復」在中，亦不自失也」者，言九二必待牽連而後復，是不能復有

所為，但于己不自失耳。

九三，輿說輻，夫妻反目。《象》曰：「夫妻反目」，不能正室也。

義曰：輿，車也。輻，車輪也。乾為陽，故稱夫。巽為長女，故稱妻。言九三以剛健欲務上進，上九居

畜之極，固止而不從之，是故輿說其輻而不能行，夫妻反目而不能正。然按《大畜》之三則曰「閑輿衛，

利有攸往」，而此言「輿說輻」者，蓋大畜之時，臣能以大正之道畜君于始，使其邪欲之不行，故畜則「有

屬」，❶而二則「説輹」，九三畜極則通，所往皆獲其利，故曰「閑輿衛，利有攸往」。今小畜巽順居上，其臣

之勢微力弱，不能禦君邪欲之志，故初則「復自道」，二則「牽復」，至此九三方能止畜而不使之進，故曰「輿

説輹，夫妻反目」也。大凡非至聖之人不能无邪曲之情，必左右前後皆得正人端士，以大正之道而規戒制

畜之，使其思慮不入于邪，言動皆由于正，則終有天衢之亨也。若夫左右前後皆以讒諂佞諛逢迎其惡，則

其間雖有一中正之臣，亦必不能止畜之也。夫正臣不能止畜，則放僻邪侈无所不入，驕奢淫佚无所不至，

而車輿説輹之咎，夫妻反目之禍，何以逃哉？且大畜始雖不通，至于九三則「利有攸往」，是其爲福也甚

大。小畜始雖能亨通，至于九三則有説輹反目之禍，其爲患也非輕。蓋制畜之道當在其始，而聖人所以

深戒也。《象》曰「夫妻反目」，不能正室也」者，言九三至放縱，既極而見畜于至正之臣，以至不能正己之

室，況于他事乎？則其爲禍也可知矣。

六四，有孚，血去惕出，无咎。《象》曰：「有孚惕出」，上合志也。

義曰：孚，謂由中之信也。血者，所傷之稱也。去，除也。惕，懼也。出，散也。言六四以柔順居巽之初，

下之三陽上進而已獨當其路，將以拒止之而不使其進，則必爲其所傷，故當以由中之信發于至誠，依附于

上之二陽，同心一志，與之共止畜之，則傷害可以去，惕懼可以出散，而免其凶咎也。《象》曰「有孚惕

出」，上合志也」者，言六四所以畜于物者，蓋上九當制畜之極，己能一心合志，依附于上而共畜之，則能出

❶「畜」，據文例，疑爲「初」字之誤。

散惕懼也。此不言血者，蓋惕懼既散，則去其傷害可知矣。

九五，有孚攣如，富以其鄰。

義曰：攣，攀連也。如，語辭也。鄰，謂九二也。此九五居小畜之時，位雖剛明，體本巽順，又以由中之信攣攀于物，故九二所以得牽復而上進也，故曰「有孚攣如」。「富以其鄰」者，言九二以陽質上應于九五，九五又以由中之信接之，是不專己之富盛而分用于二也。

上九，既雨既處，尚德載，婦貞厲，月幾望，君子征凶。《象》曰：「既雨既處」，德積載也。「君子征凶」，有所疑也。

義曰：夫六四以柔順不能畜物，使初得復自故道。至于九五，雖以剛質處中，然體本巽順，故亦不能拒九二之進。至此上九，制畜既極，九三雖欲務上進，乃爲己之所禦，而其志不通也，故其辭曰「輿說輻，夫妻反目」是也。夫陽氣上進，陰不能固蔽之，則蒸而爲雨。今此上九是能固畜九三之進，然位雖陽爻，而體本巽順，是陰陽相應而成雨澤，故言「既雨」也。「既處」者，既安也。夫六四以柔弱之故，是以惕懼而不敢安。此上九既爲制畜之極，能固止其九三之進，則安然而居，不在惕懼也，故曰「既處」。「尚德載」者，言昔之不雨，今既雨矣，昔之不安，今既安矣，此皆由君子之人貴尚其德而行之故也。「婦貞厲」者，言此上九雖以陽處之，然而體本柔順，下應于九三，是婦道也。以婦而制畜其夫，于正道言之，蓋亦亢厲也。「月幾望」者，至陰之精也。乾爲陽，故爲日。巽爲陰，故爲月。日常滿，月多虧。今至于此，是巽之極而陰之盛也。月至盈而言幾望者，蓋月者

臣之象也。君之邪惡既見畜于臣，是臣德之盛也。然以臣之分則不可過，故當常若月之幾至于望則可也。「君子征凶」者，夫上九居制畜之極，而有既雨既處之事，是時之甚盛也。爲君子者若復更有所往，不知其止，則是凶咎之道，此聖人存誠之意也。《象》曰「既雨既處」，德積載也」者，言所以獲既雨既處者，由君子以仁德積之于內而行之于外，以至有大正之道畜其剛健之進，皆由久于積習然也。「君子征凶」，有所疑也」者，言至此道盛之時，若復征進不已，則必爲人之所見疑也。

履

兌下
乾上 履虎尾，不咥人，亨。

義曰：按《序卦》云：「物畜然後有禮，故受之以履。」言物既有所畜聚，須禮以節制之，故履所以次于小畜也。然則履者，禮也。夫人之情，目之于色，耳之于聲，口之于味，鼻之于臭，四體之于安逸，必得禮以節制之，然後所爲適中，動作合度而放僻之心无自入矣。苟不以禮節制之，則必驕情肆欲，无所不至，是其禮不可一失之也。此卦上乾爲天、爲剛，是爲君、爲父、爲夫之道也。下兌爲澤、爲順，是爲臣、爲子、爲婦之道也。上下相承，故得君臣、父子，夫婦皆有其節制，則上下之分定，而尊卑之理別，天下之禮行矣。「履虎尾，不咥人，亨」者，此聖人之深意也。虎者，至威至猛之物也。咥，齧也。然今履蹈其尾而不見咥齧，終獲其亨者，蓋言暴猛之物不可以犯，若君子能盡禮以履之，終亦不見其傷也。何則？夫以天下之尊莫尊于君，生殺之權繫之也。若爲之道也。兌說在下，是能以說順奉于上也。乾剛在上，是能以尊嚴臨于下也。

臣者能内盡其忠，外盡其禮，柔莊肅慎以事于上，則君雖有雷霆之威嚴，亦將溫顏柔色而接之矣。一家之

尊莫尊于父，一家之喜怒繫焉。若爲子者内盡其孝，外盡其禮，溫柔恭順以事其父，則父雖至嚴亦將柔順

而接之矣。況于下者有文以相接，有情以相親，其間縱有離間之心，亦不可得而離間也。是故君父之至

嚴，鈇鉞在前，鞭朴在後，爲臣子者果盡其心、竭其力、厚其禮以事之，則終不見其傷害也，故曰：「履虎

尾，不咥人，亨。」

《彖》曰：履，柔履剛也。說而應乎乾，是以「履虎尾，不咥人，亨」。剛中正，履帝位而不疚，光明也。

義曰：「履，柔履剛也」者，此言得履卦之名者，蓋由以柔順之體上承于乾剛之質，此所以名曰履也。「說

而應乎乾，是以『履虎尾，不咥人，亨』」者，此就二體而言之。兌以陰柔處于下而上承剛健，是由賤之事

貴，卑之事尊。苟非盡悅順之禮以事之，則其傷害可知矣，固當執此道以事之，則猶蹈踏猛摯之獸而亦不見

其咥齧也，故曰「說而應乎乾，是以『履虎尾，不咥人，亨』」也。「剛中正，履帝位而不疚，光明也」者，此止

言九五之德也。體本剛健，而又以陽處陽，居中履正，是其德剛明而中正也。以此履踐至尊之位，而不有

疾病，則其道光大而明顯也。

《象》曰：上天下澤，履。君子以辨上下、定民志。

義曰：乾，天也。兌，澤也。夫天本在上，今居于上，澤本在下，今居于下，是尊卑分定而各得其所也。故

君子于此時以人之飽食、煖衣、逸居而无教則近于禽獸也，是以作爲禮制以節之，教之辨別其民之上下，

安定民之心志，使爲君、爲父、爲夫、爲長、凡在人之上者，皆以恩威接于下，；使其爲臣、爲子、爲婦、爲幼，

凡在人之下者，皆以柔順事于上。如此，則上下之分定，而人民之志固定矣。

初九，素履，往，无咎。《象》曰：「素履」之往，獨行願也。

義曰：夫禮之本本于質，是故冠冕之始，始于緇布之質，衣裳之始，始于韡韍之質，器皿之始，始于污尊瓦缶之質；飲啜之始，始于太羹玄酒之質。是皆禮之始，率以質素爲本也。今初九居履之初，是能本于質素而行，故曰「素履」也。「往，无咎」者，往則踐履而行之之謂也，言當此履，而君子能往踐質素而行之，故得无咎。《象》曰「獨行願也」者，此履卦之初能踐履質素而行者，蓋獨行此質素之願。何哉？其爲禮之始，本起于質樸，迫後世則尚文尚華，惟君子則能不撓于衆而獨行此質素之願，以矯正當時于淳約也。

九二，履道坦坦，幽人貞吉。《象》曰：「幽人貞吉」，中不自亂也。

義曰：九二居下卦之中，其體是兌。兌者，和說之謂也。今既履得其中，又能和說，則是樂其道而忘其憂，踐其道坦坦然安于循理也。「幽人貞吉」者，幽人，則樂道慎獨之人也。凡人之爲禮，貴本于中而行，則得其爲禮之中道，故《周禮·大司徒》以六禮教萬民之中，是所行之禮貴得其中也。且凡人之爲禮，有恭肅矜莊而過其中者，有簡易惰慢而不及其中者，有內能恭敬而外不整肅者，有外能恭莊而內實不敬者，有顯然能行中道而欺于闇室者，有不欺于闇室而傲于等夷者，是皆爲禮失其本而不得其中。故唯此樂道慎獨之人能行之，是于正道而得其吉者也。

六三，眇能視，跛能履，履虎尾，咥人，凶。武人爲于大君。《象》曰：「眇能視」，不足以有明也。「跛能履」，

不足以與行也。「咥人」之凶，位不當也。「武人爲于大君」，志剛也。

義曰：六三位過九二，不中也，以陰履陽，不正也。過中失正，則所行之禮皆不知其本始，而不能免其憂、逃其凶也。喻如眇者之能視，亦不足明其中道，跛者之能履，亦不足行其正道。以陰而乘剛，是踐履其虎之尾而見咥者也。且以陰而履剛，其志本暴，猶若強暴之人爲于大君，視所行所爲皆不中不正，而至凶禍者也。

九四，履虎尾，愬愬，終吉。《象》曰：「愬愬，終吉」，志行也。

義曰：愬愬，驚懼之貌也。九四處上卦之初，履六三之上。而六三以陰居陽，其志尚剛武，今九五乘之是履虎尾也。既履此剛暴之上，爲九四者固當愬愬恐懼，則終得其吉也。何則？四本陰位，今以陽而居之，是本有謙志又近于九五之尊。五以己有剛明而尚謙志委任之，既爲上之所委，又能愬愬然恐懼，則得其吉也，故曰「履虎尾，愬愬，終吉」。《象》曰「志行也」者，言九四能履蹈于六三之虎尾，終乃得吉而不見其咥者，蓋因己本尚謙而見信任于五，又能愬愬然恐懼，不敢自安，以是而獲其終吉，則己之志得行也。

九五，夬履，貞厲。《象》曰：「夬履，貞厲」，位正當也。

義曰：夬，決也。貞，正也。厲，危也。言此九五以陽居陽，有剛明之德而居尊位，爲臨制典禮之主也。夫既有剛明之德，而又居至尊之位，故能決然定典禮之是非，辨制度之中正，分上下之等夷，齊天下之民志也。夫爲禮之道本于尚謙，在《繫辭》則曰「謙以制禮」是也。今九五以剛爲禮之主，于正道言之則危厲可知也，故曰「夬履，貞厲」。《象》曰「位正當也」者，言此九五既爲制禮之主，固當尚謙退爲本，則得其中

而吉也。今乃以剛夬而爲之，是于貞道有厲也。故聖人于此責之，言九五所處之位既已正當，則宜尚謙

爲本，不可用剛夬以制禮，故有貞厲之道也。

上九，視履考祥，其旋元吉。《象》曰：「元吉」在上，大有慶也。

義曰：視，瞻視也。考，稽考也。祥，禍福之兆也。何謂禍福之兆？蓋凡能履其禮之中正而行者，則獲

其福慶也；不能由履之中正而行者，則至于禍患也。夫初九居履之初，尚其質素而行之，故得无咎。今

此上九居卦之極，是禮法之已成也。禮之既成，則當視瞻其所行之道而稽考其禍福也。「其旋元吉」

者，言上九既居禮法之成，又能視其所行之如何，故周旋反覆之間皆能獲元大之吉也。《象》曰「大有慶也」

者，言此上九居禮之成，又能視其禍福，以至周旋之間皆獲元大之吉，是大有其福慶之事也。

泰

乾下
坤上　泰　泰，小往大來，吉亨。

義曰：按《序卦》云：「履而泰然後安，故受之以泰。」蓋言凡人既能行其禮典，則必獲其安泰。泰者，安也。

以二體言之，則乾本在上，今降而下之；坤本在下，今升而上之，是上下相交，陰陽相會，故謂之泰。以人

事言之，君以禮下于臣，臣以忠事于君，君臣道交而相和同，則天下皆獲其安泰也，故曰泰。「小往大來，

吉亨」者，自內之外是「往」也，由外入內是「來」也。陽德剛明，又主生育，其道至大，故稱「大」，今下降之，

是「大來」也。陰主柔弱，又爲消剝，故稱「小」，今上而升之，是「小往」也。陰陽之氣既交，則萬物得其吉

而亨也。以人事言之，則大爲君子也，小爲小人也。大者來居于內，是君子進用于朝廷。小者往而處外，

是小人退黜于巖野也。君子既進，小人既退，則君臣之道交而上下之心和同，成治于天下，而天下之民皆

得其吉而亨通也。

《象》曰：「泰，小往大來，吉亨」，則是天地交而萬物通也，上下交而其志同也。內陽而外陰，內健而外順，

君子而外小人。君子道長，小人道消也。

義曰：「天地交而萬物通」者，言陽氣下附，陰氣上騰，二氣交感，萬物得其生而亨通也。「上下交而其志

同」者，上，君也，下，臣也。若君以禮敬接于臣，臣以忠節事于君，則是上志下接，下情上通，上下之道交

通，故能行天下之大道也，立天下之大治也，則天下之民皆得其安泰也。「內陽而外陰」者，陽爲君子，陰

爲小人，小人外而君子內，泰之道也。「內健而外順」者，此止以君子之身而言也。故君子內懷剛健之德，

而外示柔順之貌，以此之故，所以爲泰也。「內君子而外小人」者，言君子則親附而用之，小人則疏遠而黜

之，是君子之道日以長而小人之道日以消。然則聖人作《易》「書不盡言，言不盡意」于此所以丁寧而言

者，蓋欲其在位者登君子而任用之，抑小人而黜退之，則天下之事无不舉，萬民之業无不安，是泰道畢矣，

故聖人所以申勸而言也。

《象》曰：天地交，泰。后以財成天地之道，輔相天地之宜，以左右民。

義曰：夫天氣下降，地氣上升，二氣交通而萬物得其生，此天地交泰之道也。「后」者，天子諸侯之通稱

也。蓋天地交泰以生天下之財，是以天子諸侯觀此泰卦之象，阜豐其財以成就天地生育之道，故作爲網

罟，以畋以漁；作爲耒耜，以耘以耔，用商賈，以通有无；作工功，以便器用，阜豐其財，使鰥寡孤獨皆有

常饎。此所以成天地化育之道，輔相天地所生之宜，以扶助天下之民而至于安泰也。

初九，拔茅茹以其彙，征吉。《象》曰：「拔茅」「征吉」，志在外也。

義曰：乾本在上，今居于下，必務上進，若君子將進用于朝廷，以佐君澤民而興天下之泰也。茹者，相續

之稱也。彙者，類也。征者，進也。夫茅之爲物，拔之則其根牽連而起，若此初九之君子，既進用于朝廷，

則天下之賢必皆引類而進，則是君子之道長之時也。君子之道得長，則天下之民受其賜，如此則吉莫大

也。《象》曰「志在外也」者，言初九之君子必將引類而登進者，蓋其志于天下之民而進求其用，所以佐君

而共立天下之治，興天下之泰也。

九二，包荒，用馮河，不遐遺。朋亡，得尚于中行。《象》曰：「包荒」「得尚于中行」，以光大也。

義曰：九二以剛明之德居中，而上應于六五之君，爲六五之所任，是君子見用于時，爲興泰之臣也。然而

天下雖泰，其間不无荒穢，而九二既以剛居中，則必寬弘廣大其心，以包藏其荒垢也，故曰「包荒」。「用馮

河」者，馮河是暴猛之人也。九二既居重位，柄重權，爲天子之見任，而能遠大其器量，雖此馮河暴猛之人

亦能用之。何則？夫良匠无棄材，隨其長短大小而皆適其用。況天下之廣，當泰之時，雖此暴猛者能用

之，是皆由其廣大寬厚之至，故雖遐遠者亦不遺棄之也。「朋亡，得尚于中行」者，言九二既以剛明之德見

有以用，故曰「用馮河」。「不遐遺」者，遐，遠也，遺，棄也。言此九二之君子，荒穢者包藏之，暴猛者能用

任于六五而又廣大其量以容于物，故必不親己之所親而親其朋類，如此所以得尚于中道而行也。《象》曰

「以光大也」者，言九二之君子既得尚于中而行，是其道光大而明顯也。

九三，无平不陂，无往不復。艱貞无咎。勿恤其孚，于食有福。《象》曰：「无往不復」，天地際也。

義曰：此一爻聖人因天地將復之際，故設爲之戒也。今九三居下卦之極，是天地將復之際。天地復則不交而否矣，故聖人戒之曰：无有平而不歸險陂，无有往而不復其所者，猶若无有泰極而不至衰否。故當艱難而守之以正道，則可以久于其泰而免其凶咎也。「勿恤其孚，于食有福」者，言既能艱守正道，則不待憂恤其孚信而自然明顯，故可以往而安食其福祿也。《象》曰「无往不復」，天地際也」者，言九三居乾之上，是將復于上，在坤之下，是將復于下，當天地之分際，故曰「天地際也」。

六四，翩翩，不富以其鄰。不戒以孚。《象》曰：「翩翩不富」皆失實也。「不戒以孚」，中心願也。

義曰：翩翩者，自上而下疾飛之貌也。夫九三以陽居乾卦之極，是三陽同志皆務上進也。六四以陰居坤卦之初，是三陰同志而皆欲下復也，故此所以翩翩然與上二陰具復其本，所以无有凝滯也，故曰「翩翩」。「不富以其鄰，不戒以孚」者，以，用也，言三陰同志皆欲下復，故此六四不待富盛而自然能用其鄰，不須戒備而自孚信也，故曰「不富以其鄰，不戒以孚」。《象》曰「皆失實也」者，實，謂居處也。言乾本在上，今泰之時則下之。坤本在下，今上之。是上下皆失其實也。六四所以翩翩然，欲將復而居下，謂其失實故也。「中心願也」者，言六四不待戒備，自然有孚信而下復者，是眾心之所共願也。

六五，帝乙歸妹，以祉元吉。《象》曰：「以祉元吉」，中以行願也。

義曰：帝乙，商之賢王也。歸者，婦人謂嫁曰歸。歸妹之爲言，順也。祉，福也。此六五乃中順之主也。

當此泰平之時，能以文柔接于下，則《象》所謂「上下交而其志同」，即君降志而接其臣，所以興泰道者也。

猶言帝乙賢王以女下嫁于諸侯，是謙順之至也，故曰「帝乙歸妹」。「以祉元吉」者，夫天子以女而下降于

諸侯，是順之之至也，而在下者又能盡其分，故上下皆獲其福祉而有元大之吉也，故曰「以祉元吉」。《象》

曰「中以行願也」者，言君治天下必欲得賢能之臣爲之委任也，今六五能執謙以下于九二賢明之臣，以至

獲元大之吉，是由其中道而素願得行也。

上六，城復于隍，勿用師。自邑告命，貞吝。《象》曰：「城復于隍」，其命亂也。

義曰：大凡平治之世，雖教化甚盛，其間不能无姦惡之人。堯舜，太平也，未必无小人。桀紂，暴亂也，未

必无君子。皆繫于其上之所爲如何耳。天下雖在熙泰，而姦惡之人其心未嘗安，故聖人謂王

城、濬其隍以爲之戒備而防天下之姦寇也。何則？是故古之善爲國者，既以仁義道德爲己任而安治天下，又且高其

公設險以守國者，將使治天下者，必有仁義以興治道，亦須設險厄以崇備也。若但有其德而不能設備，則

不可以保其國也。若但設其險阻而无其德，其國固不能以保也。昔在太王居邠，狄人侵之，去而居岐山

之下而邑焉。以太王爲國，非无德也，然卒爲狄人之所迫者，以不設備故也。使太王居是時，高深其城

池，則雖夷狄之侵擾，亦无能爲也。又秦之始皇有天下，北築長城，西據崤函，帶山阻河，險厄萬里，非无

備也，然二世則失天下者，以不爲德故也。使秦皇能以是國而脩其德以濟之，則傾亡之禍无有也。以此

知爲國者必有其德，又設其險，則可以永永而守也。然吳起曰「在德不在險」，蓋一時之權言耳，非萬世之

大法也。且五帝而下，堯都于冀，舜都于蒲，今之河中府是也。禹都于安邑，湯都于亳，今之河南是也。

周都于酆鎬，今之洛京是也。是皆其所都之地，所處之國未有不以山河之險而守其國也。聖人之戒，治

天下者，安不忘危，治不忘亂，則可以永有其泰也。上六處卦之極，而泰道將革，又不能居安而思危，處治

而思亂，以至驕慢邪侈而不爲之戒備，故有城復于隍之事也。蓋言城復傾圮而无高險之阻，隍復盈滿而

无深固之限，是皆恃泰之至以及于否也，故曰「城復于隍」也。「勿用師」者，夫泰道既極，己不能自爲之

備，而更用軍師以攻伐于人，則是不量己力而天下之人必不服從，適自取滅亡之道耳，故聖人又戒之言

不可復用師也。「自邑告命，貞吝」者，夫威賞政令行之于天下則可，今上六既无所戒備，又不可用師，威

德不足以及遠，告命不能及天下，但可號令于己邑之中而已。此皆由恃安泰之過而不能防閑，以至于此。

以正道言之，誠足以鄙吝者也，故曰「自邑告命，貞吝」。《象》曰「其命亂也」者，蓋其命令紛亂，不能及于

天下，聖人所以丁寧而言之者，欲戒後之人君，處天下之泰，必常思危亡之事，則可以常保其泰也。

否

坤下
乾上　否之匪人，不利君子貞，大往小來。

義曰：按《序卦》云：「物不可以終泰，故受之以否。」否者，閉塞之道也。天地相交，陰陽相接，則萬物得其

亨通而繁盛，故曰泰。泰者，通也。物不可終通，故天地各復其本，而陰陽不相交，則萬物皆閉塞而不生，

此否之道也。「否之匪人」者，匪，非也，言天地不交，萬物不生而否塞，此非所謂人之常道也。夫君必以

至誠接于臣，臣必以至忠奉于君，則天下可以獲安也。今否之時，君臣不交而物不得其所，是非人之常道
也。何則？夫人情莫不欲安、欲逸、欲富、欲壽，否之時則不得其安，不得其逸，不得其富，不得其壽。是
豈人之常道乎？「不利君子貞」者，夫否之時，天地不相交，君臣不相接，小人見用而其道長，小人之道
長，則讒疾于君子。爲君子者苟欲以正道而行，則必爲小人之所害，故韜晦道德，卷懷仁義，退而自處，不
露其正則可也。「大往小來」者，陽德至大，陰德至小。今否之時，陽之大德往居于外，陰之小德來處于
內。往者屈之，來者伸之，猶君子往屈于巖穴，小人來居于朝廷，則否道所以致也。

《象》曰：「否之匪人，不利君子貞，大往小來」則是天地不交而萬物不通也。上下不交，而天下无邦也。內
陰而外陽，內柔而外剛，內小人而外君子，小人道長，君子道消也。

義曰：言否之所以非人常道而不利君子貞者，由天地各復其所，二氣不相交而萬物不得其亨通也。「上
下不交，而天下无邦也」者，上，君也，下，臣也。君不以禮敬接于臣，臣不以忠節事其君，禮敬忠義之情不
交，則君臣之道塞。君臣之道塞，則天下之諸侯從而亂，所以邦國將至于傾覆矣。「內陰而外陽」者，內
者，親也，外者，疏也。陰爲小人，陽爲君子。親小人而疏君子，此所以成否道也。「內柔而外剛」者，此小
人之體也。內而柔，則陰賊殘害。外而剛，則狠僻凌暴。故《語》曰：「色厲而內荏。」厲，嚴厲也。荏，柔
荏也。外有嚴厲之色，內有柔荏之心，此所以反君子之道也。「內小人而外君子，小人道長，君子道消」
者，由其內小人而親信之，外君子而疏遠之，是以小人之道日以長，君子之道日以消也。

《象》曰：天地不交，否。君子以儉德辟難，不可榮以禄。

義曰：言君子于此天地不交、賢人道塞之時，則當韜光遜迹，以全身遠害，不可與小人並立。若與小人並立，則必見害而召禍也。故但守儉素之德，不憫貧賤，以避小人讒疾之患耳。如不得已而仕，則不可居重位，享重祿以榮其身，第可全己遠害而已。故《君子陽陽》之詩曰「君子陽陽，左執簧，右招我由房」，言周之衰，君子遭是時者，相招爲祿仕，但爲一伶官之賤職，以全身遠害而已矣。

初六，拔茅茹以其彙，貞吉，亨。《象》曰：拔茅貞吉，志在君也。

義曰：泰之初是君子道長之時，可以進用于朝廷，是以連引其類而進之，故其爻辭曰：「拔茅茹以其彙，征吉。」今否之初是小人道長，君子不可用之時也。時既不可用，則必引類而退，守以正道，不可求進，然後得其吉而獲亨也。《象》曰「拔茅貞吉，志在君也」者，夫君子之志未嘗不在致君澤民也。雖當此否塞之時，引退守正，不苟務其進，俟時而後動者，蓋亦志在致君澤民而已。

六二，包承，小人吉，大人否，亨。《象》曰：「大人否，亨」，不亂羣也。

義曰：六二居否之時，小人而見用者也。然而以陰居陰，處得中正，是于小人之中能包其柔順便佞之心以奉承于上，是以小人而得小人之吉者也。「大人否，亨」者，若大德大才之人則不然。居是時也，以其道塞而不通，故能以正自守，韜藏其仁義，卷懷其道德，不爲世俗之所變，而不雜于小人之中，于否之世，行否之中道，所以全身遠害也。《中庸》曰：「國有道，其言足以興國。无道，其默足以容。」《詩》曰「既明且哲，以保其身」。蓋否之時不可進用，但以義而自處，全身遠害而已。《中庸》又曰：「素富貴，行乎富貴。素患難，行乎患難。君子无入而不自得焉。」是言大人君子于否之時，行否之道所以亨也，故曰「大人否，

亨」。《象》曰「大人否，亨」，不亂羣也」者，言大人君子其時雖否，然能以道自處，以正自守，不與小人雜，

是不亂其羣類也。

六三，包羞。《象》曰：「包羞」，位不當也。

義曰：六二雖以小人之道用于時，猶且不失其中，承事其上而得其吉也。今此六三位既過中，履復失正，

小人之道愈深，但包其羞耻，苟容其身而已，故曰「包羞」。《象》曰「包羞」，位不當」者，蓋言六三于小

人之中最爲甚者，言其所處之位不當故也。

九四，有命无咎，疇離祉。《象》曰：「有命无咎」，志行也。

義曰：有命，謂九四有命于初也。疇，類也。離，附也。祉，福也。夫否塞之時，不可有命于其人，蓋小人

衆多也。然此九四乃有所命者，以其有剛明勤儉之德，所應在初耳。何則？初六居否之時，以道不行于

天下，故不苟進，引類而退，存心在君，蓋守道之君子也。今九四有命焉，所以爲无咎也。然以君子而應

君子，不唯己得无咎，使其疇類亦得附離于福祉也，故曰「有命无咎，疇離祉」。《象》曰「有命无咎」，志行

也」者，蓋九四以正而見命于初，以至同有其福祉，是己之志得行也。

九五，休否，大人吉。其亡其亡，繫于苞桑。《象》曰：大人之吉，位正當也。

義曰：休，息也。夫以柔順之道婉遜以承其上而獲小人之吉者，六二是也。以剛健中正之德而履至尊之

位，憂天下之所宜憂，泰天下之所未泰，消去天下之小人而休息天下之否道者，惟九五大人行之而獲吉也，

故曰「休否，大人吉」。「其亡其亡，繫于苞桑」者，桑之爲物，其根榦皆相迫結而堅固者也。苞即叢生也。夫

以大人之德能消天下之否而反于泰，雖然，且當常謂危亡之在前，不敢遑安，而曰其亡矣，其亡矣，如此之戒，則社稷磐固，如繫于苞桑之上而不可拔也。

上九，傾否，先否後喜。

《象》曰：否終則傾，何可長也？

義曰：傾，覆也，圮也。夫否極則泰，剝極則復，未濟終之于既濟，此易之常道也，在《繫辭》則曰「易窮則變，變則通，通則久」。又揚子曰：「陰不極則陽不生，亂不極則治不成。」皆變易之常道也。今上九居卦之極，則必傾去其否而反之于泰，可以獲其亨通也，故曰「傾否」。「先否後喜」者，此言否之道，始則六二包承而大人否，九五休否而有大人吉，至此上九則傾而之泰，是先否後喜之驗也。《象》曰「否終則傾，何可長也」者，言何可常若此之否也。然聖人言之繫乎勸戒也。泰之時慮其恃安而過極，故九三則曰「无平不陂，无往不復」，至上六則曰「城復于隍」，皆所以存戒之之意也。今否之時又慮其躓跋而不進，故九五言「休否，大人吉」，至此上九則言「傾否，先否後喜」，亦存勸之之意也。此皆極言人事之道而明《易》之深旨也。

同　人

離下
乾上　同人于野，亨，利涉大川，利君子貞。

義曰：按《序卦》云：「物不可以終否，故受之以同人。」夫天下否塞之久，人人皆欲其亨通，是必君子同志以興天下之治，則天下之人同心而歸之，故曰「同人」。「同人于野，亨」者，野，取遐遠廣大之稱，大凡君子

推己之仁以及天下之人，施己之義以合天下之宜，廣大宏博，无所不通，然後得同人之道而至于亨通，故曰「同人于野，亨」。「利涉大川」者，言君子既推仁義以同天下之心，使天下之人同心而歸之，无有不從，則雖有大險大難亦得而濟之也，故曰「利涉大川」。「利君子貞」者，夫君子有仁義之心，忠恕之道，推之于身而加乎其民。故不以一己為憂，所憂者，天下，不以一己為樂，所樂者，天下。以至天下之人合心而從之，是君子之正也。故同人之道所利者，唯君子之正者也。

《象》曰：同人，柔得位得中而應乎乾，曰「同人」。同人曰「同人于野，亨，利涉大川」，乾行也。文明以健，中正而應，君子正也。唯君子為能通天下之志。

義曰：「柔得位得中而應乎乾」者，此就二、五之爻釋所以得同人之名也。六二以陰居陰，是柔得位也；居下卦之中，是得中也。既中且正，又應于九五之尊，是得位得中而應乎乾也。以人事言之，則是有中正之臣而上應于乾剛之君，君臣之道同，則天下之人合心而歸之矣。又如在上者能以剛健之德、仁義之道推諸天下，而在下者又以柔順中正而應之，上下之心既同，是得同人之道。「同人于野，亨，利涉大川」，乾行也」者，言所以得于野亨而險難无不濟者，由君子以勤健之德、无所通。「同人于野，亨，利涉大川」，乾行也」者，言所以得于野亨而險難无不濟者，由君子以勤健之德、中正之道以同天下之人，使天下之人同心而歸之，是以乾之道而行也。「文明以健，中正而應，君子正也」者，此以二體明利君子之貞也。下離為文明，上乾為健，以是之德則无所不濟，而天下之人莫不與之同心也，故曰「文明以健」。又以六二柔順而居下卦之中，九五以剛健而居上卦之中，上下皆有中正之德相應，故能率人之心以同天下，此君子之正也。「唯君子為能通天下之志」者，因上文明「君子之正」，此又申說

君子之道。且凡人之情，思慮不廣，唯止一身一家而已。唯君子則不然，但推其仁義之道、忠恕之德以及天下。以天下之人莫不欲安，則君子扶而不危。人莫不欲壽，則君子生而不傷。人莫不欲富，則君子厚而不困。人莫不欲逸，則君子節其力而不盡。是皆君子盡心于己，推之于人，恢廣宏大，无所不同，故能通天下之志也。

《象》曰：天與火，同人。君子以類族辨物。

義曰：夫天體居上，而火之性又炎上，是得同人之象也。君子法此象，于是類其族，辨其物。族即族黨也，物即物性也。言其分別族黨，使各以其類，明辨其物性，使各得其所。善者同于善，不善者同于不善，君子則與君子同道，小人則與小人同道。是類別天下，使各得其同也。

初九，同人于門，无咎。《象》曰：出門同人，又誰咎也？

義曰：門者，亦言其遐遠廣大也。咎者，怨咎也。夫廣遠寬大，无所不同，是同人之道也。今初九以文明之性履同人之始，是其用心廣大，无所偏私，出于門則與人同也。夫出而與人同，則人亦同心歸之，又何有怨咎者乎！

六二，同人于宗，吝。《象》曰：「同人于宗」，吝道也。

義曰：宗，主也。吝，鄙也。夫不以己之親疏，不以己之憎愛，則盡同人之道矣。今六二不能遠大其志，廣與人同，而反私心偏意，上係于九五之主，是其道褊狹，誠可以鄙吝者也。

九三，伏戎于莽，升其高陵，三歲不興。《象》曰：「伏戎于莽」，敵剛也。「三歲不興」，安行也。

義曰：戎，兵也。莽，林莽也。陵，丘陵也。興，起也。夫六二以中正之道，上應于九五中正之君，君臣上下各以正道相應。而九三以陽居陽，志好強暴，不量己力，輒欲私貪六二之應而奪之，是以伏其兵戎于林莽之中。然而以不正險陂之行加于人，故不敢顯然興其兵戎，但伏于林莽之中，又且恐懼而不敢進，故升其高陵以望之也。「三歲不興」者，夫以不正之道而欲犯于至正之人，其勢必不克勝，故至于三年之間亦不能興起也。《象》曰「伏戎于莽」，敵剛也」者，言其以不正之道欲妄攻奪，是其志不懼九五之剛而輒欲敵之也。「『三歲不興』，安行也」者，以不正之小人而欲敵大正之君子，其勢自然不能勝，雖窮三歲之間，安能行之哉？

九四，乘其墉，弗克攻，吉。《象》曰：「乘其墉」，義弗克也。其吉，則困而反則也。

義曰：墉，謂乘九三之墉也。克，能勝之辭也。九三不量己力，志尚剛暴，欲謀奪九五之偶，已爲大非，故伏其兵戎于林莽之中。今九四位乘于九三之上，亦欲因其九三之勢，乘陵而奪取六二。以義言之，是必不克勝也，然得吉者，蓋已既不能克勝，故因其勢之困弱而反守法則，是改過之人也，故得免咎而獲吉也。《象》曰「其吉，則困而反則也」者，言九四既因其困弱而反守法則，是改過之人也，故《左傳》曰：「人誰无過，過而能改，善莫大焉。」此九四所以獲吉也。

九五，同人先號咷而後笑，大師克相遇。《象》曰：同人之先，以中直也。大師相遇，言相克也。

義曰：九五與六二之爻，下以文明，上以剛健，各恃中正以相應，而欲同心同力共治于天下。然而物有間于己而不得相遇者，蓋以九三伏戎于莽，九四又乘其墉，皆奪己之應，故己乃用太師以攻伐而克之，是先

號咷也。既攻伐而克之，然後得與六二相遇，而同心同力以共成天下之治，是後有笑也，故曰「同人先號

咷而後笑，大師克相遇」。《象》曰「同人之先，以中直也」者，言九五始以九三、九四爲孽于其間而不得與

六二相應，然一舉其師則克之者，蓋由己以大中之道，至直之德而往伐之，故无有不勝也。

上九，同人于郊，无悔。《象》曰：「同人于郊」，志未得也。

義曰：郊者，國城之外曠遠之地也。夫同人之道，貴其无所不同，則可以立功立事也。今上九居同人之

極，而處于遐曠之地，志无所同，但可以免其悔吝而已。若其欲立功立事于天下，則其志未有所得，故

《象》曰「志未得也」。

大 有

☰ 乾下
☲ 離上　大有，元亨。

義曰：按《序卦》云：「與人同者，物必歸焉，故受之以大有。」蓋言君子推仁義之心以及于人，行忠恕之道

以同于物，則天下之人皆同心而歸，是大有于天下也。然則大有者，大有于衆也。《雜卦》言「大有，衆者」

是也。「元亨」者，元，大也；亨，通也。夫大有于天下之衆，苟不以天地元大之德治于天下，則不能致其

亨通也。故大有之世必以元大之德亨通于天下，故曰「元亨」。

《象》曰：大有，柔得尊位大中，而上下應之，曰「大有」。其德剛健而文明，應乎天而時行，是以「元亨」。

義曰：此就六五一爻以釋卦名也。夫六五以柔順之質居至尊之位，以大中之道行于天下，使天下之人无

過无不及而盡合于中，故天下之人皆來應之也。以卦體言之，則是六五獨以柔順文明用其大中，而上下

五陽他无所從，故皆來應之也。推之人事，則是聖人在位，得柔順之中道而遠近无不應之，是大有天下之

民也。「其德剛健而文明，應乎天而時行，是以『元亨』」者，此就二體而釋所以得元亨之義也。乾在下，爲

剛健。離在上，爲文明。剛健則能幹濟于事，文明則能照察于物。其德既剛健而文明，則能應順乎天時

而行也。夫天以春而生成萬物，聖人以仁而愛育之。天以秋而肅殺萬物，聖人以刑罰而懲勵之。是聖人

所爲皆順于天以時而行也。既以剛健文明之德，又上順于天時而行，是以獲其「元亨」也。

《象》曰：火在天上，大有。君子以遏惡揚善，順天休命。

義曰：夫火性本明，天體居上，今火在天之上，至明而无所不燭，是大有之象也。君子法此以大有天下之

衆，則當遏絕其惡而揚舉其善。何則？大凡天下所以不明者，由其惡不去也。聖人在位，則遏絕之。若

惡之大者，則誅擊之。惡之小者，則刑戮之。如此，則天下之爲惡者知懼也。天下之所以不知者，由其賢

善之人不用也。聖人在上，則揚舉之。若大賢，則置之大位。小賢，則置之小位。如此，則天下之賢者知

勸也。「順天休命」者，休，美也。夫福善禍淫，天之命也。聖人在上，惡者遏之，善者揚之，是能承順天休

美之命也。

初九，无交害，匪咎，艱則无咎。《象》曰：大有初九，无交害也。

義曰：「交害」者，相交以利害者也。大凡以親而交于人，則必有疏之者矣；以喜而交于人，則必有怒之者

矣；以利而交于人，則必有害之者矣，唯君子爲能用心廣大，故无意于交也。今初九居大有之始，處卦之

下，是无心于物者也。既无心于物，则所尚远大，不交于有害者也。「匪咎」者，言初九之所以无心于物而

不交于害，豈凶咎之道耶？然雖非凶咎之道，又當艱難其志，終久而不變，則庶可以全得无咎也。

九二，大車以載，有攸往，无咎。《象》曰：「大車以載」，積中不敗也。

義曰：九二以剛明勤健之才，當大有之時，履得中道，應于六五，是其中正之臣而可當其重任者也。猶若

大車之持載，雖甚任重而不至傾敗者也。「有攸往，无咎」者，夫君子懷才抱道，患不得其位。既得其位，

患不得其君。所謂得君者，何若？己言則君聽之，己諫則君從之，己有所興為則君順之是也。今二以剛

明中正之才，為六五之所委任，故所行所往无不利也。所往既利，則凶咎何由而至哉！故曰「有攸往，无

咎」。《象》曰「積中不敗也」者，言君子有剛健之才德積畜于內，雖授之大位，任之重權，而无有墮廢之事，

是猶大車之持載積于其中，而无有傾敗也。

九三，公用亨于天子，小人弗克。《象》曰：「公用亨于天子」，小人害也。

義曰：此一爻處大有之時，以陽居陽，當下卦之極，為眾陽之長，是尊極之臣在三公之任者也。然當此至

重之位，以君子則用可享于天子而行天下之大道，立天下之大位也。以小人處之，則不能克勝其任，以至

壞敗王事而為害于時也，故曰「公用亨于天子，小人弗克」。

九四，匪其彭，无咎。《象》曰：「匪其彭，无咎」，明辨皙也。

義曰：彭，謂九三也。「匪其彭」者，是不有奉九三之心也。九四以陽居陰，當上卦之下，履失其正而上近

六五之君，下比九三之臣，處于君臣之間，若行不正，則咎莫大焉。且九三位為三公有權之臣也，四柔順

屈節以趨附之，是行乎非正之道而必有非常之咎也，固當常有不奉三之心，則得其无咎矣。《象》曰「匪

其彭，无咎」，明辨晢也」者，凡知人曰晢，此所以匪其彭者，由九四能明察其善惡，辨別其事宜，知九三之

不可趨附之而不附，故獲无咎。

六五，厥孚交如，威如，吉。《象》曰：「厥孚交如」，信以發志也。「威如」之吉，易而无備也。

義曰：孚，由中之信也。交，謂上下之道相交也。六五居大有之時，以柔順而處至尊之位，是執柔示信以

接于物，故上下皆歸向之也。夫己以由中之信接于人，人亦以由中之信奉于己，上下交相親信，故曰「厥

孚交如」。「威如，吉」者，言既以由中之信及于天下，天下皆親信之，則是威德並行而獲其吉也，故不賞而

民勸，不怒而民威于鈇鉞是也。《象》曰「厥孚交如」，信以發志也」者，言發己之信以及天下之信，己能如

是，則天下有信无信之人皆發其誠志以交應之也。「威如」之吉，易而无備也」者，易，平易也；備，戒備

也。言己既有孚信交于人，又有威德以及于天下，賞一賢而天下之賢知勸，罰一罪而天下之罪知懼，有此

威德之著，故天下皆平易而无所戒備也。

上九，自天祐之，吉无不利。《象》曰：大有上吉，自天祐也。

義曰：按《繫辭》云：「天之所助者，順也。人之所助者，信也。履信思乎順，又以尚賢，是以自天祐之，吉

无不利也。」此言餘爻皆履剛，而上九獨乘六五之柔，是思順也。六五有孚信，而己履之，是履信也。又以

剛而居上，處无位之地，是能崇尚于賢者。既能思乎柔順之道，履乎孚信之德，又以尚賢如此，則自天而

下无有不助之者，又何不利之有。

謙

艮下
坤上 謙，亨，君子有終。

義曰：按《序卦》云：「有大者不可以盈，故受之以謙。」謙者，卑退而不自驕盈之謂也。以二體言之，則艮下剛而止也，坤上柔而順也，此盡其所以爲謙之道也。大凡內剛止而外不柔，則失于亢；外柔順而內不剛止，則近于佞。剛也柔也，內外相稱，此盡其所以爲謙之道也。既盡其謙，則是无不濟而亨通也。「君子有終」者，終，謂終身踐履而不變也。夫用謙之道貴在久而行之。若夫小人亦有時而用謙，但不能終久由之，故朝行而夕或改矣。唯君子則能先明其性，平其心，發之于外，則皆恭敬之道，故有庸言之信，庸行之謹，終身而行之，无有改也。

《象》曰：謙，亨，天道下濟而光明，地道卑而上行。天道虧盈而益謙，地道變盈而流謙，鬼神害盈而福謙，人道惡盈而好謙。謙尊而光，卑而不可踰，君子之終也。

義曰：「謙，亨，天道下濟而光明，地道卑而上行」者，此釋所以得謙亨之道也。夫天體雖高，以其能降下其氣而生萬物，是得其謙而道益光明也。地以其卑，故其氣得以上升相濟以成萬物。夫天氣下降，地氣上升，二氣相交而能生成萬物，是得謙亨之義也。以天地至大尚以謙而後亨，況于人乎？「天道虧盈而益謙」者，此以下廣言謙之義也。虧，損也。益，增也。夫天之爲道，盈滿者，虧損之；謙順者，增益之。「地道變盈而流謙」者，變，變易也；流，流布也。至如水，既盈滿，至如日中則昃，月盈則蝕，皆其類也。

則必決泄而虧散之。其卑下者，則流布而增盈之。此其類也。

福，謂福慶之也；鬼神者，天地之用也。有盈滿者，則從而禍害之；有謙損者，則從而福慶之。「人道惡盈

而好謙」者，人之爲道，有驕淫者衆共惡之，有謙退者衆共好之。以天地鬼神之爲道，或虧變禍害其盈者，

而益流福慶其謙者，其在于人者可知矣。「謙尊而光」者，以尊上而言之，若天子、諸侯及爲人父、爲人兄，

凡在人上者，苟能好謙，則其德愈尊而光大矣。「卑而不可踰」者，卑者，以爵言之，士也；以人言之，庶民

也，及爲子爲弟，凡在人下者，若能益尚謙退，則雖在卑下，亦衆人所不能踰越也。「君子之終也」者，言上

之所行，終身由之而不變者，唯君子爲能然也。此聖人舉之以結上文耳。

《象》曰：地中有山，謙。君子以裒多益寡，稱物平施。

義曰：山體本高，地體本卑，今山居地之中，是抑高舉下之義，而得謙之象也。君子假借其象，言物有多

者減而裒聚之，少者增益之，稱其物之多少而均平其施與，是亦抑高舉下之義也。

初六，謙謙君子，用涉大川，吉。《象》曰：「謙謙君子」，卑以自牧也。

義曰：初六以謙巽而居一卦之下，是其謙而又謙者也。夫謙謙之道小人所不能爲，唯君子則能行之，故

曰「謙謙君子」。「用涉大川，吉」者，夫君子持身卑退，恭敬之心發于內，則謙謙之道形于外，故衆心皆歸

而萬民皆服。民衆既歸，則雖有大險大難，用是而涉之，无有不濟，況于平易常處之時？獲其吉也可知

矣。《象》曰「謙謙君子」，卑以自牧也」者，牧，養也，守也。言大人君子所以謙而又謙者，蓋內明其性，外

篤其敬，以卑而自守故也。

六二，鳴謙，貞吉。《象》曰：「鳴謙，貞吉」，中心得也。

義曰：鳴者，聲聞流傳于外也。夫六二居卦之中，以陰居陰，是君子履中居正，積柔順而行其謙，故聲聞流于人也。「貞吉」者，言六二以謙退之聲聞于人，是得正道之吉也。《象》曰「鳴謙，貞吉」，中心得也。者，此言君子所作所爲皆得諸心，然後發之于外，則无不中于道也。故此，謙謙皆由中心得之，以至于聲聞流傳于人而獲至正之吉也。

九三，勞謙，君子有終，吉。《象》曰：「勞謙君子」，萬民服也。

義曰：「勞謙」者，言勤勞于謙也。九三以陽居陽，爲下卦之長，衆陰所歸而其位至重，故上則謙以奉于君，下則謙以治于民，勤勤不已，无有厭斁之心，是謂勞謙者也。「君子有終」者，言君子唯以行道爲己樂，不以用謙爲己勞，故終身行之而不變，所以得其吉也。《象》曰「勞謙君子」，萬民服也」者，言君子之人勤勞而行謙，則爲萬民之所服而衆心之所歸。且凡人能謙者，天地鬼神尚且祐助而福慶之，則民之服從也可知矣。

六四，无不利，撝謙。《象》曰：「无不利，撝謙」，不違則也。

義曰：撝，謂指揮之間皆謙也。「无不利，撝謙」，不違則也。夫大有之四處君臣之間，故聖人戒之言「匪其彭」，然後得「无咎」，以其以陽而居陰也。此謙之四亦在君臣之間，乃言「无不利，撝謙」者，以其以陰居陰，履得其正故也。何則？凡朝廷之間必得正人端士以贊佐其君，則爲治于天下无所不利也。今六四以至柔之質而居柔位，是至正之人也。以至正之人而上近于六五之君，下比于九三之臣，而盡謙巽之道以承接之，故進退俯仰以至指

揮之間，皆得用謙之道而无有不利也。《象》曰「『无不利，撝謙』，不違則也」者，言六四所以然者，由履于

正位，不違逆其法則也。

六五，不富以其鄰，利用侵伐，无不利。《象》曰：「利用侵伐」，征不服也。

義曰：以，用也。六五以柔順居至尊之位，是能執柔以治人，居謙以遇物，故不待富盛而能用其鄰也。以

天子言之，則能用其四夷與天下諸侯，以諸侯言之，則能用其鄰國也。「利用侵伐，无不利」者，言六五以

柔德化治天下而能用其鄰。當此之時，苟有不庭不軌之人，則是不率仁人之教而天下共棄之。人乘天下

共棄之心而伐之，无所不利。夫堯舜以至仁率天下，然尚有三苗之征，則其他可知矣。但聖人在上，有叛

逆之人，則眾所共怒也，以至仁而侵伐之，无有不利也。然先聖于此特言「侵伐」者，蓋有意于勸耳。何

則？夫人君之治天下，必恩威兼用，然後可濟。今當謙之時，不可純用于謙，其有不庭不軌，必以侵伐而

克之也。

上六，鳴謙，利用行師征邑國。《象》曰：「鳴謙」，志未得也。可用行師，「征邑國」也。

義曰：上六居上卦之極，謙道已得而處于无位，然本以其行謙，故亦有聲名流傳于外，故曰「鳴謙」。「利

用行師征邑國」者，言上六雖行謙而聲名既著矣，然而居无位之地，无功實之效，故但可行師征己之邑國

而已，是其功未能及遠，不若六五之用侵伐而无所不利也。《象》曰「『鳴謙』，志未得也」者，按六二亦言

「鳴謙」，而《象》曰「中心得也」，此言「志未得」者，蓋六二當人臣之位，居中履正，以此而行謙，故得吉也。

今上六雖有謙巽之聲聞于外，然居无位之地，雖欲立功立事于天下，其志未有所得也。

周易口義卷四

宋　胡瑗　撰

上　經

豫

☷☳ 坤下
震上

豫，利建侯，行師。

義曰：豫，樂也，悅也。按《序卦》云：「有大而能謙必豫，故受之以豫。」言聖人在上，大有天下之衆，而又能持謙巽之德以臨于下，則天下之人皆悅豫而從之。以二體言之，則雷出于地上而蟄蟲昭蘇，勾萌皆達，萬物无不得其豫悅也，❶故曰「豫」。「利建侯，行師」者，天下之人既已悅豫，則當建立諸侯而分治天下，出兵行師以討其叛逆。何則？夫民苟不順，何爲而可哉？民心既已悅順，雖驅之死地而亦從之，故豫

❶ 「豫悅」，康熙本、《薈要》本作「悅豫」。

而建侯行師，无所不利矣。若武王之伐紂，以其順天應人，是以一怒而安天下，天下之民无不悦豫而順從也。

《象》曰：豫，剛應而志行，順以動，豫。豫順以動，故天地如之，而況「建侯行師」乎？天地以順動，故日月不過而四時不忒。聖人以順動，則刑罰清而民服。豫之時義大矣哉！

義曰：「剛應而志行」者，此以二體明其義。剛，謂九四也。應，謂初六也。九四以剛陽居大臣之位，又處震動之下，下與初六爲應，是上下之志皆得通行也。「順以動，豫」者，震，上動也；坤，下順也。言聖人所動，皆順于民心，則民无有不順而悦豫也。「豫順以動，故天地如之，而況『建侯行師』乎」者，此釋「建侯行師」之義。言聖人能以豫順民心，又合乎時，雖天地之至高、至厚尚亦不違，況建侯以治民、行師以戡難乎？其利可知也。「天地以順動，故日月不過而四時不忒」者，言天地之大，一晝一夜，凡行數十餘萬里，而无毫釐之過與不及，是能以至順而動，故日月代明而无薄蝕之差，四時迭行而无錯繆之愆也。「聖人以順動，則刑罰清而民服」者，聖人以天地爲心而有所動作，則天下之人悦豫而從，故刑罰清而民服之。然此指「刑罰」而言者，蓋聖人用之所以禁暴止姦，萬民之所深畏者也。當刑者刑之，當罰者罰之，懲一而勸百，故刑罰可措而清，是天下之民服從而不犯也。「豫之時義大矣哉」者，聖人歎美之辭也。言豫之時其義至大，意使後人所動所爲當順于心而已。

《象》曰：雷出地奮，豫。先王以作樂崇德，殷薦之上帝，以配祖考。

義曰：雷者，陰陽奮擊成聲也。殷，盛也。言雷聲奮出于地上，則震動萬物，使勾者盡出，萌者盡達，萬物

起而滋植，悅豫之象也。先王觀此之象，則必順時而動，使天下之人皆從而服從而和樂。民既和樂，于是采

其和聲作樂，以通天下之和，使天下之人聞之而无不悅樂，則其德從而崇高也。故若武王伐紂之後，天下

之民既出于塗炭而得其和樂，于是象其成功而作《大武》之樂，是由順民心而動者也。且聖人作樂，不惟

民得其和，又且薦之上天，配以祖考，所以通人神之和而告其成功也。

初六，鳴豫，凶。《象》曰：初六「鳴豫」，志窮凶也。

義曰：鳴，謂聲名流傳于外也。初六居豫之初，係應于四。四爲悅豫之主，有盍簪之朋，而己應之，是得

志于四也。夫以小人得志，則悅豫過甚，驕奢放恣，无所不爲，以至聲傳于外而致其凶咎也。《象》曰「鳴

豫」，志窮凶也」者，大凡樂不可極，志不可滿，人理之常也。今初六致其凶咎者，志窮于悅樂故也。

六二，介于石，不終日，貞吉。《象》曰：「不終日，貞吉」，以中正也。

義曰：「介于石」者，言介然如石之堅勁也。六二處悅豫之時，居中履正，是中正知幾之君子也。初六有

鳴豫之凶，己下交之而无褻瀆之心。九四爲悅豫之主，有盍簪之朋，己上交之而无諂媚之行。是君子之

人介然守其節操，堅勁如石守其正道，故不終日之間，所以獲其吉也。先聖《繫辭》釋此爻曰「君子見幾而

作，不俟終日」，「介如石焉，寧用終日」是言六二中正而獲吉也。

六三，盱豫悔，遲有悔。《象》曰：「盱豫」有悔，位不當也。

義曰：盱者，盱睢諂媚之謂也。遲，緩也。以不中不正之質而上近于九四操權之臣，若盱睢諂媚以求悅

于四，則必有悔也；若遲緩而不求于四，亦必有悔也。然則六三何以進退遲速之間皆有悔？蓋悅豫之

時，以正而從之則可也，三既以不正而所求者又不正，則宜其速悔矣。

九四，由豫，大有得。勿疑，朋盍簪。《象》曰：「由豫，大有得」，志大行也。

義曰：此卦上下羣爻皆陰柔，而四獨以剛陽之德爲豫之主，然非至尊之位，乃專權之臣也。權既已專，是以上下皆附從之，必由于己而後得豫也，故曰「由豫」也。「大有得」者，四既得眾爻從之以取其悅樂，是己之大有所得也。「勿疑，朋盍簪」者，朋，類也。盍，合集也。簪，冠之笄也。言四秉悅豫之權，眾來附己，然而必藉天下羣才共成天下之事業。羣材既已從己，己必盡誠以信任之，不有疑貳之心，則彼將引其朋類，合其簪纓而來也。《象》曰「由豫，大有得」者，九四以剛陽之才爲豫之主，上下羣陰悅附于己，而又能信任天下之士，天下之士皆合其簪纓而來，是得其位而有權，故其志大得行也。

六五，貞疾，恒不死。《象》曰：六五「貞疾」，乘剛也。「恒不死」，中未亡也。

義曰：疾，謂疾病也。恒者，綿綿之貌。六五以柔弱之質居至尊之位，而履失其正，又下乘九四剛陽之權臣，是於正道有所疾也。「恒不死」者，言六五以柔弱之質而履失其正，是有疾病者也。然而得常不死者，以其居中處尊，猶且綿綿不絕而未至于亡也。然所存者，但位號而已，故若周平東遷之後，天下之權盡屬強臣，而天王所存者位與號爾。此六五所以然者，蓋一卦之中最正者，六二一爻而已。其執節堅勁，所交不諂不瀆，是至正之臣也。今五乃不能委任之，而又且乘陵于四，此所以得不死之疾也。

上六，冥豫成，有渝无咎。《象》曰：「冥豫」在上，何可長也？

義曰：冥，謂冥昧也。上六居豫之極，悅樂過甚而不知止節，以至智性昏迷，冥冥而无所知識，以至于凶

咎也。大凡禮樂之道，必相須而成，然後制節和平皆得其所也。若禮勝而樂不至，則民散而不和也。樂

勝而禮不至，則民蕩而不反也。是樂必有禮以爲節，禮必得樂而後和，二者兼備則不至悔吝也。今上六

悅樂過甚，是不知所節以至冥暗也。古之太康，內作色荒，外作禽荒，而貽邦國之患。商紂作長夜之樂，

以至傾圮社稷。是皆智性昏迷，恃樂過極，以至亡也。非獨人君則然，至于公卿大夫而下，莫不若是，故

《伊訓》曰：「惟茲三風十愆，卿士有一于身，家必喪；邦君有一于身，國必亡。」故知自天子至于士庶人，凡

酖樂過甚，必有凶咎也。❶「有渝无咎」者，渝，變也，言苟能因其逸樂之過而反思悔咎，自省于己，變前之

爲而節之以禮，則庶幾免于悔咎也。《象》曰「冥豫」在上，何可長也」者，此聖人深戒之意也。言其悅豫

過甚，至于情蕩性冥而不知所止，是何可長如此乎？言能渝變，則可以无咎也。

隨

震下
兌上　隨，元亨利貞，无咎。

義曰：按《序卦》云：「豫必有所隨，故受之以隨。」言聖賢在上，既得天下之悅豫，必皆樂而隨之也。然謂

之「隨」者，兌上爲説，震下爲動，是聖賢動順民心，則天下皆悅樂而隨之也。「元亨利貞」者，此天地之四

❶ 「必」，康熙本、《薈要》本作「皆」。

德也。凡聖賢之人欲天下之隨己，故當修天地生成之四德，然後可以使天下皆悅而隨之，則可以免咎也。

凡人將隨于人者，亦當審其所隨之人，有此元亨利貞之四德，能生成于民物者，然後隨之，則得其所安而獲其無咎也。是隨之道必以此四德兼備，然後可以求人之隨，及隨于人也。

《象》曰：隨，剛來而下柔，動而說，隨。大亨貞，无咎，而天下隨時。隨時之義大矣哉！

義曰：「剛來而下柔，動而說，隨」者，此就二體以釋其義。夫震以動，其性剛。兌以說，其性柔。今震在兌下，是剛來而下于柔也。猶聖賢君子以至剛之德，至尊之位，接于臣而下于民，故賞罰號令一出于上，則民皆悅然隨于下也，故曰「剛來而下柔，動而說，隨」。「大亨貞，无咎，而天下隨時」者，此釋「元亨利貞」之四德也。言有是四德兼備而无其咎過，則天下之人盡將奔走匍匐，及時而隨之矣。「隨時之義大矣哉」者，言隨時之義至大，非大才大智有上四德之人，必不能使天下之民悅而隨之也，故先聖于此重嘆美之也。

《象》曰：澤中有雷，隨。君子以嚮晦入宴息。

義曰：雷在澤中，是待時而動。若雷之一奮，則萬物皆隨而震動，是隨之象也。「君子以嚮晦入宴息」者，此當有二義：言隨之時，必當慎其所以爲隨之道，不可輕動，必須待其人有是四德之備而後隨之。雖然，亦未可以顯然而從之，固當韜光養正，向于隱晦之中，以自安息而詳審其人，使可以隨，然後往而隨之，則得其道也。苟不擇其人，又且顯然而往，至于中道有所不至，則其爲患不細矣，故《論語》曰「朋友數斯疏

矣，事君數斯辱矣」是也。又若君子欲人隨于己，亦當韜光潛德，向于冥晦之中，使其元亨利貞四德之備，

則天下之人自然隨之也。故君子之隨于人者，若伊尹起莘而隨湯，太公起海濱而隨文王，七十子之隨仲尼，皆得其爲隨之道也。故先聖于《象》辭以戒後人：凡隨之道，尤宜重慎也。注疏謂：「物皆説隨，可以无爲，不勞明鑒」，且凡聖人在上，天下未隨之時，則當焦心勞思以治之。及天下既隨之後，則亦當憂勤而思所以安之之道。豈有物既隨，而荒急佚樂，无憂勤之志者哉！

初九，官有渝，貞吉。出門交有功。《象》曰：「官有渝」，從正吉也。「出門交有功」，不失也。

義曰：官，主守也。渝，變也。大凡人素有所主守，確然持一節不變者，當隨之世，則必觀時量勢，而變其前之所守，則其人之可從者，決然往而隨之可也。今初九居隨之時，當動之始，固宜易所素守，擇其人而隨之也。既欲擇其人，則必視其有四德之備大賢大正之人，使可以隨之則隨之，則于正道得吉也。「出門交有功」者，言不能韜光晦迹，拱默以待其人，而已出門矣則必擇其有功者，然後交之，乃可以獲安而不失其所也。《象》曰「官有渝」，從正吉也。「出門交有功」者，大凡人之守節，確然執一而不能通變者，未可以語聖賢之道也。夫聖賢之道隨時通變，无所執泥。當可隨之時，雖素有所主，亦必擇其人之善者而從之也。若時不可動，而人不可隨，則退而固其所守，以道自處也。然雖去就不同，但從于正則吉也。

六二，係小子，失丈夫。《象》曰：「係小子」，弗兼與也。

義曰：小子，謂初九也。丈夫，謂九五也。大凡陰柔不能自立，必得剛陽之人以係之則可也。今六二居隨之時，與九五爲正應而最遠之，初九非其應而切近之，故已以陰柔之質因而附于初，是失九五之丈夫而係初九之小子也。然則六二履于中正，何係乎非應？蓋陰弱而无常守故也。夫以不定之性而又居隨之

時，是必舍遠而係近矣。然所以不言凶者，蓋聖人于此戒之，謂其尚有從正之道。若能係于九五而舍于

初九，則不至于凶咎也。《象》曰「係小子」，弗兼與」者，言係于初則失五，係于五則失初，從此則失彼，從

邪則失正，是不可以兼與也。

六三，係丈夫，失小子。隨有求得，利居貞。《象》曰：「係丈夫」，志舍下也。

義曰：丈夫，謂四也。小子，亦謂初也。六三以柔弱之質不能自立，必得剛陽之人以隨之也。上既近

於四，而下又遠于初，是以隨九四之丈夫，而失初九之小子也。「隨有求得」者，言隨之時，六三上无正應，

九四又下无正應，是兩无所繫而又相比。今六三往隨之，是所求有得也。「利居貞」者，言六三、九四皆非

所應，今既相從，必以正道乃獲其利，而无凶咎之事也。是以凡師友、朋黨之間所相隨者，必皆以正則可

以全其終也。故仲尼曰：「居是邦也，事其大夫之賢者，友其士之仁者。」蓋言必得正人端士，然後可以相

從也。

九四，隨有獲，貞凶。有孚在道，以明，何咎？《象》曰：「隨有獲」，其義凶也。「有孚在道」，明功也。

義曰：九四以陽居陰，履非其正。然而己以剛明之才得居人臣之極位，用心廣大，无所係吝，天下之民欲

隨于己，己輒納而不拒之，是有所獲也。「貞凶」者，夫民，君之民也，己居人臣之位而輒有之，則侵權擅民

于人臣之正道，大爲凶也。「有孚在道，以明，何咎」者，孚，誠信也。道，臣子之道也。言九四雖擅有君之

民，侵取君之權，蓋是君之澤未下于民，而己又當臣位之極，故天下皆願歸之也。然既在嫌疑之地，則宜

如何？故必當推其至誠至信，率天下之民以奉于上，盡其齊物之心，顯然推白其臣子之道，以明非有叛

逆之惡，則庶可以免其刑戮而逃其悔吝也。故昔者文王當紂之時，三分天下有二，而記者稱之曰「文王有君民之大德，有事君之小心」，然尚不免紂之疑而有羑里之囚，幾至不免。是臣子之道當顯然盡其誠信以事于君，則可以免咎。《象》曰「有孚在道」，明功也」者，言既有孚信在于臣子之道，而上得剛明之君，知己非叛違之意，故足以明己之功也。

九五，孚于嘉，吉。《象》曰：「孚于嘉，吉」，位正中也。

義曰：九五居隨之時，以剛陽居至尊而履得其正，處于大中，故天下之人莫不鼓舞而隨之。然則如何以副天下所隨之望？故當虛其心，盡其誠，以信任大才、大賢、嘉善之人，以共成天下之大治，則吉莫與盛。《象》曰「孚于嘉，吉」，位正中也」者，言九五爲中正之君，下應于六二，六二亦爲中正之臣，而己能孚信而任之，則天下之賢皆來隨于己，而輔成天下之事業也。

上六，拘係之，乃從，維之，王用亨于西山。《象》曰：「拘係之」，上窮也。

義曰：夫隨之世，天下之人莫不畢從于上也。今上六處卦之終，最居于上極，是其凶頑而不從之人也。夫凶頑之人，雖王者興而不從，聖人起而不服，必待其拘囚縶係之後乃從也。「維之，王用亨于西山」者，維，即維縶之也。西山，以上體兌，兌，西方之卦，山，取其險惡也。夫聖人在上，天下之民莫不歸之。而此上六凶頑之人，置之一方，則一方受其害而罹其險惡。今既加之以誅伐而維縶之，使不能萌其惡以毒于民，故雖西方險阻之地亦得亨矣。

蠱

䷑
巽下
艮上

蠱，元亨，利涉大川。先甲三日，後甲三日。

義曰：蠱，壞也。按《左傳》昭公元年云：「皿蟲爲蠱，穀之飛者亦爲蠱。」蓋言三蟲食一皿，有敗壞之象，故云「皿蟲爲蠱」。又言穀之積久腐壞者，則變而爲飛蟲，亦蠱敗之象，故云「穀之飛者亦爲蠱」。夫物既蠱敗，則必當脩飾之，故《雜卦》曰「蠱則飾也」是矣。以人事言之，則是風俗薄惡，教化陵遲而不綱不紀也。方此之時，聖賢之人必以仁義之道施爲而拯治之也。「元亨」者，元者，天地大生之德，于人爲仁也；亨者，天地大通之德，于人爲禮也。言聖賢當此天下蠱壞之時，思欲拯治之，必有天地大生之德、至仁之道以拯濟之；又當以禮制而拯葺之，以救弱扶衰，興滯補弊，使天下之生靈各得其大通也。「利涉大川」者，大川，謂大險大難也。夫治天下弊壞之事，不可安然而治之，必在衝涉大難，奮不顧一己之私，存心於天下，然後可以治其事，措之安平也。何則？以天地之德至廣至大，而發生萬物尚有屯難，況聖賢治天下蠱敗之事，豈无險難乎？「先甲三日，後甲三日」者，庚、甲皆申令之名也。凡事，仁恩于五行爲木，木主春，春爲施生，故爲仁恩之令也。凡事已蠱敗，非下民之所能爲，皆在上者致之也。然聖賢必欲治之，則當以仁恩之令而爲之先也。是故民有匱乏者，則出粟帛以濟之；民有失于奢者，則以禮而節之；民有未出于塗炭者，則出之而使安其所；民有入于凶頑而陷于刑辟者，則使之改過自新。故先之三日以申諭之，後之三日以丁寧而勸戒之。如此，則天下之事无有不舉矣。

《象》曰：蠱，剛上而柔下，巽而止，蠱。「蠱，元亨」，而天下治也。「利涉大川」，往有事也。「先甲三日，後甲

三日」，終則有始，天行也。

義曰：上體艮爲剛，下體巽爲柔。夫天下之事所以弊壞者，由上无剛明之德以斷制于下，下无柔順之心

以從令于上耳。今此卦上既剛明而能斷，下又柔順以奉令，故蠱敗之事可以得治也，故曰「蠱，剛上而柔

下」。「巽而止，蠱」者，上艮爲止，下體爲巽，巽爲權變，艮爲鎮靜。夫能用權者多失于鎮靜，今既止靜，又

能行權，故可以治蠱敗之事也。「利涉大川，往有事」者，言聖賢之人欲治蠱敗之事，則雖大險大難必往而

治之，庶成天下之事業也。「先甲三日，後甲三日」，終則有始，天行也」者，言上之行仁恩之令，先之三

日，後之三日，終而復始，若天有四時之行，春生而秋成，始始終終，无有休息也。

《象》曰：山下有風，蠱。君子以振民育德。

義曰：按《左傳》云：「在《周易》，女惑男、風落山謂之蠱。」言山之有材木，今爲其風之所落而在山之下也。

夫風之爲氣能生物，亦能落物，此即肅殺之風，故爲蠱之象也。君子觀此之象，以拯救天下敗壞之事，振

濟萬民之難，使皆得其所而遂其性，又且養育己之德業而加于天下，不使至于蠱敗也。

初六，幹父之蠱，有子，考无咎，厲，終吉。《象》曰：「幹父之蠱」，意承「考」也。

義曰：大凡事之蠱敗，必求所以脩飾之也。初六居卦之始，得巽之體，能用權變以承家道而幹集父事，故

云「幹父之蠱」。「有子」者，夫能代父之任而成家之事者，子之職也，一不能然，是无子矣。今初以權變而

幹父之事，使男正位乎外，女正位乎内，内外和睦，上下整肅，是得其爲子之道也。「考无咎」者，言父有不

能幹家之事而至于蠱敗，咎莫大焉。苟得賢明之子以代其任而成其事，則可使其父立于无過之地矣。今

初六能用其權變，以幹濟其事，使其父得无咎也。然謂之「考无咎」者，夫生曰「父」曰「母」，死曰「考」曰

「妣」。蓋言初六不唯能幹父之蠱而致父于无過，兼使其父雖至于終没亦免其咎，而致其令名以光于後

也。故《祭義》曰：「亨、孰、羶、薌、嘗而薦之，非孝也，養也。」君子之所謂孝者，國人稱願然曰『幸哉，有子

若此』，所謂孝也已。」又哀公問于孔子曰：「何謂成親？」孔子曰：「君子也者，人之成名也。百姓歸之名，

謂之君子之子，是使其親爲君子也，是爲成其親之名也。」蓋言父雖有過，而子能終幹之，則使其父免咎

矣。「厲，終吉」者，厲，危也，言初六居卦之始，幹父蠱敗之事，是主艱也，故當常若危厲在前，恐懼其始，

則終可以獲吉也。《象》曰「幹父之蠱」，意承『考』」者，意謂心之所存也，言爲子之道不可盡循父之命，但

心之所存，以至孝事其親而成之耳。

九二，幹母之蠱，不可貞。《象》曰：「幹母之蠱」，得中道也。

義曰：九二以剛明居中而在内卦之内，是能幹其母蠱壞之事也，故曰「幹母之蠱」。「不可貞」者，言君子

之人必上思忠于君，下思利于民，不可屑屑然，專以治閨門之事，久執其道爲己之正也。《象》曰「幹母之

蠱」得中道也」者，九二以剛明之德居中位，在内則能幹母之蠱，在外則能幹父之事，在朝廷則能忠于

君而利于民，是周旋進退皆得于中道也。

九三，幹父之蠱，小有悔，无大咎。《象》曰：「幹父之蠱」，終无咎也。

義曰：九三以陽居陽，有剛明之德，履于至正，故能幹父之蠱。何則？夫剛則有能斷之才，正則公而不

私，以此而行則克幹其事而无所不濟也。「小有悔，无大咎」者，言九三全用剛斷以幹其家事，則必傷于和睦之道，而親族之間必小有悔恨之者。然己代父之任，整肅閨門之教而幹成其事，則終无大咎也。

六四，裕父之蠱，往見吝。《象》曰：「裕父之蠱」，往未得也。

義曰：夫父以柔懦不能剛決，以至蠱壞其家。而六四又以柔弱之質承其蠱敗之後，无剛果決之才，不能代父之任而幹家之事也。然而陰履正，故但少能寬裕其父之事耳，故曰「裕父之蠱」。「往見吝」者，夫承蠱敗之後而以柔弱之質將有所往，必見悔吝而无所成也。然初六亦以陰柔之道乃能幹父之蠱，此即往而見吝。何也？蓋初六居壞敗之始，當幹家之初，能用權變以治其事，致父于无過之地，故聖人言之，以為萬世治家之法當在于始也，是以為臣為子者，不可以无剛明之才也。今六四既居事壞之後，而无剛明之才，不能幹濟其事，故往見吝而无所得也。

六五，幹父之蠱，用譽。《象》曰：「幹父」「用譽」，承以德也。

義曰：譽者，嘉美之稱也。六五所以能幹父之蠱者，蓋承以其德，不在剛威而能代父之任，承家之事，又有大中之道，下應九二剛明之人，用是所以得嘉美之譽也。《象》曰「『幹父』『用譽』，承以德」者，言六五所以用譽者，非徒取于虛名也。蓋以大中至正之德，承父之志以治其事，使社稷永固，生靈受賜，各遂其所，而天下嘉美之譽自然至矣。

上九，不事王侯，高尚其事。《象》曰：「不事王侯」，志可則也。

義曰：夫事治于始，至于終則其事已成也。大凡人子之始，竭力盡孝以事父而治于家，人臣之始竭力盡

忠以事君而利于民。及夫國家既濟，❶功業既成，榮問既極，而苟年德衰耗，則必有止足之心而不累其位，退休歸老不事于王侯，而自崇高尊尚其事也。《象》曰「不事王侯」，志可則也」者，言上九之不事王侯，蓋有足止之心、高尚之行可爲世俗之所法則也。言聖人之德始終如一，无有衰耗。若周公之輔于周，亦卒于周，未聞高尚其事也。夫有周公之資則可爲，自賢人而下則不能无衰耗矣。功業既成，則休退宜也。然世俗所謂高尚者，內則无心于家，不孝于父而幹其事，外則无心于國，不忠于君而利其民，但高傲衣冠，晦迹山林，遠去人迹。此直家鹿木石之伍耳，非聖人言蠱上之意也。

臨

兌下
坤上　臨，元亨利貞。至于八月有凶。

義曰：按《序卦》云：「有事而後能大，故受之以臨。臨者，大也。」聖賢之人興立事業，必自小以至于大，故臨所以次于蠱也。然謂之臨者，居上臨下之義也。此卦之體二陽漸進，是聖賢興起，君子之道得行，有才德以臨于天下也。「元亨利貞」者，天地之四德也。夫聖賢興起，必有四德之備，如春之生，夏之長，秋之成，冬之固，使天下无一物不被其澤，无一民不受其賜，迺可以臨于人也。「至于八月有凶」者，八月，即周

❶ 「國家」，康熙本、《薈要》本作「家國」。

之八月，今之六月，斗建未之時，二陰生也。臨卦二陽生，即周之二月，今之十二月，斗建丑之時也。此言聖賢興起，君子道長而至于八月有凶者，蓋聖人之深戒也。言二陽始進，進而不已，不顧陰氣之侵逼。至于八月二陰之生，則其卦爲遯，以至爲否，陰氣漸進，陽氣必消也。猶君子乘時得位以臨于人，若不能深思極慮以防其失，使小人得乘隙而進，則至于侵害矣。故當此之時，居其安不忘其危，在其治不忘其亂，則可以久臨于天下，而无危亂也。

《象》曰：臨，剛浸而長，說而順，剛中而應，大亨以正，天之道也。至于八月有凶，消不久也。

義曰：浸，漸也。言所以爲臨者，二陽始生，其德漸進，猶君子得其時，遇其君，以漸而進于位，興立事業以臨于天下也，故曰「臨，剛浸而長」。「說而順」者，上坤爲順，下兌爲悅也。言剛浸而長是聖賢之人臨于天下，有至尊之勢，至嚴之威也。其勢至尊，其威至嚴，則卑賤之俗，疏遠之民，其情曷以通，而其恩曷以下哉？是必有仁義之化以悅順于民心，使天下无不被其澤，无不受其賜，彼皆悅然以順于上也。「剛中而應」者，此謂九二以剛明之德而處下卦之中也。凡臨人之道，必須下其身，先于臣民，以剛明之德交接于下，則下之志皆得上通也。「大亨以正，天之道也」者，夫聖賢在上既能悅而順人，以剛明之德先于臣民，故能行「元亨利貞」之四德，以撫育萬民，生成萬物，此乃天之道也。「至于八月有凶，消不久也」者，此言二陽漸進，至于八月二陰浸長，則陽道不久而消剝矣。亦如君子之待其時，不顧小人之進，使其少得勢，則必侵害君子，君子之道不久而漸退矣。然不曰七月者，蓋其一陰始生，小人之勢尚弱，未能爲害。至于八月，二陰既長，則小人之道漸盛，而其黨漸熾，故有侵害之事也。聖人至此言之，所以深戒萬世居安思危之

意也。

《象》曰：澤上有地，臨。君子以教思无窮，容保民无疆。

義曰：夫臨者，居上以臨下也。至高，天也。至下，地也。今不云天臨，而曰「澤上有地，臨」者，蓋地之勢最附近于澤，而澤又依著于地，是臨之象也。君子法此之象，汲汲然惟恐一物之不被其澤，故夜以思之，晝以行之，焦心極慮，施其教化以臨于民而无有窮已也，又能寬容保安之而无有疆畔也。然則爲君子者不能思其教化，一也，能教而不能寬容之，則不可以臨于民者，二也，能容而不能保安之，則不可以臨民者，三也。須三者之道兼備而又有元亨利貞之四德，夫然後可以臨于民也。

初九，咸臨，貞吉。《象》曰：「咸臨，貞吉」，志行正也。

義曰：咸，感也。夫剛者必有至尊之勢，至嚴之威，以臨于人。今初九以剛明之才居一卦之下，是聖賢之人下其身，以先于臣民者也。夫既下其身以先之，則天下之民莫不感悅而從之矣，故曰「咸臨」。既能下其身，先于人，人皆從之，則得其正而獲吉也。《象》曰「咸臨，貞吉」，志行正也者，且聖賢之人，非苟欲柔邪佞媚以取悅于天下之人，蓋上之臨下，以仁義之化行己之道，興天下之利耳。今初九以剛明之才，處衆陰之下，是其志本行于正也。

九二，咸臨，吉无不利。《象》曰：「咸臨，吉无不利」，未順命也。

義曰：九二亦以剛明之才居下卦之中，下其身以先于臣民者也，是以天下之人莫不感悅而歸之，故曰「咸臨」也。「吉无不利」者，初九雖能使人感悅而從之，然未得其中，故但得貞吉而已。九二以剛明之德處下

卦之中，則所爲无過與不及，皆得中道而又居衆陰之下，能下其身以接于民，則獲其吉而无所不利矣。

《象》曰「未順命也」者，此「未」字當爲羨文。夫九二有剛明之德以臨于人，天下皆感悅而歸之，无有不順其命者也。而經文言「未順命」，豈天下率歸而有未順命者乎？蓋《易經》傳之久，其間不能无脫誤，故此「未」字當爲羨文也。

六三，甘臨，无攸利。既憂之，无咎。《象》曰：「甘臨」，位不當也。「既憂之」，咎不長也。

義曰：甘者，柔邪佞媚之道也。六三不中不正，又居兌之極，是過于柔佞也。爲上者以此不正之行、悅媚之道而臨于人，故謂之「甘臨」。夫以不正之行、佞媚之道，以苟且取譽于民，雖苟得頃刻之悅、一時之譽，然于天下之事終无所利矣，故在《書》曰「罔違道以干百姓之譽」者是也。《象》曰「既憂之」，无咎」者，言六三若能以己之不正而反自思省以憂其危，知甘佞爲非而變從于正道，則可以免咎悔也。

六四，至臨，无咎。《象》曰：「至臨，无咎」，位當也。

義曰：六四所履得正，下應于初九剛明之援以臨于人，能至于臨下之道而得无咎也。蓋上之臨下，必得其正道。若一失于正而入于邪，則下之從也若影響之效，固不可以无正也，是以孔子曰「其身正，不令而行」。苟不正其身，雖令不從，是上之臨下必由于正也。今六四以陰居陰，是履得其正。以此臨下，則下无不從，是至于爲臨之道而獲其无咎也。《象》曰「至臨，无咎」，位當也」者，六四以陰居陰，處不失正，是能正一心以正朝廷，正朝廷以正百官，正百官以正萬民，正萬民以正四方。正四方，則遠近莫不一于正，誠由居當其位而行得其正也。

周易口義

六五，知臨，大君之宜，吉。《象》曰：「大君之宜」，行中之謂也。

義曰：「知臨」，謂能用羣賢而任知以臨于人也。六五以陰柔之質居坤順之中，履至尊之位，得大中之道。

九二有剛明之才，五以至誠接納而信任之，故天下之賢莫不竭其聰明，盡其才智以輔于己也。能用天下

之賢以知而臨于人，是得大君所行之宜而獲其吉也，故若堯舜之為君而任皋、夔、稷、禹之徒是也。《象》

曰「大君之宜」，行中之謂也」者，夫天下至大，生靈至衆，居上者以一耳一目不能周其視聽，必得天下之

賢才以輔于己則可也。今六五能任用剛明才智之臣以臨于下，是大君所行之中道莫尚于此。

上六，敦臨，吉，无咎。《象》曰：「敦臨」之吉，志在內也。

義曰：敦，厚也。坤為博厚，而上六處坤之極，是能以敦厚之道而下臨于人也。「吉，无咎」者，六四、六五

皆有剛明之援，所以獲吉。今上六雖有敦厚之德，然下無正應，無剛明之助，是本有咎矣，必須吉而咎乃

得免，故曰「吉，无咎」。《象》曰「敦臨」之吉，志在內也」者，夫坤之體本在于下，今在上，而其志樂于下

復，是志在于內也。何則？蓋上六處一卦之極，雖無剛明之人以為己助，然能以敦厚之德附于二陰，

故三陰同志皆樂下復，是其志在內者也。

觀

坤下
巽上　觀，盥而不薦，有孚顒若。

義曰：《序卦》云：「臨者，大也。」物大然後可觀，故受之以觀。」觀者，觀也。此卦之體，二陽在上，是聖賢

一二二

之人有剛明之德以臨觀于天下，使天下之人莫不仰觀而化之也。「觀，盥而不薦」者，盥、薦者，皆祭宗廟

所行之禮也。盥，謂天子始入廟，則必盥手酌鬱鬯于地，以求幽陰之時也。薦，謂三獻薦腥、五獻薦熟之

時也。夫始盥之時，其禮簡畧，故至誠之心，恭肅之意莫不盡之。若薦腥熟之時，則其禮已煩，雖有強力

之容、恭懿之心，則亦倦怠矣。是以聖人在上臨御天下，必當如始盥之時，盡其至誠之心，以為天下所觀

法也。固不可如行薦之時，禮數煩劇，其志懈怠，則不能使天下之人觀之以為法則也。「有孚顒若」者，

孚，信也；顒，謂恭肅之貌也；若，語助也。言聖人既能盡至誠之心，如始盥之時而臨制天下，則天下之人

仰以法之，皆以孚信而應之。其貌顒顒然，盡其恭肅，以應夫上也。

《象》曰：大觀在上，順而巽，中正以觀天下。「盥而不薦，有孚顒若」，下觀而化也。觀天之神道，而四時

不忒。聖人以神道設教，而天下服矣。

義曰：「大觀在上」者，謂此卦以二陽居于上，臨觀于下，使其教化浹洽，而天下之所觀仰也。「順而巽」

者，此以二體而言，下坤為順，上巽為權也。夫聖賢之人雖有剛明之德以臨于下，然在乎不自尊大，不自

高抗。凡所作為皆用柔順之道以下于民，則天下之民悦而從之，无所懈倦，而又示之以權變之道，使民由

之而不知其所以然也。「中正以觀天下」者，夫觀有二義，以度而言之則謂之觀，以目所觀亦謂之觀也。

此一句指九五而言。蓋以陽居陽，又處上卦之中，履至尊之位，有大正大中之德以臨于天下，使天下皆有

所觀法也。「觀天之神道，而四時不忒。聖人以神道設教，而天下服」者，此廣明其義也。言下之人既觀

上之道以為法則，而聖人又觀天之道以為法則也。「神道」者，陰陽不測之謂也。天運至神之道，生育萬

物，春生，夏長，秋成，冬固，使物皆遂其性而不可推測其用。四時之行，无或差忒，聖人法之，亦以至神之

道設爲仁義之教，以成治天下，使天下之人各安其性而懷其業，不知其所以然而然也。

《象》曰：風行地上，觀。先王以省方觀民設教。

義曰：夫風行于地上，則无所不至，物无不順生成萬物，萬物得其茂盛皆可以觀，故曰「觀」之象也。「先

王以省方觀民設教」者，是先王觀此之象以省察四方之利害，觀視萬民之善惡，而設仁義之教以行于天

下，使一民一物皆得遂其生成，而不失其所也。

初六，童觀，小人无咎，君子吝。《象》曰：初六「童觀」，小人道也。

義曰：按此卦二陽居上，有剛明之德，爲天下之所觀，而天下之人莫不奔走，以觀其道而爲法則也。今初

六以陰弱之質最居其下，而遠于剛陽，不能上進以求聖賢之道而觀之，但冥冥然无所知識，无所聞見，若

兒童之所觀也，故曰「童觀」。「小人无咎」者，言于小人之道，則得其无咎也。何則？夫小人之人，天下

之事无所歸責，但營保一身而已，故不能進而觀聖賢之道爲己之法則，以至終身愚懵，无能開發，止爲兒

童之見，此于小人所以无咎也。「君子吝」者，夫君子之人則當求聖賢之道，學聖賢之事業，廣其視聽，大

其知識，以充己之道。上思致君，下思利民，而成天下之事業，則君子之道畢矣。今以童觀在下，而君子

之人苟亦昧然无所聞見，而不能明顯以求觀于上，取法于聖賢之人，則誠可鄙吝也。

六二，闚觀，利女貞。《象》曰：「闚觀」，「女貞」，亦可醜也。

義曰：夫自外顯然而觀則謂之觀，自內而觀則謂之闚。此六二一爻，以陰柔之質居下卦之內，遠于在上

二陽剛明之人，不能往而從之，惟在內闚竊而觀之，故曰「闚觀」也。「利女貞」者，夫居觀之時，大觀在上，

而己爲闚觀之道，不能顯然而求觀其道以爲法則，是但利于女子之貞而已，固不可爲君子之道。何哉？

蓋女子之職主于閨門之內，不預外事，故但自內而闚竊于外耳，故曰「利女貞」也。《象》曰「闚觀」「女

貞」，亦可醜也」者，言爲闚觀者，于女子之行則可爲正，其于君子誠可以醜也。蓋凡君子之人，上必志于

君，下必志于民，而思兼濟于天下，故皇皇汲汲以求聖賢之道。若聖賢在上，則顯然而往觀之，以廣己之

視聽，發己之才識，而成己之道，以著天下之事業也。今乃反爲女子之事，而闚竊以觀于人，是誠足醜也。

六三，觀我生，進退。《象》曰：「觀我生，進退」，未失道也。

義曰：生，謂風教之所自出也。六三處下卦之上，爲衆人之長者也。既爲衆人之長，則風教號令皆自己

出也。是以六三必下觀于民而察己之道，其風教有過于中者，則俯而就之；其風教有不及于中者，則勉

而及之，使進退俯仰皆至于道也。然六三既有風教下及于民，而又曰進退，何也？蓋所履非至尊之位，

但居一卦之上，爲衆人之長耳。《象》曰「觀我生，進退」，未失道也」者，言六三雖非至尊之位，以其風教

之及于下，而又能察己之所出，未至者進之，過中者則退之，是或進或退皆未失于道也。

六四，觀國之光，利用賓于王。《象》曰：「觀國之光」，尚賓也。

義曰：夫大觀之時，有其才，有其德，而又有其位，爲天下之所觀法者，莫尚于九五也。初六最遠之，故曰

「童觀」；六二居內不能顯然求觀，故曰「闚觀」；惟六四以陰居陰，履得其正，而切近于九五，是能上附于

賢明之君而求觀聖賢之道，故朝廷之義、宗廟之禮，无所不知，仁義之道、禮樂之事无所不習。如是而進

于朝廷，觀國之光，故王者以之爲賓也。且如舜以一匹夫之賤登之朝，堯與之迭爲賓主，是有德之使然

也，故曰「觀國之光，利用賓于王」。《象》曰「觀國之光」，尚賓也」者，言六四既上附九五，能觀國之光，故

主者尊尚其德，體貌其位，而以之爲賓也。

九五，觀我生，君子无咎。《象》曰：「觀我生」，觀民也。

義曰：九五居至尊之位，爲天下之所觀仰也，風教號令一出于己也，是以下觀于民。若民善，則知己風教

之善也；民惡，則知己風教之惡也。然而九五履正居中，而又處至尊之位，以天下之大，或風教有未至，

姦邪有未去，習俗未盡善，禮樂未盡興，則皆其咎也。然九五能觀察于民而脩飾于己，使向之未至者皆趨

于道，是君子居之則得其无咎也。《象》曰「觀我生」，觀民也」者，夫觀流則可以知源，視影則可以知表，

聖賢觀民，則可以知己政之得失也，故常切切思省，下觀于民，是以至于无咎也。

上九，觀其生，君子无咎。《象》曰：「觀其生」，志未平也。

義曰：上九有剛陽之德，居一卦之上，非至尊之位，故不觀于民，而爲民之所觀也。然非至尊之位而爲天

下之所觀仰者，則《中庸》所謂「動而世爲天下法，言而世爲天下則」者，此爻是也。是知爲天下之所觀，則

天下之所歸之，而萬民之法由之也。若其言之一玷，動之一跌，則天下莫不知之，是有所咎也。故上九即

當切切思省，以觀己之所出，使動息語默皆合于道，以副天下之所觀法則，是于君子而得无咎也。《象》曰

「觀其生」，志未平也」者，言上九有盛大之德，爲天下之觀仰。然處于无位之地，而權不在己，又其責望

既重，故夕思晝行，常欲興天下利，除天下害，知其心志之未平也。

噬嗑

震下
離上　噬嗑，亨，利用獄。

義曰：按《序卦》云：「可觀而後有所合，故受之以噬嗑。」蓋人以大才大德爲天下之觀法，使天下合心而歸之也。然則此卦自頤而得。頤者，上艮下震，二陽居外，四陰在其內，是其所養之道也。今噬嗑即是九四矣。一陽居三陰之中，如剛梗之物在于頤中，必待噬而齧，然後可得其合。故若朝廷之上，朋友之中，閨門之內，有一小人間厠其間，則爲君子良民之害，故必須刑罰竄殛之，然後君子之道得以行，良民之志得以伸，心氣和同，上下協合，所以大通也，故曰「噬嗑，亨」也。「利用獄」者，上體離，爲明，下體震，爲動，爲威。夫刑獄之事，巧詐百端，情僞萬狀，至幽至隱而難察者也，必得威明之人，施剛斷之才以制之，則姦僞可以刑服，强梗可以放逐，而君子之道得行，上下之志和合也。

《彖》曰：頤中有物，曰「噬嗑」。噬嗑而亨，剛柔分，動而明，雷電合而章。柔得中而上行，雖不當位，利用獄也。

義曰：「頤中有物，曰『噬嗑』」者，夫剛梗之物在于頤中，是爲口頰之患，噬齧之，然後合也。「噬嗑而亨」者，小人爲君子良民之害，必須刑戮之，則上下之志合而大通也。「剛柔分」者，離，陰也，爲柔，爲明；震，陽也，爲剛，爲威。以威剛至明而用刑，則君子小人分而无間厠也。「動而明，雷電合而章」者，夫有剛威之才而不能明察，則暴而傷于物；有明察之才而不能剛威，則柔懦而不能立事。是必威明兼濟，則事无不立也。今噬嗑之卦動而且明，雷電相合而和同，故其道光顯而章著也。「柔得中而上行，雖不當位，

利用獄也」者，此指六五而言也。六五以柔順之道履得其中，而居至尊之位。夫以柔而居至尊，所行不得

其正，❶所處不當其位，然猶以居離明之中，其性至明，故利用于刑獄之事也。何則？夫獄之情至深至

隱，其間姦偽利害出于萬狀，故非至明之君子，則不能斷制其事。今六五所處雖不得正，然以其居離卦之

中，是其性至明，故利用于獄也。

《象》曰：雷電，噬嗑。先王以明罰勅法。

義曰：震爲雷，故有威。離爲火，故有明。有威、有明能辨小人之情，用刑以去之，此噬嗑之象也。「先王

以明罰勅法」者，言先王當有威明之德，有善必賞，有惡必刑，所以明示其罰而正勅其法也。

初九，屨校滅趾，❷无咎。《象》曰：「屨校滅趾」，不行也。

義曰：屨校者，以木械桎其足之謂也。滅，沒也。趾，足趾也。初九居噬嗑之初，是被刑之輕者也。其罪

惡未至于大，故但校滅其趾而已。夫聖人之視民也，如父母之于赤子，雖有罪，豈忍加之刑戮哉！蓋慮

罪小之時不爲之懲戒，則必至于大惡，故當此罪小之時加以木械，桎其足趾，使其惡之不能行也，故《繫

辭》曰：「小人不恥不仁，不畏不義，不見利不勸，不威不懲。小懲而大誡，此小人之福也。」言小人不仁不

義，見利則勸，恃威則懲，此所以爲小人之福也。《象》曰「『屨校滅趾』，不行也」者，言其當罪小之時，用校

❶　「正」原作「位」，據康熙本、《薈要》本改。

❷　「屨」原作「履」，據康熙本、《薈要》本改。下文同，不再出校。

以滅其趾，使知其罪雖小，不可爲而不行也。

六二，噬膚，滅鼻，无咎。《象》曰：「噬膚，滅鼻」，乘剛也。

義曰：膚者，柔脆易噬之物。滅鼻者，用刑之深也。六二以陰居陰，又處下卦之中，是得正且中也。以此中正之道，用刑至當，如噬其柔脆之膚，言其易而民服也。然以居中履正，用刑至當，雖滅鼻而過于深察，是亦无咎也。《象》曰『噬膚，滅鼻』，乘剛也」者，夫初九者過惡之小人，已乘于上，當用刑以懲之，所以至于滅鼻之深。然非專尚深刻，蓋以乘初九之剛故也。

六三，噬腊肉，遇毒，小吝，无咎。《象》曰：「遇毒」，位不當也。

義曰：腊肉者，全乾之謂也。六三居下卦之極，是爲不中；以陰居陽，是爲不正。凡用刑之道，有諸己，然後可以求諸人，无諸己，則不可責于人也。今六三以不中不正之行而刑人之過，則人无有服從之者，故若噬腊肉之難也。民心既不從，怨懟既已結，將反招其害也，故曰「噬腊肉，遇毒」也。「小吝，无咎」者，言六三不中不正而爲人之見害，故小有所吝。然而居震動之上，以柔順之質而應于上九，剛明之人則能辨民之邪正，察獄之情僞，是雖始有小吝，終亦自然无咎。

九四，噬乾胏，得金矢，利艱貞，吉。《象》曰：「利艱貞，吉」，未光也。

義曰：乾胏者，肉之帶骨者也。德既中正，則刑一人而天下服其罪，賞一人而天下勸其善。今九四處上卦之初是不中事者，必有中正之德。因有骨而乾，愈于噬腊肉之難也。夫君子處得高位而進輔于君，以幹天下之也，以陽居陰是不正也，以不中不正之道而刑于人，則甚于噬腊肉之難也。金，剛也。矢，直也。九四履文

明之始，其體剛。剛，則果于行事。明，則辨于邪正。雖非中正，猶有剛明，故所行无不得其直。❶然四

本以不中不正，故當憂民之所不服，慮惡之所不懲，艱難其心，退有所懼而守之以正，則可以責于人而人

服之，故獲其吉也。《象》曰「利艱貞，吉」，未光也」者，蓋由艱難守正而後得吉，是道未光大也。

六五，噬乾肉，得黃金，貞厲，无咎。《象》曰：「貞厲，无咎」，得當也。

義曰：噬乾肉者，易于乾胏而難于噬膚也。六五以文柔處其至尊，所行所爲皆合于道，无過无不及。以

此主刑賞之柄，握生殺之權宜矣。「得黃金」者，黃，中之色也；金者，剛之物也。夫斷天下之獄，必有中

正剛明之德可也。六五雖少失于正，然以有離明之質，行得中道而能用刑者也。「貞厲，无咎」者，言六五

處至尊之位，有文明之德，然用刑雖少失于正而人有不服，今若堅守其正而常若危厲，則无咎矣。《象》曰

「貞厲，无咎」者，言六五能守其正，常若危厲，則所行所爲无不當也。

上九，何校滅耳，凶。《象》曰：「何校滅耳」，聰不明也。

義曰：上九居卦之極，罪之大者也。「何校滅耳」，刑之深者也。夫君子之人，有善必勸，勸之不已，則小

善至于大善，以至愚者必賢，賢者必聖也。小人則有惡不悛，以至積小惡至于大惡，由小罪至于大罪也。

今上九，過惡之小人，罪之至深者也。夫小人之爲惡，雖日有聖人之教化聞于耳而不知遷善，雖有聖人之

刑罪將及于身而不知改過，以至積罪至大，長惡不悛，君子雖欲愛之，不可得也。故此，所以被刑之深校

❶「行」，康熙本、《薈要》本作「刑」。

加于首而滅没其耳，凶禍所以及之也，故《繫辭》云：「善不積不足以成名，惡不積不足以滅身。小人以小

善爲无益而弗爲也，以小惡爲无傷而弗去也。故惡積而不可掩，罪大而不可解。」夫人之耳，聽必聰也。

人之目，視必明也。小人之耳非聵也，目非瞽也，日聞聖賢之教化而不能飭身歸善，以至陷于刑戮，蓋積

惡之久而不知罪之深，是聽不能自明也。

賁

離下
艮上

賁，亨，小利有攸往。

義曰：按《序卦》曰：「物不可以苟合而已，故受之以賁。賁者，飾也。」言物之既相合，必有文章賁飾之也。
「賁，亨」者，夫噬嗑之時，則是聖人削鋤强梗。强梗既鋤，則可以制作禮樂，申明仁義，施爲教化，設爲文
章，以文飾之，則治道大通于天下矣。「小利有攸往」者，夫治天下，必有賢明之才，處中正之位，乃能興治
立事。今賁之上九以陽居一卦之上，在无位之地，是不能大有所爲，故小利有攸往而已。

《象》曰：賁「亨」，柔來而文剛，故「亨」。分剛上而文柔，故「小利有攸往」。天文也。文明以止，人文也。觀
乎天文，以察時變。觀乎人文，以化成天下。

義曰：賁卦自泰而得，坤之上六來居乾之九二，此以柔道文飾剛健之德也。夫治國之道不可專于剛，剛
則暴，不可專于柔，柔則懦。剛柔相濟，然後治道可成。何則？兵革所以禦侮而不可久玩，刑罰所以止
姦而不可獨用，必有仁義禮樂、文章教化以文飾之，則天下大通矣，故曰「柔來而文剛，故亨」。「分剛上而

文柔，故『小利有攸往』者，此言以泰卦乾之二分居坤之上，是分剛陽之道而文飾于柔德也。夫聖賢有剛健文明之德，則必履至尊之位，總大任，持大權，乃可大有爲于天下。今以剛居无位之地，是但小有所往而已。「天文也」者，此以下廣釋文飾之義也。按經但云天文也，上下相應，不成義理，當上有「剛柔交錯」四字，蓋遺脫故也。言剛柔交相錯雜以成天文，是天之文也。若寒暑相推而成四時，日月相代而成晝夜，陰陽相蕩而成風雨雷霆，此皆剛柔交錯，天之文也。「文明以止，人文也」者，此以二體而言。離下，爲文明。艮上，爲止。既有文章之光明，又能止靜，是人之文也。若夫君聖、臣賢，上行下化，仁義禮樂著于天下，是國之文也。父義、母慈、兄友、弟恭、男正位乎外，女正位乎内，閨門之内和諧肅穆，是家之文也。聖人舉此文明之道，發于天下國家以文成其治，使刑罰措而不用，兵革寢而不作也。「觀乎天文，以察時變」觀乎人文，以化成天下」者，天文，即前所謂也。聖人上觀乎天文以察時之變，若東作、西成、南訛、朔易、雨暘、風燠、灾祥之類也。聖人觀乎人文，使君明、臣忠、父慈、子孝、兄弟有禮，長幼有序，各得其正，故制作禮樂，施爲政教，以化成天下之治也。

《象》曰：山下有火，賁。君子以明庶政，无敢折獄。

義曰：夫山有草木之茂，而火明其下，光明照于上，有賁飾之象也。君子觀此之象，以明其庶政者，謂國家禮樂教化之道。申明興舉之，以文飾天下之治，以其繁而不以儉曰「庶政」。「无敢折獄」者，夫獄訟之情，至幽至隱者也。其間姦詐萬狀，情僞萬端，必有剛明之德，則能別于冤枉，決其是非，而其情可得而見。今賁之象，其明不遠到，故聖人戒之，言但可以明其庶政，而不可果敢而折獄也。何則？蓋獄

事至重，決而行之，則死者不復生，刑者不復贖，是必有剛明之德乃可決斷其事，曲直是非之情无所不

當矣。

初九，賁其趾，舍車而徒。《象》曰：「舍車而徒」，義弗乘也。

義曰：趾，足也。初九處賁之初，有至明之性。體于陽，有至剛之德。是君子之人能以道義賁飾其身，可

行則行，可止則止，不爲苟且，是能賁飾其行趾也。「舍車而徒」者，以卦體言之，則初九之正應在于六四，

而與六二相比。六二，上无正應，欲求于初。而初有剛明之德，確然守正，惟義所在，不顧六二而棄之，但

待其時而往從六四之正應也。猶君子之人能以道義飾于身，故車雖至貴，若義不當乘，則舍之，徒雖至

賤，若義當行，則從而行之。是所行所止，皆惟義之所在也。《象》曰「舍車而徒」者，六四，遠

也；徒步，勞也。初九不以遠且勞，而必往之。六二，近也；乘車，安也。初九不以安而苟乘之，是皆去就

以義也。

六二，賁其須。《象》曰：「賁其須」，與上興也。

義曰：須者，待也。夫君子之進不可以躁，必待其時。有其君，往而可以行己之道，則決然而進无累矣。

今六二之爻，上无正應，是未可以往，必退而待其時，候可進而進之，故但以道義賁飾其身，由中而行之，

以須待而已。《象》曰「賁其須」與上興也」者，夫六二所以賁飾其身而待者，蓋上无正應，未可以往也。

己既无應而切近于九三，九三亦无其應，近而相得，故己能上與九三合志同心以興起也，猶居朝廷之間，

親其賢而共成其治；朋友之間，亦能比其賢而能成其事業者也。

九三，賁如濡如，永貞吉。《象》曰：「永貞」之「吉」，終莫之陵也。

義曰：夫六二以无正應未可以進，故賁飾其身以須其時。而九三亦上无正應，亦未可進，故與六二同志，交相文飾，交相濡潤，候其時則進于朝輔其君，以贊成天下之治也，故曰「賁如濡如」。「永貞吉」者，言九三既與六二交相賁飾濡潤，然非正應，則當永長而守之以正，則得其吉也。《象》曰「永貞」之「吉」，終莫之陵也」者，言能永守正道，則外人不能間而侵陵之也。

六四，賁如皤如，白馬翰如。匪寇，婚媾。《象》曰：六四當位，疑也。「匪寇，婚媾」，終无尤也。

義曰：皤者，潔白之貌。六四以陰居陰，履得正位而行得正道，能以五常之道飾其身，修其行，潔白其志，使君子之德成而无有玷缺也，故曰「賁如皤如」。「白馬翰如」者，言六四應在于初，初有剛明之德，而己有正一之行，能賁飾其身，而又潔白其馬，往而從之也。「匪寇，婚媾」者，言六四應在于初九，若往而就之，必得會合，然猶疑懼六三間于其間，為己之害，故言若非六三為寇，則與初九會合也。六四雖正應于初《象》曰「六四當位，疑也」者，言六四之往應初九，固无有不得，然猶恐初九為六三之所間，故云「疑」。「匪寇，婚媾」，終无尤也」者，言六四履正位，行正道，又且賁飾其身，潔白其志，雖六三為寇于其間，亦不能為害，故終无尤過也。

六五，賁于丘園，束帛戔戔。吝，終吉。《象》曰：六五之「吉」，有喜也。

義曰：丘園，謂敦實之地，若務農重本之類也。六五秉柔中之德，居至尊之位而為賁之主。在初九則賁飾其趾，二又能待時而飾身，至此則是賁飾已至，即不可更務文華而反賁飾于敦實之地，使天下知其本而務于農

桑之事。故國用豐阜，民財充實而貨帛衆多，戔戔然而至盛也。「吝，終吉」者，吝，謂吝嗇也。凡王者治天下，國用既阜，民財既實，則不可更務奢侈，必當吝嗇其財，節儉其用，然後終于富盛而獲吉也。《象》曰「六五之『吉』，有喜也」者，六五能施飾于敦實之地，至于財用繁盛復能儉嗇節用，使上不匱于用度，下不乏于財力，上下之情交相喜悦，所以不惟獲吉，而又有喜慶之事也。

上九，白賁，无咎。《象》曰：「白賁，无咎」，上得志也。

義曰：夫此卦自「賁趾」至此上九，賁道已成，如白之受采，无入而不自得。以人君之尊，是始能勞于求賢而急天下之治，既得其賢，又且逸于任使，以至臻極治之道，自有爲而至无爲，但守其質素，无施而不可也。又君子之人，始能治其心，明其性，飾其身，至此可以爲仁，可以爲義、爲禮、爲智，處于富貴，富貴得其宜，居于貧賤，貧賤得其道，以至爲將、爲相、爲公卿，无所施而不可，无有疑懼而動心者。今上九處此之地，其所賁飾之道既備，故用之天下則天下治，用之一國則一國安，施之一家則一家肅，進退出處皆得其宜而无有過咎。《象》曰『白賁，无咎』，上得志也」者，上九能以五常之道修其身，道義已成，事業已備，但至此則廣而充之，天下无不得其所，是在上而其志得行也。

周易口義卷五

宋　胡瑗　撰

上經

剥

坤下
艮上　剥，不利有攸往。

義曰：按《序卦》云：「飾然後亨則盡矣，故受之以剥。」剥者，言五陰盛長，一陽居其上，勢微力弱。始由一陰之生，漸至于盛，以削剥羣陽，❶幾至於盡而萬物衰破之時也。其在人事，則小人盛長，而君子消剥之時也。「不利有攸往」者，夫君子之所務，上思忠于君，下思利于民，其一謀一慮，必以天下之利存于心；小人則不然，其意曰以殘賊良民，侵削君子爲務。今剥之時，君子消剥、小人盛長之際也，君子若復有所

---

❶ 「削」，康熙本、《薈要》本作「消」。

往，必見害于小人也。

《彖》曰：「剥」剥也，柔變剛也。「不利有攸往」，小人長也。順而止之，觀象也。君子尚消息盈虛，天行也。

義曰：剥者，剥落之義。柔，陰也。剛，陽也。夫天地之所以成歲功者，在于陽也。今陰氣盛長，陽氣消剥，則萬物衰落，而歲功无成也。人君所以共天位、治天下者，君子也。今小人盛長，以至專權得勢而侵削君子也。「『不利有攸往』，小人長也」者，夫聖賢之爲心，以仁義爲心，故三月无君，則皇皇如也，以天下之民失其所，而安在己也。小人之意，日在于殘賊，故其氣不相合，道不相同。今君子之所以不可進者，以小人長也。「順而止之，觀象也」者，此以二體而言。艮爲止，坤爲順。言小人道盛，君子言必見危，動必見害，故當觀其象，量其勢，先時知幾素位而行，居易俟命，而外順小人，內則止而不行，故可以全身遠害也。《中庸》云：「天下有道，其言足以興。天下无道，其默足以容。」言君子儉德避難之道也。又若小人道盛，君子之人欲屏去之，必當外順其行，以漸而止之，則可以去也。何則？夫小人既盛，而君子若遽欲絶之，則其勢必爲小人之所害，故當遜順其所爲，觀其勢，使之不能窺見其迹，然後止之，則无有不可也。「君子尚消息盈虛，天行也」者，天之道至神也，有陰陽之舒慘，寒暑之往來，四時之運行，晝夜之明晦，消久則息，盈久則虛。以天道之大猶不免于此，君子之人，道有通塞，時有否泰，理固然也。是以可進則進，可退則退，當消而消，當息而息，出處語默皆以時而動，是如天之所行也。

《象》曰：山附于地，剥。上以厚下安宅。

義曰：宅，居也。山本至高，地本至下，今山反附著于地，是剥落之象也，猶君子之道消，而天下生靈失所

不得其安。故凡居上者，當此之時必先厚于其下。所謂厚下者，蓋以仁義之道，務農重本，輕徭薄賦，天下之人衣食充足，財用豐實而又安其所居，使各得其所。如此，是可謂治剝之道也。何哉？蓋國以民爲本，本既不立，則國何由而治哉。

初六，剝牀以足，蔑貞凶。《象》曰：「剝牀以足」，以滅下也。

義曰：牀者，人之所藉以安身也。足，居牀之下。初六最處一卦之下，民之象也。言小人得位，乘時藉勢，恣其姦惡，以剝削于天下。然爲剝亦有漸，故自微而至于著，自下以至于上。剝之始，先剝于民。夫民者，君所賴爲本也，在《書》曰：「民惟邦本，本固邦寧。」今小人在上，肆其姦惡，奪民之財，困民之力，使之舍安而就危，去存而即亡。父母不能保而離散，兄弟妻子不相守而逃亡，怨氣交而上下不通，是其本已弱矣。其本既弱，則君子之正道微蔑而不行，是凶之極也。

六二，剝牀以辨，蔑貞凶。《象》曰：「剝牀以辨」，未有與也。

義曰：按初六居一卦之下，是民之象，故曰「剝牀以足」。六四處上卦之下，切近于君，故曰「剝牀以膚」。六二居膚、足之間，是上下分辨之際。以人事言之，則是居君民之間，臣之位也。夫臣者，國家之倚毘，君所賴以安者也。在《詩》曰：「濟濟多士，文王以寧。」今小人得勢，侵迫于其君，使君子言不得通，道不得行。國家斯无倚毘，而君不得其所安，故至正之道消蔑，而其凶愈大也。《象》曰「剝牀以辨」，未有與也」者，夫君子之人在位而行道，則天下之民物得其生而受其賜，而其凶愈大也。《象》曰「愷悌君子，民之父母」是民必得君子而後生也。今小人始既剝于民，民被剝而已困，故不能爲助于君

子，至此君子又爲小人之所剝也。夫臣民既皆被其剝而受其害，則此小人者天下之所共惡，衆人之所不

與，故《象》曰「未有與也」。

六三，剝之，无咎。《象》曰：「剝之，无咎」，失上下也。

義曰：剝之卦五陰盛長，小人衆多，同心協力以殘賊良民，侵剝君子爲意。上九有剛明之才，獨居一卦之外而無有助之者。今六三居下卦之上，爲上九之正應而能出乎其類，獨異于羣衆，不爲侵剝而有好賢樂善之心。應于上九之君子，是于小人之中獨不爲小人之行，故雖在剝之時而得无咎也。《象》曰「剝之，无咎」，失上下也」者，言上下羣陰皆以侵剝爲志，而獨六三能上應于君子，舍去小人之行，而不與上下羣陰同志。

六四，剝牀以膚，凶。《象》曰：「剝牀以膚」，切近災也。

義曰：膚，謂及其身也。小人之爲剝，自小以至大，由外而及內。始則剝天下之民，使皆墜于塗炭，而不得其安，次又剝天下之賢，使皆困躓而不得進。臣民既已剝盡，遂及君子之身，此凶之極也。《象》曰「剝牀以膚」者，剝道愈深而災害愈切。蓋天下之臣民既已盡剝，至此以及其身，是災之切也。故凡居上位者，必在知人，賢者進之，不肖者黜之，使君子在上而小人削迹，自然侵剝之道無自入而不能行也，故聖人戒之。

六五，貫魚，以宮人寵，无不利。《象》曰：「以宮人寵」，終无尤也。

義曰：貫魚，謂駢頭相次衆多之貌，以人事言之，則是小人之衆若貫魚然也。夫小人之行，姦惡凶暴，居

一郡，則一郡被其害；處一邑，則一邑罹其殃，況當天下之權，握天下之勢哉？然王者不能无嬖幸之人，

但不可恣己之情，私天之禄以加厚之，使其縱欲肆情以殘天下，故當御之以道，使不能肆其毒也。今六五

當至尊之位，雖小人衆多如貫魚然，但厚之田宅，加之金帛，而不使竊天下之權，如寵宮人而寵之，則无所

不利也。《象》曰「以宮人寵」，終无尤也」者，言寵小人以宮人之寵，使不能有其權，則于己身終无過

尤也。

上九，碩果不食，君子得輿，小人剥廬。《象》曰：「君子得輿」，民所載也。「小人剥廬」，終不可用也。

義曰：此一卦以陰剥陽，而陽氣幾至剥盡，而上九獨居其上，不爲羣陰之所剥。既不爲陰之見剥，至于建

子之月，復于地中而再生萬物，如碩大之果最居其上，而不見食于人，則必有再生之象也。以人事言之，

猶君子守正執節，明哲以保其身，不爲小人之所害，至此將復其位而得行其道也。「君子得輿，小人剥廬」

者，輿，所以乘載于物；廬，所以安庇其身也。此上九剥極之時，若以君子居之，則削去小人之害，施仁義

于天下，使天下之民出于塗炭，由之而得其乘載也；如復以小人居之，則爲害愈深，故不唯剥于一身，以

至廬舍亦皆見剥，而天下之民无所庇身，而不能保存也。

復

震下
坤上
復，亨。出入无疾，朋來无咎。反復其道，七日來復。利有攸往。

義曰：按《序卦》云：「物不可以終盡剥，窮上反下，故受之以復。」言陰陽二氣有消長、升降，陽氣既剥盡，

則必來復也。然所謂復者，是四月純陽用事，其卦爲乾，至于五月，則一陰剝一陽，故其卦爲姤；六月，則

二陰剝二陽，故其卦爲遯；以至于七月爲否，八月爲觀，九月爲剝，十月爲坤，是陰氣之極盛也；至于十一

月，則一陽之氣潛復于黃鍾之宮，以再生萬物，而萬物得其亨通也。亦猶君子時有否泰，道有消長，始爲

小人之所剝，及其乘時得位，發其事業于天下，其道大通，故曰「復亨」。「出入无疾」者，言陽氣有生物之

心，入于地中，出于地上，物无違之疾之者。猶君子有五常之質，剛明之德，量時復位，天下之人无有違之

而疾害者。「朋來无咎」者，朋，類也，言一陽雖復于地中有生物之心，然其氣微弱，未能獨成其功，必得羣

陽並進，乃可以共濟其事也。亦猶君子求進其身，欲行其道，而或勢孤援寡，必不能獨成其事，必得其

氣類才德相合者，推引而進，則可以致君澤民，而成治于天下，乃可獲吉而得其无咎。「反復其道」者，言

陽氣自上而反復于地，以生萬物，皆得其道。猶君子之人復于其位，進退皆合其道。「七日來復」者，言陽

氣消剝至于此，凡歷七爻，以一爻爲一日，故謂之七日。然不謂月而言日者，蓋日爲陽，聖人欲見其陽道

來復之速，故以七日言之，其實即七月之間後復也。「利有攸往」者，言一陽之生，君子浸長，小人浸衰，則

君子當此之時，居其位，行其道，所往无不利也。

《彖》曰：「復，亨」，剛反動而以順行。是以「出入无疾，朋來无咎」，「反復其道，七日來復」，天行也。「利有

攸往」，剛長也。復，其見天地之心乎。

義曰：下震爲動，上坤爲順。言之所以得「亨」者，由剛陽之氣反復于地，又動而不失其柔順，由是所以

萬物以生以成也。言君子動而不妄，行而不暴，能觀其時可進則進，是以出入之間无有疾害之者，皆由順

而動之之故也，故曰「剛反動而以順行」。「是以「出入无疾，朋來无咎」，「反復其道，七日來復」，天行也」者，夫天之行有消有長，有升有降，謙者益之，盈者流之，故陽極必剝，陰極則復，皆天道自然之理也，故曰「天行也」。「『利有攸往』，剛長也」者，言剛陽漸長，小人道消，則是君子之道長，故所往而无不利也。

「復，其見天地之心乎」者，夫天地所以肅殺萬物者，陰也；生成萬物者，陽也。天地以生成為心，故常任陽以生成萬物。今復卦一陽之生潛于地中，雖未發見，然生物之心于此可得而見也，故董仲舒曰「陽常居大夏，以生育長養為事」，以此見天地之心在于生成而已。猶聖賢之心以生成天下為心，雖始復其心，其事業未大被于天下，而行道之初已有生育之心也。在《太玄》中首曰：「昆侖旁薄，幽。」夫昆侖，天氣也；旁薄，地氣也；幽，晦也。言天地之氣始雖幽晦而不可見，然生物之心可得而推矣。故知聖賢雖在幽晦之間，而其心亦天地之心也。而揚子又為之辭曰：「昆侖旁薄，幽何為也？」曰：賢人天地，思而包羣類也。」是則天地聖賢之心可見也。然天地以生成為心，未嘗有憂之心，但任其自然而已，故《老子》曰：「天地不仁，以萬物為芻狗。」是雖有凶荒、水旱、饑饉，而未嘗憂而治之也。若聖賢有天地生成之心，又有憂萬物之意，是以其功或過于天地，故《繫辭》曰「鼓萬物而不與聖人同憂」。但聖人无天地之權耳，使其有天地之權，則凶荒、水旱之類无得而致也，故復卦之初，其生成之心可見也。

《象》曰：雷在地中，復。先王以至日閉關，商旅不行，后不省方。

義曰：雷者，陽之精也。雷本行于天之上，今復于地下，是復之象也。先王觀此象，于冬至微陽始生之時，閉其門關而禁止其商旅。后者，天子諸侯之通稱。方，事也。天子諸侯于此微陽始生之時，而又不省

視其事也。

初九，不遠復，无祇悔，元吉。《象》曰：「不遠」之復，以脩身也。

義曰：羣陽剥盡而純陰用事，獨此一陽反于地下以萌生萬物，是其復之初而來復之速者也。猶賢人君子，凡思慮之間一有不善，則能早辨之，使過惡不形于外，而復其性于善道。惟聖人得天性之全，故凡思慮之間未有一不善，故發而皆中于道。賢人而下，則其性偏于五常之道，有厚有薄，情欲之發有邪有正，故于心術之間，思慮之際，不能无所泪。惟大賢君子，爲能治心明性，知其有不善而速改之，不能形于外❶，故可以无大悔吝，而獲元大之吉也。祇，即大也。《象》曰「不遠」之復，以脩身也」者，言聖人君子于思慮有所不善而能速改之，以至由小賢至于大賢，由大賢至于聖人。自古及今，有能行之者惟顏子一人而已，故先聖《繫辭》釋此爻獨以顏子配之曰：「顏氏之子，其殆庶幾乎。有不善未嘗不知，知之未嘗復行也。」是君子凡于思慮之間，必精審其可否，❷邪則改之，正則從之，勿謂人所不見，衆所不聞而輒自寬，假以有諸内必彰于外也。蓋有諸中必形于外，發于心必施于四支，在《中庸》曰：「君子戒慎乎其所不覩，恐懼乎其所不聞。莫見乎隱，莫顯乎微，故君子慎其獨也。」是則人之有過，患不知之，知而改之，則无有不至于善者也。故聖人于此言「不遠」之復，是君子脩身之法也。

❶「能」，康熙本、《薈要》本作「使」。

❷「必」，原作「未」，據康熙本、《薈要》本改。

六二，休復，吉。《象》曰：「休復」之吉，以下仁也。

義曰：六二以陰居陰，得正者也。在下卦之中，得中者也。下近于初，附近于仁賢者也。既中且正而又附于初九之賢，故得休美而復其善道，以獲其吉也。

六三，頻復，厲，无咎。《象》曰：「頻復」之厲，義无咎也。

義曰：頻，蹙也。六三處不得其正，行不得其中，又違于仁，猶愈于上六昏迷不復之人，故此六三必待頻蹙強勉而後能復也，則《中庸》所謂「有勉強而行之者」[1]，此是也。然猶頻蹙勉強而復，則當常自思省憂懼，以為危厲在前而不敢為于邪惡，以改過遷善，則可以獲其无咎也。

六四，中行獨復。《象》曰：「中行獨復」以從道也。

義曰：四，居位得正，雖非其中，然于五陰之間而獨得其中，雖遠于初，而與之為正應，傑然而復于善，以從聖賢之道也。《象》曰「中行獨復」者，言初有聖賢之資，而六四為之正應，是能從于聖賢之道也。故揚子曰「希驥之馬亦驥之乘，希顏之人亦顏之徒」，正此謂也。

六五，敦復，无悔。《象》曰：「敦復，无悔」，中以自考也。

義曰：六五，處坤之體，有敦厚之德；居上卦之中，有大中之道。夫有敦厚之德，則思慮不及于邪而動无

[1] 「勉強」，康熙本、《薈要》本作「強勉」。

躁妄；有大中之道，則所行无過與不及。如是故能治心明性，以復于善道，而悔吝亡矣。《象》曰「敦復，无悔」，中以自考也」者，❶五有敦厚大中之道，以自考察己之思慮，有不善未常不復于善也。

上六，迷復，凶，有災眚。用行師，終有大敗。以其國君凶，至于十年不克征。《象》曰：「迷復」之凶，反君道也。

義曰：復道貴于速。上六處卦之極而居復之終，是其心昏迷而終不能復者。不能復，則邪惡著，見凶之道也。夫自外而來曰災，自己所招曰眚。言其心昏迷而恣私邪，私邪既積，過惡顯著，則天地所不與，鬼神所共怒，而外來之災、自招之眚所以皆至也。「用行師，終有大敗，以其國君凶」者，夫以迷復之道而用兵行師以伐于人，必不能克勝，而終至于大凶敗，以血肉生靈虛竭帑藏以累其君，凶之極也。「至于十年弗克征」者，十，數之極也，夫君所以主宰天下，司牧生民，今用此迷復之道行師以征伐于人，以致有大敗，是反君所行之道者也。《象》曰「『迷復』之凶」，反君道也」者，夫君所以言用事而行師，雖十年之間，終不能興起征伐之事。然特以行師言者，蓋舉其重者言之，即它可知矣。

无　妄

震下乾上

无妄，元亨利貞。其匪正有眚，不利有攸往。

❶ 「五」上，康熙本、《薈要》本有「言」字。

義曰：按《序卦》云：「復則不妄矣。」言君子之人既能先復其性，邪惡不萌于心，而善道充積于內以發于

外，无有非妄之事矣。然而具天地生成之四德者，蓋以四海至廣，生靈至衆，情僞萬狀，聖人在上，必有天

地四德之備，然後可使天下之人服而化之，无有非妄之行。故有仁以濟之，使皆遂其性而樂其生，以至有

禮以節之，有刑以齊之，有政以正之，餘則乾卦言之備矣。以其具是四德而有天下，則天下莫不一歸于正，而无敢有

也。「其匪正有眚，不利有攸往」者，言聖人在上，既有四德以及于天下，則天下信无非妄者

非妄之行者。然而上下之間，或有一不正之人，欲以非妄之行而有所往，則必无所利，故有自招之眚以

致也。

《彖》曰：无妄，剛自外來而爲主于內。動而健，剛中而應。大亨以正，天之命也。「其匪正有眚，不利有攸

往」，无妄之往，何之矣？天命不祐，行矣哉！

義曰：剛，即陽也。无妄由否卦而來，是乾之一陽自外而來，居于內卦之初，是爲主于內卦也。「動而健，

剛中而應」，大亨以正，天之命也」者，上乾爲健，下震爲動。剛中，謂九五也。應，謂六二也。夫有其君而

无臣，則无妄之道不能行；有臣而无君，固不可得而行。今九五有剛明之德而爲之君，六二有柔正之德

而爲之臣，君倡于上，臣和于下，相成以道，然後以元亨利貞之四德以被天下，其威命之行莫不懾服，而天

下之人悚然不能爲非妄，此天之威命也。「其匪正有眚，不利有攸往」者，言聖人有威德及于天下，雖父子

昆弟之間，州閭鄉黨之內，莫敢有一于不正而非妄者。或有不正之人非妄而欲有所往，則无所利而災眚

及之也。「无妄之往，何之矣？天命不祐，行矣哉」者，言无妄之世以有妄而行，復何所往哉？之，即往

也。祐，福也。言君之威德被于下，所至无有敢犯之者。若其復有非妄不正之行，則是犯天之威命，而天

必不福祐也，其可行之哉！

《象》曰：天下雷行，物與无妄。先王以茂對時育萬物。

義曰：夫雷之行于天下，萬物无不聳動兢懼而不敢爲妄，如君之威德發于上而被于下，天下之人聳然聽

從，而无敢有妄也。是以先王對此无妄之時，則宜如何哉？固當盡仁愛之道以養育萬物，使天下各遂

其所，各安其業，以至鰥寡孤獨皆得其所養，如此，則可以使天下之人久于无妄之道也。何則？蓋天既

以无妄而在上者，苟不養育之，則未見使天下終久而不爲非妄者也。

初九，无妄往，吉。《象》曰：「无妄」之往，得志也。

義曰：夫君子有剛明之才，足以致天下于无妄者，必得剛明之君，然後可以行己之道。今初九有剛明之

才，而九五爲剛明之君，若往而輔之，則施己之威德于天下，而天下之人不敢爲非妄，自然成其治。以此

而行，必其吉也。《象》曰『「无妄」之往，得志也』者，夫賢人君子有兼濟天下之心，則必遭時遇主，日行其

道，致天下于无妄，此君子之志也。今初九能然，是其志得行矣。

六二，不耕穫，不菑畬，則利有攸往。《象》曰：「不耕穫」，未富也。

義曰：耕者，田事之始也。穫者，收成之終。田，一歲曰菑，三歲曰畬。今六二以柔順之質居中履正，上

有剛明之君倡威令于天下，是待君倡而後和，令而後行。如此，謂不擅君之權，不竊君之美。是若農不耕

而穫，不菑而畬，皆所以代事之終而成君之美，則所往而无有不利也。《象》曰『「不耕穫」，未富也』者，人

臣之道，貴其成君之事而代君之終也。苟或居事之先，爲物之倡，則是竊君之美而自居其富盛者也。今二

乃能不耕而穫，不菑而畬，是能待君倡而後和以代君之終，是不居于富盛也。

六三，无妄之災，或繫之牛，行人之得，邑人之災。《象》曰：「行人」得牛，「邑人」災也。

義曰：夫居无妄之時，必有剛明之德履中蹈正，然後可以致天下于无妄也。今六三以不中不正之身，處

无妄之時，是有妄之人也。以有妄之人欲治于无妄之世，則上下所不容，故災害及之也，故曰「无妄之

災」。「或繫之牛，行人之得」者，牛，即治田之具也。六三既以不中不正而又欲擅君之權，竊君之美，不待

倡而和，不待令而行，乃如不穫而耕，不畬而菑，故爲或人之繫其牛，以至行道之人皆可以奪而得之也。

「邑人之災」者，六三以不中不正爲非妄之人，雖父子昆弟之間有所不容，故不唯己有其災，至于己之所屬

之人，亦皆爲其所累而受其災也。

九四，可貞，无咎。《象》曰：「可貞，无咎」固有之也。

義曰：夫居无妄之時，必有至正之德則可以免咎。今九四以陽居陰，以位言之，未居其正也，然而以剛健

而履以柔順之位，是尚也。如此，則是可守其正道而得免其咎也。何則？蓋己本有剛明之才，今雖履

不正，然以尚謙，故可以從正而免咎。《象》曰「固有之也」者，言九四以剛直免咎，蓋于己之德性素有之，

故曰「固有之也」。

九五，无妄之疾，勿藥有喜。《象》曰：无妄之藥，不可試也。

義曰：藥，所以疏決壅滯，攻治其疾者也。今九五以剛明之德居至尊之位，下有六二柔順之臣爲己之輔，

共致无妄之治，則君臣之間无不正，朝廷之上无不治，萬民无不安。若其間一有邪佞之干紀，及邊鄙有小

小之寇，皆非己之所招，亦不足興兵撓衆以動中原，但在得其人則自然可平矣。如有小小之疾，不須用藥

以攻治之，但保安其身，則疾自愈矣。若復以毒藥攻之，則是自取傷敗耳。如秦漢之君，窮兵黷武，長征

遠伐，以至反被其害也。故无妄之時，有其疾不試其藥，則自獲其安而有喜也。

上九，无妄行，有眚，无攸利。《象》曰：「无妄」之行，窮之災也。

義曰：无妄之世，无一民一物不以正相守而不敢爲非妄。今上九居卦之極，在无位之地，失中正之道于

无妄之時，爲衆之所不容，行則有災，復何所利？

大　畜

乾下
艮上　大畜，利貞。不家食，吉。利涉大川。

義曰：按《序卦》云：「有无妄然後可畜，故受之以大畜。」夫君子之人，既能復其性，明其心，不爲非妄而從

于正道，然後可以大有所畜，止于邪曲之人也。然小畜則巽在上，乾在下，巽爲陰，其性柔順，故不能畜之

于始而終止之，故爲小畜之象。大畜則艮在上，乾在下，艮爲陽，其性正靜，故能止畜于始而終有天衢之

亨，是爲大畜之卦也。「利貞」者，夫乾者剛健，君父之象。夫以君雖尊，不能无邪曲之欲，而臣下能止畜

之者，必有大正之德，然後可以輔歸于正道也。「不家食，吉」者，夫人君之治天下，必有貴爵重祿養于賢

者，使天下之賢皆進于朝廷，受祿于國而不食于家，故邪欲不行而正道日興，以樹成天下之治而獲其吉

也。「利涉大川」者，人君既得天下大正之人進輔于己而止畜己之邪欲，如此，則固可以成天下之治，雖有大險大難，亦得以共濟之也。

《象》曰：大畜，剛健篤實，輝光日新其德。剛上而尚賢，能止健，大正也。「不家食，吉」，養賢也。「利涉大川」，應乎天也。

義曰：因二體以釋大畜之名。剛健，謂乾有剛健之德。篤實，謂艮有篤實之德。言所以能大畜者，由君有剛健之德以接于下，臣有篤實之德以輔于上，君臣之間皆有如此之德，故其心志相同，道又相協。既能相交，則上雖有邪偽之心，亦莫由而發。夫如是，故正道日以行，治道日以廣，輝耀光明而其德日以增新也。「剛上而尚賢」者，剛，艮也，蓋艮有剛陽之德。夫乾爲至剛，本居于上，今反居下，是猶人君有至尊之勢，至嚴之威，而能崇尚有德及禮下賢人，使之畜己之邪欲，成己之治道，所以師尚而貴寵之也。故《孟子》曰：「湯之于伊尹，學焉而後臣之，故不勞而王。桓公之于管仲，學焉而後臣之，故不勞而霸。」然觀孟子之意，言人君之于臣，有大正大賢之道 ❶ 必當尊寵而禮下之，不以爲臣而師事之，然後可以輔于己而歸正道也。「能止健，大正」者，健，謂乾。夫人君有威嚴之勢，而臣能止之，必有大正之道則可也，是故漢武不冠不見汲黯。夫以汲黯之才，但一直臣耳，然尚畏憚之如此，則其大正至賢之臣，其君之畏敬可知矣。「不家食，吉」，養賢也」者，人君既禮下于賢而祿養之，使賢者皆進，而願立于其朝以輔翼于君，而止

❶ 「有」上，康熙本、《薈要》本有「臣」字。

畜君之邪欲以贊成其治道也。「利涉大川」，應乎天也」者，應，謂六四、六五之應于乾之初九、九二，猶君

能接于臣，臣又應于君，君臣之間道義相同，一志而共濟天下之難也。

《象》曰：天在山中，大畜。君子以多識前言往行，以畜其德。

義曰：至高至大者，天也，而物不可畜。今山能包蘊之，故假象得大畜之義，而多識前

聖之言之行，以自蘊畜其己之德也。何則？君子之人雖有五常之性，苟不該博古道，亦不能成之，是必

多聞博識，然後道業可以成也。夫以堯、舜、禹大聖人而稽古，孔子習于周公，是雖有聖人之資，未有不學

而能至也。

初九，有厲，利已。《象》曰：「有厲，利已」，不犯災也。

義曰：夫乾，君之象也，以君之至尊有天下之勢，必不能無邪欲侈縱之心。有邪欲侈縱而不戒之，則必至

危厲，故《書》曰「欲敗度，縱敗禮，以速戾于厥躬」。是言縱欲之事不可不戒。今初有剛明之才，而邪欲之

情欲縱，是有危厲也。「利已」者，已，止也，言初九之剛將欲行，而上有六四爲之正應，是大正之臣處君之

左右，以止畜君之邪欲。故雖有剛欲驕侈之心，不得以萌以騁，使其所行之事皆從于正道，如是，則無所

不利。《象》曰「有厲，利已」，「不犯災也」者，言始雖有厲，而得大正之臣以止畜之，使己之邪欲不行而從

于正，故不至犯于災害之事而反從于吉也。

九二，輿說輹。《象》曰：「輿說輹」，中無尤也。

義曰：輹，輪輹也。九二亦以剛明之質，又居卦之中，是人君有剛欲之心欲上行，而初已止畜之，又上應

于大正之臣爲之輔佐。故二能恐懼戒慎其剛欲之心，已止而不敢行，如車輿之説其輪輹而不能進也。

《象》曰「輿説輹」，中无尤也」者，言二雖有剛欲之情，而己得大正之臣止畜之。且己本有剛明之才，能自思省于己，故由其中而无有過也。然則大凡人君不能无邪欲，但患其諂佞之臣逢迎其惡，導贊其非，則終不能反之于善。今初曰「有厲，利已」，二曰「輿説輹」，是得其良臣而能反于善者也。

九三，❶良馬逐，利艱貞。曰閑輿衛，利有攸往。《象》曰：「利有攸往」，上合志也。

義曰：夫初欲上進，以其得大正之臣，居于左右以止畜之。至于九二，其邪惡已不行，故此九三則言進退皆合于正道，以至凡所行之事，无所不可，如馴良之馬馳逐于大道之上也。「利艱貞」者，言九三所爲之事雖皆合于正道，然必常得大正之臣，以居于左右而艱難守正，乃可以獲吉也。「曰閑輿衛，利有攸往」者，衛，侍從也，皆所以爲行道之具也。言既有賢正之臣以輔于君，而又能艱難守正，猶恐所爲之事或有過失，故曰閑習其行道之具，使无有過差而一歸于正，故所行无不利也。疏謂「雖曰有人閑閑車輿」之意，非也。《象》曰「利有攸往」，上合志也」者，言此所以无往不利，由上九大賢之臣，以至正之道贊輔于己，而能崇敬禮下之，其心志相合，道又相符契故也。

六四，童牛之牿，元吉。《象》曰：六四「元吉」，有喜也。

義曰：童牛者，犢牛而无角者也。六四居艮之始，以陰居陰，居得其正，而下有初九之剛爲己之應。而初

❶「九三」，原誤作「上九」，今據康熙本、《薈要》本改。

居乾之體，是君有剛志而欲上行，己以大正之道居其左右以畜止之。然初九又有至剛之才，至明之性而

能服其義，故六四得以正道而止畜之，猶无角之牛而又制之于牢牯，言其易也。「元吉」者，言四既以大正

之道使其君邪欲不行，故正道日舉而得其元大之吉也。《象》曰「六四『元吉』，有喜也」者，言臣既能制君

之邪欲，君又樂從之而不行，故上下相得，交相喜悅也。故齊景公從晏子之言而大悅，《孟子》稱「其詩曰

『畜君何尤』？畜君者，好君也」。言景公欲騁遊樂，而晏子以正道止之，是有愛君之心，故君臣相悅而无

過也。

六五，豶豕之牙，吉。《象》曰：六五之「吉」，有慶也。

義曰：豶豕者，犗豕而見豶者也。牙，牙杙也，所以繫物也。六五居艮之體，有大中之德，柔順之質而應

于九二。九二居乾之體，有其剛欲而又有六五爲大正之臣居輔左右，故二亦有大中之才，剛明之性，能服

道知義禮下于賢，其剛欲不行而從于正道，故六五畜止之易如豶豕之牙也。夫豕者，蹢躅躁動之物，難于

制畜者也。今見豶而又繫之牙杙之上，是其易制也。「吉」者，言君之邪欲既不能行，是吉之道也。然六

四言「元吉」，而此但言「吉」者，蓋初九邪欲萌而六四能制之。夫居事之始，至難者也，而四能畜之，是以

獲元大之吉。至于九二，則是其邪欲已止而不行，六五但安然以正道而輔之，故但言其吉，而言有慶者，

也。《象》曰「六五『吉』，有慶也」者，言四「元吉」而有喜，此但「吉」而言有慶者，蓋六四是事之始，其君

之剛欲將萌而能畜之，故但有喜而已，蓋未知其久長之效也。至此六五，則是其邪欲已盡不行，故其正道

日舉，而君至于无爲，大興天下之治，不惟有喜而至于有福慶也。

上九，何天之衢，亨。《象》曰：「何天之衢」，道大行也。

義曰：按小畜以巽體居乾之上，故不能止畜于其始，而上九止極有既雨之象。此大畜以艮體處乾上，故
能止畜于始。初曰「有厲，利已」，二曰「輿説輹」，三曰「良馬逐」，四曰「童牛之牿」，五曰「豶豕之牙」，至此
上九，其正道已成，而有天衢之亨。言其大正之道大行于天下，如天之有衢路，坦然可以通之。且經文有
「何」字，推尋其義，殊无所適，蓋傳寫者因《象》辭有之，故遂加之也。《象》曰「何天之衢」，道大行也」者，
何者，設問之辭。言上九何以得天之衢亨，蓋以其正道之大行通達于天下也。

頤

震下
艮上　頤，貞吉。觀頤，自求口實。

義曰：按《序卦》云：「頤，養也。」蓋既止畜于邪欲，必正道以養之也，故大畜然後受之以頤。然得謂之頤
者，蓋二陽居其外，四陰居于內，陽爲實，陰爲虛，外實而內虛，口頜之象，頤養之義也。「貞吉」者，言所養
得其正，則獲吉也。「觀頤」者，言觀它人之所養，能得正道，則己法而效之；若不得其正道，則己革而去
之。「自求口實」者，此觀己之所養也。「口實」是養身之具，故當常自求觀己之所養而從于正道也。

《象》曰：頤「貞吉」，養正則吉也。「觀頤」，觀其所養也。「自求口實」，觀其自養也。天地養萬物，聖人養賢
以及萬民，頤之時大矣哉！

義曰：言人之所養，惟在于正。故上以仁義之道養于下，使生靈遂性，予天下之人以安；在下者必勤身竭

力以養其上。故君能以仁義養于民，則謂之聖君，臣能以忠信奉養其上，則謂之賢臣；民能厚衣食以養

其家，則謂之良民，士能充五常以養其身，則謂之君子。是所養皆得其正，則獲吉也。「觀頤」，觀其所

養也」者，言觀人所養，得其正則君子取以爲法，不得其正則禍害生，故君子取以爲鑒也。「自求口實」，

觀其自養」者，言君子之人既能觀人之所養，又復觀己之所養，若皆得其正，則无不得其安也。「天地養萬

物」者，此以下又廣明頤養之義。言天地以陰陽二氣流布于四時，發而爲日月風霆，散而爲雨露霜雪，使

蠢動萬類皆遂其性而安其所，此天地所以能養于萬物者也。「聖人養賢以及萬民」者，言聖人法天地所養

之道而頤養天下之民。然四海之廣，一人不可以獨治，教化不可以偏及，擇天下之賢于眾人者，爲公，爲

卿，爲守，爲宰，班祿以養之，使其宣君之教化，行君之仁政，代君司牧，所以養天下之民也。言聖人之有

天下，必先養賢，然後及民也。「頤之時大矣哉」者，言頤之時大，將以使上下、內外、大小所養皆得其正，

故先聖重嘆美之。

《象》曰：山下有雷，頤。君子以慎言語，節飲食。

義曰：上艮爲止，下震爲動，上止下動，是頤頷之象也。君子觀此之象，先慎其言語，節其飲食，以安養其

身也。夫言語由口而出，不慎則榮辱隨之。飲食從口而入，不節則患害隨之。故君子必當慎重其言語而

不妄發，以養其德，節止其飲食，使皆得其宜，以養其身。如是，身所以安，道德所以成也。

初九，舍爾靈龜，觀我朵頤，凶。《象》曰：「觀我朵頤」，亦不足貴也。

義曰：龜，所以知人之吉凶，猶人之明智也。凡賢人君子居于卑下，或貧賤而不得其所養者，必須韜藏仁

義，卷懷道德，俟其時，需其命，不躁求妄進，然後可以自得其所養也，故《禮》曰「儒有席上之珍以待聘」，

又《孟子》曰「有天爵❶則人爵從之」。是君子有道蘊于身而能俟時須命，自然得其所養。今初九有剛

明之才，足以自養其正，然以居震動之初，故不能守己之道而躁求妄進，舍己之明智而觀它人之所養。若

它人之居崇高富貴，而己乃朵動其頤，是凶之道也。《象》曰「『觀我朵頤』，亦不足貴」者，言君子无祿而

富，无爵而貴，以其道在己也。今初九有其道而不能自守以待其時，有明智而不能自保以俟其養，爲天下

之人所賤，故曰「亦不足貴也」。

六二，顛頤，拂經于丘頤，征凶。《象》曰：六二「征凶」，行失類也。

義曰：夫自上而反下謂之顛。夫爲下者，勤身竭力以奉于上，此其常道也。今六二无正應，而下近初九

之剛，故因而反養于初，自上而養于下，故曰「顛頤」。且爲下不能以道養于上而反養于初，是拂違其常

道，如履于丘墟不平之地而爲養也，故曰「拂經于丘頤」。居下不養于上而養于下，則是拂違常道，以此而

行，凶之至矣。《象》曰「六二『征凶』」，行失類也」者，夫居上養下，在下養上，此常道也，今二反養于下，是

所行失其類也。

六三，拂頤，貞凶。十年勿用，无攸利。《象》曰：「十年勿用」，道大悖也。

義曰：拂，亦違也。夫所養之道得其正則獲吉，故《象》所謂「養正則吉也」。今六三以陰居陽，是履不得

❶ 「有天」，原作「天有」，據通行本《孟子》及康熙本、《薈要》本改。

其位，行不得其正。正既失之，是拂違所養之道也，故以正道言之，是以凶也。「十年勿用，无攸利」者，十

者，數之極也。夫以不正之道居于上，則不能以仁義之道愛養于人，居于下，則不能以忠信之道奉養于

君。如此而行，雖極十年之間，亦不可用矣，是以所行所爲皆无所利也。《象》曰「十年勿用」，道大悖也」

者，言君子之人于所養之道皆得其正，則建諸天地而不悖，質諸鬼神而无疑，百世以俟聖人而不惑。今六

三不能脩養己之德，而以不正爲養之道，是其大違悖于所養之道也。

六四，顛頤，吉。虎視眈眈，其欲逐逐，无咎。《象》曰：「顛頤」之吉，上施光也。

義曰：六二居下，不養于上而養于下，故進則凶也。今六四處于上體，是居人上也，以陰居陰，履得其正，

下應于初九之陽，是養于下者也。既居上位，而又能養下，是得其吉也。「虎視眈眈，其欲逐逐，无咎」者，

言虎，暴猛之物也；其視眈眈然，言威嚴之至也。夫居上者，以正而養于下，則下无不得所養。下既得所

養，若无所節制，則必傷于寬裕而衆將放恣，故用威嚴以濟之。若恩威並立，使民懷德而畏威也。「逐

逐」，相繼不絕之貌，言居上之人既養于下，則必隨其人之欲，使之逐逐然而不絕，此乃全其吉而无有咎害

也。《象》曰「顛頤」之吉，上施光也」者，言六四居于上位而能盡其道以養于下，是其施澤之光大也。

六五，拂經，居貞吉，不可涉大川。《象》曰：「居貞」之吉，順以從上也。

義曰：凡爲養之之道，當守以正則可也。今六五乃以陰柔之質居于陽之位，是拂亂其頤之義也。經言

「經」字之誤也。豈有居至尊而乃拂亂其常道之甚哉？但以其少不得于正，故唯失其養之道耳。「居貞

吉，不可涉大川」者，言六五失其正，故至于拂違其頤養之義也。今若能居守之以正道，則可以得其吉也。

雖以居守其正道而得吉，然本有失，是未可以濟于險難也。

上九，由頤，厲吉，利涉大川。《象》曰：「由頤，厲吉」，大有慶也。

義曰：此一爻以剛明之質居一卦之最上，雖非至尊之位，然下四陰不能自養，故必皆由于己而後得其養也。「厲吉」者，上以剛明之才爲眾陰之主，眾皆由己而後得其養。若不濟之以威嚴，則必有所瀆也，故當臨之以威厲則得其吉。「利涉大川」者，言上九既以仁義之道以養于下，下由之而後得所安，而己又能濟之威嚴，則是恩威並立，而天下之人皆樂歸之，故雖有大險大難，亦可以濟之也。《象》曰「由頤，厲吉」，大有慶也」者，言上九居其上而下皆由之得其養，爲眾之所服，是大有福慶之事也。

大　過

巽下
兌上

大過，棟橈，利有攸往，亨。

義曰：按《序卦》云：「不養則不可動，故受之以大過。」蓋聖賢之人仁義道德素有以積習之而蘊畜其心，然後擴而充之天下，以救天下之衰弊，此所以次于頤。然謂之大過者，言聖賢之人，有大才大德而過越于常分以正天下之衰弊，故謂之大過也。棟橈者，言大過之時，政教陵遲，紀綱衰壞，本末皆弱，若大廈之將顛而梁棟不能支持，故致傾橈。「利有攸往，亨」者，聖賢之人有大才大智，當此之時則過越常分而拯天下之衰弊，以此而往，則天下皆獲其利，獲其利則得其亨通。

《象》曰：❶大過，大者過也。「棟撓」，本末弱也。剛過而中，巽而說行，「利有攸往」，乃亨。大過之時大矣哉！

義曰：言聖賢之人有大才大德，故能過行其事而拯天下之衰弊。是大過之時，唯「大者」之人乃能過分以成天下之大功也。若才德賢智之偏則不可，況无才德乎？「棟撓，本末弱」者，此指二陰居其上下，陰體柔弱，是猶內外皆小人而朝廷紀綱敗壞，若大廈將顛而梁棟已摧，本末皆傾撓也。「剛過而中」者，此指九二而言也。夫以陽居陽，守常之道也，今以陽而居陰，是過越于常分也。如聖賢之人有大剛明之才而超邁古今，過行其事而又不失其中，故能復正天下之衰。若當此之時，有其才德而或不能過分行之，則不能除天下之弊而立天下之功也。「巽而說行，『利有攸往』，乃亨」者，下順上說，言聖賢君子拯大過之時，以順而說天下之心而行之，故湯始征葛，東征西夷怨，南征北狄怨，曰：「奚爲後我？」是皆應天順人而行，乃得天下之悅從，故所往皆利而无不亨通也。「大過之時大矣哉」者，言君子挺不世之才，駕非常之德，必欲拯天下之衰弱，出生民于水火者，必得其時則可以行之也。若有其德而无其時，亦无能爲也，故先聖重嘆美之。

《象》曰：澤滅木，大過。君子以獨立不懼，遯世无悶。

義曰：夫澤本卑，木本高，今澤反居木之上，是卑者踰于高，下者踰于上，大過之象也。君子之人，當是時

❶ 「彖」，原誤作「象」，今據康熙本、《薈要》本改。

而能越常分，推仁義不忍之心，獨立特行，挺然而无所懼憚，不顧險難，不畏小人，如此則可以救天下之衰弱，立天下之事業也。當是時，苟不得已而不可爲，當韜光遯跡，養晦仁義，以道自樂，不與世俗混于衰弊之中而无所憂悶也。然則聖賢之人所謂遯者，非謂入于深林幽谷，但不使名跡少露于人，而反貽其害耳。

初六，藉用白茅，无咎。《象》曰：「藉用白茅」，柔在下也。

義曰：初六居卦之初，爲事之始也。夫爲事之始，不可輕易，必須恭慎，然後可以免咎。況居大過之時，政教陵遲，紀綱隳壞，而聖賢之人有大才德，欲往而拯之，是其事至重，功業至大，尤不易于有爲，必當過分而慎重，然後可也。若一失其措，則禍不旋踵而至矣。故《繫辭》曰：「初六『藉用白茅，无咎。』子曰：『苟錯諸地而可矣。藉之用茅，何咎之有，慎之至也。』」蓋凡物置之于地固得其安矣，而又以潔白之茅藉之，是慎重之至也。如聖賢拯天下之大過，苟于事始慎之如此，則可以立天下之大功，興天下之大利，又何咎之有耶？《象》曰「『藉用白茅』，柔在下也」者，初六以陰居卦之初，是以柔而在下，蓋君子過行其事而慎重之至。此以柔潔之茅藉之于下，斯免咎矣。

九二，枯楊生稊，老夫得其女妻，无不利。《象》曰：「老夫女妻」，過以相與也。

義曰：稊者，楊之秀也。此以陽居陰，是君子之人越其常分而過行其事者也。夫大過之時，聖賢君子能過行其事，以剛明之才、勤健之德，立天下之功業，使陵遲者得以興起之，隳壞者得以振舉之，故如枯槁之楊復生秀美之稊，衰老之夫而得少懦之女，復有生息之象也。「无不利」者，言聖賢之人過其常分以行事，使衰者復興，亡者復存，是所行无不得其利也。《象》曰「『老夫女妻』，過以相與也」者，以老夫而得女妻，

則有生息之漸。以女妻而得老夫，則有老成之漸，是皆過以相與者也。

九三，棟撓，凶。《象》曰：「棟撓」之凶，不可以有輔也。

義曰：大過之時，君子有爲之際。故若過其分而行，則可以立天下之功。若但守常之人，則未見其能成天下之事業也。九二能過分行之，故所行皆利。此九三有剛明之才德，而乃以陽居陽，則是守常之人不能行其事。如有才而不能施用，有德而不能操致，獨用匹夫之見而係上六之應，使其政教愈敗，綱紀愈頹，若大廈之梁傾撓而不能扶持，是凶之道也。《象》曰「棟撓」之凶，不可以有輔也」者，夫天之生聖賢，將使拯天下之危難，濟天下之生靈，立其事業也。今九三乃爲守常之人，有才而不能用，是不可以有輔于大過之君也。

九四，棟隆，吉。有它，吝。《象》曰：「棟隆」之吉，不撓乎下也。

義曰：夫大過之時是本末衰弱之世，唯聖賢出乎其類，過行其事，而拯濟之。今九四以陽居陰，是能過其位分以拯天下之弊，亦如大廈將傾而得良匠扶持之，使其梁棟隆起而得全安也。「有它，吝」者，九四之應在初六，若聖賢之人欲興起天下之治，必須至公至平，用心不偏，獨力特行，挺然無所畏憚，使天下無一物不獲其賜，如此則可以興滯補弊，扶衰拯弱，而立功業于天下，若一有它志而係于私應，則亦鄙吝之道也。《象》曰「棟隆」之吉，不撓乎下也」者，言九四雖下有初六之應，而已以剛明之才終不私累于己，是不撓于下，故獲吉。

九五，枯楊生華，老婦得其士夫，无咎无譽。《象》曰：「枯楊生華」，何可久也？老婦士夫，亦可醜也。

義曰：聖賢之人居至尊之位，有大中之道，當衰弱之世，必須過越以行事，則可以拯救于時也。今九五以剛陽處于至尊，是居可致之位，操可致之資，是可以振綱紀于廢壞也，今反不能過越其分而但固守己任，是亦守常之人也。以守常之人而拯天下之衰弊，故如枯朽之楊生其葩華易落之物，不若九二生稊之茂實。老婦得其士夫，无所補助，不能滋息，不若老夫之得其女妻也。然以陽居陽，當至尊之位，但得其茂咎而已，然不能過越以行事，是以无休美之譽。《象》曰「枯楊生華」，何可久也」者，言五當大過之時，自守己分，若枯朽之楊生葩花易落之物，其榮茂不可得久也。「老婦士夫，亦可醜也」者，言衰老之婦得其士夫，无所補助，又不能生息，適足以鄙醜者也。

上六，過涉滅頂，凶，无咎。《象》曰：「過涉」之凶，不可咎也。

義曰：以陰柔之質居上卦之極，當本末衰弱之世，而己雖有仁義不忍之心，憫生靈之塗炭，悼紀綱之廢墜，然而其體本柔弱，則是才小德薄之人終不能濟天下之難。猶如涉險之人，其志雖欲終濟，其力薄而微弱，以至滅没其首，是凶之道也。滅頂，猶言涉難之深也。「无咎」者，言上六有是心，而欲濟天下之衰弱，然其才力寡薄，不能終濟，以至滅頂，是不可以咎責之也。《象》曰「過涉」之凶，不可咎也」者，志在拯難，而雖至于滅頂，故聖人于此憫之。蓋此上六欲立天下之功業，何可咎責之也？

坎

坎上
坎下

習坎，有孚，維心亨，行有尚。

義曰：按《序卦》云：「物不可以終過，故受之以坎。」言君子之人所行必貴得其中，不可大過，大過則必有坎陷，故坎次于大過也。然此卦是伏羲所畫之卦，在八純之數。其七卦皆一字而名，獨此加「習」字者，何也？蓋乾主于健，坤主于順，若是之類，率皆一字可以盡其義。而此卦上下皆險，以是爲險難重疊之際。君子之人當此重險之世，欲行事于天下，必當預積習之，然後可以濟其險阻，若不能預習之，則才小力薄，致滅其身。故聖人加「習」字者，此也。「有孚」者，孚，由中之信也。夫水之性，決之則流，防之則止，此水之信也。如君子之人，知幾達理，行于險難，有至誠無不通者。以至誠無不通，若水流而坎險，皆可以平之也。「維心亨」者，坎卦上下之中皆有剛明之德，是水之性至明而無所不通。如君子中有剛明之德，曉察險阻之事而便習之，所行不違于中，思慮不逾其志，如此，則事無不獲其濟。「行有尚」者，夫水之性，凡坎險之處無不流而至也，故能平其險難而潤澤萬物，爲時之所尚也。若君子之人，當險難之時，力能扶持之，蓋由以仁義之道，才智之美，上而朝廷有其德，下而萬物被其澤，亦如水之無不潤，而爲時所尊尚也。❶

《象》曰：習坎，重險也，水流而不盈，行險而不失其信。「維心亨」，乃以剛中也。「行有尚」，往有功也。天險不可升也，地險山川丘陵也，王公設險以守其國。險之時用大矣哉！

義曰：夫坎，險也，陷也。此卦上下皆坎，是重險之象也。亦言聖賢之人欲致天下之事業，惟坎險之事最

❶ 「時」下，康熙本、《薈要》本有「之」字。

難，則必素習之，然後可以拯濟其事也，故曰「習坎」重險也。「水流而不盈，行險而不失其信」者，夫水之流者，盈于一坎而又之一坎，无有盈滿而不流者。若險峻之處，則決然而往，无所凝滯，是其信也。猶君子之人當險難之世，奮然不顧其身，竭力盡誠，往而拯其難，无有凝滯，是猶水之流而不失其信也。「維心亨」，乃以剛中」者，此卦以陽居中，是有剛明之德而行于險難之中，故无有不通也。「行有尚」，往有功」者，言水之性流于下而潤澤萬物，是有生育之功爲時之尚。君子之人素能習其坎難之事，是以往則有其成功。「天險不可升」者，此以下廣明險之義。言天之崇高極遠，不可階梯而升，其神明之道不可測度，故能保其崇高。「地險山川丘陵」者，言地有高山、大川、高丘、峻陵，以包藏萬物而不可踰越，故物得其保全也。「王公設險以守其國」者，言王公法天地之險而扼衝要之地，據形勢之會以建其國。高城深池，外爲之固；堅甲利兵，內爲之戒；嚴刑法，以除姦，飭教化，以厲俗。如此，所以保國家之大而固其基業之久也。「險之時用大矣哉」者，言預能習坎險之事及是時用其道以濟之也。

《象》曰：水洊至，習坎。君子以常德行，習教事。原本遺注。

初六，習坎，入于坎窞，凶。《象》曰：習坎入坎，失道凶也。

義曰：窞者，坎中之坎也。大凡居險難之世，必有剛明之德而素習其事，然後其道可行于天下。今初六以陰柔居坎險之始，而上又无其應援，是其卑而不能自奮，柔而不能自立，位卑身弱又不能素習其坎險之事，以至復入于深險之處涉其難，愈凶之道也。《象》曰「習坎入坎，失道凶也」者，言初六之柔弱不能自立，以之治一身則一身不治，以之治一國則一國不治，以之治天下則失治天下之道，是其懦弱失道之甚，

愈往則凶愈深也。

九二，坎有險，求小得。《象》曰：「求小得」，未出中也。

義曰：夫聖賢之人，有剛明之才德，又加之以大中之道，乘時藉勢，其道足行于天下也。今九二雖有剛明之德，而居二陰之間，不遭其時，不得其位，其道不得行于天下，无所求而不得。在于坎難之中必有危險之事也。「求小得」者，夫君子有才懷德，得時居位，行其道于天下，无所求而不得。今九二雖有才德，然不得其時與位，而又未出于險中，是以所求止小得而已。

六三，來之坎坎，險且枕，入于坎窞，勿用。《象》曰：「來之坎坎」，終无功也。

義曰：夫有剛明之才德而履于中正，則庶可拯其險難也。今六三居不得中，履復失正，而又介重坎之間，若來居于位，則未出于坎，若往之于上，則復有其坎，是其往來之間，皆坎險也。「險且枕」者，蓋身在于坎而下乘九二之剛，是既險而又枕于險也。「入于坎窞，勿用」者，言六三以其不中不正，身在于險而又枕于險，以此而往，則愈入于難之深也。入于難深之人，是終不可以有用也。《象》曰「終无功也」者，言此六三欲用之以治險難，則无有其成功也。

六四，樽酒，簋貳，用缶，納約自牖，終无咎。《象》曰：「樽酒，簋貳」，剛柔際也。

義曰：言六四出于下卦而居上卦之始，以陰居陰是履得其正，上又近九五之君，九五又无應，故盡心而委任之。上下相交，君臣相接，故上无猜忌之心，下无疑貳之志，故其相待之物不假外飾。雖以一樽之酒，貳簋之食，又以瓦缶質素之器納其至約于戶牖之間，以此相待，亦終无其悔咎也。蓋至誠相通，心志相

交，故不假飾于外物，蓋牖者所以通幽而達明也。《象》曰「剛柔際也」者，謂君臣之道相交際也。

九五，坎不盈，祗既平，无咎。《象》曰「坎不盈」，中未大也。

義曰：九五當坎之時，居至尊之位，有剛明之德，大中之道，然而猶居上坎之中，未出險難，是坎險未盈者也。祗，辭也。若坎險既平，則是出于險難，故曰「无咎」。《象》曰「坎不盈」，中未大也」者，言五在坎之中流之未盈滿，喻君之道未盡得其勢，未能大亨通也。

上六，係用徽纆，實于叢棘，三歲不得，凶。《象》曰：上六，失道凶，三歲也。

義曰：上六處兩坎之上，險惡之極者也。是險惡而不悛，如何處之？宜係之以徽纆之索，置之于叢棘之下，使之思其過。至于三年天道小變之時，苟不改其惡，是終不能改，然後刑之，此凶之道也。《象》曰「上六，失道凶，三歲也」者，夫君子之人在平夷之地能思其過，如顏氏「不遠復，无祗悔」。小人之情則險惡，教化不能導之，乃置之牢獄三歲而使省其過，是其失道之人也。故《周禮》：「司圜掌收教罷民，凡害人者，弗使冠飾而加明刑焉，任之以事而收教之。能改者，上罪三年而舍，中罪二年而舍，下罪一年而舍。其不能改而出圜土者，殺。雖出，三年不齒。」此之謂也。

離

離下
離上

離，利貞，亨。畜牝牛，吉。

義曰：按《序卦》云：「坎者，陷也。陷必有所麗，故受之以離。」蓋言險難之後，必須附文明之人，然後得其

周易口義

一六六

安也。離者，麗也，日也，文明也，人君之象也。兩日相並，聖明相繼之義也。「利貞亨」者，言聖賢之君繼世以有天下，必皆以正道而爲治，然後天下獲其利而得亨通矣。故古之堯老而舜繼，舜老而禹繼，禹老而啓繼，是其聖賢之君皆以正道相繼而无不得其亨通。又若下之者麗于上，上之者麗于下，皆以正道，然後可盡得其亨通矣。「畜牝牛，吉」者，牛，即柔順之物，所以任重而致遠。牝者，又柔之謂也，則是牛而又牝，言至柔至順之故也。蓋聖賢之人繼世以治天下，其所畜之臣必須有遠大之才堪任國家之事。有柔順之德，不奪君之權，使之上則盡忠于國，下則竭誠于民，如此，故能成天下之治，相繼不絕也，若周之周公，湯之伊尹，漢之平、勃是也。

《象》曰：離，麗也。

「畜牝牛，吉」也。

義曰：此言離者，麗著之義也，故因而廣明離之義。日月麗乎天，百穀草木麗乎土。重明以麗乎正，乃化成天下。柔麗乎中正，故亨。是以

其上麗著于天故也。百穀草木所以春生夏長秋成冬收，小大高下无不遂其宜者，蓋其下麗著于土故也。「重明以麗乎正，乃化成天下」者，言上下重離，兩日之象，是聖賢以柔順之道相繼而明，而又附麗于正道而行，使其教化流行，德澤洋溢，如是故能化成天下之俗也。「柔麗乎中正，故亨」，謂二、五也。言上下皆以柔順之道而麗著于中正之位，是其君臣皆以柔順而居中正，以成天下之治而獲其亨也。然而聖賢之君，其所畜之人有遠大之才，有重厚之德，使之竭誠盡節，如此故能亨。繼世以有天下，爲萬世之福，故曰

「是以『畜牝牛，吉』也」。

《象》曰：明兩作，離。大人以繼明照于四方。

義曰：上下二離，是兩明也。兩日重光，臨照不絕之象也。大人者，言大才大德之人，以其文明柔順之道，相繼以有天下而臨照于四方，幽隱無所不燭，其光明相繼綿綿而不絕也。

初九，履錯然，敬之，无咎。

義曰：「錯然」者，敬之之貌也。言此初九居離之初，如日之初生，未明照于天下。若繼嗣之君于事之初，則當常錯然，警懼以進德脩業，上副祖宗之託，下慰生民之望，所以得免其咎。《象》曰「履錯」之敬，以辟咎也」者，言居事之初，不能脩省恭謹，則未免其咎也。

《象》曰：「履錯」之敬，以辟咎也。

六二，黃離，元吉。

義曰：六二居下卦之中，以陰居陰，是既中且正，如日之中，朝廷明盛，行政施令，爲皇極之化，故有元大之吉。《象》曰「得中道也」者，蓋黃者，中也，以其有中正文明之德，此所以自然得其元吉。

《象》曰：「黃離，元吉」，得中道也。

九三，日昃之離，不鼓缶而歌，則大耋之嗟，凶。

義曰：九三，過離之中，如日之昃，其光有所虧也。若人之年已衰耋，必當求其代則可也。在家則致家事于其子，在朝則致朝事于其臣，以安神養志也，然後得其吉。今三不能鼓缶而歌以養衰老，則至于教化陵遲，萬事隳壞，是以有大耋之咨嗟，凶之道也。若堯之耄期，倦于勤，以舜代之；舜之耄期，倦于勤，以禹代之。故得教化大行，致太平之久，所以免大耋之嗟矣。《象》曰「何可久也」者，言日之既昃，不久而傾。若人之年已衰老，不能鼓缶自樂以安神養志，使教化陵遲，是何可以長久也？

《象》曰「日昃之離」，何可久也。

九四，突如其來如，焚如，死如，棄如。《象》曰：「突如其來如」，无所容也。

義曰：九四已出于下卦而在上卦之初，如日之已沒而再出，突然而明，是猶以其非道遽然而進，且切近至

尊大臣之位。其身不正，恃其權位乃欲炎于上，故至焚如。然失其爲臣之道，逼君之位如是，則死之亦

宜，故言「死如」。若然人神所共棄，天下之所不容，故曰「棄如」。

六五，出涕沱若，戚嗟若，吉。《象》曰：六五之「吉」，離王公也。

義曰：六五爲離明之主，然以柔弱之質居于至尊，下爲九四强臣之所逼，至于「出涕沱若」，而又憂戚嗟

傷，言慎之至也。以其憂懼如是之至，然後得其吉也。《象》曰「六五之『吉』」，離王公」者，雖爲强臣所逼，

然居于至尊，麗著于王公之位，天下之所順又能憂傷之至，故獲其吉。

上九，王用出征，有嘉折首，獲匪其醜，无咎。《象》曰：「王用出征」以正邦也。

義曰：醜，衆也。上九亦如三，過其中，是政教已衰，故有四夷侵侮，諸侯背叛之事，王于是以兵征之。征

者，正也。征于四夷，所以正華夷之體；征于諸侯，所以正君臣之義。誅其元惡，弔民伐罪而已，故折其

首惡，匪及其衆，則有嘉美而无悔咎。《象》曰『王用出征』以正邦也」者，言王之用以出征，以正萬民之

法，君則君，臣則臣，邦國從而正矣。

周易口義卷六

宋　胡瑗　撰

下經

咸

☱☶ 艮下
兌上　咸，亨，利貞，取女吉。

義曰：夫有天地，萬物、男女、夫婦、君臣、上下莫不有感之道，然後得其理。故聖人作《易》以通神明之德，以類萬物之情。分乾坤坎離爲上經，取咸恒既濟未濟爲下經，以盡天道人事之理。咸，感也，天地之大經，夫婦之大倫，故爲下經之首也。「亨，利貞」者，言天地不交，則萬物无以化生；男女不感，則人倫之道廢。是皆有感而後亨也。然既交感，不可邪諂，必利以正道，則盡感之義，故曰「亨，利貞」也。「取女吉」者，言感之爲道莫速于男女。男女相感，然後萬物化生，故此卦上兌而下艮。在《説卦》云：「艮三索而得男，故謂之少男。兌三索而得女，故謂之少女。」言以少男取于少女，則人倫正而天地之義畢，故咸之道利取女吉也。

《象》曰：咸，感也。柔上而剛下，二氣感應以相與。止而説，男下女，是以「亨，利貞，取女吉」也。天地感而

萬物化生，聖人感人心而天下和平。觀其所感，而天地萬物之情可見矣。

義曰：夫柔者，子也，臣也，婦也，女也，至賤也；剛者，父也，君也，夫也，男也，至貴也。貴上賤下，人之常

道也，人之交感之義也。夫女守正静，男以禮下之，則夫婦道成而父子之親可見也。如賢者懷道義，君以

禮下之，則君臣之義行，而上下之禮興也。或賢者以道自處，君不能以禮下之，則君臣之分廢矣。是女守

而男不以禮下之，則夫婦之道亦罔克成也。何則？天以高而自處其上，地以卑而自處其下，天不降氣于

下，則地氣无由而升。如是，則陰陽之道无以變，萬物四時无以成也。夫天地尚爾，況于人乎？故感道

貴以尊先卑，男下女，故曰「咸，感也。柔上而剛下」。「二氣感應以相與」至「取女吉」也」，悉如前義。

「天地感而萬物化生」者，此言天氣降于下，地氣升于上，二氣升降而交通，則萬物以生以育而各遂性命。

是知交感本自然之理，故无所不生、无所不成也。「聖人感人心而天下和平」者，言聖人享天下之貴勢，藉

天下之重器，而天下之人均感悦而化之者，是必推誠信之道，使其仁義教化藏人之肌膚，淪人之骨髓，然

後感悦于心而歸之也，是非由勞神役思諄諄然取其心而求感之也。咸，感也。卦不名感而名咸者，聖人

不以心求感于人，而人自感之，亦如天地二氣自然交通而萬物化生也。「觀其所感，而天地萬物之情可見

矣」者，天地交感，然後萬物生；男女交感，然後天下化。凡此類，是天地萬物之情狀因其所感而可見也。

《象》曰：山上有澤，咸。君子以虚受人。

義曰：按《左傳》云：「澤竭則山崩。」是澤之氣通于山，則萬物得其濡潤而遂其生成，此相感之義也。故君

子法此山澤通氣之象，必虛其心，推其誠，以仁義之道行之于身而加之于人，則天下之人自然感悅而歸慕

之也。是非假役役以求人之感也，故曰「君子以虛受人」。

初六，咸其拇。《象》曰：「咸其拇」，志在外也。

義曰：夫感之爲義貴于深，當以聖賢之道施爲仁義之教，禮樂之化，以漸以摩，使之入人之肌膚，藏民之

骨髓，然後天下之人皆合心畢慮，感悅于上也。上下交相感悅，是由感之道深故也。今「咸其拇」，夫拇

者，足之趾不能自動者也。蓋初六居艮之始，處卦之下，不能自有所動，是所感止及于趾，感之道不深而

淺末者也，故曰「咸其拇」也。《象》曰「志在外也」者，言初六之應在于九四，是其所感之道不及于他，而志

在于應四而已，志在外也。

六二，咸其腓，凶。居吉。《象》曰：雖凶居吉，順不害也。

義曰：腓者，拇之上，股之下，躁動之物也。夫感悅之道根諸至誠可也。今六二居下卦之中，始能離初之

拇，不以至誠感人，而務在躁動，是不能使天下之人自然而感。如足之腓，躁動不常，速凶之道也。「居

吉」者，言六二居中得正，夫能以道自處，不務躁動，以求感于人，但居其所，推至誠以及人，則天下之人自

然感而歸之，故曰「居吉」也。《象》曰「雖凶居吉，順不害也」者，言六二所感之道雖未能深感人心而有凶，

然若以道自處，則得其吉，是能順于道而不至有害者也。

九三，咸其股，執其隨，往吝。《象》曰：「咸其股」，亦不處也。志在隨人，所執下也。

義曰：股者，上體之下，下體之上，隨足而動者也。九三以剛處下卦之上而應在上六，但志于隨人，故若

股之爲物，不能自主，足動則動，足止則止，是其志淺末者也。「執其隨」者，言九三不能以道自處，徒欲觀

人之辭意，察人之顏色，以爲感悦之道，是所執之志在于隨人而已。以此而往，鄙吝之道，故曰「執其隨，

往吝」也。《象》曰「志在隨人，所執下也」者，言九三之志止務隨人以求感悦，不能高尚其爲，是所執卑

下也。

九四，貞吉，悔亡。憧憧往來，朋從爾思。《象》曰：「貞吉，悔亡」，未感害也。「憧憧往來」，未光大也。

義曰：九四居股之上，處脢之下，心之象也。夫感之道所利者正，今九四以陽居陰，失其正道，本有悔也，

然猶能履尚謙沖。若守之以正，則吉可獲而悔可亡也。「憧憧」者，往來不絕之貌也。以天下之大，生靈

之衆，不可家至户曉，在聖人推至誠之道，仁義之化，以廣洽之，則自然感悦而歸之，是聖人感人之心必在

虛己之心也。今九四憧憧然往來，勞苦其思慮而求人之悦，但顧己之私應，不能感于天下，惟己之朋黨則

從爾之思，慮而歸之，是不能盡感之道也，故曰「憧憧往來，朋從爾思」也。《象》曰「貞吉，悔亡」，未感害

也」者，言能守正得吉，是所感未至于害也。「憧憧往來」，未光大也」者，按《繫辭》曰：「天下何思何慮？

天下同歸而殊塗，一致而百慮，天下何思何慮？日往則月來，月往則日來，日月相推而明生焉。寒往則

暑來，暑往則寒來，寒暑相推而歲成焉。往者屈也，來者伸也，屈伸相感而利生焉。尺蠖之屈，以求信也。

龍蛇之蟄，以存身也。精義入神，以致用也。利用安身，以崇德也。過此以往，未之或知也。窮神知化，

德之盛也。」今九四不能虛心以感于人，乃憧憧以求之，是其道未光大也。

九五，咸其脢，无悔。《象》曰：「咸其脢」，志末也。

恒

巽下
震上

恒，亨，无咎，利貞。利有攸往。

義曰：《序卦》云：「夫婦之道不可不久，故受之以恒。恒，常久也。」言男下于女，故能成夫婦之道。夫婦之道既成，則能成家。君下于臣，故能成君臣之道。君臣之道既成，則能成國。國家既成，不可不久，故受之以恒也。然謂之恒者，巽爲長女，震爲長男，二長相與，故恒久不息以成家也。然咸以二少，恒以二長者，蓋始則所感之道貴于速，故以二少言之。男女既別，夫婦既成，則不可不久，故以長言之，取長久之

義曰：脢者，心之上，口之下。夫居至尊之位，必須謙沖，禮下于臣民，擴仁義之道，使教化行于天下，德教深被于四海，則天下之人自然感悦于上。今九五以陽居陽，不能禮下于臣民，以尊而自驕，不能盡感悦于天下者也。夫以心感物猶未爲得，況過于心之上乎？其不盡感之道明矣。「无悔」者，以其居中得正，處于尊位，猶可以无悔也。《象》曰「咸其脢」，志末也」者，夫爲感之主而不能盡感之道，其存志淺末可知也。

上六，咸其輔、頰、舌。《象》曰：「咸其輔、頰、舌」，滕口說也。

義曰：輔者，口輔也。上六處一卦之終，以人體言之，輔頰之象也。言上六不能施仁義至誠之道自然感悦于天下，徒戚施面柔以甘言美辭求感于人，是所感在于口輔，故曰「咸其輔、頰、舌」也。《象》曰「滕口說也」者，言不能感人以至誠，但滕口頰以語言求感而已。

義，故曰恒也。「亨，无咎」者，言夫婦之道、君臣之義既久而不變，以至于亨，既獲其亨，何咎之有？

「利貞」者，夫常久之道所利者貞，久而不貞與不久同也。夫婦既久，欲成一家之事者不可不貞。君臣既

久，欲成天下之治亦不可不貞。夫婦、君臣无所不正，則常久之道成矣。「利有攸往」者，言人之所守能至

誠不息，執節不變，積日累月，積月成歲，以至終而復始，无有窮已，則无所往而不利。是故爲君子、爲學

能常久而不已，則可至于賢聖。爲君臣、爲治能常久而不變，則可以施仁義禮樂以化成天下。故行之一

身，行之一家，行之一國，以至行之天下，均能不變所守，則其道大成。道既大成，則所往何不利之有？

《象》曰：恒，久也。剛上而柔下，雷風相與，巽而動。剛柔皆應，恒。「恒，亨，无咎，利貞」，久于其道也。天

地之道，恒久而不已也。「利有攸往」，終則有始也。日月得天而能久照，四時變化而能久成，聖人久于其道

而天下化成。觀其所恒，而天下萬物之情可見矣。

義曰：震上爲剛，至貴也。巽下爲柔，至賤也。貴賤有別，尊卑有序，而常道已成。言之一家，則男正位

乎外，女正位乎內。言之一國，則君以尊而位乎上，臣以卑而處其下，內外上下之分定，故國家之道成矣。

「雷風相與」者，夫雷得風則益威，風得雷則愈盛，二者相資故能助天地生成之功也。以人事言之，則猶夫

婦相與而人倫正，君臣相與而教化成，蓋取其相資益而成長久之道也。「巽而動」者，此解二卦之體也。

上體震，震爲動。下體巽，巽爲順。以巽而動，是猶夫義而婦聽，君義而臣忠，常久不易之道也。「恒，亨，无

柔皆應，恒」者，蓋此卦剛柔皆相應而不失其常，亦猶婦事夫、臣事君，皆常久不易之道也。「剛

咎，利貞」，久于其道也」者，此言凡人之作爲皆能至誠不息、悠久，其道則得「亨，无咎，利貞」之三德也。

「天地之道恒久而不已也」者，夫天以高明運行升降，晝夜未嘗休息，地以博厚容載萬物，亦未嘗休息。

天地之道運行容載，久而不變，故且高且大也。「『利有攸往』終則有始也」者，義見前。「日月得天而能

久照，四時變化而能久成」者，夫日往則月來，月往則日來，日月往來而能臨照天下之物。无論巨細而皆

燭之，蓋由所麗在天，故能久明而无有過差也。天地之大，陰陽之運，在于四時，故春以生之，夏以長之，

秋以成之，冬以終之。或代或謝，周而復始，故能生育萬物以成歲功，久而不易也，故曰「日月得天而能久

照，四時變化而能久成」矣。「聖人久于其道而天下化成」者，夫天地至大，日月運焉，四時行焉，久而不

變，故照臨四方，生育萬物，久而不易，无有窮已也。聖人有天下之大，居天下之尊，發政施仁，亦必久于

其道，然後賞罰有常，號令有信，天下之人莫不仰而歸之，以成其風化，故曰「聖人久于其道而天下化成」

也。「觀其所恒，而天地萬物之情可見矣」者，夫日月臨照，四時變化，萬物代謝，皆久于其道，无有窮已，

則天地萬物之情常久而可見。

《象》曰：雷風，恒。君子以立不易方。

義曰：震，陽，爲雷。巽，陰，爲風。陰陽相合，雷風相資，生成萬物，久而不已以成其道也。故君子觀雷

風之象，所作所爲由中而不易其道，故能常久而成天下之治，行天下之道，无施而不可。方，猶道也，言其

所立不離于道也。

初六，浚恒，貞凶，无攸利。《象》曰：「浚恒」之凶，始求深也。

義曰：浚，深也。天下之事必皆有漸，在乎積日累久而後能成其功。是故爲學既久，則道業可成，聖賢可

到；爲治既久，則教化可行，堯舜可至；爲朋友既久，則契合愈深；爲君臣既久，則諫從言聽，而膏澤下于

民。若是之類，莫不由積日累久而後至，固非驟而及也。今此初六居下卦之初，爲事之始，責其長久之

道，永遠之效，是猶爲學之始，欲亟至于周孔；爲治之始，欲化及于堯舜；爲朋友之始，欲契合之深；爲君

臣之始，欲道之大行。是不能積久其事，而求常道之深，故于貞正之道見其凶也。「无攸利」者，言居事之

始，欲深于常道，以此而往，必无所利，孔子曰「欲速則不達」是也。

九二「悔亡」。《象》曰：九二「悔亡」，能久中也。

義曰：夫天下之道，得其大中則萬世所不能變易。今九二以陽居陰，是失正而本有悔也。然以居下卦之

中，其所行无過无不及，使賢者可俯就之，不肖者可企及之。如此，是得天下之常道，而萬世所矜式也，又

何悔之不亡？《象》曰「九二『悔亡』，能久中也」者，言九二以陽剛之德而能居下卦之中，是久于中道而无

所變易，故悔亡也。

九三，不恒其德，或承之羞，貞吝。《象》曰：「不恒其德」，无所容也。

義曰：夫尊卑、貴賤、内外、上下，不失其本分，則可以爲常久之道。今九三居上六柔弱之下，是卑者先于

尊，賤者先于貴，不常之人也。「或承之羞」者，言尊不尊，卑不卑，内外混淆，貴賤汩亂，此則羞辱之事隨

之也。「貞吝」者，言德既无常，其于永久貞正之道，誠足鄙吝也。《象》曰「不恒其德」，无所容也」者，言

九三既失其常久之道，則所往皆不容也，故孔子曰：「人而无恒，不可以作巫醫。」巫醫，鄙賤之徒也。其

无常德者尚不可爲，況其他乎？是則于所處固无容也。

九四，田无禽。《象》曰：久非其位，安得禽也？

義曰：田，獵也。凡禽獸可擒者，通謂之禽。夫常久之道必本于中正。今九四以陽居陰，是不正也；位不及中，是不中也。不中不正，不常之人也。以不常之人而居大臣之位，是无德忝位者也。至于爲治，則教化不能行。至于撫民，則膏澤不能下。是猶田獵而无禽可獲也。《象》曰「久非其位，安得禽也」者，言九四于常久之時處非其位，猶田獵而无禽，必无所得也。

六五，恒其德，貞，婦人吉，夫子凶。《象》曰：婦人貞吉，從一而終也。夫子制義，從婦凶也。

義曰：貞，貞固也，《文言》曰「貞固足以幹事」是也。夫爲天子之尊有四海之廣，民物之繁，必使仁義教化流于天下，不可執一道守一方，必也臨事制宜，隨時應變，則无施不可也。今六五執守一德，不能大有所爲，但繫私應。是以此道施之婦人則吉，而施之夫子則凶也。《象》曰「夫子制義，從婦凶也」者，婦人處閨門之內，守一而已矣；夫子處閨門之外，則必臨事應變，大有所爲可也。今六五居至尊之位，以柔弱不正之資私一己之應，是固執常德，不使流通于天下也。「婦人吉，夫子凶」者，婦人之事，固執其正，繫于一人則吉也。夫子則當制義，而不可泥于一也。若夫子從婦人之道，不能以義制事，則凶之道也。夫以夫子不能制義尚以爲凶，況尊爲天子，有四海之大者乎？凶可知也。

上六，振恒，凶。《象》曰：「振恒」在上，大无功也。

義曰：振，動也，謂君子可動則動，可進則進，可静則静，可退則退。動静進退皆不失正，則聖人之道畢矣。今上六處恒之上，居震之極，是深求妄動之人也。以深求妄動，必不明進退動静之理。若以此而往，

凶之道也。《象》曰「振恒」，在上，大无功也」者，言動靜既不適時而進退，失常于道，既凶，又何功之有？

䷠ 艮下
乾上 遯，亨，小利貞。

遯

義曰：按《序卦》云：「物不可以久居其所，故受之以遯。遯者，退也。」言天時人事盛久必衰，進久必退，存久必亡，自然之理也。此卦所以名遯者，蓋二陰浸長，進得其位，以剝羣陽，是小人道長，君子道消之時也。故君子當此之時，則晦跡潛光，懷仁卷義，以道自容，不使小人得窺其所爲，所謂遯也。「遯，亨」者，由遯而後亨也。夫君子時有通塞，道无損益，故《孟子》曰：「雖大行不加焉，雖窮居不損焉，分定故也。」是君子所得在內，所志在道。道充乎內，則无所不通，得其位，則行道于天下，非其時，則修身見乎世。故遯之時必晦跡潛光，以遠小人之害，則己之道自得其亨通也。「小利貞」者，夫否之卦三陽在上，三陰浸長于下，君臣隔絕之時，故卦辭言「否之匪人，不利君子貞」。是否，剝之時全不可以有用。至此遯二陰在下，四陽在上，君子之道猶小可行，故曰「小利貞」。剝之卦五陰盛長，一陽在上，故曰「勿用，有攸往」。遯之時義大矣哉！

《象》曰：「遯亨」，遯而亨也。剛當位而應，與時行也。「小利貞」，浸而長也。遯之時義大矣哉！

義曰：「遯而亨也」者，言因遯而得亨也。「剛當位而應，與時行也」者，剛，謂九五也；應，謂六二也。九五以陽居中，是剛明中正之君子。然而下應于六二之小人者，蓋君子之道无固无必，可遯則遯。此六二之爲小人，然能以中順之道附結于己，不須遯也，故與之應是君子之心通變，能與天時俱行，故可止則止，可

行則行。若仲尼皇皇于衰周，孟子歷游于戰國，是皆欲己道之行，故小人有能以道附結于己者，亦不拒

也。「小利貞，浸而長也」者，言君子所以不得大有爲于世，而惟小利于貞者，蓋以下之羣陰浸長而小人之

黨漸盛也。「遯之時義大矣哉」者，遯之道不可遯而遯，則道不可行；可遯而不遯，則必罹小人之害。是

必隨時適變，可遯而遯可也。惟明智之人爲能居之，其時義至大，故先聖重嘆美之。

《象》曰：天下有山，遯。君子以遠小人，不惡而嚴。

義曰：乾上，天也。艮下，山也。山雖高峻，亦不能陵于天，故假象得遯之義也，猶君子遠遯，小人不能加

害也。夫君子之道得行，則小人必見誅逐放斥，而不得行于朝廷之上；苟君子之道不得行，則必遠避小

人，而全身遠害也。然今居遯之時，若漠然无畏，而以嚴屬加于小人，而欲毆斥之，則必反罹害于己。雖

然，亦不可枉尺直尋，依違苟從，以求自免，但不加害于小人，常使己自有威嚴，使小人不敢侵害于己可也。

初六，遯尾，厲，勿用有攸往。《象》曰：「遯尾」之厲，不往何災也。

義曰：遯之時貴于先也，尾者處于後也。凡卦以上體爲外，以下體爲內。今此卦二陰在內，小人得位而

君子在野之象也。初六處卦之內，最居卦下，是衆賢皆遯而己獨在後，是不能先時而遯。至此始欲毆遠

小人，則必反爲小人之所制，是有危厲也。「勿用有攸往」者，言當是時，惟宜依違自守，危行言孫，檢身

修己，以遠小人之害可也，故聖人于此戒之。《象》曰「遯尾」之厲，不往何災也」者，言既居遯之後，有危

厲之事，果能依違自守，不復更有所往，何災之及也。

六二，執之用黃牛之革，莫之勝說。《象》曰：執用黃牛，固志也。

義曰：黃者，中也。牛者，柔順之物也。六二雖居羣陽之中，在小人之黨，然居中履正，有中正柔順之德，達于事理。以上有剛明中正君子爲己之應，故己用此中正柔順之道往固執之，不使遠遯于己，故曰執之用黃牛也。「莫之勝說」者，夫賢人君子于道無所固必，但以仁義爲心而已。今己能以中順之道往固執之，則九五以何辭勝辯而可遯哉？然此句上「之革」二字，乃羨文也。《革》之初有「鞏用黃牛之革」，故此誤有之也。推求无義可通，注謂「革者，固也」。此臆爲之說爾。《象》曰「執用黃牛，固志也」者，言用大中正順之道，使賢者不遠于己，所以固賢者之志也。

九三，係遯，有疾厲，畜臣妾吉。《象》曰：「係遯」之厲，有疾憊也。「畜臣妾，吉」，不可大事也。

義曰：爲遯之道，在乎遠去小人則吉。今九三居內卦之上，切比六二之陰，不能超然遠遯，是有係于小人也。「有疾厲」者，夫小人之心常以疾害君子爲心，而又畏君子之刑戮，故一得其志，則首欲害之。今九三既爲六二所係，而不能遠去，是有疾病而危厲者也。「畜臣妾，吉」者，言九三既不能遠小人而不可遠遯，然後以畜羣小臣妾之道即得其吉。蓋臣妾，至賤者也，可以遠則遠之，可以近則近之，如此則吉可獲也。《象》曰「畜臣妾，吉」，「不可大事也」者，言九三雖以臣妾而畜羣小人而獲吉，然但施于此事則可也，如其立天下之大道，臨天下之大事，則不可以有與也。

九四，好遯，君子吉，小人否。《象》曰：君子「好遯」，「小人否」也。

義曰：好者，中心之所欲也。九四處外卦之初，離內卦之陰，當此之際，志欲遯而難制，奮然而好遯者也。蓋君子之人以君民爲心，得其位則可以致君澤民，躋天下于平治。若其小人道長，不可有爲之時，則必知

幾達理，不爲世俗所誘，不爲貧賤所動，超然遠遯以避其難而須其時也。是以《乾》之《文言》曰「遯世无

悶」，《中庸》曰「君子之道費而隱」。故小人則不然，惟富貴是欲，惟貧賤是恥，不知廉隅，不顧禮義，苟一

失位則蹙然溢于面目而不能自勝，故《太玄》充之首曰：「君子得位則昌，失位則良。小人得位則橫，失位

則喪。」當此之時，小人必不能遯，故曰「君子吉，小人否」也。

九五，嘉遯，貞吉。《象》曰：「嘉遯，貞吉」以正志也。

義曰：君子之道毋固，毋必。彼能以善加于己，己志可通，己道可行，斯受之矣。今九五下應于二，二雖

在小人之中，然能以中順之道來固于己，己則從之；若小人虧于中順，己可超然而遯也。如此者，蓋君子

知時達變，可行則行，可止則止，以嘉美之道而遯者也。「貞吉」者，言五既應于二，二雖以中順之道固于

己，然亦不可屈己之貞，戚施面柔以悦小人，當執至正之道，然後可以獲吉也。《象》曰「『嘉遯，貞吉』以

正志也」者，言二以中順之道來固于五，五必以貞之道待于二者，所以正二之志也。

上九，肥遯，无不利。《象》曰：「肥遯，无不利」，无所疑也。

義曰：「肥遯」者，優饒充裕之謂也。上九處一卦之上，是超然遠遯。不應係于小人，其憂患不能累于己，

綽綽然有餘裕。凡往而无所不利，又何疑之有？

大　壯

乾下
震上　大壯，利貞。

義曰：按《序卦》云：「物不可以終遯，故受之以大壯。」蓋言遯者，二陰浸長于內，四陽陵剝于外，是小人道

長，君子道消也。然小人之道雖長，終不能久，而必爲君子之所剝，此大壯所以次于遯也。大壯者，二月

仲春之時，四陽長于內，二陰消于外，君子道長，小人道消也。君子之道既長，則能興天下之治，除天下之

害，生育天下之民物，以至其道大行而盛壯也，故曰「大壯」。然以天下之廣，生靈之衆，一賢不可獨治，故

必羣賢進于朝廷，則可大行其道。是以聖人設爲學校，教育天下之材，然後登之朝廷之上，任之以天下之

事，故事无不濟而至于盛大也。「利貞」者，君子之道既盛大，則必以正而處之乃利也；若壯而不正，則

陽過于暴，是故壯必正而後可也。❶

《象》曰：大壯，大者壯也。剛以動，故壯。「大壯，利貞」，大者正也，正大而天地之情可見矣。

義曰：夫陽爲大，陰爲小。今四陽盛長，二陰將消，是大者壯也。以人事言之，則是小人之道既以消，君

子之道得以壯，是亦大者壯也。「剛以動，故壯」者，言乾下，剛也；震上，動也。夫君子將興天下之利，除

天下之害，則必動而有剛明之才可也。若有剛明之才守正，靜而不動，何所施用哉？故剛以動，則其道

盛大而強壯也。「大壯，利貞」，大者正也」者，言陽長而陰退。若君子之道盛大而強壯，則所利在于正

也，故大壯之時，惟此大才大德之人則能以正道而行也。「正大而天地之情可見矣」者，夫天地之運行，晝

夜不息，此則剛健正大而然也。以人事言之，則聖賢之道亦如天地之生成而无有偏私，是觀聖賢正大之

❶ 「是」，康熙本、《薈要》本無此字。

道，則可以見天地之情矣。

《象》曰：雷在天上，大壯。君子以非禮弗履。

義曰：雷者，威動之物，而又行于天上，則其勢愈盛，是大壯之象也。君子之人有此大壯之德，則必恭慎和順，外執以謙而內秉其直，非禮之事不敢履，非禮之言不敢言，動作出處周旋之間皆合于禮，然後可見君子之壯也。若小人則不然。己有剛壯之德，必不能慎密于內，以至發之于外，而終爲驕恣縱肆，恃強作威，表裏皆見，故終不能保其全德也，是有壯而不能終其壯者也。惟君子則能外執以謙，內秉以直，故人莫得而窺測，其道久而愈光也。

初九，壯于趾，征凶，有孚。《象》曰：「壯于趾」，其孚窮也。

義曰：趾，足也。夫大壯之道必須以順爲履。今初九居一卦之下，最處事始，位之卑者也。爲壯之始，處位之卑，不能謙順，而行且躁妄而動，以至陵犯于物不知其止，以此而往，凶之道也。「有孚」者，言以此強壯之道，不能謙順行之，是信有此凶咎必然之理也。《象》曰「壯于趾」，其孚窮也」者，言居事始而慕躁進，是往則必有其凶，而信至于窮困者也。

九二，貞吉。《象》曰：九二「貞吉」，以中也。

義曰：凡卦爻有陰陽，居失其位，未有不凶者也。大壯之時，是君子之道強大而盛壯。聖人以其既壯且大，不可恃其剛威，以陽居陰，則皆獲吉。故今九二以陽居陰，能履尚謙順，而又行不失中，是君子得其爲正之道，不自滿盈，不自強恃，能全其美，如是故獲正中之吉也。《象》曰「九二『貞吉』，以中也」者，言九二

所以得正之吉者，以其履得其中，所以无過无不及，動靜皆入于中道而得其禮也。故若人臣一命而僂，再

命而傴，三命循墙而走，愈尊而愈謙，益盛而益戒，是能盡爲壯之道而得其中也。

九三，小人用壯，君子用罔，貞厲。羝羊觸藩，羸其角。《象》曰：「小人用壯」，君子罔也。

義曰：凡居壯之時，謙則得其道。今九三處下卦之上，當乾健之極，以陽居陽，是强壯不謙之人也。以小

人乘此，則必恃强陵犯于人，雖至壯極而不已，是用壯者也。君子則不然，但固守謙順，雖壯而不自矜，

雖大而不自伐，惟欲道行而致之于君，加之于民而已。故君子當此，則罔而不用其壯也。「貞厲」者，言小

人不能用謙于大壯，進而不知退于正道，是有危厲也。「羝羊觸藩，羸其角」者，羊者，剛狠之物；羝者，狠

其角，進退不能，凶之道也。小人居强壯之時，動則過中，進則不顧，是猶剛狠之羊，雖藩籬在前亦觸突而進，以至反羸

而又狠者也。如小人欲掩害君子，終不能爲君子之累，而反自及其身也。

九四，貞吉，悔亡。藩決不羸，壯于大輿之輹。《象》曰：「藩決不羸」，尚往也。

義曰：九四有剛陽之才德，而居陰柔之位，是亦尚謙者也。然其位過中，本亦有悔，今若守之以正，又謙

以濟之，則獲吉而悔亡也。「藩決不羸」者，夫處大壯之時，既能守剛明謙順之德，則衆歸之而物所不拒，

以此而往，何不利之有？故雖有險阻在前，亦濟而通矣。若羊之進，雖有藩籬在前，亦開決而无羸繫之

患也。「壯于大輿之輹」者，大輿者，任重致遠之象也。壯于輪輹，是以之致遠，則可以行道，所往无不利

也。《象》曰「藩決不羸」，尚往也」者，此聖人立象垂訓，使人居大壯之時必以謙退爲先。故君子之事父，

雖剛明之才，正直之德，可以納父于无過，而克其家，亦必以柔和之容，婉順之貌。父有一過則必婉容以

諫之，諫之不從而又諫之，不從則號泣而隨之，如是則父反而思之，必遷于善也。臣之事君亦然。但內

持剛德，外示謙容，則所往无有不利也。

六五，喪羊于易，无悔。《象》曰：「喪羊于易」，位不當也。

義曰：羊，本剛狠之物。夫居大壯之時，以陽居陰，則得謙之道，故可獲吉。若以陽居陽，然雖得位，猶

恐謙而有咎，況以陰居陽，則其傲狠而招禍可知也。今六五乃是以陰居陽，又處至尊之位，則是好剛之

甚，以至反失之于容易之地。羊，性羝，言其剛也。无悔者，以其居至尊之位，能喪其剛狠之道，故得无

悔也。

上六，羝羊觸藩，不能退，不能遂，无攸利。艱則吉。《象》曰：「不能退，不能遂」，不詳也。「艱則吉」，咎不

長也。

義曰：上六處一卦之上，居震動之極，是躁動强壯之過甚者也。過而不知所止，猶羝羊之進，不顧藩籬之

在前，以至羸礙其角而不能措也。「不能退，不能遂，无攸利」者，既壯動而不止，則是不知進退存亡之道，

以至欲退而不能退，欲進而不能進，則進退皆无所利也。「艱則吉」者，言能艱難自守，則可以獲吉也。

《象》曰「不能退，不能遂」，「不詳也」者，夫君子之進，必量時度勢，可以有爲而進之則无累也。若小人之

進，必不能量時度勢，不詳其事而驟行，以至進退不能也。「艱則吉」，咎不長也」者，言雖不詳其事而躁

進妄動，以至不能退，不能遂。今若能艱難自守，則其咎禍不久而可解也。

晉

離上
坤下

晉，康侯用錫馬蕃庶，晝日三接。

義曰：按《序卦》云：「物不可以終壯，故受之以晉。晉者，進也。」蓋言物之壯而不已，則必至於見挫，必以柔順之道上進也。然此卦，坤在離下，猶日出地上，以順而進，至于大明，故曰「晉」也。康，美也。錫馬，言賞賜之重也。《曲禮》所謂「三賜不及車馬」是也。蕃，盛也。庶，眾也。言此卦以三陰上進而至于明顯，如賢人君子以柔順之道上進于君，致之祿位而行道于天下，有康美之德著之于君。既有康美之德，君則厚加寵錫，故其馬蕃盛而眾多，以至晝日之間，三接見之，以咨天下之事也。是凡人臣之進，必有道義之實，功業之美，然後登于朝廷之上，則道可行，身可顯，如不才不德，无功无業，妄求寵幸者，不有人禍，必有天殃，故君子不可以不慎也。

《象》曰：晉，進也。明出地上，順而麗乎大明，柔進而上行，是以「康侯用錫馬蕃庶，晝日三接」也。

義曰：此卦名晉者，是大賢君子以功以德上進于君也。「明出地上」者，此以二體言之也。坤下，地也。離上，明也。若明出于地，則升進而臨照天下，萬民皆瞻仰，如賢人君子出于微賤，升進而立于朝廷之上，致君澤民，使天下皆仰觀之也。「順而麗乎大明」者，言日之出于地，順麗乎天，故其明所以久也，猶賢者以柔順之道而進輔于大明之君，故其道可以行也。「柔進而上行」者，夫君子之在上必須有至明之德，以旌別賢不肖而黜陟之也。苟上不明，使賢不肖混淆，則賢者必退避，不樂于仕矣。是必君有至明之德，使

賢者持人臣之節，柔順之道，附于君而其道上行也。既能以賢明之德出于下，柔之道行于上，故可以受寵

優之厚，故曰「是以『康侯用錫馬蕃庶』」，賞之重也。晝日之間，凡三接之，待之厚也。

《象》曰：明出地上，晉。君子以自昭明德。

義曰：言賢人君子法此之象，是以進修其德，博學，審問，明辨，篤行，然後位朝廷之上，使仁義施于天下，功業垂于後世，以自昭顯其至明之德也。

初六，晉如，摧如，貞吉。罔孚，裕，无咎。《象》曰：「晉如，摧如」，獨行正也。「裕，无咎」，未受命也。

義曰：摧，抑也。初六處晉之始，有心乎晉者也。然居下卦之下，處衆陰之末，猶君子道未得行，志未得

伸，于始進之時必見摧抑者也，故曰「晉如，摧如」也。「貞吉」者，言君子既進而有所摧抑，固不可躁求妄

動以覬君上之信，固當守之以正，則可以獲吉也。《孟子》曰：「鄉爲身死而不受，今爲宮室之美而爲之；

鄉爲身死而不受，今爲妻妾之奉而爲之；鄉爲身死而不受，今爲所識窮乏者得我而爲之，是亦不可以已

乎？此之謂失其本心。」蓋戒其不可徇情而苟倖，言進退當以其道也。「罔孚，裕，无咎」者，夫初六處于

最下，位卑言輕，上未信于其君，下未澤于其民，事未施于當世，道未行于天下。苟如是，固不可隕穫己

志，而當綽綽然寬裕樂道，不自咨嗟怨憤而不失其本心，如此則乃可免其悔咎也。《象》曰「晉如，摧如」，

獨行正也」者，夫君子于求進之初，其位卑言輕而有所摧抑，然不自爲損，以道自處，蓋其所守獨在于正

也。「裕，无咎」者，言處于卑下而自寬裕者，是未受君之命也。

六二，晉如，愁如，貞吉。受茲介福，于其王母。《象》曰：「受茲介福」，以中正也。

義曰：夫晉之爲言，以之一身是進用其道，以之一時是進用其君。愁，憂也。六二以陰居陰，履得其正，然處內卦之中，未見君之所信，道未能行，是以進而有憂愁也。然君子之心，不以一身一家爲累。動其心，必以君民爲志。雖進焉，未見信于君而有憂，然亦不可隕穫躁動，常以正道而行則得其吉也。「受兹介福，于其王母」者，王母，內之貴者也。夫六二處中居內，以位言之，至卑之象；以時言之，至暗之象。處是時，則當懷道畜義，居仁守正，以自寬裕。居是位，則當隨事制宜，臨機應變，使无不通濟，則必受其遠大之福。通于王母至深至密之地，蓋由至誠而行，自暗而受其介福，若「鳴鶴在陰，其子和之」是也。

《象》曰「受兹介福」，以中正也」者，六二雖未見君之信任，蓋以中正之道而行，雖天地鬼神无不祐之，「以至暗然而受其介福也」。

六三，衆允，悔亡。《象》曰：「衆允」之志，上行也。

義曰：允，信也。夫六三，以陰居陽，過于六二，不中不正之位。其本有悔也，然而居下卦之上，爲衆陰之長，三陰同心上進而爲其先，是道義可以行于時，事業可以致其用，故衆陰同心見信而上行，其悔可以亡也。

《象》曰「衆允」之志，上行也」者，言居晉之時，衆陰皆欲上行，而己處其先，是爲衆所信，同志而進也。

九四，晉如鼫鼠，貞厲。《象》曰：「鼫鼠貞厲」，位不當也。

義曰：鼫鼠者，田中食稻粱、貪殘剝刻之物也。當晉之時，衆君子以柔順之道上進于君，九四以陽居陰，不正而進者也。既以不正而進，上又切近于君，是當尊大之位，附上罔下，剝剝天下之民，蠱壞天下之事，如鼫鼠然，无益于民，但傷殘于物，故天下賤之如鼫鼠然也。以此而往，則必讒諂佞媚，苟取于君上，是于

正道危屬也。

六五，悔亡。失得勿恤，往吉，无不利。《象》曰：「失得勿恤」，往有慶也。

義曰：六五履不得正，有悔者也。然處至尊之位，居離明之中，能擴大明之道，旌別眾賢而信任之，眾賢者類進而輔己，故其悔所以亡也。「失得勿恤，往吉，无不利」者，夫以天下之廣，萬幾之細，其間未必不無一失。今六五既能旌任賢者，賢者皆進而輔之，故其政教无有不舉。若萬物之中苟有失得，亦不必憂恤之也。夫既是失得皆不須憂恤，則是所往无有不吉不利者也。《象》曰「失得勿恤」，往有慶也」者，言六五所以失得勿恤者，蓋由其能任賢者，使賢人進輔于己，故其教化舉行，仁義興作。以此而往，故不惟止獲其吉，而又且有美慶之事也。

上九，晉其角，維用伐邑。厲吉，无咎，貞吝。《象》曰：「維用伐邑」道未光也。

義曰：角者，最極之象也。夫上九處進之極，過明之中，已在角而猶進，故曰「進其角」。「惟用伐邑」者，在角猶進，過亢不已，不能端拱无爲，物皆不服，必須攻伐其邑，然後服之，故曰「惟用伐邑」也。「厲吉，无咎，貞吝」者，兵者，凶器。伐而服其物，是由危乃得吉則无咎，以此雖正亦已賤矣。《象》曰「惟用伐邑」，道未光也」者，用伐乃服，雖得之，其道未光也。

明 夷

離下
坤上
明夷，利艱貞。

義曰：按《序卦》云：「晉必有所傷，故受之以明夷。夷者，傷也。」晉卦是明出地上而升于天，明照于天下。

然晉極必衰，故明反入于地中，是明有所傷也。以人事言之，則猶君子之始進于朝廷之上，佐君澤民，立

功立事于天下，然至于荒耄之年，精力倦息，是宜以功成事立而退，全身致政求其安息，則其明終始无有

所傷也。若功成年耄，復進而不已，則必有所傷也。惟聖人爲能終始一德，如周公佐周是也。凡下于聖

人者，至于耄年，宜知退其身，而不可終于求進也，此聖人所以著萬世君臣之戒也。「利艱貞」者，夫明夷

之世則是君子之明已有所傷，而小人在上便巧得志。君子處此之時，固當艱難守正，不使小人之能窺測，

則可以免其患害也。

《象》曰：明入地中，明夷。內文明而外柔順，以蒙大難，文王以之。「利艱貞」，晦其明也。內難而能正其

志，箕子以之。

義曰：「明入地中，明夷」者，此釋明夷之義也。「內文明而外柔順」者，此以二體言之。下卦是內，離爲文

明。上卦是外，坤爲柔順。君子之人能內守文明之道，外修柔順之德，當明夷之世，蒙冒大難而不爲小人

所賊害，若古之人有行之者，文王是也。文王當紂之亂世，衆小人在紂之左右前後讒諛佞倖，皆欲害于君

子，而文王居爲西伯，三分天下有其二，終能外執柔順之德，內晦文明之道，雖小人衆多，終不能窺見其所

爲，故免其禍患也。《表記》曰：「文王有君民之大德，有事君之小心，故雖蒙大難而終无所傷也。」「利艱

貞」，晦其明也。內難而能正其志，箕子以之」，言內難者，親之至也。夫明夷之世，闇主在上，人臣有處夫

至親之地而終不見害者，若箕子是也。箕子之于紂，以位言之，父師也；以親言之，庶兄也。以庶兄之親

而居父師之位，是處至親之地，所謂內難者也。然左右前後讒佞諂媚，皆欲害之，而箕子獨能蒙冒之以正

其志，蓋由內能全晦其明，不使有所暴之于外，而小人不能窺見也。

《象》曰：明入地中，明夷。君子以莅衆，用晦而明。

義曰：君子法此之象而臨莅于衆，則當內晦其明，外示以柔也。何則？蓋君子性无不明，事无不通，好

善而嫉惡，苟不慎密而宣之于外，則小人見己之明，詐善而罔于己，己何由而知之？如是，則爲小人之所

窺測，而必罹小人之害也。是以君子務全其道，默運其明，則物不能蔽欺；外示柔，則不傷其苟察。如

此，始可莅衆也。

初九，明夷于飛，垂其翼。君子于行，三日不食。有攸往，主人有言。《象》曰：「君子于行」，義不食也。

義曰：「明夷于飛，垂其翼」者，言明夷之時小人得志，皆欲殘害君子。初九處卦之下，猶患難之始也。然

明夷之主在于上，初最遠之。君子有剛明之德，能韜光晦跡，不爲小人之窺見，若鳥之高飛而又斂其

翼，是超然不可得而見之也。「君子于行，三日不食」者，言君子能先幾知變，以小人得志，慮其加害于己，

欲超然遠遯，心急于行，故至三日之間不遑暇食也。「有攸往，主人有言」者，言當明夷之時，愚民盲俗不

悉君子之心，見君子遯去之速，以至三日不食而有所往者，雖至親之人爲己之主，亦皆有猜貳之心，誹謗

之言也。《象》曰「『君子于行』，義不食也」者，言君子不苟遯去，必見小人之害，故行而不食者，于義有所

不可也。

六二，明夷，夷于左股，用拯馬壯，吉。《象》曰：六二之吉，順以則也。

義曰：夫人之股肱，右者爲便，左者爲輕。六二履得中道，至于有位，漸近明夷之主，故必小有所傷，但傷左股至輕之處也。「用拯馬壯，吉」者，言君子既于明夷之時小有所傷，若不速務避去，則必見害愈深，故當決然拯其壯馬而行，外順小人而使不能見其所爲，然後可以獲吉也。《象》曰「六二之吉，順以則也」者，六二以陰處陰，至順處者也，而又處中行正，❶是動有法則者也。既順而又有法則，故小人終不能害之，以至得吉，故文王見囚于羑里，終能脫禍解難，以全其身也。

九三，明夷于南狩，得其大首，不可疾貞。《象》曰：「南狩」之志，乃大得也。

義曰：「南」者，至明之地。「狩」者，獵之名。「大首」者，元惡也。九三，居離之極，有至明之性，以陽居陽，有至剛之德。夫以剛明大正之德居明夷之時，闇主在上，殘虐生靈，塗炭天下，不忍坐視，故不得已往而征之，以蘇民于水火，救民于溝壑，故如獵狩之事，但取其害于民者誅之耳。《孟子》曰：「誅其君而弔其民，若時雨降，民大悦。」又曰：「武王伐殷，謂其民曰：『无畏！寧爾也，非敵百姓也。』若崩厥角稽首，征之爲言正也。」是但誅其首惡而已。「不可疾貞」者，夫聖賢之所以往伐首惡者，將以正天下之民也。其惡既除，其民始蘇，固不可加之暴猛峻之嚴刑以益苦之也。何則？夫民之被害既已久矣，染惡亦已深矣，故非亟而可拯也，必須化之以漸，撫之以慈，與之解其倒懸，然後以漸而正之可也。故《孟子》曰：「簞食壺漿，以迎王師」。此无他，避水火也。如水益深，如火益熱，亦運而已矣。」是正天下于虐暴之後，不可

❶ 「處」，康熙本《薈要》本作「履」。

嘔欲成俗也。《象》曰「『南狩』之志，乃大得也」者，言聖賢之人，以至明之道往伐其元惡者，所以救民而正

天下，今既獲之，則己之志大有所得也。

六四，入于左腹，獲明夷之心，于出門庭。《象》曰：「入于左腹」，獲心意也。

義曰：凡手足以右爲便，心腹之間以左爲順。六四以陰居陰，履得其位，上近明夷之主，是小人而得志者

也。夫以小人得志，又附于昏闇之主，以甘言美色，柔邪佞媚從君之情，迎君之欲，納之于惡，依違曲順，

入于左腹之間，復得明夷之主之心也。左腹，言能順于心也。「于出門庭」者，言小人之輔闇主，內既迎逢

其惡，外又不能慎密固蔽之。君未有一過，則揚之爲大過，君未有纖惡，則宣之爲大惡，以至騰播天下，

罪形萬世，皆小人之所致也，若崇侯、飛廉、惡來之類是也。「門庭」者，言宣露于外也。

六五，箕子之明夷，利貞。《象》曰：箕子之貞，明不可息也。

義曰：明夷之主在于上六，則左右前後皆小人矣，惟六五以柔順之道處得其中，非小人之謂也。推象意

以求之，則箕子之道矣，故聖人特以箕子明此爻也。何則？箕子當紂之時，尊爲父師，親爲庶兄，是至近

至親之位也。然紂之左右前後皆小人，而箕子之道不得行，是明有所傷也。然當是時，箕子能自晦其明，

自蒙其德，雖在紂之近密而終无所害，以至佯狂爲奴以全其身，是所利者惟能自晦而居正也。《象》曰「箕

子之貞，明不可息也」者，以箕子切近于紂而終不爲其所害者，蓋由能以正道自守，故其明不可得息也。

上六，不明晦，初登于天，後入于地。《象》曰：「初登于天」，照四國也。「後入于地」，失則也。

義曰：「不明晦」者，言上六處羣陰之上，居一卦之極，明夷之主也。不能以明德臨照天下，而左右前後信

任小人，自致陰闇柔弱不有其明，故云「不明晦」也。「初登于天」者，夫天尊且高，人君之位也，此上六以繼世而立于人君之位，爲天下之主，故云「初登于天」也。「後入于地」者，夫既居人君之位，爲天下之所瞻仰，則當大明以臨照天下，今反昏闇瞑昧，放恣殘賊，而不用其明，是入于地也。《象》曰「後入于地」，失則也」者，言上六失爲君之法則，不能明照天下而終于昏闇，貽祖宗之羞也。

家　人

離下
巽上　家人，利女貞。

義曰：按《序卦》云：「傷于外者必反于家，故受之以家人。」言人之有所傷于外，則必反于內以求其安，故家人所以次于明夷也。然此謂之家人者，蓋聖人以此爲治家之法也。「利女貞」者，夫家人之道以女正爲始，何則？夫女子之性柔弱無常，而好惡隨人，故凡君子欲治其家，必正其身，以正其女，以正其閨閫之內，父子之列，尊卑長幼之序各得其正。家既正，然後施之爲治天下，皆可得而正也，故《大學》曰：「欲治其國，先齊其家。」然則治家之道，在女正爲始也。

《象》曰：家人，女正位乎內，男正位乎外。男女正，天地之大義也。家人有嚴君焉，父母之謂也。父父、子子、兄兄、弟弟、夫夫、婦婦而家道正，正家而天下定矣。

義曰：「女正位乎內」者，謂六二也。六二以柔順之質處內卦之中，若貞正之婦治閨門之內也。然婦人之道不可預聞外事，但以致整于內而已，故《書》曰：「牝雞無晨。牝雞之晨，惟家之索。」故女必正位乎內

也。「男正位乎外」者，謂九五也。九五以剛明之德處外卦之中，是男子以義治外，其父子有禮，兄弟有

序，尊卑上下各正其位也。然以義制事則不可從于婦人，故《恒》卦曰：「夫子制義，從婦凶也。」所謂「男

女正，天地之大義也」者，夫天以至剛之德、至尊之體處于上，地以至柔之德、至卑之質位乎下，此天地自

然之常分也。以人言之，女正位乎內，男正位乎外，男女之位正，是得天地之大義也。「家人有嚴君焉，父

母之謂也」者，夫君總生殺之權，操富貴之柄，四海之內莫不畏懼，羣而歸之，故謂之君。若父母之尊，則

一家之事皆主焉，故不可專任其慈而無所斷制，必又加之以威嚴，董之以禮節，使一家之內有畏懼之心，

如君之尊而又如君之嚴，則家道可以成也。「父父、子子、兄兄、弟弟、夫夫、婦婦而家道正，正家而天下

矣」者，夫爲父有父道，爲子有子道，以至兄弟、夫婦各有其道，是以父盡其嚴，子盡其孝，兄盡其友，弟盡

其恭，夫盡其義，婦盡其順，如此則家道正矣。家道既正，天下斯定矣，故堯、聖人也，先親九族，然後平章

百姓，文王，亦聖人也，先刑于寡妻，至于兄弟以御于家邦。是君子之治天下必先正家，正家而天下

定矣。

《象》曰：風自火出，家人。君子以言有物而行有恒。

義曰：「風自火出，家人」者，王通謂「明內而齊外，有家人之象」是也。物，事也。君子觀此之象治其家，

使言有其事，行有其常，一言一行无有妄動，此治家之本在于正身也，故《孟子》曰「身不行道，不行于妻

子」是也。

初九，閑有家，悔亡。《象》曰：「閑有家」，志未變也。

義曰：閑者，寬而防之之謂也。凡人之情，愛之極則无疑，親之至則无防，故君子之人治其家，必當思慮

未及于邪，耳目未接于私之時，預爲之防，曲爲之備，不然，使醜惡已彰，姦邪已萌而始爲之防，是非家人

之罪，乃已陷家人于有過之地也。今初九以陽居陽，處一卦之初，是治家之始有剛明之德，而能于思慮未

動、私邪未萌之前以爲之防，故「悔亡」也。《象》曰：「閑有家」，志未變也」者，夫君子防閑其家，待姦邪而

後防之，惡彰而後治之，則无及矣；必于家人志慮未變之前豫防閑之，則所謂治家之道也。

六二，无攸遂，在中饋，貞吉。《象》曰：六二之吉，順以巽也。

義曰：遂者，專也。夫婦人之事雖治于閨門之內，皆稟命而行也。今六二以陰居陰，處內卦之中，履得其

正，是婦人之得正者也。但處于內而无所自專，故云「无攸遂」也。「在中饋，貞吉」者，夫自古以來，上至

天子之后妃，下逮庶人之妻妾，其所職之事不過于奉祭祀、饋飲食而已，故《禮》后有瑤爵之獻、奠盎之事，

《詩》有《關雎》《采蘩》，皆后夫人之職也。六二處內任婦職而无所專，所主在于饋食而已，職此而又處其

正，故得吉也。《象》曰「六二之吉，順以巽也」者，言六二所以得吉者，以居中履正，順而且巽，上能稟九五

之命也。

九三，家人嗃嗃，悔厲，吉。婦子嘻嘻，終吝。《象》曰：「家人嗃嗃」，未失也。「婦子嘻嘻」，失家節也。

義曰：嗃嗃，過嚴之貌也。嘻嘻，和樂之貌也。夫治家之道，不可專任其慈，雖至過嚴，終亦无所傷矣。

今九三以陽居陽，有剛明至正之德，居下卦之上，爲一家之主者也。故爲家之主，若嗃嗃然嚴肅，使家人

內外上下皆有畏懼之心，故雖有悔吝之事、危厲之道，亦得吉也。「婦子嘻嘻，終吝」者，夫婦子，人之所愛

也，若爲一家之主而私于所愛，不能嚴正其治，使婦子嘻嘻然和樂，則姦惡由此而萌矣。夫如是至于終

竟，必有鄙吝之道也。《象》曰「未失也」者，言雖嘻嘻嚴厲，未失治家之道也。「失家節也」者，若婦子嘻嘻

而和樂，是失其治家之節也。

六四，富家，大吉。《象》曰：「富家，大吉」順在位也。

義曰：夫初九既以剛明之德居卦之初，能防微杜漸，使閨門之內不接于私邪，得正家之初也。六二又能

以柔順之體居服勤之職，九三又能過嚴以畏懼其家人，是家道已成。至六四居大臣之位，是君子既正己

之家，至此則佐君以正天下之家，故有君之爵、禄之富，以富其家而得其大吉也。《象》曰「富家，大吉」，

順在位也」者，六四家道已成之後，當大臣之位，上近于君，是順在其位，以治家之道移于國也，故《孝經》

曰「居家理，故治可移于官」也。❶

九五，王假有家，勿恤，吉。《象》曰：「王假有家」，交相愛也。

義曰：九五以剛明中正之德居于君位，是謂王者能假此治家之道以治于天下者也，故先正其家，使閨門

之內莫不一于正，正家而天下定。是爲君者以此道而行，則不必憂恤而自得其吉也。《象》曰「王假有

家」，交相愛也」者，言聖人能推恩愛于天下之家，父父、子子、兄兄、弟弟、夫夫、婦婦各以和順之道交相愛

樂也。

❶ 「官」原作「國」，據《孝經》改。

上九，有孚，威如，終吉。《象》曰：「威如」之吉，反身之謂也。

義曰：孚者，由中之信。威，謂威嚴可畏。上九以剛明之才居家人之極，當家道之成，是能先正其身發其信于中，而外兼之以威嚴，終成家道，使閨門之內肅然有序而畏敬之，故獲其吉也。《象》曰「威如」之吉，反身之謂也」者，言上九所以有威信而使人畏敬之者，蓋能先修其身，而後加于人也。

周易口義卷七

宋 胡瑗 撰

下 經

睽

兌下
離上　睽，小事吉。

義曰：按《序卦》云：「家道窮必乖，故受之以睽。睽者，乖也。」言家人之道既窮極，則必至于睽異而離散也。「小事吉」者，夫睽乖之時，上下之情既異，內外之志既乖，天下之人其心皆不同于時，雖有大才大德之人，亦不能大有所爲也。何則？夫君子之道必將大有爲，則須上下協心，眾賢同力，无有異志，故發之天下而功業被于世也，今既睽乖，故但小事則可以得吉也。

《彖》曰：睽，火動而上，澤動而下。二女同居，其志不同行。說而麗乎明，柔進而上行，得中而應乎剛，是以「小事吉」。天地睽而其事同也，男女睽而其志通也，萬物睽而其事類也。睽之時用大矣哉！

義曰：「睽，火動而上，澤動而下」者，此釋所以得睽之名也。火本炎上，澤本潤下，水火相資，然後能成功

而睽異之義也。今乃火動于上，水又動于下，水火不相資，是有睽乖之義也。「二女同居，其志不同行」者，

離爲中女，兌爲少女，女子之生，長必從人，此天理之常也。今二女同居，必有從人之志，是其志不同行，

亦睽異之義也。「説而麗乎明，柔進而上行，得中而應乎剛，是以『小事吉』」者，言睽之時所以得小事之吉

者，下以兌説而上以離之大明，猶君子以説順之道而附于大明之人，而又以柔進居至尊之位，所行所爲正

合于中道，无過无不及，又且下應于九二剛明之臣，夫如是，故小事所以得其吉也。「天地睽而其事同也」

者，此以下廣明睽之義也，言睽之道有自然而合者。若天以高而處上，地以卑而處下，是睽也。然而陰陽

之氣交，則生成之事同也，故曰「天地睽而其事同也」。男位乎外，女位乎内，是睽也。然而相資而成一門

之治，則是其志通也，故曰「男女睽而其志通也」。萬物衆多，品類不同，是睽也。然而好生惡死，樂安懼

危，則是其事類也，故曰「萬物睽而其事類也」。「睽之時用大矣哉」者，睽乖之世小人衆多，然順時而動者

惟大才大德之人能之，故先聖于此重嘆美之也。

《象》曰：上火下澤，睽。君子以同而異。

義曰：火在上，澤在下，二者不相資，故有睽乖之象，夫睽異之時，小人衆多，皆欲加害于君子，故君子與

之和同，然外雖和同，内之所存則異也。

初九，悔亡。喪馬，勿逐，自復。見惡人，无咎。《象》曰：「見惡人」以辟咎也。

義曰：初九居一卦之下，當睽乖之時，上无其應，本有悔者也。然而九四亦无正應，故與初心志相合，遠

而相得，其悔所以亡也。「喪馬，勿逐，自復」者，馬者，至彰顯之物，當睽之時，人心既已乖離，雖喪失彰顯

之物，必无有私匿之者，故雖勿逐，當自復也。「見惡人」，无咎」者，夫險惡之人，其用心皆欲陷害于君子，況睽乖之時小人熾盛，苟不和同而接見，必罹其所害，故見之乃无咎也。《象》曰「見惡人」，以辟咎也」者，夫君子進用于朝，道行天下，則斥逐小人无所畏忌。時既睽乖，雖其惡人亦禮下而接見之，所以避一時之咎也。

九二，遇主于巷，无咎。《象》曰：「遇主于巷」，未失道也。

義曰：巷者，委曲不正之道也。君子當治平之世，斥逐小人則可坦然由正道而行。若睽乖之時，人心不同，羣小黨盛皆欲加害于君子，故此九二與五爲應，以五爲主，不敢顯然相遇于明坦之途。顯然遇之，則爲小人之所害。但遇之于委曲隘狹之道，乃得无咎。《象》曰「遇主于巷」，未失道也」者，蓋睽之時不可顯然而行，雖由委曲隘狹之巷而得遇于主，亦未失君子之道也。

六三，見輿曳，其牛掣，其人天且劓，无初有終。《象》曰：「見輿曳」，位不當也。「无初有終」，遇剛也。

義曰：輿，所以載物而行也。六三以陰居陽，履失其正，上有上九之剛爲己之應，已得往而應之，然睽異之時履于不正，則上下皆欲害之，故若其輿爲人之牽曳，其牛爲人之拘掣也。「其人天且劓」者，「天」當作「而」字，古文相類，後人傳寫之誤也。然謂「而」者，在漢法有罪髡其鬚髮曰「而」，又《周禮》「梓人爲筍簴」作「而」，亦謂髡其鬚髮也。「无初有終」者，六三本以正應于上九，以其履不得正，故小人皆來害之。上九既見六三爲劓割其鼻也。其人，即謂九二、九四也。以六三履非其正，皆欲害之，故或來髡其鬚髮，或來小人之所害，故亦疑之「不與六三之從己，是无初也。然六三本以至誠而應上九，初雖不與之應，然其有

剛明果斷之才，故終則明知六三之誠而與之應，是有終也。《象》曰「无初有終」，遇剛也」者，言初爲上之見疑，然終則明知己之誠而與之應，是六三所遇得剛明之人也。

九四，睽孤，遇元夫，交孚，厲，无咎。《象》曰：「交孚」「无咎」，志行也。

義曰：九四當睽乖之世而无應，獨立，是睽之孤者也。「元夫」，謂初九也。「交孚」者，九四、初九以剛明之才處下卦之下，而无正應，今九四亦无正應，是其心志相同，體類相契而爲配偶也。「交孚」者，九四雖與初以信相交，然彼此皆不正，故須必常若危厲則可是必傾至誠至信以交相待也。「厲，无咎」者，九四雖與初以信相交，然彼此皆不正，故須必常若危厲則可以免其咎悔也。《象》曰「交孚」「无咎」，志行也」者，夫當睽乖之時果无應，則所存之志不得行矣。今四乃與初以道相應，是其志得行也。

六五，悔亡。厥宗噬膚，往，何咎？《象》曰：「厥宗噬膚」，往有慶也。

義曰：六五以陰居陽，履于不正，本有悔者也。然居至尊之位而下應九二之剛陽，故其悔所以亡也。「厥宗噬膚」者，宗，謂九二也。九二既爲己之正應，則是己之宗黨也。膚者，柔脆之物，易于噬嚙者也。九二本以正而應己，然當睽乖之時衆皆來肆害于己，故九二之宗排斥此陰邪不正之小人，使之不爲害，是易于噬柔脆之物也。「往，何咎」者，言九二既以至誠來應于己，己往而應之，又何咎哉？《象》曰「厥宗噬膚」，往有慶也」者，言六五之應既在九二，而爲小人之間廁，故九二終能噬嚙之，不妨己之路。若往而應之，則不惟相合，而又有喜慶之事也。

上九，睽孤，見豕負塗，載鬼一車，先張之弧，後説之弧。匪寇，婚媾，往遇雨則吉。《象》曰「遇雨」之吉，羣疑

亡也。

義曰：四以无正應而曰「睽孤」，今上九處卦之終，是睽乖之極者也。睽乖之極，雖有其道亦不能通，故亦曰「睽孤」。豕，本不潔之物，而又負泥塗，是穢之甚者也。言六三爲己之正應，而在九二、九四之間，故己之視乎六三，必有猜貳之心，狐疑之惑，若視豕之負塗然，穢惡之甚也。「載鬼一車」者，鬼者，虛无而不可見也，車之所不可載者也。今上九見六三在九二、九四之間，故疑其穢惡，若見一車之鬼，是其造虛成實，以无爲有，妄僞之甚也。「先張之弧」者，言六三本爲己之應，今既厠于二陽之間，故上反疑之，張其弧矢欲以攻之也。「後説之弧」者，上卦爲離，離爲火，火性至明，上九處離之極明之至者也；下卦爲兑，兑爲水，水性至潔，六三處兑之極至潔者也。六三本以至誠來應于己，爲小人之所厠，至于致疑，然上九以至明之性，故終能察六三之至清而審其至誠，遂説去其弧而與之會合也。「匪寇，婚媾」者，六三本以正道應己，然以二陽所間，故不得會合，今既察明六三之情僞，是雖讒言不能間之而終得會合也。「往遇雨則吉」者，雨者，陰陽之和也，今上九之陽合于六三之陰，則是和而得吉也。《象》曰「遇雨」之吉，羣疑亡也」者，言上九始以小人之讒間六三，故疑之而不與之應。然上九有剛明之德，知六三以至誠而來應，遂不疑而與之會遇和合，是羣疑亡也。

蹇

艮下
坎上

蹇，利西南，不利東北。利見大人。貞吉。

義曰：按《序卦》云：「乖必有難，故受之以蹇。蹇者，難也。」言睽乖之時上下離異，人心不同，必有蹇難，

此蹇之所以次于睽也。「利西南」者，西南，坤位也。坤者，致養之地，廣大寬平生育之所也。夫當蹇難之

世，生靈不得其安，民物不遂其所，人人思治之時也。若聖賢之人治天下之蹇，則置民于寬廣生育之域，

然後得其安而至于太平也。「不利東北」者，東北，艮位也。艮爲山。山者，險阻不通之地也。若聖賢之

人出民于險阻而置之安平，則是治蹇之道也。若復納諸險阻之地，則其民困而其道愈窮，故「利西南」

而「不利東北」也。「利見大人」者，言蹇之時欲治天下之險，釋天下之難，必利見其大才大德之人也。「貞

吉」者，蹇難之作由上下人心乖異不正而然，今濟天下于无事，則必本諸大正之道，然後乃吉也。

《象》曰：蹇，難也，險在前也。見險而能止，知矣哉！蹇「利西南」，往得中也。「不利東北」，其道窮也。

「利見大人」，往有功也。當位「貞吉」，以正邦也。蹇之時用大矣哉！

義曰：此因二體以釋其義也。坎爲險，在上，故曰「險在前也」。「見險而能止，知矣哉」者，坎爲險，艮爲

止，見險在前，止而不進，是其知也。「蹇『利西南』，往得中」者，西南，寬廣生育之地，民在蹇難，置之此則

得其安居而各遂其所，是往而得其中道者也。「『不利東北』，其道窮也」者，東北，險阻之地，民在蹇難，復

置之此則其民愈蹇，是其道之窮也。「『利見大人』，往有功也」者，夫大人與天地合德，日月共明，有仁義

之心、經綸之志，往而見之，共以解其蹇難，致其安平，則是往而有功也。「當位『貞吉』，以正邦

也」者，謂五得其君之正，二得其臣之正，各當位而守正，故能正邦也。「蹇之時用大矣哉」者，蓋蹇之時必

得大才大德之人，然後可以解天下之蹇，故先聖于此重嘆美之也。

《象》曰：山上有水，蹇。君子以反身修德。

義曰：山者，險阻之物。水流于險阻之上，其勢必不能通，是蹇之象也。「君子以反身修德」者，言君子罹此蹇難，不怨天，不尤人，但反己之身，修飭其德而已。《孟子》曰：「愛人不親反其仁，治人不治反其智，禮人不答反其敬。」此之謂也。

初六，往蹇，來譽。

義曰：夫蹇難之世，坎險在前，君子居之，必量時度勢而進，以自保其明。今初六居卦之始，在險難之初，若不顧其危，衝冒而進，則蹇難愈甚。若翻然知幾，觀時可否，可退則退，復其所處，不陷躁失，則保全其道，得其嘉美之譽，故「往蹇，來譽」。《象》曰「『往蹇，來譽』宜待也」者，言君子當蹇難之初，險阻在前，未可以進，宜退而自處，以待其時也。

六二，王臣蹇蹇，匪躬之故。《象》曰：「王臣蹇蹇」，終无尤也。

義曰：蹇難之時人人皆有所患而不可動，故初則「往蹇，來譽」，三則「往蹇，來反」，四則「往蹇，來連」，獨此六二云「王臣蹇蹇」者，蓋以其處人臣之位，履中居正，上應于九五之君，而君在蹇難之中，必盡忠竭力，奮死不顧，雖重險在前亦衝冒而往也。「匪躬之故」者，六二所以冒犯險難而進者，非其一身之故，蓋上以為君，下以為民，救天下之蹇也。《象》曰「『王臣蹇蹇』終无尤也」者，凡為人臣，苟不盡忠竭節，見危授命，則有不忠之罪。今六二既能盡忠竭節，不恤其身，以救天下之蹇，故終无尤也。

九三，往蹇，來反。《象》曰：「往蹇，來反」，内喜之也。

義曰：九三以陽剛之德居下卦之上，爲初六、六二之所恃也。然而險難在前，往則愈蹇，若君子之人能知時之不可行，度勢之不可用，反而自處以守其正，則得其所安，故曰「往蹇，來反」也。《象》曰「往蹇，來反」，內喜之也」者，既退而反居其本位，則不惟己獲其安，兼下之二爻皆得其所恃，安止而不犯于難，是內有喜悅之事也。

六四，往蹇，來連。《象》曰：「往蹇，來連」，當位實也。

義曰：連者，牽連之謂也。六四以陰居陰，得正正者也。然而蹇難之世，坎險在前，冒昧而進，愈必有難而入于深險。若能知時之不可行，退而牽連下之三爻，止而自守，則得其安也。注疏讀「連」字從上聲，言四往來進退之間，皆有蹇難而不利。夫蹇之時，其險在前，故君子止而不往，若退而守，不務其進，則復何蹇難之有？此注疏之失也。《象》曰「往蹇，來連」，當位實也」者，言四以陰居陰，得正當位者也。陽爲實，今四連下之陽，是當位而附得其實也。

九五，大蹇，朋來。《象》曰：「大蹇，朋來」以中節也。

義曰：五居蹇難之世而處坎險之中，是蹇之大者也，有若天下未安，人民未治之時也。而九五居中履正，能任六二之臣，二又得人臣之正，故盡心竭力以輔于己，是其朋來也，如湯之救夏而得伊尹，武王救商而得呂望之類也。《象》曰「大蹇，朋來」，以中節也」者，言五以剛中得人君之節，二以柔中得人臣之節，是君臣之間皆能以中節也。

上六，往蹇來碩，吉。利見大人。《象》曰：「往蹇來碩」，志在內也。「利見大人」，以從貴也。

義曰：上六處蹇之極，居一卦之外，難將終者也。夫險極必平，難極必安，當此之時，不可復有所往，若往則益蹇，反而退居其位，下應九三以守碩大之德，則得其吉道，故曰「往蹇來碩，吉」也。「利見大人」者，言險難將終，但能附麗賢明大才大德之人，則可以遠出險難而持久于治，不須復有所往也。《象》曰「往蹇來碩」，志在內也」者，言上所以來則有碩大之德者，蓋志應在內卦之九三也。「利見大人」，以從貴也」者，陽爻，至尊貴者也。今上六能利見大才大德之人以終其難，是從者貴也。

解

坎下
震上

解，利西南。无所往，其來復吉。有攸往，夙吉。

義曰：按《序卦》云：「物不可以終難，故受之以解。解者，緩也。」言天下之民不可使終受其難，必有聖賢之人往以濟之，故解之所以次于蹇也。「利西南」者，西南，寬廣生成之地也。夫聖賢之人解天下之患難，必須發仁義之道，躋之寬平之所，使皆遂其生成，然後利也。不言「不利東北」者，東北，險阻之地，解之時聖人止務散釋天下之難，不復更有險阻，故不言東北也。「无所往，其來復吉」者，夫聖賢所以有所往者，蓋以天下之民在于患難，故欲拯而濟之也。今天下之患難既解，若復有所往，則是煩擾其民而事愈潰亂，自取其弊敗之道，若《屯》之象言「勿用有攸往」是也，但來而復其所有，獲其吉也。「有攸往，夙吉」者，言聖賢積心處慮，恥一物之失所。今難解之時，天下之民雖已權安，然其間有所未濟，亦當趨往而解之，以速爲尚，則可得而吉也。

《象》曰：解，險以動，動而免乎險，解。「解，利西南」，往得眾也，「其來復吉」，乃得中也。「有攸往，夙吉」，往

有功也。天地解而雷雨作，雷雨作而百果草木皆坼。❶ 解之時大矣哉！

義曰：坎爲險，震爲動。動于險之外，是聖賢之人動而能拯天下之險，使皆出于難也，故曰「解，險以動，

動而免乎險，解」也。「解，利西南」，往得眾也」者，言聖賢既以仁義之道除釋民之患難，而置之于寬廣生

育之地，使各得其所，以此而行，則必得天下之眾心也。「其來復吉」，乃得中也」者，夫天下之難既解，若

復有所往，則潰亂已甚之道也，若不往，而煩擾其民守其止靜，則得中也。「有攸往，夙吉」，往有功也」

者，言患難既解之後，或天下之民有未得其所者，聖賢之人不可遲緩，必汲汲而拯之，言速則有功也。「天

地解而雷雨作，雷雨作而百果草木皆坼」者，夫天在上，地在下，氣不交則雷雨不作而萬物不生，故天以

陽氣降于下，地以陰氣升于上，陰陽相蒸，剛柔始交，則必有屯難。屯難既解，故鼓之爲雷，蒸之爲雨，雷

雨盈滿，則百果草木皆敷甲而拆，以至句者、萌者、動者、植者，皆乘時而獲其亨通矣。「解之時大矣哉」

者，按諸卦或言「時義」，或言「時用」，而此止言「時」者，蓋難解之時无不釋，故止言「時」耳。若塞之時用，

是天下在于塞而始將治之，故必有所用，是以言「用」也。又《遯》卦言「時義」之類，是皆義有所存之時，故

言「義」也。此卦于「義」「用」並无所取，故不言也。

❶ 「坼」，原作「拆」。阮元《校勘記》云石經、岳本、錢本作「坼」是也，並云：「宋本注疏皆作『甲坼』，經文

『坼』字不明，當亦作『坼』。」據改。

《象》曰：雷雨作，解。君子以赦過宥罪。

義曰：雷雨既作，則蟄蟲昭蘇，草木甲坼，解之義也。天下之民方此難解之時，始出于塗炭，其有過惡，遷善遠罪，蓋舊染污俗化上薄惡之政而然也。故君子之人當此之時，有過者赦之，有罪者宥之，使之改過自新，遷善遠罪，蓋難解之道也。

初六，无咎。《象》曰：剛柔之際，義无咎也。

義曰：夫民在患難，非聖賢則不能濟，然濟民之難，務在于速，不可使之久困也，故卦言「有攸往，夙吉」，《象》曰「往有功也」，是濟難在于速也。今初六居卦之下，當解之初，天下之難盡已解釋而无有所咎矣。

《象》曰「剛柔之際，義无咎也」者，九四，剛也；初六，柔也。剛柔交際，同心以解天下之難，其義自然无咎矣。以時言之，則患難初解，亨通將至，其義必无咎悔也。

九二，田獲三狐，得黃矢，貞吉。《象》曰：九二「貞吉」，得中道也。

義曰：田，獵也。狐者，隱伏多疑之獸也。三者，言其象也。蹇難初解，民心尚疑，猶恐未脫于難而又入于蹇，故君子當行其教化，革其殘暴之政，易服色，改正朔，以新天下之耳目，使民心无所疑矣。如以田獵而獲三狐，猶言羣疑亡也。黃，中也。矢，直也。言九二又得大中之道，剛直之德行天下之正道而得其吉也。

六三，負且乘，致寇至，貞吝。《象》曰：「負且乘」，亦可醜也。自我致戎，又誰咎也。

義曰：負者，小人之事。乘者，君子之器。陽，至貴，君子也。陰，至賤，小人也。今六三陰居陽，是小人

而乘君子之器也。夫昏亂之朝，庸主在上，則賢不肖混淆，故君子之位而爲小人所乘。今蹇難既解，君臣上下各從其正，而六三乃以不正之質居至貴之地，是小人在君子之位，則天下之所不容，斯人之所衆棄也，故致寇盜之至爲害于己而奪取之也。然而小人得在高位者，蓋在上之人慢其名器，不辨賢否而與之，以至爲衆人所奪而致寇戒之所害也。《象》曰「負且乘」者，言小人在位是可醜惡之也，故《孟子》曰：「不仁而在高位是播其惡于衆也。」「自我致戒，又誰咎也」者，言小人不度己德，不量己勢而竊居君子之位，所以致戒寇之來也。若以一郡一邑言之，則爲致寇，若以天下言之，則爲致戒。且寇戒皆自己招，又何咎于人哉？故《繫辭》曰：「負也者，小人之事也。乘也者，君子之器也。小人而乘君子之器，盜思奪之矣，上慢下暴，盜思伐之矣。慢藏誨盜，冶容誨淫。《易》曰『負且乘，致寇至』，盜之招也。」

九四，解而拇，朋至斯孚。《象》曰：「解而拇」，未當位也。

義曰：拇者，足指之大者也，謂六三居四之下，上无應而附于四，有足指之象也。九四正應在初，是其朋也，既係于六三必忘于初，則初亦忘之矣。今既解去六三而專應于初，則至而信矣，故「解而拇，朋至斯孚」。《象》曰「解而拇」者，夫以至尊而爲天下之主，則可包含荒穢而容天下之民物也。今九四不當至尊之位，故不可係于他類而必解去之，則其朋黨至而信矣。

六五，君子維有解，吉。有孚于小人。《象》曰：君子有解，小人退也。

義曰：六五以大中之道位上卦之中，下應九二剛明之君子，以君子之道既行，是能解天下之難而得其吉也。「孚于小人」者，夫君子當解難之時，必能進用賢者，黜退小人，以成其治。治道既行，則小人自然望

風而信服，退藏竄伏以避君子之誅也。《象》曰「君子有解，小人退也」者，君子之道既行于上以解天下之

難，則豈患小人哉？必自然信之，使退也。

上六，公用射隼于高墉之上，獲之，无不利。《象》曰：「公用射隼」，以解悖也。

義曰：隼者，擊搏貪殘之禽也。高墉，非隼之所居也。六三以柔懦不正之體居下卦之上，是竊國家之名

器，當君子之大位，猶貪殘之隼而居高墉之上也。今上六處解之時，居動之極，是君子之人藏器于身而不

妄動者也，故能射去此不正之小人，使不得居高位而竊名器，如射隼于高墉之上也。「獲之无不利」者，以

小人而當君子之位，以此而獲之，何不利之有？故《繫辭》曰：「隼者禽也，弓矢者器也，射之者人也。君

子藏器于身，待時而動，何不利之有？動而不括，是以出而有獲，語成器而動者也。」

損

兌下
艮上　損

損，有孚，元吉，无咎可貞，利有攸往。曷之用？二簋可用享。

義曰：此損卦謂損下以益上，損民益君之象也，然上之損下不可太過，必須合于中正，則民皆勤身竭力，

樂輸于上。「有孚」者，言上之取于民，必當以信，立之限極，取之有時，用之以制，取信于民，其民皆信奉

于上，則獲元大之吉而无咎悔矣。苟或暴政橫賦，臨之不以道，取之不以信，使其民仰不能以事父母，俯

不能以畜妻子，凶年樂歲，殫財竭力，奉國不暇，如此則怨結于下，災見于上，而其咎悔可知矣。故古之什

一爲萬世中正常行之法，所謂長久貞正而大吉无咎者也。既有其孚，又守以正，則所往无不利矣。「曷之

用？二簋可用享」者，此言在上之人既能示民以信，取民有制，使上足其用，下不匱財，如此則復將何所爲？故雖二簋至約之物亦可用之，以享于鬼神也。《左傳》曰：「苟有明信，澗、溪、沼、沚之毛、蘋、蘩、薀藻之菜，筐、筥、錡、釜之器，潢、汙、行潦之水，可薦于鬼神，可羞于王公」是也。言損道既以至誠至信而行，雖用二簋可以享于鬼神，不待其豐備也。

《象》曰：損，損下益上，其道上行。損而有孚，元吉，无咎可貞，利有攸往。「曷之用？二簋可用享」，二簋應有時，損剛益柔有時。損益盈虛，與時偕行。

義曰：艮，上而止。兌，下而說。夫損民益君必上有節止，絕无名之求，則下皆樂輸以說順之道而上行也，故曰「損下益上，其道上行」也。「損而有孚，元吉，无咎，可貞，利有攸往」者，言貢賦之入皆有常制，不失其信則可也；苟什一之外不以孚信，動有安求，是過損于下而取怨于民也，故必有孚信之道獲元大之吉，免其悔吝，然後可以常行，利有所往也。「曷之用？二簋可用享」，二簋應有時」者，言至約之物不可以常行，可儉則儉，可豐則豐，所應皆有時也。「損剛益柔有時」者，此謂損初九、九二之剛，益六四、六五之柔，亦有其時，自然國用以羨而民力不困也。「損益盈虛，與時偕行」者，言不可長損于彼而益于此，盈于此而虛于彼，凡損益盈虛之道皆與時而行也，故《孟子》曰：「治地莫善于助，莫不善于貢。貢者校數歲之中以爲常。」此之謂也。

《象》曰：山下有澤，損。君子以懲忿窒欲。

義曰：按《左傳》曰「川竭則山崩」，是言山澤之氣相通，故得以生于萬物也。今澤在山下，是損澤益山，損下益上之象也。君子觀此之象，可損之事在于忿欲，有忿則懲戒之，有欲則窒塞之，可損之善莫善于此。

何則？自非聖人不能无忿争之心、嗜欲之事，自君子而下則時有之，固宜損之也。

初九，已事遄往，无咎，酌損之。《象》曰：「已事遄往」，上合志也。

義曰：初九居一卦之下，處損之初，民之象也。夫民之爲職，固當給衣食以奉養其上者也。事，謂耕穫之事也。言耕穫之事既已，則速往以奉于上，乃得免其咎也。「酌損之」者，言上之損下，下之奉上，必皆斟酌其宜，使合中道。故民之于私，上有父母之養，下有妻子之畜，而又有州閭、鄉黨、冠昏、喪祭之用，不可盡竭其所有以輸于上，自取不足之患，必斟酌其宜，合于中道則可也。《象》曰「已事遄往」，上合志也者，夫上之志所須在于民，民之志在奉其上，今初九能已自己之事遄速斟酌而往奉之，則是合上之志矣。

九二，利貞，征凶，弗損，益之。《象》曰：九二「利貞」，中以爲志也。

義曰：夫損下益上必須斟酌其宜，使合于中正者也。夫什一者，天下之中正也，過之則桀，殺之則貉，皆不得其中也。初已損之以益其上，至二復損，則損之太過，利在乎守正而已。「征凶」者，言若損之不已，復往而奉于上，則凶之道也。「弗損，益之」者，言不可更損己以奉于上，當反求上之所益下之所益可也。《象》曰「九二利貞」，中以爲志也」者，言損上益下皆不可過宜，必以大中之道而行。今初已損而奉于上，至二則不可更有所損，是以中道爲志也。

六三，三人行則損一人，一人行則得其友。《象》曰：「一人行」，三則疑也。

義曰：夫天地、君臣、夫婦之道，若專一相應，則其志純，其道固也。今六三之陰上應于上九之陽，若己與

六、六五二爻同往而應之，則反損上九之一人；若己獨往而應之，自得其友矣，故《繫辭》云：「天下百慮

而一致，殊塗而同歸。」是言凡事在于一致，則其道純而无駁也。《象》曰「一人行」，三則疑也」者，言六三

獨往應上九，則其志和同而无所間矣；若三人往之，則上九必有疑惑之志，慮其有害于己也。

六四，損其疾，使遄有喜，无咎。《象》曰：「損其疾」，亦可喜也。

義曰：遄，速也。夫爲人上者，不可過取天下之財以困斯民。今六四一爻當大臣之位，切近于至尊，故當

盡忠于國，不可復往以損于民，但民有疾則去之，有患則損之，如此，所以爲天下之利而副人臣之職也。「使

遄有喜」者，六四既爲大臣，其責甚重，若有一小人在位，爲國家之害，良民之蠹，則當損去之而務在于速，

不可使之滋蔓，如此，則有喜悦之事而獲无咎矣。《象》曰「損其疾」，亦可喜也」者，言爲人臣之職，若能

秉忠直而損國家之疾，除民物之害而使之獲安，是可喜之事也。

六五，或益之十朋之龜，弗克違，元吉。

義曰：龜者，決疑之物，以喻人之才智也。《象》曰：朋，黨也。十朋，衆也。夫損下之道不可過苦，惟在位聖賢之

人不以爲常，但其用之有制耳。今六五以柔順居艮止之中而位至尊，下又應九二剛明之臣，己能虛心而

接納之，又弗損于下，是故天下賢明才智之人皆盡其謀慮，竭其志策來益于己也。「弗克違，元吉」者，夫

好賢而不能用，則與不好同；用之不能從，則亦與不用同。故好賢者，必用其才而又聽其言，此其任人之

道也。今六五能虛己以接納賢者而信任之，又且不違其言，不逆其諫，使天下才智之人得盡其善，竭其能

而奉于上，是以獲元大盡善盡美之吉也。《象》曰「六五『元吉』，自上祐也」者，六五以柔居尊，任用賢知之

臣，聽其謀，從其諫，故得衆賢之歸而得元大之吉，自上而下无不祐之也。

上九，弗損，益之，无咎，貞吉，利有攸往，得臣无家。《象》曰：「弗損，益之」，大得志也。

義曰：大凡居上者，不可常損下以益己。今上九居損之極，在艮之終，更無損下之道，是以施仁義之術生

成天下，以益天下之民，如此，則得其无咎。既獲其吉，則所往何不利哉？「得臣无家」者，夫

蚩蚩之民愚无所知，若在上者益之以道，則歡心而歸之。今上九既不損而反益之，則天下之民皆臣服而

歸之，遠近无有疏間，天下爲一家，故曰「无家」。《象》曰「弗損，益之」，大得志也」者，言上九居上體之極

而反益于下，則是天下之民无不臣服，而己之志大得行于天下也。

益

震下
巽上

益，利有攸往，利涉大川。

義曰：按《序卦》云：「損而不已必益，故受之以益。」蓋言凡物之理，盛極必衰，損久必益。益者，損上以益

下，損君以益民，明聖人之志在于民也。然損下益上則謂之損者，蓋既損民之財，又損君之德也。損上益

下則謂之益者，蓋既益民之財，而又益君之德也。然上之益下非謂耕而食之，蠶而衣之，以天下之廣，生

靈之衆，苟家至戶到人人給之，則雖至愚，固知不可也。故博施濟衆，堯舜其猶病諸，蓋居人上者爲之求

賢，或爲農官，或興水利，勸其力穡，使游手之民敦本而棄末，又爲之擇守令，宣行教化，興利除害，以益其

民。是皆因其所利而利之，因其可益而益之，故非損于上乃能益于下也。「利有攸往」者，夫上之益下是

損有餘而補不足，故得天下之心。既得天下之歡心，則何往而不利哉？然《損》則云「有孚」，元吉，无咎可

貞」，然後曰「利有攸往」，此則直云「利有攸往」者，蓋損之時是損于民，必使天下信之，然後有元大之吉而

无咎，以爲長久貞正之道，故始得利有攸往。此則損上益下，得天下之歡心，无所往而不利也。「利涉大

川」者，夫君能以仁義之道益于下，下受其賜則捐軀而報于上，効命以助其君，雖有大險大難，皆可以濟涉

之也。

《彖》曰：益，損上益下，民説无疆。自上下下，其道大光。「利有攸往」，中正有慶。「利涉大川」，木道乃行。

益動而巽，日進无疆。天施地生，其益无方。凡益之道，與時偕行。

義曰：「損上益下」者，此謂損九五而益六二也。夫陽本實而有餘，陰爲虚而不足，今以九五之有餘益六

二之不足，使民各安其業，皆被其澤，如此則得天下之歡心，民從之无有疆畔也。「自上下下，其道大光」

者，夫損下而益上，則損上之德，今上能自損以益其下，利益之事自上而流布于下，故其道廣大而光明也。

「利有攸往」，中正有慶」者，夫九五以陽位乎上，中正之君也；六二以陰居下，中正之臣也。君臣之間皆

以中正之道下益于民，以此故獲福慶之事也。『利涉大川」，木道乃行」者，上巽爲木，下震爲動，故以木

爲舟楫，動則能涉大川也，猶人能盡仁義行于上，動而爲民之益，民既受其益，則莫不盡其心思輔于上，故

雖大險大難无不濟矣。「益動而巽，日進无疆」者，此以二體言之。夫行益之道，居上者能動而上順天意，

下順民心，則德之進而无有疆極也。「天施地生，其益无方」者，夫天損一元之氣以益于地，爲萬物之始，

地承天之氣以生成萬物之形，其利益之道至公而不私，至正而不邪，至廣至大而无有方極。亦若聖賢以仁義利益天下之民，而无有偏黨私邪，其道廣大而无有窮已也。「凡益之道，與時偕行」者，夫行益之道不可以常行，可損則損，可益則益。何則？天以一氣降于地以施生萬物，若常使益之，則萬物滿而過亢也，是必有事而損之。君子以仁義寬愛而恤于下，若常益之，則在下者亦生驕亢而不知自損。是故先聖于此戒之，言凡爲益之道，必與時而偕行也。

《象》曰：風雷益，君子以見善則遷，有過則改。

義曰：夫風得雷則威益彰，雷得風則聲益遠，是相益之象也。君子法此益象，見人有善則遷而從之，知己有過則改而正之。夫曰遷一小善，積而不已，則大善著矣；曰改一小過，改而不倦，則大過除矣。蓋益之大莫過于遷善改過也，故孔子曰：「聞義不能徙，不善不能改，是吾憂也。」

初九，利用爲大作，元吉，无咎。《象》曰：「元吉，无咎」，下不厚事也。

義曰：初九以剛陽之力震動之始，是志于有爲而欲興益于天下者也。然興益之道必須居位得勢，而後行之有餘。今初九雖有剛明興益之心，而位卑勢寡，非可致之地。又況當益道之初，有謀始之責，至難至重，故須所爲大吉，然後免咎，故曰「利用爲大作，元吉，无咎」也。《象》曰「『元吉，无咎』，下不厚事也」者，夫大有所爲以益天下，必須履貴勢，操重權，乃能當之，至于位卑勢寡之人，則不可僭有所興。今初九實以剛陽之才利于大作，然初本卑下，不當厚事，故須萬舉萬全至于大吉，然後无咎也。

六二，或益之十朋之龜，弗克違，永貞吉。王用享于帝，吉。《象》曰：「或益之」，自外來也。

義曰：六二以柔順之德履得中正，居受益之地，上應于九五剛明之君，而己能盡人臣之節以事之，无有偏

黨姦邪之行，无蔽塞賢者之心，是以天下明智之人各欲獻其謀慮而來益于己，故曰「或益之十朋之龜」。

「弗克違」者，夫以天下之人樂告以善道，而己又能以中庸和柔之德聽信之，弗有違戾也。「永貞吉」者，按

《損》之六五言「十朋之龜，弗克違，元吉」者，蓋損之六五居尊之地，爲損之主，一失其正，必侵君之權，其爲禍不細

矣，故當永守正道，盡人臣之節，率其衆賢，皆盡忠竭力以事其君，則得其吉也。「王用享于帝，吉」者，王

者能任賢受益而弗違，又能永正，以此之道享于帝而得吉，況其爲臣能盡忠竭力以事其君，則其吉可知

矣。《象》曰「或益之」，自外來也」者，六二居中得正，又能盡人臣之忠義以事其君，故賢智之人皆自外來

而益之也。

六三，益之用凶事，无咎。有孚中行，告公用圭。《象》曰：益「用凶事」，固有之也。

義曰：凡君子之人不在其位，不謀其政，若居其位，當其任，則可以有爲于時。今此六三以陰居陽，位非

其正而過于中道，欲施益于下，非所當也。然所益之事，若民之凶荒、疾苦、札瘥、患難，則己不顧一身，奮

然往而益之，則可以得其无咎也。「有孚中行」者，言六三雖益以凶事，然亦當以由中之信合于中道而行，

然後可也。「告公用圭」者，圭，符瑞也，所以執而爲信。言六三既以由中之信而行，執其符瑞以告于公而

明其所益之事。若漢武之時，河內失火，凡爇千餘家，帝遣汲黯往視之，黯曰：「此不足爲患。」時河內之

民值歲凶，疾苦計萬數，黯遂矯命發廩以救之，民由是活。及歸朝，乃請矯制之罪，帝遂賢而釋之。是乃

非其位，越其職以濟凶荒之事。《象》曰「益『用凶事』，固有之也」者，言六三雖居非其位，然其救民安國之心固有之也。

六四，中行，告公從，利用爲依遷國。《象》曰：「告公從」，以益志也。

義曰：六四以陰居陰，履得其正，上近于五，下應于初，在益之時，是能盡心竭力，上以益于君，下以益于民，告其所以爲益之道也。夫既能上益于君，下益于民，以此告于公，則无有不從也。「利用爲依遷國」者，夫天下之大莫大于遷國。今以六四居正位，行得大任，能致君澤民，故雖遷國之大皆依從而利用之，則其小者從可知也。《象》曰「『告公從』，以益志也」者，言六四能恢有爲之道以益天下，使君尊民富各得其所，是非以一身一家爲念，所志者惟益于上下而已。

九五，有孚惠心，勿問元吉。有孚惠我德。《象》曰：「有孚惠心」，勿問之矣。「惠我德」，大得志也。

義曰：九五以剛明果斷之德處至尊之位，下應六二賢明之臣，是能以由中之信興利于民也。「惠心」者，夫天下之廣，生靈之衆，聖人在上非可以家撫而戶養之也，蓋所惠者惠于心而已。天下民之溫飽，非待王者耕而食之，織而衣之也，但勸之教之通商惠工而已。如此，則是王者惠心之謂也。《論語》所謂「因民所利而利之，惠而不費者」是也。「勿問元吉」者，言九五既以仁義之心惠及于天下，則不待問而自獲元大之吉也。「有孚惠我德」者，夫民无常懷，仁則懷之，故《書》曰：「撫我則后，虐我則讎。」今九五能以由中之信接于衆，故天下之民亦惠信九五之德也。《象》曰「『惠我德』，大得志也」者，言九五能興益之道以利于民，則其志大有所得也。

上九，莫益之，或擊之，立心勿恒，凶。《象》曰：「莫益之」，偏辭也。「或擊之」，自外來也。

義曰：上九居卦之上，處益之極，不通時變，不度人情，是其求益于人无厭者也，故莫有益之者。求益于

己，侵剝于下，故或有擊之者。「立心勿恒」者，无厭之求以速禍患，是立心无常之人，凶之道也。《象》

曰「『莫益之』，偏辭也」者，言上九求益于己，非有以益于人，是偏辭以求益也。「『或擊之』，自外來也」者，

六二、上九皆言自外來也。六二居中守正，其益在君民，故明智之人皆自外來而益之。上九居益之極，

求益于己，不知其益人，立心勿恒，故人或自外來而擊之也。

乾下
兌上　夬

夬，決也。揚于王庭，孚號有厲。告自邑，不利即戎。利有攸往。

義曰：夬，決也。《序卦》云：「益而不已必決，故受之以夬。」以天道言之，則夏之三月，五陽盛長，以剝削

一陰之時也。以人事言之，則是聖人在上，羣賢並進，協心宣力，以衆君子決去一小人之象也。「揚于王

庭」者，夫君子道長，則小人道消；小人道長，則君子道消。此必然之理也。凡羣小得志，君子之人若不

能潛光晦跡，欲以直道顯然而行，則反爲小人之所害矣。今夬決之時，則是衆賢盛長，小人消剝，故可以

顯然揚于王庭而決去之也。「孚號有厲」者，君子之道既盛，必須信賞必罰，決然示其號令，使天下之人皆

信服而從之也。「有厲」者，厲，危也。夫以衆賢聚于朝廷，布宣號令，決去小人，然亦不可放心肆意而遂

以爲安，故當肅肅祇懼而自爲危厲則可矣。「告自邑」者，夫發號施令，雖當夬決之時，君子道盛，亦不可

驟然以威勢加于天下，故宜告自己之一邑，使一邑之人信服之，然後告及于天下，所謂自內及外，由邇及遠也。「不利即戎」者，然當此之時更不可恃其剛威，長征遠討，荼苦生靈，以速危敗。若昔唐之太宗可謂英主矣，然而享治既久，則恃其剛威以有高麗百濟之征，至今稱之，終累聖明之德也。「利有攸往」者，夫夬決之時，一陰乘陵于眾陽之上，而又勢微力弱，下之五陽共進而決去之，是君子之道坦然而行，无所往而不利也。

《象》曰：夬，決也，剛決柔也。健而說，決而和。「揚于王庭」，柔乘五剛也。「孚號有厲」，其危乃光也。「告自邑，不利即戎」，所尚乃窮也。「利有攸往」，剛長乃終也。

義曰：「剛決柔」者，言以五陽而決一柔，猶眾君子去一小人也。「健而說，決而和」者，此以二體言之。下乾爲健，上兌爲說，以健而決，以說而和。蓋君子所行必得其中，剛不至暴，柔不至懦，故雖夬決之時，用剛以決小人，則亦必以和而濟之。「揚于王庭」，柔乘五剛也」者，言君子之命令所以顯然不憚宣揚于王庭者，蓋以一柔而乘陵五剛，一小人而乘陵五君子，是以公行決去而无有畏懼也。「孚號有厲」，其危乃光也」者，言君子當此得時得位號令必行之際，更能兢兢危厲，審克而舉，則其道益光也。「告自邑，不利即戎」，所尚乃窮也」者，言發號施令先告自己之一邑，使一邑之人信服之，然後告及天下，則天下无不信服也。苟若恃其剛壯，玩兵黷武，侵伐不戢，則自取窮凶之道也。「利有攸往」，剛長乃終也」者，言君子之道所以坦然得行者，蓋由五剛盛長，一陰消剝之故也，是君子之道大成終美于此也。

《象》曰：澤上于天，夬。君子以施祿及下，居德則忌。

義曰：夫至高者，天也。潤物者，澤也。今澤升于天，是必決然流霈于下也。故君子觀此之象，則施其祿惠以及于下。「居德則忌」者，此「則」字當作「明」字，輔嗣之説亦曰「居德以明禁」，蓋傳寫之誤耳。「忌」則禁忌之義也。夫己正則可以責人之邪，己是則可以責人之非。今夬決之世，君必先以仁義之德自居于身，而後可以明其禁忌以示天下，使天下皆知其禁，有不服從者然後決然可以刑加之也。不然，不先示以禁忌，則孔子所謂不教而誅也。

初九，壯于前趾，往不勝，爲咎。《象》曰：不勝而往，咎也。

義曰：初九當一卦之下，故有足趾之象。夫夬之時，小人乘陵于上，而初九以剛明之才欲往決去上六之小人，故曰「壯于前趾」。「往不勝，爲咎」者，夫夬之時，雖君子之道長，然而欲往決勝其小人，必須量敵而後進，慮勝而後會，可進則進，決然而發，萬舉萬全矣。若夫不度己力，不察彼勢，躁急而往，則反受其害，故曰「往不勝，爲咎」。《象》曰「不勝而往，咎也」者，夫力既不勝于小人，乃決然不顧而往，則必爲小人之所害而有咎也。

九二，惕號，莫夜有戎，勿恤。《象》曰：「有戎勿恤」，得中道也。

義曰：九二以剛健居一卦之中，則能決然而往，排去小人，不爲懾縮而不進也，故雖有驚惕號呼，莫夜之間而有兵戎之事，然亦不煩憂恤之也。《象》曰「有戎勿恤」，得中道也」者，言九二以剛健之德決去柔邪之小人，而又所行所爲之道无過无不及，皆得大中之道，又何所恤也。

九三，壯于頄，有凶。君子夬夬，獨行遇雨，若濡，有愠，无咎。《象》曰：「君子夬夬」，終无咎也。

義曰：此一爻有錯倒之文，當曰：「壯于頄，有凶。獨行遇雨，若濡有慍。君子夬夬，无咎。」何則？三應于上，上爲陰柔被決之小人，爲小人之所污辱，則何得无咎哉？又《象》曰「君子夬夬」，終无咎也」，以此固知夬夬而後无咎也。頄者，面之骨，謂上六也。上六處一卦之上，故有面頄之象。夫剝之卦，五陰長而一陽在上，猶五小人而剝一君子，六三于小人之中獨能上應君子而不爲剝削之道，故曰「剝之无咎」。此卦五陽進而決一陰，是五君子而決一小人也，獨九三不與衆君子同心決去小人而反私應之，是壯于頄凶之道也。「獨行遇雨，若濡，有慍。君子夬夬，无咎」者，夫雨者，陰陽和合之所致也。衆賢方共決上六之一小人而三獨應之，而其志和合，故曰「獨行遇雨」。夫小人之性，近之則不孫，遠之則怨。衆賢今夬決之時，君子得志而反爲小人之所污辱，是獨遇雨而濡潤其身，且有慍怒也。「夬夬」者，敢決之辭也。惟君子之人性明而志果，居九三之位不爲應之所撓，奮然決之，乃得无咎也。《象》曰「君子夬夬」，終无咎也」者，言九三終能抱公却私，與君子之衆同德合義以決去小人，則无過咎之累也。

九四，臀无膚，其行次且。牽羊悔亡，聞言不信。《象》曰：「其行次且」，位不當也。「聞言不信」，聰不明也。

義曰：「次且」者，其行不安之貌也。牽羊悔亡也者，羊者，剛性之物，謂九三也。衆君子皆欲上進以決去小人，九四以不正之質獨當其路，爲衆賢之所傷而不得安行也。「牽羊悔亡」也者，言九四若能牽連九三之剛，與衆賢協心盡力上決于小人，則其悔可亡也。「聞言不信」者，九四雖牽連于九三，而其悔得亡。然九四之性本以剛強而自任，故雖聞其言亦不信之也。《象》曰「聞言不信」，聰不明也」者，言九四所以聞言不信者，以視聽之間有所不明也。

九五，莧陸夬夬，中行无咎。《象》曰：「中行无咎」，中未光也。

義曰：莧陸，草之柔脆者也。九五居至尊之位，以天下之威而躬親決上六之一小人，則決之甚易，若去莧陸之草也。「中行无咎」者，九五既能決去小人，而以中行得无咎者，何也？夫爲君之道，必得天下之賢而任使之。賢人衆多，則自能決去小人，故不勞己力可以安而无爲。今九五以萬乘之威，是由不能任天下之賢而用之也，若能以大中之道而行，則方得无咎也。《象》曰「中行无咎」者，言居至尊而親決小人，雖得中正，未足謂之光大也。

上六，无號，終有凶。《象》曰：无號之凶，終不可長也。

義曰：上六以陰柔小人之質當夬決之時，居衆賢之上而貪其榮寵，戀其祿位，不能退避君子，而又乘陵于上，卒爲君子之所誅，故雖號呼于天，亦終不免其凶咎，故先聖戒之，言无用號呼亦不能逃其誅而免凶也。《象》曰「无號之凶，終不可長也」者，上六當夬決之世而居衆賢之上，是其勢微力弱，必爲衆賢之所誅，是不可以長久也。

姤

䷫ 巽下
乾上

姤，女壯，勿用取女。

義曰：按《序卦》云：「夬者，決也。決必有所遇，故受之以姤。姤者，遇也。」夫羣陽並進以決小人，小人既去，則聖賢之人得其相遇也。然謂之姤者，蓋以陰而遇于陽，以柔而遇于剛也。以人事言之，則是臣遇于

君，君遇于臣也，以至貴賤、尊卑、少長、師友之間皆得其遇也。「女壯」者，此指初六而言也。以其以一陰
而遇五剛，是女之壯者也。「勿用取女」者，女之爲道，固當婉娩柔順，從一而終。臣之爲道，必盡心竭力
以事其上。今初六乃以一陰而遇五陽，是剛壯不正不順之女，故聖人于此戒之言不可取，猶不忠不一之
臣不可用也。

《象》曰：姤，遇也，柔遇剛也。「勿用取女」，不可與長也。天地相遇，品物咸章也。剛遇中正，天下大行也。

姤之時義大矣哉！

義曰：「柔遇剛也」者，言初六以一陰而遇五剛也。以人事言之，則是以卑而遇于尊，以賤而遇于貴，君
臣、上下、朋友、夫婦之間皆得其姤遇者也。「『勿用取女』，不可與長也」者，夫以不正不順之女用于閨門，
則不能成其室；不正不順之臣用于朝廷，則不能盡忠而害天下。今初六之陰不能專一其行，以剛壯而遇
于衆陽，是不可與之永長以相處，終始以相保也，故曰「不可與長也」。「天地相遇，品物咸章也」者，此以
下廣明姤之義也。天以一陽之氣降于地，地以一陰之氣承于天，天地之氣相遇，故萬物發生而章明也。
故君臣相遇則能成天下之治，夫婦相遇則能成閨門之事，師友相遇則能成其道業也。「剛遇中正，天下大
行也」者，凡人有剛明之德而不遇中正之位，則不能行其道；有中正之位而无剛明之德，則不能稱其任。
今九五既有剛明之德，又居中正之位，故能大行教化于天下，而盡姤遇之道者也。「姤之時義大矣哉」者，
夫姤遇之道，患不得其時；得其時，患不得其義，既得其時，又得其義，然又患不能久之也。故君臣相遇
不久則不能治天下，夫婦相遇不久則不能治閨門，朋友相遇不久則不能成道業。是姤之時與義至大至

難，故先聖于此重嘆美之也。

《象》曰：天下有風，姤。后以施命誥四方。

義曰：風之行于天下以發生萬物，則物无不相遇而得其生成，此姤之象也。「后」者，天子諸侯之通稱。

夫天子之治天下，諸侯之治一國，皆當法姤之象，發施仁義之教，命以詔告于四方之民，則四方之民莫不順從而悅服也。

初六，繫于金柅，貞吉。有攸往，見凶。羸豕孚蹢躅。《象》曰：「繫于金柅」，柔道牽也。

義曰：金者，堅剛之物。柅者，車輪之下制車之行，是制動之器，謂九二也。九二有堅剛之德，能制物之動。初六居姤之始，以一陰而上承于五陽，是剛壯不正之女也。然上有九二最近于己，九二有堅剛之德，能制物之動。今初六若能繫之而不躁求妄動，正一而不遷，則得其吉也。然初六繫于二本非其正，然姤遇之時人无常親，有賢者則可以附合，不顧正應而繫之也。故初六若能專一守正可以獲安，若苟有所往而妄動，則是凶之道也。「有攸往，見凶」者，初六既不能順從于九四之正應而繫于九二，則當專一守正以繫于二，則可以獲吉矣。「羸豕孚蹢躅」者，羸豕，牝豕也，淫壯之甚者也。蹢躅，躁動之貌。言初六既以一陰而上承于五陽，又不能專一守正，躁動而欲有所往，是若羸豕淫躁之甚者也。《象》曰「繫于金柅」，柔道牽也」者，夫陰柔之體不能自立，必牽繫于剛明之人乃可也。今初六以陰而繫于九二之陽，是陰道之牽也。

九二，包有魚，无咎，不利賓。《象》曰：「包有魚」，義不及賓也。

義曰：魚，陰物也，謂初六也。夫姤遇之時，君臣、上下、貴賤、尊卑各以正道交相際接，然後事克濟矣。

今初六之陰來附于己，非己所召，己得初六之陰如庖廚之有魚。然「无咎」者，初之應本在四，而己擅之，是有咎也。以初之來非己所召，近而相得，可以无咎也。「不利賓」者，夫饗賓當以其正，今九二所得之魚非其正也。初本九四之民，今附于己，是擅有他人之民。擅有他人之民而與人，是義之所不可也，故《象》曰「義不及賓也」。

九三，臀无膚，其行次且，无大咎。《象》曰：「其行次且」，行未牽也。

義曰：夫姤遇之時，君臣、上下、尊卑、貴賤皆得其遇，然後有所濟矣。今九三上无所應，下无所繫，是不得相遇之道也。然姤之時，下之君子欲上進，而己當其路，又乘九二之剛，必見所傷而不得其安行，故曰「其行次且，厲」。「无大咎」者，言九三雖爲下之所傷，而以陽居陽，所履得正，處非有妄，若能常自危屬而周防警戒，則咎亦无大矣。《象》曰「其行次且」，行未牽也」者，言九三不能牽連眾陽而獨當上進之路，所以次且而不安也。

九四，包无魚，起凶。《象》曰：「无魚」之凶，遠民也。

義曰：魚，亦謂初也。夫姤之卦以一陰而遇五陽，則淫壯甚矣。然初六既以躁妄之情與二相得而失四之應，是猶二庖有魚而四反无之也，「起凶」者，夫姤遇之時必得天下臣民，然後有所輔助，而動作不失其正也。今九四以不中不正之身居上卦之下，雖有初六之正應，而反爲九二之所繫，則是君无其臣，國无其民，動而有凶也，故《孟子》曰「得道者多助，失道者寡助。多助之至，天下順之。寡助之至，親戚畔之。」今九四居不得正，履失其中，是寡助之人也。《象》曰「无魚」之凶，遠民也」者，夫民惟邦本，本固邦寧。

初爲九四之民而繫于二，九四不得有之，是遠于民也。

九五，以杞包瓜，含章，有隕自天。《象》曰：九五「含章」，中正也。「有隕自天」，志不舍命也。

義曰：杞者，杞梓之材，木之秀者也。言此一爻有剛明之才，中正之德，居至尊之位，爲姤之主而不遇其應。雖有衆陽在下來助于己，然在下者各固其位，但如延蔓相纏，終无所益。「含章，有隕自天」者，以己有剛明之才，居至尊之位，而下无賢明之輔，是以終日之間，焦心勞思，以求天下之賢。蓋自念有倡而无和，有令而无從，有仁義不能施于天下，有禮樂不能宣布于四方，于是但含蓄章美之德以待天下之賢。是以盡其至誠，不舍其命，以求天下之賢。

言天若隕墜，我之命則已，若天未隕墜其命，則我求之不已。天必生賢明之臣以爲己之輔佐，爲己之應援，故曰「有隕自天」。明九五求臣之切也。《象》曰「九五『含章』，中正也」者，按《坤》之六三曰「含章可貞，或從王事」，彼以其爲臣之道，言其在下而含蓄章美之德，待其君而後發，此云「含章」，九五居中正之位，亦含蓄章美之德，而无中正之臣以輔己而宣發之，故守其中正之位，待其得賢而後已。「有隕自天」，志不舍命」也者，言此九五之君求賢之切，若天不隕墜我之命，則我之志不舍其求賢之命矣。故古之高宗諒闇三年，其惟不言恭默思道，至于夢寐之間孜孜求賢，以得傅説，置之爲相。又周之世宗，以朝廷左右雖有百官，而无中正之臣，故孜孜求賢，以得王朴任之爲臣，以建太平之策。以此見自古聖人治天下，求賢之心，乾乾不已也。

上九，姤其角，吝，无咎。《象》曰：「姤其角」，上窮吝也。

義曰：角者，物之最上，窮極之處也。按此上九居一卦之極，在无位之地。當姤之時，上无所遇，下无所應，如至于角，窮盡而無所容也。「吝无咎」者，以其居窮極無位之地，上无所容，是自取鄙吝，又何咎于人哉？故曰「无咎」。《象》曰「『姤其角』，上窮吝也」者，言上九不能自量其時，而進至于角，是窮吝之道也。

周易口義卷八

宋　胡瑗　撰

下經

萃

☷坤下
☱兌上　萃，亨。王假有廟。利見大人，亨，利貞。用大牲，吉。利有攸往。

義曰：按《序卦》云：「物相遇而後聚，故受之以萃。萃者，聚也。」蓋言聖賢既相姤遇，則天下之人得以會聚，故以萃次于姤也。然萃所以得「亨」者，蓋君臣相遇，民物和會，當此之時，其道得以大通，其志得以上行，故「萃，亨」者此也。「王假有廟」者，廟，貌也，言聚先祖之神，故謂之廟。何則？夫人之生，則精神萃之于身，及其死也，魂氣歸于天，形魄歸于地。于此時也，孝子慈孫雖有求見之志而不能見其容貌，雖有虔奉之心而不得爲之奉養。是故聖人觀萃之卦，假其萃聚之道設爲廟祧，以萃祖宗之精神于其間，以奉四時之祭，以盡孝子之心而施教于天下，使天下之人當此萃聚之時，皆知尊事其祖先也，故萃聚之道莫大于此。「利見大人，亨」者，夫小民蚩蚩不能自立，是必得大有才德之人以仁義之道生成之，然後得其所

亨。今萃聚之世，民物和會，故當利見大有才德之人，然後民得以亨通矣。「利貞」者，君之所以得民，民

之所以從君，必須利在于正道，苟居上者不以正道而治之，則民始雖衆多而聚，終亦離叛矣，是萃之道所

利者惟在于正。「用大牲，吉」者，夫君之所有天下者，蓋由功業被于民而爲天之所眷祐者也，故《孟子》

曰：「天與賢，則與賢；天與子，則與子。」是則爲人上者撫有萃聚之世，皆由天所付與之也。故王者當此

萬物萃聚之世，必用其碩大之牲爲之享祀，以答天所既之命，故得其吉也。「利有攸往」者，萃聚之世，君

臣會聚，天下和同，故聖賢君子必當往而康濟之，使天下大得其亨通矣。

《象》曰：萃，聚也。順以説，剛中而應，故聚也。「王假有廟」，致孝享也。「利見大人，亨」，聚以正也。「用大

牲，吉，利有攸往」，順天命也。觀其所聚，而天地萬物之情可見矣。

義曰：萃，訓即聚也，言天下君臣民物會聚之時也。「順以説」者，此就二體以言之。下坤爲順，上兑爲

説，是聖人在上，能以仁義之道順民之欲，説民之心，使羣民亦以順説而相合也。「剛中而應，故聚也」者，

此指九五、六二而言。蓋五以剛德居中，爲萃之主，下應六二柔正之臣，是君臣之間倡而和，令而行，同德

而治者也。夫既順而説，又剛而中，有此四德之備，然後天下之民因得而聚矣。「『王假有廟』，致孝享也」

者，言王者假立廟貌以聚先祖之精神，以盡孝子之心而示教于天下，使皆能明享親之禮

也。「『利見大人』，聚以正也」者，言當此萃聚之時，必須得大有才德之人以正道治之，則天下可得而久大

矣。「『用大牲，吉，利有攸往』，順天命也」者，夫君者，天之所以命也，故代天理物，以仁義之道生成天下

之民，使天下之民皆受其賜而會聚于時，則王者用大牲之禮答天之意，以順承天之所命也。然「利有攸

往」而言「順天命」者，夫王者既代天理物，則必往而康濟之，所以順上天付與之命也。「觀其所聚，而天地萬物之情可見矣」者，此廣明萃聚之義也。夫天本居上，地本在下，及其陰陽相交，萬物發生而萃聚，此天地聚會之情也。至于昆蟲草木亦各從其類，故《繫辭》曰「方以類聚，物以羣分」是也。今此君臣民物各相萃聚之世，聖人觀此萃聚之道，則可以見天地萬物之情狀矣。

《象》曰：澤上于地，萃。君子以除戎器，戒不虞。

義曰：上兌爲澤，下坤爲地。澤者，水之所聚。今澤處地之上，是萃聚之義也。除，去也。言君子之人當此萃聚之世，民既和說，海內晏然，于是之時不可復用其兵，是必韜藏其弓矢，偃息其戈矛，以示天下不復用兵也。故昔者武王翦商之後，載櫜弓矢，倒載干戈，歸馬于華山之陽，放牛于桃林之野，是所謂除去戎器者也。然天下雖安，忘戰必危，故雖萃聚之世，民已和會，然不可不有所備。至如堯舜商周之時，可謂極治矣，然猶立司馬、司徒、司空、司寇之職，以訓習兵戎。以是觀之，雖在萃聚之世，至平之時，亦當戒于不虞，此乃聖人安不忘危，存不忘亡之道也。

初六，有孚不終，乃亂乃萃。若號，一握爲笑，勿恤，往无咎。《象》曰：「乃亂乃萃」，其志亂也。

義曰：孚，信也。按此初六居萃聚之世，上應于九四，是以始初則以至信相待，欲相萃聚。然而六三以不正之身居其間，又最比于四，遂招誣謗之言以間于己。是以初雖始有誠信以待于四，今既爲小人之所間，則初六誠信之心不得其終也。「乃亂乃萃」者，謂六三既爲間于初六，不得與四相從，是以初六

心志必爲惑亂也，故曰「乃亂」。「若號，一握爲笑」者，號，謂號咷也；一握，謂掌握之間，至淺末者也。然此初雖與四爲正應，然爲六三小人之所間厠于其間，以疏隔于初，使不得與四相求和會，然後必有所濟。然四雖爲三之所間隔于己，而本與初爲應，故亦不至于深久。雖初始則號咷，然終得與四爲之萃聚而有懽笑也。「勿恤，往无咎」者，夫君子爲小人之所疾害，小人爲君子之所決去，此理之常也。今初爲六三小人之疏間于己，爲之讒謗，然君子之心何必憂恤，但執其正道，以至誠公直而行，往求于四之應，則必无咎矣。

六二，引吉，无咎，孚乃利用禴。《象》曰：「引吉，无咎」，中未變也。

義曰：君子之進，不可自媒，以苟媚其君，而幸其時之寵榮也，是故君子懷忠信以待舉，力行以待取。是君子凡所進用必須有道，待上之聘求，然後往，則得盡進身之道也。今六二以陰居陰，履得其中，又上應九五中正之君，然亦必待其君援引于己，然後往之，此所以得吉而无咎也。「孚乃利用禴」者，孚，信也；禴，薄祭也。夫君子之進必在乎誠信相交，心志相接，然後其道可以大行也。今當萃聚之時，君臣之間誠信既著，心志既通，則可以不煩外飾，其道得行矣。若夫君臣之間誠信未著，心志未通，而欲其道之大行，則雖禴之薄祭，亦可通于神明也。《象》曰「引吉，无咎」者，言六二之所以待君之見引而後進者，蓋守中正之道而不變，不爲富貴貧賤之所移，待求而進，是志未有變也。

六三，萃如，嗟如，无攸利。往无咎，小吝。《象》曰：「往无咎」，上巽也。

義曰：如，語辭也。六三以陰居陽，位不正也，居下卦之上，不中也。以不中不正之身居于萃聚之世，上无其應，而欲親比于四，然四本與初爲正應，是以不納于己。既不見納，是以嗟咨怨望，復何所利哉？蓋「往无咎，小吝」者，萃聚之世，捨其四之陽以類求類，則往而應于上六，亦免其咎。然小有鄙吝者，蓋上六亦陰，以陰求陰，所以小吝而已。《象》曰：「往无咎」，上巽也」者，言六三捨九四而往應于上，必无咎也。何則？蓋上六以陰爻在上，陰爲巽順，必下接于己也。

九四，大吉，无咎。《象》曰：「大吉，无咎」，位不當也。

義曰：萃聚之世，衆陰皆欲萃于君。而四以陽居陰，在上卦之下，不中不正，而當衆陰之路，是必有擅民之疑，奪權之嫌。故須内抱剛明之德，外盡忠順之道，使其事爲大吉，然後可以免咎，故曰「大吉，无咎」。「无咎」者，以五雖有據羣陰歸己之路而固塞之，是使衆民皆歸于四，而不歸于五，故五所存者位與號耳。今五有剛明之才，居至尊之位。當是時，下有九四不正之臣，權臣在下侵權奪勢，然本有剛明之才，中正之德，但其道不得以大行，亦可以自得无咎也。「匪孚，元永貞，悔亡」者，言五雖有侵權之臣而使己之威賞號令不行于天下，而不爲天下之所信，苟能自守永長貞正之德，无私无陂，久而不變，則可以悔亡。《象》曰「『萃有位』，志未光也」者，言五雖有其位而其道不得以

九五，萃有位，无咎。匪孚，元永貞，悔亡。《象》曰：「萃有位」，志未光也。

大行，而教化號令不能以及于天下，不爲天下之所信，是其志未甚光大也。

上六，齎咨涕洟，无咎。《象》曰：「齎咨涕洟」，未安上也。

義曰：「齎咨」者，嗟嘆之貌。出自目曰「涕」，出自鼻曰「洟」。上六居卦之極，上進无所往，引退无所適，當萃之時而又下无其應，是以嗟嘆而涕洟，以求其萃聚也。然則得无咎者，蓋六三以不正之身在下卦之上，亦无其應，是以與上以類求類，此所以无咎也。《象》曰「『齎咨涕洟』，未安上也」者，言上六所以齎咨涕洟者，以不得其所而不安其居也。

升

巽下
坤上

升，元亨，用見大人，勿恤，南征吉。

義曰：按《序卦》云：「聚而上者謂之升，故受之以升。」言物之衆萃，自少而聚之于多，自下而至于高以升于上，故以此升次于萃也。然曰「元亨」者，言聖賢之人升于上位，必須有元大始生之德以生成天下之民物，又有大亨之德以通濟天下之事，然後得盡所以升上之道也。「用見大人，勿恤」者，夫君子之升進，雖有是大生大通之德，然不可孑然而獨往，必須用見大有才德之人以依附之，然後升其高位而不至于危，可以永保其祿位，復何有所憂恤哉？「南征吉」者，按此一卦，上坤，坤爲西南之卦；下巽，巽爲東南之卦。上下皆是南方之位，故曰「南征」。夫聖賢之人居升進之時，必附麗南方離明之主，又取其往就南方長養寬平之地以生成天下，則所行之道无不通濟，故可以獲其吉也。

《象》曰：柔以時升。巽而順，剛中而應，是以大亨。「用見大人，勿恤」，有慶也。「南征吉」，志行也。

義曰：「柔以時升」者，此釋卦名之義也。巽在下，坤在上，二卦之體皆主柔順。而又三陰在上，得時而進，亦猶賢人君子執柔順之道，以其時之可進而進，是得其升進之義也。「巽而順，剛中而應，是以大亨」者，此又以二體兼九二、六五以釋元亨之義也。下體，巽也。上體，順也。「剛中」，九二也。「應」，謂六五也。夫君子必不可全任巽順之德，若全任之，則失于懦，是必內有剛明之才，外有柔順之行，使剛不過亢，柔不至懦，而所為所行之事皆得其中正。然而外既有柔順之德，內有剛明之才，苟或上无其應，則亦不可得而升進，故今又應于六五中正之君。是當此之時，君子皆得其升進之道，以元大始生之德通濟于天下，是以大亨也。「『南征吉』，志行也」者，言君子之進既附麗其大人，又即其南方生養寬平之地以生成于天下，是所立之志，所行之道皆得以大行矣。

《象》曰：地中生木，升。君子以順德，積小以高大。

義曰：坤為地，巽為木。夫木之生資于地，始自芽蘖，至把握，積久以至合抱，是升進之象也。君子觀此象，執柔順之德，常積善道，不矜細行，以日繼月，以月繼時，以時繼歲，至終身久而不變，積小善以至大善，由小賢以至大賢，由大賢以至于聖，皆從微而至著，由小以至大，故曰「積小以高大」也。

初六，允升，大吉。《象》曰：「允升，大吉」，上合志也。

義曰：允，信也，率從之稱也。夫升進之時，君子所志在于乘時以升進于其位，而行其道也。今初居巽之體，處升進之始，雖无其應，然于九二同心合志以進于位，為眾賢之先倡，故賢人君子皆信而率從之以進

于上。君子之人既得升進，則其道得以行，其志得以伸，其澤可以福于生靈，其功業可以被于天下，故吉之大者，此也。《象》曰：「允升，大吉」，上合志也」者，初六當升進之時，爲升進之始，雖上无應，然與九二中正之賢合志而進，使衆人亦率從于己而升進，故得大吉也。

九二，孚乃利用禴，无咎。《象》曰：九二之孚，有喜也。

義曰：孚，由中之信也。禴，春之薄祭也。九二以剛陽之德處下卦之中，而體居其巽，是其剛不過亢，柔不至弱，執大中巽順而升者也。而又上應六五之君，以柔順而接納于己，是升而得其時，得其道者也，以至于所行之道，所爲之事，无不合于中。夫君既以柔順而接納于下，則下得盡其由中之信，至誠之道以事其君。若然以至信至誠而事其君，則不假外物，不須外貌，而君自然信任矣。亦若誠信立于中，雖薄禴之祭亦可以通于鬼神也，《左傳》所謂「苟有明信，雖潤、溪、沼、沚之毛，蘋、蘩、薀藻之菜，筐、筥、錡、釜之器，潢、汙、行潦之水，可以薦于鬼神，可以羞于王公」是也。「无咎」者，九二以至誠之道奉于君，而君任信之，則是諫行、言聽、膏澤下于民。以此爲臣，何咎之有？《象》曰「九二之孚，有喜也」者，夫君臣相信以成天下之事，以立太平之功，是有喜慶之美也。

九三，升虛邑。《象》曰：「升虛邑」，无所疑也。

義曰：九三以陽居陽，履正者也。而又有上六以爲之應，進不爲小人之所阻礙，退不爲時之所凝滯，而上六又爲之引道，上下相順，无有疑間，以是而升于君子之位，若升虛邑然，復何所疑哉？

六四，王用亨于岐山，吉，无咎。《象》曰：「王用亨于岐山」，順事也。

義曰：「王」，即文王也。「岐山」，文王所治之地也。夫升進之道貴于柔順。今此六四以陰居陰，履得其

正，上比于六五，是進得其位者也。然比于六五柔弱之君，又下乘衆陽剛強之道，率其

剛強之臣以事其君，故有文王之象。昔商紂在上，文王爲西伯治于岐山之邑，當此之時，文王有聖人之

才，无聖人之位，而以仁義之道生成其一國。至如耕者九一，罪人不孥，仕者世禄，關譏而不征，市廛而不

稅，發政施仁必先于窮民，是以岐山之民皆得亨通，故歸者如歸父母。當是之際，文王升進之道愈盛，故

曰「王用亨于岐山」也。「吉，无咎」者，文王以仁義居人臣之位，升進之道固已盛矣，天下之心固已歸矣。

如是則幾于侵君之權，擅君之民，苟不以柔順之節奉于上，則臣子之分虧而凶咎必至矣。故文王能盡臣

子之道，執柔順之節，率天下之民以服事于紂，故得吉而无咎矣。《象》曰「王用亨于岐山」，順事也」者，

言文王治岐山之地，三分天下有其二，且盡率其民以服事于紂，不失臣子柔順之道，是至順之事也。

六五，貞吉，升階。《象》曰：「貞吉，升階」，大得志也。

義曰：「階」是尊者所居之地。六五以陰居陽，本失其正者也。然升進之道貴于柔順，今六五有柔順之道

居得其中，是有大中之德者也，而又下有九二剛明中正之臣爲之輔佐。然所爲之事患在于不正，若能守

之以正，則可以獲吉而當至尊之位也。《象》曰「大得志也」者，若能守至正以居其位而治天下之民，使皆

受其賜，則己之志大有所得也。

上六，冥升，利于不息之貞。《象》曰：「冥升」在上，消不富也。

義曰：冥者，冥昧也。夫升進之道至于五位，大中之極也。惟聖賢之人則不爲情所遷，不爲情所誘，進退

存亡皆得其正，可以進則進，可以退則退，可以止則止。今此上六，其性冥冥然无所知，但知進而不知退，

知存而不知亡，升而不已，過于至尊之位，失其大中之道而至于六極，故曰「冥升」也。「利于不息之貞」

者，息，長息也。言雖冥昧不知其已，以至于上，若能知升而可以已，知進而可以退，謙虛，消損，不務長

息，以正自守，則猶可獲其吉也。《象》曰「冥升」在上，消不富也」者，言上六既不達存亡之幾，以至于上

位，固當消虛自損，不爲尊大，以自至于富盛也。

困

坎下
兌上　困，亨。貞，大人吉，无咎。有言不信。

義曰：按《序卦》云：「升而不已必困，故受之以困。」言升進之道不可過極，過極則窮，困從而至矣。至如

天之道，升而不已，必至過亢之悔；地之道，升而不已，必至龍戰之災。以天地之道至大，尚有困極，況于

人乎？以人事言之，是君子之人不得其位，不逢其時，其道不能行于天下而身至于窮困，故曰「困」。然

得「亨」者，言君子之道身雖困窮而道自亨，何則？夫君子之人以仁義道德充積于中，不爲窮達富貴患難

以動其心，是身雖處困而其道自得以亨通，故《孟子》曰：「君子所性，雖大行不加焉，雖窮居不損焉。」此

之謂也。「貞，大人吉，无咎」者，貞，正也；言小人居窮困之時，憂愁、迫蹙、姦邪、竊亂无所不至，則其爲禍

也不可勝道矣。惟君子處于窮困，則能以聖賢之道自爲之樂，又能取正于大有德之人以爲法則，故所行

无不得其道，所以獲吉而无咎矣。「有言不信」者，夫聖賢之人居得其位，行得其道，不令而民自信，不言

而民自從，其勢固然也。至于窮困之時，不得其位，不能行其道，雖有言可以爲天下法，而終不見信于人，亦勢然也。何則？夫惟聖知聖，惟賢知賢，是君子當窮困之時，豈能以言語見信于小人哉？故孔子，聖人也；孟子，賢人也。困于衰周之時，雖歷聘于諸國，人皆謂之迂闊，是有言而人終不見信之也。

《象》曰：困，剛掩也。險以說，困而不失其所亨，其惟君子乎？「貞，大人吉」，以剛中也。「有言不信」，尚口乃窮也。

義曰：「剛，掩也」者，此釋困卦之義也。坎爲陽，兌爲陰。陽爲剛，君子之象。陰爲柔，小人之象。夫剛體本居于上，柔體本居于下，猶君子居上位以治于下，小人居下位以奉于上。今困之卦陽居下，陰居上，是剛爲柔所掩，君子爲小人所蔽，困之象也。「險以說，困而不失其所亨，其惟君子乎」者，此以二體言之。下坎爲險，上兌爲說。言君子雖居窮困險難之時，而能以聖人之道自說樂之，則處險而不改其說，是于困而不失其所以亨通之道。非君子，其能與于此？是大有賢德之人也。「貞，大人吉」，以剛中也」者，即九二、九五也。言二、五皆有剛明之德，而又得其中，是大有賢德之人也。故君子居此困窮之時，必當持正，此大有德之人也。「有言不信」，尚口乃窮也」者，君子當是窮困之際，道不得行，言不見信，苟尚口煩，徒益至于窮困也。

《象》曰：澤无水，困。君子以致命遂志。

義曰：兌爲澤，坎爲水。夫水本聚于澤上而浸潤萬物，今水反在澤下，是萬物不被其潤澤，猶君子之人所以居大位而澤天下之民，今反在困窮之地，是其道不及于天下，此困之象也。「君子以致命遂志」者，命，謂天之所命也；致，謂極盡之義。言君子有仁義之道蘊諸其身，固當居大位，處重權，施其事業于天下以

澤萬民則宜矣。今居于窮困之間，使其道不得以行，是事非己招，咎非己致，匪人力所爲，蓋天命之使然也。然而君子之心自達于性命之理，不以困躓易其操，不以貧賤變其節，恬然自樂，以遂其志也。

初六，臀困于株木，入于幽谷，三歲不覿。《象》曰：「入于幽谷」，幽不明也。

義曰：臀者，最處卑下之物也。株木者，枯老朽槁之木。初六，居困之始，在陂險之下，其體陰柔，不能自濟。雖上有九四爲之應，然爲二所間隔，下比于四。初以三專侵己之正應，是以己欲

上進而不得，又最在于下，是猶困于枯槁之木，更无生長繁盛之意也。「入于幽谷」者，初既居窮困之下不能自濟，進不得已之應，如入于幽暗深谷之中而无所明顯也。「三歲不覿」者，此爻窮困已甚。雖有四之

正應，而爲二、三之所間，使不得進，而又在于下體，難于上進，至于三歲之間，亦未得與四相見。《象》曰

「入于幽谷」者，初最居下，如困于幽暗深谷之中，无所明顯也。

九二，困于酒食，朱紱方來，利用享祀。征凶，无咎。《象》曰：「困于酒食」，中有慶也。

義曰：凡居窮困之時，必有剛明之才，然後能濟于世。今九二以剛陽之質處下卦之中，有剛明之德，是能自濟者也。既有剛明之德而能自濟，則衆皆歸之。歸之者衆，則所奉者厚，故「困于酒食」饜飫之象也。

「朱紱方來」者，朱紱，天子之服，天子純朱紱，方，將也。言九二既有剛明之才，大中之德，爲衆人所歸，

則天子必委任之。既委任之，則降體貌以禮之，厚恩命以尊寵之。是天子寵命將至，故曰「朱紱方來」。

「利用享祀」者，凡《易》中言「享祀」之類，皆謂以至誠上通于神明。九二既爲衆人所歸，又爲天子所任，則

必能進其至誠，率天下之人以奉于上，如享祀之時竭誠以通于神明也。「征凶，无咎」者，以此九二，其勢

已尊，其權已重，其寵已隆，人臣之分盡于此矣。若不知止而復求其進，凶禍必至矣。夫凶禍之來皆己所招，非他人所致，復何咎于人哉？此亦戒之之意也。《象》曰「困于酒食」，中有慶也」者，言九二有剛明之德，居得其位而爲天子所任，得行其道于天下，而有喜慶之事也。

六三，困于石，據于蒺藜，入于其宮，不見其妻，凶。《象》曰：「據于蒺藜」，乘剛也。「入于其宮，不見其妻」，不祥也。

義曰：石者，堅頑之物也。蒺藜者，草之有刺者也。大凡居困之際，必有剛明中正之德乃能自濟。今此六三以陰柔之質處于陽位，是履不得其正，過于六二，是行不得其中。以不中不正之身妄據崇高之位，上无其應，當困之時，上進則有九四之剛陽以隔塞其路，故曰困于石而下而欲守其位，則乘于九二之剛。夫九二以中正之才爲己所乘陵，則反害于己，故曰「據于蒺藜」，是進退皆不得其安也。「入于其宮，不見其妻，凶」者，言三以柔順不正之質，進既不得行道，退又不獲所安，上又無正應以爲己輔，是其窮困至極，則雖至親之人尚不可得而見之，是猶入其宮而不見其妻，此凶之道也。故先聖亦繫此爻曰：「非所困而困焉，名必辱。非所據而據焉，身必危。既辱且危，死期將至，妻其可得見耶？」《象》曰「『據于蒺藜』，乘剛也」者，言六三所以據于蒺藜者，蓋乘九二之剛也。「不祥」者，祥，善也。以不見其妻而罹其凶，是豈爲祥善者哉？

九四，來徐徐，困于金車，吝，有終。《象》曰：「來徐徐」，志在下也。雖不當位，有與也。

義曰：徐徐者，舒緩不敢決進也。金者，堅剛之物。車者，至剛載物而行者也，謂九二也。按此九四爻以

陽居陰，居非其位，當困之時與初爲正應。然九二在下，上無其應，欲其比之，固塞己路，使不得以相會遇。是以九四不可決然而行，但徐徐然舒緩而圖之也。吝，鄙吝也。以己有正應而爲二所固塞，是鄙吝之道也。「有終」者，九四既履非其正，爲二之所間隔，然當困之時上下相求，雖爲二所隔，而初六本與己爲應，但緩而圖之，則初六終與己爲之應也。《象》曰「『來徐徐』，志在下」者，徐徐而來，蓋本與初爲正應，雖是志在于下也。「雖不當位，有與也」者，以陽居陰，不當位者也。然初六之陰本己之正應，既爲正應，雖見隔于九二，亦終有相與之道也。

九五，劓刖，困于赤紱，乃徐有説，利用祭祀。《象》曰：「劓刖」，志未得也。「乃徐有説」，以中直也。「利用祭祀」，受福也。

義曰：劓者，割鼻之刑也。刖者，斷足之刑也。赤紱者，諸侯之服也。按《毛詩·車攻》篇云：「赤紱金舄，會同有繹。」是言諸侯來朝用此赤紱也。此五所以言「劓刖，困于赤紱」者，言五居困之時，衆所不附，爲困之主，困之極者也。夫居困之時，衆所不附，當寬其慈惠，以仁義之道居己以下于人，則人皆樂而歸之。今不能寬其慈惠，反以剛壯之道、刑罰之威以服其人，使民畏而從之，欲天下諸侯皆從于己，然後以威力服之，非心服也，故人必不從。「乃徐有説」者，言九五本居得其中，又履得其正，雖始失于威暴而爲人所不從，若能徐徐緩而圖之，施德布惠，則人必感悦而從矣。然亦「利用祭祀」者，言九五失于威暴而爲人所不從，以有感悦之道，必須盡其至誠以接天下，猶祭祀之時盡其至誠以通于鬼神也。然二云「利用享祀」，五云「利用祭祀」者，蓋至誠至信，其禮則一。但九二人臣之位，九五人君之位，居君臣之分，尊卑之

差，豈可无別？故二曰「享祀」，五曰「祭祀」也。《象》曰「剮剕」，志未得也」者，言五專尚剮剕威服于人，而人心將不樂從，故其志未有所得也。「乃徐有說」，以中直之圖之，有感悅之道者，由己居得其中，行得其直故也。「利用祭祀」，受福也」者，九五若能盡其至誠以接于下，猶祭祀以受福也。

上六，困于葛藟，于臲卼，曰動悔，有悔，征吉。《象》曰：「困于葛藟」，未當也。「動悔，有悔」，吉行也。

義曰：葛藟者，蔓生之藤。臲卼者，不安之地也。言上以柔弱之質下无其應，居于卦外極困之地，不能自濟，是以困于纏繞不得所安，困之甚者也。「曰」者，思謀之辭。凡吉凶悔吝，生乎動者也。上六處極困，則思謀其身，處度其事，動必有悔吝。既動而有悔，必當冒難而往，以求其變通。不顧險難，決然而往，則可獲其吉矣。《象》曰「『困于葛藟』，未當也」者，上六居困極之地，非所當居而己居之，所以有纏繞之困也。「『動悔，有悔』，吉行也」者，上六既居難中，不可不動，必冒難而行，則獲其吉也。

井

巽下
坎上

井，改邑不改井，无喪无得，往來井井。汔至亦未繘井，羸其瓶，凶。

義曰：按《序卦》云：「困乎上者必反下，故受之以井。」蓋言君子之人升進不已，則必至于窮困，既困于上，則必反而歸于下，此井所以次于困也。「改邑不改井」者，邑者，都邑人民之所聚居也。井者，是居其地而不可遷改也。夫都邑，民所居也，則可以遷，井之爲德則不可遷。夫邑之名，猶君子之身，井之義，猶君

子之德。君子之身，可貴可賤，可富可貧，可生可殺。君子之道，則不可爲富貴、貧賤、生死所加損。「无

喪无得」者，夫井之淵源，終日汲之而不爲之喪失，雖終歲不汲，亦不至于盈滿。猶君子積其德于身，至于

用與不用，乃君民之幸與不幸耳，于君子之身何所損益哉？「往來井井」者，井，所以汲水濟于時也。往

者，取其井。來者，亦取其井。往來之人莫不資其養，蒙其利也。「汔至亦未繘井，羸其瓶，凶」者，汔，猶幾也，將至之謂也。

其賜，以至鰥寡孤獨、昆蟲草木无不被其澤也。猶君子之德，所居之處，遠邇之人，皆受

繘者，汲水之綆也。羸者，縮絆之謂。瓶者，汲水之器。凡井之有濟人之功。今水將至，而綆未出于井，

則羸其瓶而傾覆之，其澤不能及于人，凶之道也。猶君子以道德仁義正身履行，本欲以濟衆也，而綆之道也，必須致于

有位，使其澤及于民物，則功必有成也。而反有至中道而自傾覆其德，則澤反不能施天下，亦凶之道也。

《象》曰：巽乎水而上水，井。井養而不窮也。「改邑不改井」，乃以剛中也。「汔至亦未繘井」，未有功也。

「羸其瓶」，是以凶也。

義曰：此先以二體明井之義也。坎爲水。巽爲木，又爲入。木能入水而舉上其水，井之象也。「井養而

不窮」者，夫井，泉源之所聚，往者、來者皆取以爲養而无有窮盡也。「改邑不改井」，乃以剛中也」者，言

都邑之人居可以遷，井者掘地爲之，不可以遷。猶君子身可以窮達，德不可以移易。若是，惟二、五能之。

二、五以剛中之德，則不爲富貴、貧賤、生死之所移，其德至造次顛沛之間未始變其道，如井之不遷也。

「汔至亦未繘井」，未有功也」者，言水汔至而綆未出于井，其功未濟于人也。「羸其瓶」，是以凶也」者，

所汲之綆既未出于井，而又羸縮其瓶以傾覆其水，如君子不能濟人而又傾敗其仁義中道而止，是凶道也。

《象》曰：木上有水，井。君子以勞民勸相。

義曰：巽爲木，坎爲水。木能入水而舉上其水以濟于人，有井之象。君子法此井象，以勞來安恤其民而勸相之。勸者，舉天下之賢才，黜天下之不肖，興庠序之教化，施禮樂之道，以勸天下之人，使皆知遷善而遠罪也。相，助也，謂勸農，輕徭薄斂，節儉國用，所以助其生也。既勞以安之，又勸相以助其生，是以仁義之道被于民，得井之義也。

初六，井泥不食，舊井无禽。《象》曰：「井泥不食」，下也。「舊井无禽」，時舍也。

義曰：泥者，水之滓穢也。初六以陰柔之質、滓穢沈滯居一卦之下，上无其應，其功不能及于上，是井之滓穢沈滯至于爲人之所不食也。舊井者，久廢之井也。禽者，至賤之物也。久廢滓穢沈滯，雖至賤之禽猶不向之，則人不食可知矣。以人事言之，猶人不能脩潔其己，不能日新其德，不務升進而自處于卑下之位，爲人所不與也。《象》曰「『井泥不食』，下也」者，下，謂處于卑下，功不及于物也。「時舍」者，蓋利不被于人，故爲時人之所共棄舍也。

九二，井谷射鮒，甕敝漏。《象》曰：「井谷射鮒」，无與也。

義曰：谷者，谿谷也。鮒，即鮒魚也，積穢之所生。甕者，停水之器。凡井之道，所以汲取以濟于物。今九二處下卦之中，上无其應，而下比于初，猶谿谷之水下注射于積穢之物，又如甕之敝敗，其水下漏，是皆言其功不能上濟于物也。以人事言之，君子之人有仁義之術可以濟于天下爲生民之福，而潛身晦迹以自卑下，不務升進以行其道，其澤不能及于物，以是天下之所共不與者也。

九三，井渫不食，爲我心惻，可用汲。王明，並受其福。《象》曰：「井渫不食」，行惻也。求「王明」，受福也。

義曰：渫者，清潔之貌。言九三以陽爻居陽，履得其正，有剛明之才而在下體，如井之清潔而不爲人之所

食，亦若君子有仁義之術不爲時君之所用。惻者，憂惻也。言君子所憂者，非憂其一身貧賤，憂其君不堯

舜，憂其民不仁壽，故其中心惻然。蓋以其道德仁義不見用于上，其澤不能及于天下也。且井之清潔可

用取汲而濟于物，君子有道德可以升進于位而任用之，使其道行于天下，然所患者上无明君以察己之道德，

聰明之資能察己之德，以升進于位而任用之，使其道行于天下，致君于堯舜，躋民于仁壽，則君臣上下

罔不賴其德而受其福慶也。《象》曰「井渫不食」，行惻也」者，行者，所行之道也。蓋君子有致君經世之

才，今反不用，則智謀不補于君，膏澤不下于民，故所以憂惻其道不行于時也。「受福」者，是君子必求明

王以務升進于上，使其道大行于天下，則天下之人皆受其福慶也。

六四，井甃，无咎。《象》曰：「井甃，无咎」，脩井也。

義曰：甃者，以砌累而脩補者也。按此一爻以陰居陰，處得其正，能自脩飾，使其泉源清潔，爲人所食。

亦猶君子脩潔其行，有仁義之道可以濟于天下。然位不得中，尚未汲以濟于人，是君子雖未見用，亦可自

守其正而獲无咎也。

九五，井洌寒泉，食。《象》曰：「寒泉」之食，中正也。

義曰：洌者，清潔之貌。按此一爻以陽居陽，處得其正，以剛居中，清潔其行，是猶井之有寒泉，清潔不

撓，爲時人所汲而食之。以人事言之，是聖賢之人居至尊之位，有剛明中正之德，有仁義之道，可以爲天

下之法則，可以生成天下之民，以至往者來者皆得而濟之也。故若井冽寒泉，爲時人之所共食也。

上六，井收勿幕，有孚，元吉。

義曰：收者，物之收成也。幕者，蓋幕也。夫井之道以汲上濟人爲功，今上六以陰居陰，而處一卦之上，井道之大成者也。猶賢人君子脩仁蘊義，沛然發施天下而福蒼生，是君子之道大成也。「勿幕」者，上六井道既成，則當使天下之人，往者來者，汲之以得濟養，故不可獨擅其利而蓋幕之也。亦猶君子德行既成，則當發施于天下，使天下之人皆受其賜。故不可遯于山林而獨善其身，亦不可吝嗇所爲而不施發也。「有孚，元吉」者，夫井道大成，則天下得汲其惠；君子道成，則天下得受其賜，故爲天下之人所信。既能取信于天下，所以獲元大之吉也。

《象》曰：「元吉」在上，大成也。

革

☲ 離下
☱ 兌上

革，巳日乃孚，元亨利貞，悔亡。

義曰：按《序卦》云：「井道不可不革，故受之以革。」凡井之經久必有壞敗，故當淘治穢滓以革易其故，使之鼎新，此革所以次于井。革者，變革之義也。夫天下暴亂，人民塗炭，是必有大聖之興起拯治天下，革天下之命，令使天下皆得其寧也。「巳日乃孚」者，巳日，則事已成之日。孚，信也。夫愚民知久陷于塗炭，雖聖人興起，亦未知聖人之所爲，猶恐未免于難，故須聖人丁寧誥戒，使民審知，然後改正朔，易服色，殊徽號，制作禮樂，一新民之耳目，使天下之人皆出孚信于上，故即日不孚，至于「巳日乃孚」。「元亨利

貞，悔亡」者，元亨利貞，天地生成之四德，在聖人爲革之道至難，必有是仁義禮智之四德以生成天下之民物，然後合德于天地，而可以无悔吝之道。苟于四德有所不備，則將自取悔吝者也。

《象》曰：革，水火相息，二女同居，其志不相得，曰革。「巳日乃孚」，革而信之。文明以說，大亨以正，革而當，其悔乃亡。天地革而四時成，湯武革命，順乎天而應乎人。革之時大矣哉！

義曰：「水火相息」者，息，滅也。下離爲火，上兌爲澤。夫水本積于澤中，火本炎上，水火之性本不相得，水遇火而消，火遇水而滅，是水火之性自然相息滅也。「二女同居，其志不相得，曰革」者，此因二體以言之。離爲中女，兌爲少女。言女子之生，雖同其居，其志各有適人之道，是其志自然不相得，革之義也。「巳日乃孚」「革而信之」者，夫民性之愚，久處暴虐，雖聖人興起以仁義之道，生成之始皆出于塗炭，然民尚未信聖人，故當巳事之日乃新更制作，改變號令，使決然无疑，皆相信而從也。「文明以說，大亨以正，革而當，故其悔乃亡」者，文明，離象也。說，兌象也。大亨以正，四德畢舉之也。言聖人既變暴亂之事于天下，遂以文章光明之道感悦于民。又有元亨利貞之四德以爲革之道，拯天下之難，興天下之治，皆順于道而當其理，故其悔乃亡。「天地革而四時成」者，此以下廣明革之義也。夫天地之道，寒暑相易，陰陽相蕩，故四時順其序而成其歲功也。「湯武革命，順乎天而應乎人」者，夫桀紂之時天下暴亂，民墜塗炭，湯武憫生靈不獲其所，于是興師振旅，放桀伐紂，以革其弊。上以順于天，下以應于民，此湯武興治補弊，救民于水火，爲王者能濟事之大者也。「革之時大矣哉」者，夫革變之時，是則革故從新，除苟解擾，一新民之耳目，以變時之號令，拯天下塗炭之民而納之安泰之域，其道至大，其事至深，非大有聖德之人則不可

爲，故先聖所以重嘆之也。

《象》曰：澤中有火，革。君子以治曆明時。

義曰：水火之性不相得，故有革之象也。君子觀此革易之象，以治其曆而明其時。蓋天地之大不可以形究，是故君子因爲之曆數，以推測其妙用，究極其躔次，考步其陰陽寒暑、日月星辰、風雨晦明，以察天時之早晚，以觀四時之代謝，所以明示于天下，使天下之四民因其時而興功業皆不失其早晚。此王者治國之大法也。

初九，鞏用黄牛之革。《象》曰：「鞏用黄牛」，不可以有爲也。

義曰：鞏者，固也。黄者，中也。牛者，至順之物也。夫革之道不可驟有所爲，必須以仁義之道漸被于民，以大中之道固結于下，使民心信確順從于己，然後可以大有爲而行變革之事也。今此初九居卦之始，在革之初，故不可驟然有所爲，是必先以大中之道固信于民，使民固信于己，順而從之，然後可以爲其改革更變之事也。《象》曰「鞏用黄牛」，不可以有爲也」者，凡革之道必須德澤被于民已日，然後可以革之也。民固即日而未孚，可遽革之乎？故但可固守中順而結之，未可大有所爲。

六二，已日乃革之，征吉，无咎。《象》曰：「已日革之」，行有嘉也。

義曰：初九在革之始，不可驟然有所爲，是必先以大中之道固信于民，使民信之，然後爲變革之事。今此六二以陰居陰，處得其中，又得其正，而又處離明之中，能以大中之道變革于民。民既信之，所以得爲革之事，故曰「已日乃革之」。「征吉，无咎」者，征，行也，言二既居離明之中，能以大中之道革變于民。夫以

是而行則得其吉，又何咎之有？《象》曰「巳日革之」，行有嘉也」者，夫以離明之中行大中之道，以變革

于天下，而民悉信之，是所行皆嘉美之事而得其吉也。

九三，征凶，貞厲。革言三就，有孚。《象》曰：「革言三就」，又何之矣。

義曰：今觀此爻經文有所倒錯，止依此文以解之，則義无所當，蓋當先云「革言三就，有孚」後則曰「征

凶，貞厲」。何以明之？按此九三以陽居陽，處得其正，又在下卦之上，處離明之極。蓋離爲火，火性炎

上。上是兑，兑爲澤，爲水。水火之性本不相得，所以得變革之象也。今九三既處離明之極，體性炎上，

時爲革道，故上之三爻必須從而成就之。其順從皆有誠實也，猶聖人以離明之道變革所爲，除去天下之

暴，爲衆人之所信從。「征凶，貞厲」者，言九三既能革變其民，天下之民既信而順，不可更有所征行，但守

至正之道，則可以盡變革之義也。若復有所往，必罹其凶，而于正道言之，是有危厲者也。《象》曰「革言

三就」，又何之矣」者，之，即往也。天下之民既已革而順從，當是時也，復何所往哉？

九四，悔亡，有孚改命，吉。《象》曰：「改命」之吉，信志也。

義曰：九四居非其正，本有悔者也。然以陽居陰，非居剛九，而又在上卦之下，當悦順之體，下承于火，火

性炎上，而九四能承其炎而變革前政之非，故得悔亡也。夫九四既非其正，然則水火之際，居變革之間，

能承此命，以仁改暴，以治易亂，盡其至誠之心以改革其前非，是以獲吉也。《象》曰「改命」之吉，信志

也」者，言九四在澤之初，居于水火之際而居非其正。若能盡其至誠，承此改革之命令變其已往之非，信

志而行，无疑忌之心，則獲其吉也可知矣。

九五，大人虎變，未占有孚。《象》曰：「大人虎變」，其文炳也。

義曰：大人者，即大有才德之人也。虎者，攫搏之物而威稜可畏，又有文采顯明著于外者也。九五以陽居陽，處得其位。在上卦之中，履其至尊，爲變革之主。又有剛明之才，以革去天下之暴亂，以鼎新天下之號令，新民視聽，威德兼行，爲天下之所信，遠近皆畏而革其非僻之心。能使朝廷之間、君臣上下皆有肅雍。文章光明之美以發于外，猶虎之有文采，炳然著于外，又有威稜，使皆威信之。是若非大德大才之人，則曷致于此。「未占有孚」者，言九五以大中之道威信于天下，以革去當時之弊亂，使民信而從之，不待占筮而自信矣。《象》曰「大人虎變」，其文炳也」者，言聖人革去天下之弊，使朝廷君臣上下皆有文采，又使遠者近者望而畏之，如虎之文炳然而盛也。

上六，君子豹變，小人革面。征凶，居貞吉。《象》曰：「君子豹變」，其文蔚也。「小人革面」，順以從君也。

義曰：夫爲革之道，必須以孚信固結于民。故九五之爻爲革之先倡，以革變其天下之暴亂，有才有位，文章顯著而又可畏也。今上六，體是陰爻，過于九五而革道已成，且在上卦之極，履非首倡，又承水火變革之終，是臣民之位也。既在臣民之位，則當盡其至正之道以輔從于九五，則得爲革之義。使君子居之于此位，則能輔于五，亦能同爲變革于天下。雖使文章光顯，亦不及于五，不可謂之虎變，但謂豹變而已。言其變革之文蔚，然其文采威稜，次于虎者也。「小人革面」者，以君子居之，則能豹變；以小人居之，則必包藏狠戾之心。但飾其外文，柔順其道以從于上，故曰「小人革面」。「征凶，居貞吉」者，征，行也。言上六在卦之極，過于九五。蓋在臣民之位當輔從于君，不可更有所往。若以臣民而行，則必有猜疑之禍，

周易口義

是有凶之道也。苟能居是位而守其正，則得其吉。《象》曰『君子豹變』，其文蔚也」者，言君子居此位輔從于五，共爲變革，雖有文采，但不及于虎，止可如豹文之蔚，然亦著見于外也。「順以從君」者，言小人但變革其外貌以順從于上而已。

鼎

䷱
巽下
離上　鼎，元吉，亨。

義曰：按《序卦》云：「革物莫若鼎，故受之以鼎。」鼎者，變生爲熟，革故取新之謂也。言聖賢之人凡欲革天下之弊亂，必須改正朔，易服色，殊徽號，變禮樂，以新天下之視聽。故必法制齊明，得其盡善盡美，然後獲元大之吉，其道是以亨通也。

《象》曰：鼎，象也。以木巽火，亨飪也。聖人亨，以享上帝，而大亨以養聖賢。巽而耳目聰明，柔進而上行，得中而應乎剛，是以元亨。

義曰：鼎者，鑄金所爲而有法象者也。「以木巽火，亨飪」者，此因二體以解鼎卦之象。下巽，巽爲風。上離，離爲火。以木以風而入于火，故有亨飪之象，此鼎之用也。「聖人亨，以享上帝」者，此以下廣明鼎卦之義。言鼎之所以用者，由木入火而成也，故聖人亨之，可以享祀于上帝也。「而大亨以養聖賢」者，言聖人大亨以養天下之賢，使賢聖盡得其養。然此所以言「大亨」者，以天下之大，四海之廣，非一聖一賢之所能致，又非一耳一目之所能察，故聖人分其爵祿，大其優寵，以廣求天下之聖賢，使皆得己之養。爲養之

大莫大于此，故曰「大亨」。「巽而耳目聰明」者，言聖人既盡養天下之賢，又當以巽順之道下接之。是以
天下之賢者皆樂其所養，盡其謀慮，竭其忠信，以輔于君，以共成其政。故得其天下之耳為己耳，天下之
目為己目，以成己之聰明。「柔進而上行，得中而應乎剛，是以元亨」者，此指六五而言也。夫五以柔順之
道進而居至尊之位，又在上體之中，是所為之事得其中，而下應九二剛明之臣，是聖賢相得，君臣相會。
故能鼎新制作，革去弊亂，天下之事无不得其大通，故曰「是以元亨」。

《象》曰：木上有火，鼎。君子以正位凝命。

義曰：凝，成也。言君子之人觀此木火亨飪之象，凡欲鼎新法令，革民弊亂，以新天下耳目者，必先正其至尊
之位，定其尊卑之分，以凝成其命令而新其法制。

初六，鼎顛趾，利出否，得妾以其子，无咎。

義曰：夫陽以生物為實，陰以剝物為虛。鼎之為器，上虛而下實者也。初六以陰柔之質而處一卦之下，
是鼎器反上實而下虛也。既上實而下虛，遂至鼎顛趾。《象》曰：「鼎顛趾」，未悖也。「利出否」，以從貴也。
顛趾，然利于出否去穢以納新也。「得妾以其子，无咎」者，夫妾者，至賤者也。以至賤而為尊者之配，升
于貴位而為正室，所以反得无咎者，以其有子故也。有子，何也？以其子能荷先祖之業，承宗廟之重，故
得无咎，則《公羊》所謂「子以母貴，母以子貴」者，此其義也。其意若君子承弊亂之後，思欲鼎新天下之
事，其所為雖有小害，然利于覆去否穢，建立新法，以新天下之耳目，終立天下之大功，所以得其无咎。
《象》曰「鼎顛趾」，未悖」者，夫鼎雖顛覆，然能覆去否穢以納其新，是其道未至于悖逆也。「利出否」，以

「從貴」者，夫既以顛出否穢以納其新，又以妾爲室而无咎，以子之貴故也。

九二，鼎有實，我仇有疾，不我能即，吉。《象》曰：「鼎有實」，慎所之也。「我仇有疾」，終无尤也。

義曰：九二以剛陽之質處鼎之中，是鼎有實物之象也。夫鼎之實，必有齊量，不可以盈溢。若遇其盈溢，則有覆餗之凶。君子之人雖有才德，亦有分量，若職事過其才分，則有隳官之謗矣。仇，即謂五也。疾，謂三與四也。言二雖應于五，然以三、四間隔其路，使其君不得以他職事即加于己，故已既得盡其才以事于上而無隳官之咎，所以獲吉。蓋有實之鼎，不可復有所增，才任已極不可復有所加故也。《象》曰「鼎有實」，慎所之也」者，言人才有大小，若才不甚大而加其煩任重職，則必有凶敗之至，故宜慎其所之，不可妄其所行也。「『我仇有疾』，終无尤也」者，言我之仇雖爲二陽所間而不能復加事于己，則我終免曠官之尤悔矣。

九三，鼎耳革，其行塞，雉膏不食。方雨虧悔，終吉。《象》曰：「鼎耳革」，失其義也。

義曰：九三以陽居陽，自實也。居下卦之上，有耳之象也。夫鼎之耳虛之所以容鉉也，今革易其常道，以實其耳，不能受鉉者也。鉉而不受，鼎斯不舉矣，是其行之所以室塞也。夫鼎而不舉，行而室塞，雖有雉膏甘美之食，焉得而食哉。若君子之人以剛亢自處，不能容受天下之賢，故其行所以室塞也。夫既不能容受天下之賢，雖天下有善謨善慮亦不可得而用矣。「方雨虧悔，終吉」者，夫雨者，陰陽相和而然也。夫既不能改革前非，去其剛亢，上以交于君，下以來于賢，則得虧損其悔而終獲其吉矣。《象》曰「『鼎耳革』，失其義」者，言鼎必虛耳以待鉉而舉之，今以陽居陽而自實，是失其爲鼎耳之義也。

九四，鼎折足，覆公餗，其形渥，凶。《象》曰：「覆公餗」，信如何也。

義曰：九四居上卦之下，鼎足之象也。餗者，鼎之美實。渥者，沾濡之貌。夫鼎足所以上承于鼎，以受其美實。今九四以陽居陰，居非其位，不正者也。以不正之質，是不能上承于鼎，斷折其足，傾覆公家之美實，不惟傾覆美實，而又有沾濡其形體之凶。若人臣智小德薄而切進于君，當人主大任，荷國家重責，則必曠敗其職而傾覆公家之事。不獨傾覆公家之事，而又有刑戮及身受污辱之禍，凶之道也。《象》曰「覆公餗」，信如何」者，言禍及身，信无可奈何也。故先聖特繫此爻曰：「德薄而位尊，智小而謀大，力小而任重，鮮不及矣。」言不勝其任也。

六五，鼎黃耳金鉉，利貞。《象》曰：「鼎黃耳」，中以爲實也。

義曰：黃者，中之象。金者，至剛之物。鉉，所以貫鼎耳而舉之，謂九二也。言六五以陰柔之質居大中之位，能謙虛以下接于九二之剛，猶鼎虛其耳以待其鉉而舉。故今得金鉉貫其中而舉之，以成鼎之道也。以人事言之，則是君虛謙而不自高亢，下接于天下賢明之臣，使之賢相率而歸以輔于己。「利貞」者，以六五雖有大中之道以下接于臣，然以陰居陽，履非其正。而九二以陽居陰，亦非其正也。以不正之道相親比，則不能无悔。故聖人于此深戒之，言利在其至正之道，然後可以獲其吉也。《象》曰「鼎黃耳」，中以爲實」者，言五以陰柔之質本非其實，而能虛中以納物，行大中之道，以爲其實也。

上九，鼎玉鉉，大吉，无不利。《象》曰：玉鉉在上，剛柔節也。

義曰：玉者，有堅剛之質而其色溫潤。上九以陽居一卦之上，處鼎道之成，眾爻皆履剛，而此一爻獨履六

五之柔，是剛柔相濟而有玉鉉舉鼎之象。以人事言之，是爲人臣者有剛柔之德，致君于堯舜三代之治，成太平之化，故能獲其大吉而无所不利也。《象》曰「玉鉉在上，剛柔節」者，上九以剛陽之爻履六五柔順之質，剛而不至于暴，柔而不至于懦，故所以致君于无爲，皆剛柔得其中節者也。然六五言「金鉉」，而上九言「玉鉉」者，夫玉之性，剛柔全也。上九體陽而履柔，剛柔全也，故曰「玉鉉」。六五以陰而乘陽，差失其正，其德未備，故曰「金鉉」。

周易口義卷九

宋　胡瑗　撰

下經

震

䷲
震下
震上

震，亨，震來虩虩，笑言啞啞。震驚百里，不喪匕鬯。

義曰：按《序卦》云：「主器者莫若長子，故受之以震。震，動也。」蓋言鼎者，國家之重器；震者，長子之象。按《說卦》又云：「震一索而得男，故謂之長男。」此震者，坤一索之卦也，故有長男之象。言正嫡之子可繼先祖之業，能奉宗廟之祭，能主國家之重器也，此震所以次于鼎也。亨者，震為雷，雷者，盛陽之氣居于地下而出于地上，故動則有威。既動而有威，則勾者出，萌者達，蟄者伸，枯者榮，天下萬物，昆蟲草木之類无不震動而亨通。以人事言之，則是聖賢君子一動，而天下之民无遠近小大，无鰥寡孤獨，皆被其德澤而各遂其所。若君子之人一動而不能法震雷，使萬物得其亨通，則不能成動之道，是動之妄者為也。故聖人特于此言「震，亨」者，所以為動者之法也。「震來虩虩」者，虩者，蠅虎之蟲也，藏牎壁中蠕然而動。

言威震之來，則人爲之戰兢悚懼，不能自安，如蠅虎蠕然而動。然則重言虩虩者，恐懼之至也。「笑言啞啞」者，啞啞則和樂之貌。言始以威剛既能戰慄不敢爲妄，故動有法則而不陷于刑戮。雖有威剛之嚴而不加于己，故始雖有恐懼之憂，終有笑言之樂。「震驚百里，不喪匕鬯」者，百里，即雷聲之所及也。匕者，宗廟之器，以棘木爲之，似畢而无兩岐，所以舉鼎之實而升于俎也。言震有長子之象，大而繼天子以臨天下，小而繼諸侯以臨一國，是必有威德以及遠，使民心知有所歸，則威震之道全而可以主宗廟之祭，而不喪匕鬯也。

《象》曰：「震，亨，震來虩虩」，恐致福也。「笑言啞啞」，後有則也。「震驚百里」，驚遠而懼邇也。出可以守宗廟社稷，以爲祭主也。

義曰：「震，亨」者，言震雷不動，則萬物不通；聖人不動，則天下不亨。「恐致福」者，言震雷之來能戰慄恐懼以自修省，則不陷于禍害，而終致福慶之事。「後有則」者，言既恐懼而致其福，則是不爲非妄之行而動，有所法則，致有笑言啞啞之樂也。「震驚百里」，驚遠而懼邇也。出可以守宗廟社稷，以爲祭主」者，言長子既有威德以及于人，則遠者无不驚恐，近者无不戒懼，是以民心莫不趨向而樂從之。故出可以繼祖考之業，奉宗廟社稷之祭而爲之主，无喪失其匕鬯者矣。

《象》曰：洊雷，震。君子以恐懼修省。

義曰：雷者，天之威也。洊者，因仍之謂也。以上體是雷，下體亦雷，則是天威重仍而至也，則萬物莫不震慄而獲其亨。君子觀此震雷之象，以驚恐戒懼，修飭其身，省察其行，以全身遠害，則身不陷于過惡，刑

戮所不及也。

初九，震來虩虩，後笑言啞啞，吉。《象》曰：「震來虩虩」，恐致福也。「笑言啞啞」，後有則也。

義曰：來者，自外之辭。夫剛威之行，所以驚懼姦偽，懲戒邪惡。初九有剛明之德而居震動之始，是不敢

爲非而内无所慊，故剛威自外而來，本非己所招致。然己不能无恐懼之心，既能虩虩然恐懼，則其身益修

而其行益明。不敢爲妄，則禍患必不能及于己，而終獲笑言之吉矣。

六二，震來厲，億喪貝，躋于九陵，勿逐，七日得。《象》曰：「震來厲」，乘剛也。

義曰：來者，亦自外之辭。六二以陰柔之質居下卦之中，是履得其正，行得其中。既有中正柔順之德，是

不爲非妄也。故雖剛威之來，亦非己所招致，故曰「震來」也。然而「厲」者，蓋初九爲震之主，而己以陰柔

之質下乘剛之，故其身必有危厲也。十萬曰億。貝者，寶之謂也。言當威震之時而乘震動之主，則其身

危厲而所乘喪失者多，故曰「億喪貝」也。「躋于九陵」者，躋，升也。陵，險阻之地也。九陵，言至高也。不

惟多有所喪失，而又超履高險，升于九陵之上。然則雖有喪貝躋陵之事，然以本有中正柔順之德，不須馳

逐追取，七日之間自然得之。言始雖有失，而終有所得也。

六三，震蘇蘇，震行无眚。《象》曰：「震蘇蘇」，位不當也。

義曰：蘇蘇者，震恐之貌。凡剛威之行，所以警其邪偽而戒其姦惡，故初九有剛明之德，六二有中正之

道。雖則威震之來非己所招，故曰「震來」。今此六三以陰居陽，履非其正而爲高亢者也。既履非正而又

高亢，則是邪惡之人也，其威震之來乃己所招，故不曰「來」。夫以不正之行，當威震之時，故蘇蘇然恐懼

之也。「行无眚」者，言六三雖以不中不正之行而下巽于六二之柔，上奉于九四之剛，于理爲順，故雖震威

之行可以免其禍患，而灾眚不及于己矣。

九四，震遂泥。《象》曰：「震遂泥」，未光也。

義曰：泥者，泥滯不通之辭也。居人上者必當有剛威之德，又有至正之道以安于下，則下之人相率而從

之。今九四以剛陽之質爲衆陰之主，居非其位，履失其正，雖有剛威，不能亨通于羣下，以是而言，于己道

未甚光大也。

六五，震往來厲，億无喪，有事。《象》曰：「震往來厲」，危行也。其事在中，大无喪也。

義曰：六五以陰柔之質爲一卦之主，進則上无所應，退則下乘九四剛威之臣，往來之間皆有危厲。十萬

曰億。言六二處下卦之中，亦乘初九之剛，故居不得安而大有所喪，是以稱「億喪貝」。今六五爲一卦

之主，雖下乘九四之剛，然履得大中之位，行得大中之道，雖往來之間時有危厲，亦不能大有所喪也。「有

事」者，夫當威震之世，下有剛權不正之臣，若專无爲而治，則不足拯天下之難，救天下之弊，固當有爲獨

任，以權天下可也。《象》曰「震往來厲」，危行也」者，言六五居至尊而乘剛，故往來之間皆危厲而行也。

「其事在中，大无喪」者，言處得其位，合于中道，雖興起大事，亦无所喪失也。

上六，震索索，視矍矍，征凶。震不于其躬，于其鄰，无咎。婚媾有言。《象》曰：「震索索」，中未得也。雖凶

无咎，畏鄰戒也。

義曰：「索索」者，中恐懼之謂也。「矍矍」者，視驚聳之貌也。上六以陰柔之質居威震之極，履不得大中

之位，故當威剛之來，索索然恐懼，矍矍然驚聳也。「征凶」者，言居威震之極而又无大中之德，則當固守

常分，庶免凶咎，苟復有所往，是凶之道也。「震不于其躬，于其鄰，无咎」者，夫九四爲剛威之主而處上卦

之下，上六居一卦之極而在无位之地，遠于九四，故九四之剛威不能及己之身。雖不及其身而及其鄰，謂

五犯九四之剛，有往來之厲，則已能觀此卦，戒以自修省其身，整治其行，故得无咎也。「婚媾有言」者，上

六處不得位，履不得中，雖婚媾至親之人，亦不能免讒間之言。《象》曰「震索索」，中未得」者，言上六所

以索索然恐懼，以履不得中故也。「雖凶无咎，畏鄰戒」者，言雖有凶而能免其咎，以其能觀戒于五而畏慎

其所行，故咎可以免也。

艮

艮下
艮上　艮其背，不獲其身。行其庭，不見其人。无咎。

義曰：按《序卦》云：「物不可以終動，止之，故受之以艮。艮者，止也。」蓋言人之動靜各有其時，若動而不

已，必有悔吝生，故以艮次于震，所以爲世動靜之戒也。夫艮者，山之象。山爲地之鎮，安止而不動，故爲

止之象。背者，目所不見之所也。言艮止之道，必止于未萌之前。若夫聖人之治天下，將禁民之邪，制民

之欲，節民之情，止民之事，必于其利害未作，嗜欲未形，未爲外物之所遷而其心未動之前，先正其心而不

陷于邪惡。若止之于背之後，目所不覩而不見其身也。「行其庭，不見其人」，夫庭者，指淺近之處而言之

也。行于淺近而猶不見其人者，蓋止得其道，各守其所而有定分，不相揉雜故也。古之聖人之治天下也，

其在建官分職各有所責，若習禮者專掌于禮，習樂者專掌于樂，習兵者專掌于兵，習刑者專掌于刑，各守

其職而不相干也。又如天下之民，爲士者止于爲士，爲農者止于爲農，爲工者止于爲工，爲商者止于爲

商，是亦各有定分，不相揉雜，處不易業而守其常。故如行于淺近之間而不見人，是其各有所止而

不相雜亂也。「无咎」者，言能止其事于未萌之前，使官民各得其止靜，不相揉亂，故无咎也。

《象》曰：艮，止也。時止則止，時行則行，動靜不失其時，其道光明。艮其止，止其所也。上下敵應，不相與

也。是以「不獲其身，行其庭，不見其人，无咎」也。

義曰：艮者，山之象也。山爲止靜，故曰「艮，止也」。「時止則止，時行則行，動靜不失其時，其道光明」

者，大凡動靜必有其時，若其時可以止，則當止而不動，若其時可以行，則當行而不可止。可行者，若

上有其君，下有其民，若退止而不進，則君民无以自濟，故聖人特于此言聖賢之道：當觀其時之可否而進

退之。若行而不失其動之時，止而不失其靜之時，行止動靜皆得其時，則其道光大而明顯。故《孟子》曰

「孔子，聖之時者」，言孔子之道可以行則行，可以止則止，可以速則速，可以久則久，惟觀其時而察其道之

可否而已。然則時行時止所以爲萬世動靜之戒，不于震言，而于艮始言之者，蓋震爲雷，雷有時而靜，

艮爲山，山一定而不動。恐後之人法此止靜之道，不復求于進用，使天下之人无所濟，故特于此言之，以

爲動靜之戒也。「艮其止，止其所也」。「上下敵應，不相與」者，言上下六爻各相九敵而情不相與，是各止其所之象

者，能止于所止之所也。不言「背」而言「止」者，蓋背者，目所不見所止之處也。言「艮其止」

者，能止于未萌得止之所

也。既能止于未萌之時，而又能使上下各相守其分而不雜揉，故總舉象辭而結之也。

《象》曰：兼山，艮。君子以思不出其位。

義曰：言君子觀此兼山止静之象，凡所思謀當專于所職，不可越出其位而妄有所思也。

初六，艮其趾，无咎，利永貞。《象》曰：「艮其趾」，未失正也。

義曰：趾者，足趾之謂也。初六居卦之始，在事之初，最處于下，是猶足趾也。夫足之趾本亦能動有其時，時止則止，時行則行，動静不失其正，所以得其无咎。然止物于其始，必須永長守其志正而行之，故曰利貞。《象》曰「艮其趾」，未失正」者，言初六居卦之下而能止事于未萌，所以未失其正也。

六二，艮其腓，不拯其隨，其心不快。《象》曰：「不拯其隨」，未退聽也。

義曰：腓者，足之腨腸也。按此一卦不以爻之陰陽、位之貴賤尊卑而言，但取人之一身之象以明其義，故初六居一卦之最下，其象爲趾，六二處初之上，故爲腓之象。夫腓之爲物不能自動，隨足而已，是足動則動，足止則止。今足既已動而欲止其動，必不可得而止也。是不能自拯救其失，但隨物而動也。亦如凡人不能制事于初，及事已動，利害已作，嗜欲已萌，欲強制之，終不得而止也。然雖強止之，則不能稱己之欲，是欲止之心不獲其快也。《象》曰「不拯其隨」，未退聽」者，言不能制之于初始，及事已作，雖欲止之，必未能于其所處而聽其止静之事也。

九三，艮其限，列其夤，厲薰心。《象》曰：「艮其限」，危薰心也。

義曰：限者，人之身上下分隔之際也。夤者，脊膂之肉也。九三居上卦之下，下卦之上，于人之身體是猶分限之際也。夫身之中亦不能自動，惟下之有所動則從而動之，上之有所動亦從而動之。如上下已動而

欲艮止其身之中，則必分列其脊之肉矣。此言人不能制其事于始，又不能成其事于終，措置之間，不得其

道而欲止于中道，則進退不可，而致蠱敗其事，故有危厲之苦而薰灼其心也。

六四，艮其身，无咎。《象》曰：「艮其身」，止諸躬也。

義曰：身者，是人之一身也。夫人之體，統而言之則謂之一身，手足謂之四肢，分而言之，則腰足而上謂之身。今此六四出下體之上，在上體之下，處夤限之間，是身之象也。夫人患不能自止其身，今六四能止之得其道，使四肢不妄動，故如人之靜止得其道，制禦得其術，防過得其要，不爲外物之所遷，不爲貧賤之所移，不爲富貴之所易，故无咎也。

六五，艮其輔，悔亡。《象》曰：「艮其輔」，以中正也。

義曰：輔者，車頰也。六五居上卦之中，以人身言之，有口輔之象。夫口頰者，所以主言語之所出。若其妄動，則有過失，其爲咎也不細。故先聖《繫辭》曰：「君子居其室，出其言善，則千里之外應之。出其言不善，則千里之外違之。況其邇者乎。言行，君子之樞機。樞機之發，榮辱之主也。」是言語不可不慎也。今六五能正其口輔使不妄發，其言皆有倫類次序，故禍不召而悔可亡矣，則所謂言滿天下，无口過者也。

《象》曰「艮其輔」，以中正」者，此爻居非其正，然位得其中，是有大中之德而能正其口輔，使口不妄發，孔子曰「有德者必有言」是也。

上九，敦艮，吉。《象》曰：「敦艮」之吉，以厚終也。

義曰：艮者，山之象，爲地之鎮，有博厚之德。上九處艮之極，有敦厚之道而自止，使邪欲不能汩，利害不

能侵，死生富貴不能易，如此可以獲其吉。《象》曰『敦艮』之吉，以厚終」者，以敦厚之德爲艮止之事，得

其艮道之終也。

漌

艮下
巽上　漌，女歸吉，利貞。

義曰：按《序卦》云：「物不可以終止，故受之以漸。漸，進也。」夫艮卦之上下二體皆艮止之象。夫專務艮

止而不求進，則失其動靜之中道，非仁義之人所存心也。此卦上體是巽，下體是艮，是內有艮靜之心，外

有巽順之德，故能務于漸進，此君子之所爲也，故漸所以次于艮。然謂之漸者，謂自下以升于高，自小積

于大，自近及于遠，安然而行，不務速進，故曰「漸」。「女歸吉，利貞」者，天下萬事莫不有漸，然于女子猶

須有漸。何則？夫女子處于閨門之內，以待媒妁之言、聘問之禮，然後往之。若非媒妁之言、聘問之禮

而往者，則是淫醜之女也，故父母惡之，鄉人賤之，天下醜之。是其爲女者，必須男子之家問名、納采、請

期，以至于親迎，其禮畢備，然後乃成。其禮而正，夫婦之道所以獲吉也。然女者，臣之象也，事君之道

也。夫君子之人處窮賤，不可以干時邀君，急于求進。處于下位者，不可諂諛佞媚以希高位。在于窮賤

者，必力行強學，待君之聘召，然後可進于朝。居于下位者，必潔身正志，爲下所尊，爲上所信任，然後升

進。入大位皆由漸而致之，乃獲其吉也。「利貞」者，若女子之歸于其夫，能守至正之道，則可以正一家。

君子之事于其君，能守至正之道，則可以正天下。至于天下皆能守正，則可不失其道而獲吉也。

《象》曰：漸之進也，女歸吉也。進得位，往有功也。進以正，可以正邦也。其位，剛得中也。止而巽，動不

窮也。

義曰：「漸之進也，女歸吉也」者，此釋所以爲漸之名也。之，往也。漸者，謂積漸而之往於所進之地也。
故君子之人亦必潔身修德，積漸而升進之也。「女歸吉」者，言女子能以禮爲漸而歸于男，臣能以道爲漸
進于其君，斯獲吉也。「進得位，往有功」者，此指六二、九三、六四、九五四爻而言也。言四爻皆進得其
位，則所往无不有功。若進于一邑，則功被于一邑。進于一郡，則功被于一郡。進以輔佐于天子，則功被
于天下。是君子所進得其正道，則往有功也。「進以正，可以正邦也」，此亦指四爻而言。六四、六二以陰
居陰，九三、九五以陽居陽，是皆進得其正。君子之人進得其正，則立于朝廷，處于列位，其道德惠澤可以
福天下之民而正天下之邦國也。「其位，剛得中」者，此因九五而言之。九五以剛明之德，又處大中之位。
夫有剛明中正之德處于至尊之位，亦由漸而進也。「止而巽，動不窮」者，此因二體而言之。外體是巽，內
體是艮。夫內无止靜之心而務于躁進，外无柔順之德而尚于剛暴，以是求進，動必窮困。內既有止靜之
道，外又有巽順之德，以是漸進，則動獲其利而无困窮矣。

《象》曰：山上有木，漸。君子以居賢德善俗。

義曰：巽爲木，艮爲山，木生山上，日久歲深，自萌芽至于把握，漸至高大，而又依于山，是漸得其道，此漸
之象也。君子之人法此漸進之象，必居賢德善俗之間以務進其道。必居賢善之間者，夫有賢善之人動不
離道，如居其間，日漸月摩，出入動作皆由正道，不入于邪，雖甚愚闇者亦可以造于君子之域，使其子子孫

孫積漸陶染而進歸于善也。孟子之母爲子三徙其鄰，卒使其子爲萬世亞聖之賢，蓋其擇賢善之力也。故君子之人，其所積習，其所居處，必得其賢善之人，然後漸而習，積而久之，皆至賢至善之人也。

初六，鴻漸于干，小子厲，有言，无咎。《象》曰：「小子」之厲，義无咎也。

義曰：干者，水之際也。《伐檀》之詩曰：「坎坎伐檀兮，寘之河之干兮。」是干者，水際也。鴻者，水禽也。今初按此漸之一卦皆以鴻爲象者，蓋鴻之禽一舉可至千里，然始舉必有漸，故聖人特取鴻爲漸之象也。今初六居一卦之下，居漸之初，是猶鴻之始舉，漸至于水之際。以人事言之，是士之進始于細微，君子之進始于卑下之位也。「小子厲，有言，无咎」者，厲，危也。夫君子之進，小人之所忌也。今初六之進尚爲卑下，其道未見信于時，其德澤未及于人，故小人之心皆欲起而害之，然終不能爲君子之害，但有誹謗之言而已，終獲其无咎。《象》曰「小子」之厲，義无咎」者，言君子之進本以其漸，雖爲小人之所危厲，然于義自可无咎。

六二，鴻漸于磐，飲食衎衎，吉。《象》曰：「飲食衎衎」，不素飽也。

義曰：磐者，山石之安也。言六二以陰居陰，以柔順之德漸得其位而又處得其中，上應于五，爲五之所信任，爲眾人之所歸，是漸而得信，居得其所安，若鴻之漸漸至于磐也。「飲食衎衎，吉」者，衎衎，和樂之貌。言六二既得眾心所歸，又爲九五所任，故得飲食豐備，其和樂衎衎然，是以獲其吉。《象》曰「飲食衎衎」，不素飽」者，素，空也。言六二爲下所歸，爲上所任，是上有忠義以輔其君，下有德澤以被其民，故其所獲飲食之樂皆得其道，非徒空受其飽樂而已。《伐檀》之詩曰：「彼君子兮，不素殮兮。」此之謂也。

九三，鴻漸于陸，夫征不復，婦孕不育，凶。利禦寇。《象》曰：「夫征不復」，離羣醜也。「婦孕不育」，失其道也。利用禦寇，順相保也。

義曰：地之高平者謂之陸。言九三居下卦之上，漸至于高位，猶鴻之漸至于高平之地也。「夫征不復」者，夫謂三也。上无其應，下又无輔而切近于四，四亦无應，近而相得，故三樂從于邪配，是其夫征往而不復反。夫既不反，則其婦亦不能守正，故有孕而不育之事，以至于凶也。「利用禦寇」者，言三既往不復，樂于邪配，其情意相得而莫能間，故可以禦衛其外來之寇。然于君臣之道，夫婦之禮已為乖戾，故但可禦寇而得為利矣。「婦孕不育」，失其道也。《象》曰「夫征不復」，離羣醜」者，言九三居下體之上而樂于邪配，離去羣類，不復反其家矣。「婦孕不育」者，失其道」者，夫既征而不復，則其婦亦有邪欲之事，以至于孕而不育，是大失夫婦之道也。「利用禦寇，順相保」者，三與四樂為邪配，其情相得，和順以相保，故可以禦其寇難也。

六四，鴻漸于木，或得其桷，无咎。《象》曰：「或得其桷」，順以巽也。

義曰：木又高于陸也。言此一爻漸進至于上卦，其位漸高。然則鴻者水禽也，今漸于木，非其所也。言四進无正應而下比于三，三亦无正應，樂于邪配，亦非其所也。桷者，榱椽之屬也。言六四以陰居陰，本得其正，雖比于三，有邪配之事，然三亦无正應，近而相得，情意相合，可以相輔佐而樂得其所。猶得修長勁直之木可以安棲，不至于失所，而可以无咎也。《象》曰「或得其桷」，順以巽也」者，所以得桷而安棲者，蓋其不尚剛暴，而能盡和順柔巽之德故也。

九五，鴻漸于陵，婦三歲不孕，終莫之勝，吉。《象》曰：「終莫之勝，吉」，得所願也。

義曰：大阜曰陵，是岡阜最高者，又高于木。九五漸得位至于上體，是猶鴻之漸于高阜之上也。婦謂六二也。言五與二爲應，而三、四爲邪配之事，間隔于其間，塞己之路，使不得往而相從，以成生育之功也。然五與二本爲正應，皆有中正之德，誠以相待，其心志不怠，雖三、四邪僻之人欲間其路，然而終不能勝之也。《象》曰「終莫之勝，吉」得所願」者，言九三、六四終不能爲之間隔，則五與二心志相從而得所願也。

上九，鴻漸于陸，其羽可用爲儀，吉。《象》曰：「其羽可用爲儀，吉」，不可亂也。

義曰：按此漸卦始于微而至于大，由于下而升于高，故此一卦皆以鴻漸爲象。初則漸于干，二則漸于磐，三則漸于陸，四則漸于木，五則漸于陵，至此上九復言陸者，按諸家之説，以謂上九、九三皆處一卦之上，故皆言陸。陸者，高之頂也。徧觀經文，又无高頂曰陸之文。且陸者地之高平者也，陵者大阜也，又安有地而反高于山阜者哉？子夏之説亦然，其義未通。陸氏之説言高過即反下，故上九處至極之地反爲陸也。按漸卦自下而漸于上，自微而至于高大，且陵者，未爲極高之地，豈有反下之義哉？今考于經文，「陸」字當爲「逵」字，蓋典籍傳文字體相類而録之誤也。逵者，雲路也，言鴻之飛高至于雲路，其羽翎毛質可以爲表儀，亦猶賢人君子自下位而登公輔之列，功業隆盛，崇高遠大，可以爲天下之儀表，故獲吉也。

按輔嗣之意，亦解爲雲路之義，言雖進處高潔不累于職，羕羕清遠若止在高平之陸，安得有高潔羕羕清遠之象哉？以此推之，是傳録之際誤書此「逵」爲「陸」字也明矣。《象》曰「其羽可用爲儀，吉」，不可亂」者，言聖賢君子之心不爲外物所動，不爲情欲所遷，故能積累其善，以至德業高大而不可亂也。

歸妹

震上　歸妹，征凶，无攸利。
兑下

義曰：按《序卦》云：「進必有所歸，故受之以歸妹。」大凡人事，其進必有所歸，若進而无所歸，則是于進之義失其道矣。然則所謂歸妹者，謂姪娣從女兄而適于人，故謂之歸妹。夫人之不孝，无後爲大。其諸侯守宗廟社稷之大，其事尤重，故聖人制禮，使一娶九女，廣其繼嗣，生生不絕，永可以守宗廟社稷之祀而不廢也。故娶一而二往從之，爲左右媵，各有姪娣，同姓者九人。必須同姓，所以親親相睦，絕争妬之心。是以聖人重之，因震兑之象以明其義。震爲長男，兑爲少女，以少女從于長男非其所配也。非其配而從之者，則是姪娣而從于女兄適人之義也。「征凶，无攸利」者，此言姪娣雖從于人，然上有女兄爲之正配，當退守其分，苟非其位而有征進，則是侵女兄之權，奪女兄之寵。欲以下而陵于上，以卑而侵于尊，以庶而亂于嫡，是凶之道，必无所利也。

《象》曰：歸妹，天地之大義也。天地不交，而萬物不興。歸妹，人之終始也。説以動，所歸妹也。「征凶」，位不當也。「无攸利」，柔乘剛也。

義曰：此廣言天地之道，以明歸妹之義也。夫天地之道，陽氣下降，陰氣上升，陰陽交通，二氣相感，然後萬物生。若其二氣不相交感，則萬物孰由興發而生成也？故古者諸侯一娶九女，所以廣繼嗣而承守宗廟社稷之祀。若其婚姻之禮廢，不廣其繼嗣，則其社稷之祀，宗廟之奉，絕而无守，是猶天地不交則萬物

不能興也。「歸妹，人之終始」者，言人凡有生則有死，有盛則有衰。諸侯一娶九女，正室死則右媵繼之，

以至左媵及姪娣繼之之不絕，所以廣其嗣息而承其祖先之業，是「歸妹」者，「人之終始」者也。「說以動，所

歸妹」者，此因二體以釋歸妹之義。上體震，震爲動。下體兌，兌爲說。兌爲少女而從于震之長男，非其

所說者，今動而得說者，蓋其所歸嫁姪娣以從于女兄之故也。「征凶」，位不當」者，謂九四、九二皆以陽

居陰，六三、六五以陰居陽，是位不當也。夫以姪娣而從于女兄，是不當其正位，既不當其正位而妄有征

進，則奪寵侵權，凶之道也。「无攸利」，柔乘剛」者，蓋六三之柔乘九二之剛，六五之柔乘九四之剛。言

柔乘剛者，是卑陵于尊，庶亂于嫡，必不利矣。

《象》曰：澤上有雷，歸妹。君子以永終知敝。

義曰：澤上有雷，所以鼓動萬物以廣生成之功，有歸妹之象，故聖人名爲歸妹。一娶九女之道，使其永久

繼嗣而无絕。君子之人觀此歸妹之象，必當察其事之永久，法之，終末必有敝壞，當預防之可也。

初九，歸妹以娣，跛能履，征吉。《象》曰：「歸妹以娣」，以恒也。「跛能履」，吉相承也。

義曰：女子少者曰娣。初九處一卦之始，最近卑下之地，是姪娣從于女兄以適于人，而能自處卑下，盡其

卑順之道以承其上，而得姪娣之道，故曰「歸妹以娣」也。跛者，足之偏也，猶姪娣者非其正配，然而從女

兄以適于人，能盡其道以配君子，而廣其孕嗣以成其家，猶足之雖偏而能履地而行，不至于廢也。既能盡

其姪娣之道，守卑順之質，以是而往事于君子，則獲其吉也。《象》曰「歸妹以娣」，以恒」者，言女弟以從

于女兄而適人者，人倫之常也。「跛能履」，吉相承也」者，言能盡其柔順承事于上以承其家，吉之道也。

九二，眇能視，利幽人之貞。《象》曰：「利幽人之貞」，未變常也。

義曰：眇者，目之偏也。九二以陽居陰，履非其正，亦猶姪娣從于女兄，非正室之象也。然而能盡卑下之節以承于上而配君子，廣其繼嗣，猶目之偏于視也。「利幽人之貞」者，言九二雖履非其正，然上有六五之應。雖上有其應，而爲姪娣者不可越其位分而上進。如其妄求上進，則奪女兄之權，故當退處其位分，守其幽靜之道而不變，故獲其利。九二雖有其應，不妄求進，盡至正之道，是未變其常也。人，必居幽靜守其正以事君子，此道之常也。《象》曰「利幽人之貞」，未變常」者，言姪娣所以從女兄而適人，必待年于父母之國也。

六三，歸妹以須，反歸以娣。《象》曰：「歸妹以須」，未當也。

義曰：須，待也。六三以陰柔之質居剛陽之位，是履非其正也，猶姪娣之從于女兄，其年尚幼，未可以適人，必待年于父母之國，待其長大，然後復歸君子之家以爲姪娣。故《春秋》隱二年書「伯姬歸于紀」。伯、叔者，長幼之稱，則「叔姬」者，「伯姬」之姪娣也。當二年伯姬歸紀之時，其年尚幼少，故待年于魯國，至七年乃始歸于紀，是姪娣有待年之義也。《象》曰「『歸妹以須』，未當」者，是言姪娣有幼少未當歸人，必待年于父母之國也。

九四，歸妹愆期，遲歸有時。《象》曰：「愆期」之志，有待而行也。

義曰：愆，過也。九四以陽居陰，處非正位，猶女子雖備姪娣之數以適于人，過期而未往。雖過期未往，然而以剛陽之質居陰柔之位，不爲躁進，有柔順之德，以其年尚幼未可以往，故待其禮之全備，俟其年之長大，然後歸于君子，斯得其時也。遲，亦待也。《象》曰「『愆期』之志，有待而行」者，言九四居其陰位，有

柔順之德，不務剛躁，是志有所待而行也。

六五，帝乙歸妹，其君之袂，不如其娣之袂良。月幾望，吉。《象》曰：「帝乙歸妹」，「不如其娣之袂良」也。

其位在中，以貴行也。

義曰：「帝乙」者，商之賢王也。言六五以陰柔之質居上卦之中，是猶帝乙之王所歸之妹也。然按泰之六五言「帝乙歸妹」，此亦言之者，蓋帝乙是商之賢王，于時最能盡婚姻之禮。周之去商尤近，知其最詳，故聖人特取帝乙爲言以明其義也。「其君之袂，不如其娣之袂良」者，蓋君者，正室之小君也，故衛詩《鶉之奔奔》之篇曰：「鶉之奔奔，鵲之彊彊。人之无良，我以爲君！」君者指宣姜而言之，是正室得稱爲君也。袂謂衣袖，所以爲禮容也。良，善也。言姪娣本卑賤之位，今六五居極貴之地，是正室已死而姪娣繼爲正室，有柔順之德，能盡婦道以配于君子。雖其正室之德，亦不如姪娣之容禮最備而善良也。「月幾望」者，望爲月十五盈滿之時也。月者，陰道，婦妾之象也。言六五雖得繼爲正室，處至貴之地，然不可時有驕盈之志，當常執柔順之道，但如月之幾近于望，不至盈滿，則獲其吉。《象》曰「其位在中，以貴行」者，六五以其處上卦之中，履至尊之位，是姪娣至此得繼其嫡，而爲正室以配于上，是以賤從貴而行也。

上六，女承筐无實，士刲羊无血，无攸利。《象》曰：上六「无實」，承虛筐也。

義曰：筐，竹器也。大凡女子承其筐筐，必有物以實之，士之刲羊必有其血，此事之常也。今上六處一卦之上，居窮極之地，進則无所往，退則无所應，進退之間皆无所得，如女子之承筐而无其實，士之刲羊而无其血，進退失所，若以此而行，何有所利于人，進必有所遇，退必有所係，此亦女子之常也。亦猶姪娣之適

周易口義

哉？《象》曰「上六『无實』」承虛筐」者，上六位至窮極，進退无所適，猶女徒承虛筐而无其實也。

豐

䷶
離下
震上　豐，亨，王假之。勿憂，宜日中。

義曰：按《序卦》云：「得其所歸者必大，故受之以豐。」言凡得其所歸者，其道必至盛大，故以豐次于歸妹。然則豐者，王者富有天下，生聚繁夥，民物衆多，是天下衆大之時也，故謂之豐。既富有天下，以至豐盛之極，是其道大通矣。「王假之」者，凡有聖人之德，有仁義之道，苟不得其時，不得其位，則无與天下之勢，无居天下之資。是則雖有仁義之道，安能有所爲哉？故聖人必假此豐盛之時，發號施令，則民易以從；行賞用罰，則民易以服；以至制禮作樂，施發教化，可以大行于天下也。「勿憂，宜日中」者，夫天下至盛大之教化之所不能及者，有一物不得其所者，是王者之所憂也。今戒之勿憂者，曰中則宜也。蓋言日未中之時，則其明未盛；日之過中，則其明將衰，惟是日中正之時，則徧照天下，无纖悉幽隱不被其光輝。聖人雖富有天下，必須仁義道德徧及于天下，使无一民一物不被其澤，不被其燭，如此可以勿憂恤也。

《象》曰：豐，大也。明以動，故豐。「王假之」，尚大也。「勿憂，宜日中」，宜照天下也。

義曰：言聖人廣有四海萬類，是豐盈盛大之時也。「明以動，故豐」者，此因二體以明豐卦之義。上體震，義爲雷。下體離，離爲火。雷主動，火主明。聖人當豐盛之時，以至明之德而動，則其德教仁義大被于天地盈虛，與時消息，而況于人乎？況于鬼神乎？

二七六

下，故此所以致豐大之極也。「王假之」，尚大」者，夫有聖人之德，雖居豐盛，則不能加益，雖貧賤，則不能

虧損。此言「尚大」者，蓋其得天下之勢，則仁義道德可以大行于天下，而成光大明盛之業，固非假以自大

其己而已。「勿憂，宜日中」，宜照天下」者，言日之中正，則天下萬物无所不照。王者之道能徧通天下，

使遠近幽隱无所不燭，如日之中，乃可以勿用憂恤也。「日中則昃，月盈則食，天地盈虛，與時消息，而況

于人乎？況于鬼神乎」者，言凡當盛大之時，過必有衰，是故聖人于此豐大之時以切戒之。言日之過中，

則必傾昃。月三五而盈，過盈則必虧。天地之道以陰陽二氣互相推盪于其間，有時而消虛，有時而長

息，盈虛消息皆于時而行。以天地日月之大尚且如是，況人之小者，鬼神之邇者乎？故于此特戒之，使

君子之人安不忘危，存不忘亡，豐盈之時不忘其衰微之際，增修其德，謹慎其行，然後可以免喪亡傾覆之

事也。

《象》曰：雷電皆至，豐。君子以折獄致刑。

義曰：雷電者皆陰陽二氣相擊而成也。夫雷電皆至于天下，使天下萬物莫不興起而成豐大，是豐之象

也。君子之人觀此象而折斷其獄訟，致用其刑罰，然必法此雷電者，蓋獄訟之情巧偽萬狀，若有威无明則

傷于暴，有明无威則傷于懦，故必明與威兼用之，則獄可折而刑可致矣。

初九，遇其配主，雖旬无咎，往有尚。《象》曰：「雖旬无咎」，過旬災也。

義曰：配主，謂九四也。夫豐盛之時，必須上下之間皆有光明盛大之德以相敷暢，然後可得豐盛之道。

今初以剛陽之德上應于四，四亦有剛陽之德，是上下之間皆有剛陽之德，光明盛大之道，其德相合配，故

致其豐盛，是初遇其四之配主也。「雖旬无咎」者，旬者，十日也，謂數之盈滿也。言初與四皆有剛陽之德

而上下相信，是由君聖臣賢，其德相符，今以其發揚光明之德徧于天下，是雖居其盈滿盛大之時，可以享

豐盛而无咎也。「往有尚」者，言既上下之間皆有光明之德，以此而往，則行有所尚也。《象》曰「雖旬无

咎」「過旬災」者，言上下俱有明盛光大之德，故雖居豐盈之時，可以无咎，若不能守光明之道，而過于盈

滿，則必有傾覆之災也。

六二，豐其蔀，日中見斗。往得疑疾，有孚發若，吉。《象》曰：「有孚發若」信以發志也。

義曰：蔀者，掩蔽暗昧之物。凡豐大之時，必上下之間皆有明德，不可少有暗昧，然後可以發暢于天下

也。今六二以陰柔之質而上應于六五，五又是陰昧之人，是于豐大之時所豐者不能光大，而乃豐于暗昧

之物也。「日中見斗」者，斗，星之名也，日昏方見，暗昧之極也。夫日之正中，其光輝徧及天下，无所不

燭。豐盛之時，上下之間皆有光明之德，則可以徧及于天下，无有不被其澤。今二居豐之時，所應皆暗昧

之道，則是猶日之正中，反見其斗星也。六二既是暗昧之道，則必不能相取信，若有所往，則相疑而致疾

害也。「有孚發若，吉」者，言六二雖以陰柔之質无光明之德，然位下卦之中，是有中正之道，苟能盡其至

誠之心，由中之言，以發天下之心志，以接天下之人，使之皆達其聰明，莫不發其志意以親信之。如是上

下相交而取信，則蒙者反而為明，疑者得以相信，則可以獲吉矣。

九三，豐其沛，日中見沫。折其右肱，无咎。《象》曰：「豐其沛」不可大事也。「折其右肱」終不可用也。

義曰：沛者，繫于旗竿，旌旗之垂也，所以掩蔽光明之物。沫者，星之微小也。九三雖以陽居陽，處得其

正，有剛陽之質，然居離卦之位，處文明之衰，所應在于上六，上六又无光明之德，居豐之時不能光明盛大其道，是所豐者惟掩蔽光明之物也。「日中見沬」者，夫斗者星之大，沬者星之微，六二雖亦暗昧，然猶有中正之德，未甚至于全暗，故曰「日中見斗」。今九三居文明之極，其明已衰，而又所應者亦陰昧之人，是暗昧之極，猶日中反見其微星也。「折其右肱」者，夫手之便者在右而已，若右肱折，則左雖存亦不足適用也。言三居離明之衰，又所應皆无光明之道，雖以陽居陽，亦不能用成其事也。「无咎」者，九三本有光明之德，可以顯用，今處于衰暗之地，皆已自爲之，不可以咎責于人也。《象》曰「豐其沛」，不可大事」者，凡欲立天下之治，成大事大功，必上下有光明之德可也。今三已暗昧之甚，是不可大有爲于事也。

九四，豐其蔀，日中見斗。遇其夷主，吉。《象》曰：「豐其蔀」，位不當也。「日中見斗」，幽不明也。「遇其夷主」，吉行也。

義曰：蔀者，蔽障之物。言九四有剛陽之德，居陰柔之位，是當豐盛之時而反居于暗昧之地，故亦曰「豐其蔀」也。「日中見斗」者，夫居豐之時，當有光明盛大之德，如日之中正无不照臨。今九四反以剛明之質處暗昧之地，是猶日中之見斗星，暗昧之至也。夷主，謂初九也。言四居陰暗之位，然本有剛明之質而又應在初九，初亦有剛明之質，德與己同，故謂之夷主也。是上下之際交相發明，申暢其光明之德，以被天下而獲其吉也。「遇其夷主」，吉行也」者，雖居陰暗而遇得初九剛明之夷主，以相輔佐而發明盛大之道，是得吉而行者也。

六五，來章，有慶譽，吉。《象》曰：六五之吉，有慶也。

義曰：章，明也。六是陰柔之質，五是剛陽之位，以陰柔之質而來居陽剛，是自能爲章美光大之道，以發揚明德于天下，故有慶善之事、嘉美之譽而獲吉也。

上六，豐其屋，蔀其家，闚其戶，闃其无人。三歲不覿，凶。《象》曰：「豐其屋」，天際翔也。「闚其戶，闃其无人」，自藏也。

義曰：屋者，人之所蔽蓋其身也，今豐盛之終，是暗昧之極也。家者，人所深密而自藏也，又蔀掩之，亦謂暗昧之甚也。上六以陰柔之質居一卦之極，不得其中，而過于豐盛之道，其暗至甚，猶屋本蓋而復豐盛之，家本深藏而又掩蔽之，是暗昧之極者也。闚者，寂然而无所覿也。闃者，寂然而无所覿也。言上六陰暗之極，猶屋之豐、家之蔀，雖闚視其戶，寂然无所覿而不見其人，雖三歲之間，亦无所覿。此凶之道也。《象》曰「豐其屋」，天際翔也」者，言上六之爻過于中道而暗昧之極，始飛于天際，上而无所歸。「自藏」者，言以至闚視其戶，寂然而无所覿，是自藏其光明而不能發揚之也。

旅

艮下
離上

旅，小亨，旅貞吉。

義曰：按《序卦》云：「窮大者必失其居，故受之以旅。」言凡人居于豐大之時，恃其盛大，多過于中道而不知守常，以盈滿自取傾覆喪亡之事，致其身窮困，反居于外，故旅所以次于豐。旅者，羈旅之義，言人寄身

于他國，託居于外，故謂之旅。「小亨」者，按《雜卦》云「親寡旅也」，言人自居于家，居于國，則親黨助己者衆，故其道得以大行，其志得以大通。今居旅，寄身託跡于他國，親戚輔己者寡，其道不得以大行，其志不得以大通，故曰「小亨」。「旅貞吉」者，夫人居旅之時親己者寡，不可恃其大正之道居于人上，但居旅不失爲旅，正則吉矣。

《彖》曰：「旅，小亨」，柔得中乎外而順乎剛，止而麗乎明，是以「小亨，旅貞吉」也。旅之時義大矣哉！

義曰：「柔得中乎外」者，指六五也。「順乎剛」者，指上九也。言六五以柔順之質居于外，又有大中之道，而居旅之時託身于外，是能執柔順大中之德以順從于上九之剛，是以卑而事尊，以下而事上，故能安其所而不失正也。「止而麗乎明」，是以「小亨，旅貞吉」也。言居旅之時，託身于他國，親己者寡，必須求賢明之人以附麗之。既順于剛，不紊其道，不悖于理，又附得賢明之人，是以小有亨通而得旅之正吉也。至如仲尼，大聖也，有聖人之德，有大中之道，不得其時，下體艮，艮爲止。上體離，離爲明。言居旅之時，託身于他國，親己者寡，必須求賢明之人以附麗之。至于游、夏、顏、閔七十子之徒，三千之衆，是時皆託跡于外，而隨大聖人爲之依歸，是大賢者能附麗之。皇皇歷聘于諸國，能盡其順以事其君，又盡順以輔其人，有顏讎由、蘧伯玉爲之主，是皆當時之賢大聖之人不得其位，不逢其時，託寄于他國，皆必盡其柔順以奉其在上，而又得大賢大聖之人以爲其主，乃可以獲吉也。「旅之時義大矣哉」者，寄旅于他國，託跡于外，處之最難，于道尤重，故聖人于此嘆美之，惟大聖大賢之人可以爲之也。

《象》曰：山上有火，旅。君子以明慎用刑而不留獄。

義曰：火性炎上，而火在山上燎于物，其勢不能久留，是旅之象。君子觀此象，當明慎用其刑罰而无留滯

其獄。何則？夫刑者，斷人肌膚，傷人骨髓，死者不可復生，斷者不可復續，故君子當明顯審慎而用刑

罰，辨其情僞，正其枉直，使无至于失法，又不可重傷其民，使繫獄者无至于留滯也。

初六，旅瑣瑣，斯其所取災。《象》曰：「旅瑣瑣」，志窮災也。

義曰：瑣瑣者，細碎煩屑之謂也。夫羈旅之道雖尚柔順，然亦不可過。今此初六以柔順之質居一卦之

下，是自處卑賤之地，而爲貧賤所動其心，故爲猥細瑣屑之事苟容于人，苟合于世。斯，此也。言既失其

居，託跡于他國，而爲瑣屑之行，如此則人皆賤之，衆皆棄之，是自取災咎之道。《象》曰「旅瑣瑣」，志窮

灾」者，言初六居旅之時而爲卑賤動其心，其道不通，其志窮困，是以取災也。

六二，旅即次，懷其資，得童僕，貞。《象》曰：「得童僕，貞」終无尤也。

義曰：即，就也。次，舍也。資，貨也。言羈旅之道既尚其柔順，而六二以陰居陰，履得其正，而處下卦之

中，是羈旅之時，託身寄跡于他國而能盡柔順之質，得中正之道，柔而不失其正，在上位而

不至驕，在下位而不至慢，爲衆所與。如此，是于羈旅之時能即就其次舍以安身，懷蓄資貨以厚備，不失

其所之謂也。「童僕」者，盡其至順以事其主也，是得此至順之正道也。《象》曰「得童僕，貞」，終无尤

者，夫聖賢君子之人必有剛正之德，然後可以免其尤患。今二所以能免者，蓋古之人可以屈身而伸道，不

可以屈道以伸身。今旅之時失其所居，是其道不得以通，而二能盡柔順中正之道，故尤患所以无也。

九三，旅焚其次，喪其童僕，貞厲。《象》曰：「旅焚其次」，亦以傷矣。以旅與下，其義喪也。

義曰：居旅之時，必尚柔順之道。今九三以陽居陽，處下卦之上，是務剛亢者也。夫託身寄跡于外，是失

其居而志不通矣，而三反爲剛亢之行，則衆所不與，故其次舍必見焚毀而不得安居也。九三既爲剛亢之

行，爲衆所不與，而上又无應，進退皆失其所，以下近于六二，欲親比之，是始務剛亢而後失其所，欲求于

上，又失其童僕事主柔順之正道，是爲旅而焚其次舍，喪失柔順之道，則衆人所共疾之，危屬之道也。

《象》曰「旅焚其次」，亦以傷矣」者，言居旅之道已失其所，而復焚其次舍，是亦可傷悼矣。「其義喪」者，

以旅之道而反與于下，自取喪亡也。

九四，旅于處，得其資斧，我心不快。

義曰：處者，止息之地也。資，貨也。斧，斷也。「旅于處」，「得其資斧」，心未快也。

者也。處上卦之下，盡謙順之道，故旅之時可以得其止處者而不失其所也，然猶不及六二有大中之德，故

安然就其居之次，故此但得止息之地也。「得其資斧」者，四雖未得其位，然能盡其柔順之道，不爲高亢之

行，故可以安處而得其資貨，又有剛明之德可以自斷也。其「心不快」者，言雖得其止息資貨，然所居不得

其中，未得其位，則進退動止不遂其心志。《象》曰「『旅于處』，未得位也」者，言四雖得止息之處，亦未得

其位也。「心未快」者，雖得其資貨而能斷，然未得其位，未遂其志，故心所以未快也。

六五，射雉一矢，亡，終以譽命。

義曰：此一爻以陰柔之質居上卦之中，有大中之道，巽順之德而居于羈旅，所謂「柔得中乎外而順乎剛」

者也。且雖有柔順中正之德，然寄身託跡于外，方知其所親比者寡，而未嘗固必其所求，不必志其所得，

《象》曰「終以譽命」，上逮也。

猶人之射雉，但以一矢而射之，其得失未可知也。然其執節守道，不爲困窮貧賤之所動，而秉其中正柔順

之德，雖一時至于亡矢而不得，亦終有可嘉美之譽、尊顯之命而隨之。故孔子羈旅于周末，歷聘于諸國，

亦未嘗必有所求，故有行可之仕，有際可之仕，有公養之仕。行可之仕者，言但于時可以庶幾行道則從

之；際可之仕者，言以其君交際之，得其道則從之；公養之仕者，言于其國養待之，得其禮則從之。是

其歷聘天下而未嘗固必其所求，然而所居之國必與聞其政，故子禽問于子貢曰：「夫子至于是邦也，必聞

其政，求之與？抑與之與？」子貢曰：「夫子溫良恭儉讓以得之。夫子之求之也，其諸異乎人之求之

與？」是言孔子有此盛德，而于羈旅動止得其中，不固必其所求，而自以爲嘉美之譽、尊顯之命也。《象》

曰『終以譽命』者，上言上九也。六五爲羈旅之人而能盡柔順之節以奉于上，故爲上所信而有

尊顯之命及之也。逮，即及也。

上九，鳥焚其巢，旅人先笑後號咷。喪牛于易，凶。《象》曰：以旅在上，其義焚也。「喪牛于易」，終莫之

聞也。

義曰：巢者，鳥之所居，最在于上也。夫羈旅之道貴在謙下柔順，而上九以剛陽之質處上卦之極，无巽順

之道而爲高亢之行。行于羈旅，所親比者寡少，而反爲高亢，居衆人之上，則衆人之所共疾而欲害之。既

衆人欲害之，則必失其所居而不得其安，如鳥之巢而見焚也。「旅人先笑後號咷」者，言旅之時，託跡于

外，而得處衆人之上，高顯之位，則自爲尊貴之極，故其心自喜而先笑。至于爲衆人之所疾，以及焚巢喪

位而不得安居，故後號咷也。「喪牛于易，凶」者，牛者，至順之物。言上九以剛陽而居卦之極，自爲高亢

之行，而喪失其柔順之道于平易之間，故有凶也。《象》曰「以旅在上，其義焚也」，以旅居人之上，于義自當焚也，又況恃剛亢之質以處之者哉？「『喪牛于易』，終莫之聞也」者，言處高亢之地，而身无巽順之道，雖有過惡之事，而人无敢言之者，故曰「莫之聞」，而至于焚巢後號咷之凶也。

巽

巽下
巽上

巽，小亨，利有攸往，利見大人。

義曰：按《序卦》云：「旅而无所容，故受之以巽。巽者，入也。」蓋言凡人之爲羈旅，託身于外，比己者寡，若不巽順，則无所入，是必有巽順之德，然後有所入。「小亨」者，夫立大事，立大功，欲成天下之業者，必須有剛健之德，果斷之心，勇于所行，然後有所立，其志得以大通，其道得以大行。今此巽卦全用巽順，有傷于柔懦，其道不得以大行也，故但「小亨」而已。「利有攸往」者，夫人剛健果決之性，或傷于暴而過于中道，則所往之地必无所措置，必无所詳審，是以无所利矣。今此巽卦能用巽順，則是所往當獲所利也。「利見大人」者，夫人以柔順之道雖爲能順于人而有利攸往，然其全用柔順，則失于太弱，而不能自斷，故必利見大有德之人以斷決之，使一歸于中正也。

《象》曰：重巽以申命。

剛巽乎中正而志行。柔皆順乎剛，是以「小亨，利有攸往，利見大人」。

義曰：「重巽以申命」者，此明巽之義也。言上下二體皆爲巽體，故曰重巽。聖人法此重巽之道，以申行

命令不可止利于一身，便于一方，必順天下之心，合天下之欲，若風之所行，天下萬物，至纖至悉，莫不被

之也。「剛巽乎中正而志行」者，此指九五而言也。夫九五以剛陽之質處巽之體，又居上卦之中，以陽居

陽，履得其中正之位。居于至尊而又巽順，所行得其中，所履得其正，則其志大行，其發號施令，則天下之

人无不順者也。「柔皆順乎剛」者，柔謂初六、六四也，而皆上順于剛陽之爻，

是以下而奉乎上，以卑而奉乎尊也。「是以小亨，利有攸往，利見大人」者，言上有柔順之德而順于衆，

復引此象辭而結之也。言九五以剛而居于巽體之中，初六、六四能執柔順之道，以下而奉于上。全任柔

順，不能大有所爲，是以得其小亨，而所往之地，所入之處皆有所合。然其性巽順而傷于過柔，所申之命

令，所行之事不能大有所成，是必利見大德之人以果斷而決白之，然後所申之命令，所行之事施之于

人，莫有不順之者，如風之及于物，罔有不入者也。

《象》曰：隨風，巽。君子以申命行事。

義曰：隨，順也。夫巽之體，上下皆巽，如風之入物，无所不至，无所不順，故曰「隨風，巽」。君子法此巽

風之象，以申其命，行其事于天下，无有不至而无有不順者也。

初六，進退，利武人之貞。《象》曰：「進退」，志疑也。「利武人之貞」，志治也。

義曰：此一爻以陰柔之質居巽之體，在一卦之下，是至卑者也。既處于卑而又上承于衆剛，則是柔弱怯

懦，遲疑猶豫，不能自決，而或進或退无所定也。「武人」者，剛武之士也。言凡人有剛，則必濟之以柔，有

柔則必濟之以剛，使剛柔之道皆得其中，然後事可以成，道可以行。今初六以陰柔之質復在一卦之下，又

居巽體，是全用柔巽者也。既全用柔，是以有進退之疑，故利在武人之正用其剛健之德，果敢之志，勇

于行事，使所行之事，所施之道，剛柔相濟皆得其中，然後可獲其吉也。《象》曰「利武人之貞」志治也」

者，夫既柔弱怯懦而不能自決，則于身亦不能自治。既不能自治，安能治于人哉？故必用其剛武之德，

相濟而行，則可以治，正其志而及于人也。

九二，巽在牀下，用史巫紛若，吉，无咎。《象》曰：「紛若」之「吉」，得中也。

義曰：牀者，卑猥之地。蓋此一爻本有剛陽之質，而居于巽體，又處陰柔之位，是其謙巽過甚，而所行于

卑猥之地，不得其中道者也。「用史巫紛若，吉」者，言此爻巽順過甚，以甚巽而施之于身，接之于人，則事

必不立，而施于事神，則可以无咎。史巫者，史即祝史也，巫即巫覡之人，皆所以道人之言以告于鬼神，而

復道鬼神之意以達于人者也。言九二既巽順過極，失于中道，惟是用以事鬼神則可也。夫事鬼神者必盡

其至誠，巽其言辭，以使精誠上通，則明靈降監，福祉來應，紛然衆多，以獲其吉而无咎也。《象》曰「紛

若」之「吉」得中也」者，言本以剛健之德，而反居陰柔之位，是失其中道。然施之以事鬼神，則得其中矣。

九三，頻巽，吝。《象》曰：「頻巽」之「吝」，志窮也。

義曰：頻者，頻蹙憂愁之貌。九三以剛陽之質，又處剛陽之位，復在一卦之上，是其全剛亢而不能巽者

也，居巽之時，失其謙巽之道矣。然而上爲六四之所憑陵，下乘九二之剛。然九二雖是剛德，蓋居于陰位

亦得巽順之道。今九三則是上承六四，下乘九二，勢不自得，是以捨其剛亢之道，不得已而爲柔巽，屈其

心志憂愁，然不得已而爲之，非出于至誠，如是亦可鄙吝者也。

六四，悔亡，田獲三品。《象》曰：「田獲三品」，有功也。

義曰：六四以陰居陰，而又居巽之體，亦謙巽過甚，而又行不得其中，是以有悔也。然以陰居陰，本得其正，而上承九五之君，竭其志誠，盡其巽順以奉其上，故得悔亡。且孔子曰：「事君盡禮，人以爲諂也。」言人之事君，其柔巽過甚而見疑，然不可以見疑而變其志，當盡其巽順之節，不失其爲臣之道以奉于上，承流宣化，奉君之威權，行君之事，所行必有成功，是猶田獵之時而獲其禽獸，以充三品之用。三品，即一爲乾豆，二爲賓客，三爲充君之庖是也。《象》曰「田獲三品」，有功也」者，言六四雖始有悔，然能竭其巽順以承事于君，則所行之事必有成功，如田獲三品之禽也。蓋大臣之事，君若不以恭巽至正之道，而尚于諂諛佞媚之行，則不可免其誅戮之禍，況于悔乎？于此盡其巽順而不失其正，則可以悔亡而有其功也。

九五，貞吉，悔亡，无不利。无初有終。先庚三日，後庚三日，吉。《象》曰：九五之吉，位正中也。

義曰：言九五處人君之位，爲巽之主，當以謙順之德下接于臣。今五以剛陽之質復處剛陽之位，失于太剛，无柔順之道，所以有悔也。然以居中正之位，有剛明之才而不失其治天下之道，故獲吉而悔亡，既獲吉而悔亡，則所往无不利矣。「无初有終」者，言五始以剛強之道，无巽順之德以接于下，不能感悦于人心，所以无初也。然而有剛明中正之德，得所以治天下之道，故有終也。「先庚三日，後庚三日，吉」者，凡《易》中言庚、甲者皆十日之名，取申令之義也。甲于五行爲木，于四時爲春，仁恩之道也。庚者，于五行爲金，于四時爲秋。之後，聖人當以仁恩之令拯濟之，故曰先甲後甲。庚者，于五行爲金，于四時爲秋。金主斷割，秋主嚴厲，此巽爲風之象，无所不入，主人君之號令。言五處人君之位，其發號施令在于當，其賞罰在乎信，使善者

知勸，惡者知懼。然賞罰號令之出，將使天下之人皆服從之，固不可驟然而行，故先三日以申諭之，後三日以丁寧之，使民知其號令之必行，賞罰之必信，有所戒懼，則天下大治而吉矣。《象》曰「九五之吉，位正中也」者，五所以獲吉者，蓋行得其中，履得其正，而不失治天下之道也。

上九，巽在牀下，喪其資斧，貞凶。《象》曰：「巽在牀下」，上窮也。「喪其資斧」，正乎凶也。

義曰：牀下者，卑猥之地也。言上九本有剛明之質，而居重巽之極，處无位之地，是所行謙巽亦過甚，而至于卑猥者也。「喪其資斧，貞凶」者，資，貨也。斧，斤也，善于斷割。言上九所以至于卑猥者，蓋處无位之地，无剛明之才，又不能斷割以自決其事，故于貞道凶者也。《象》曰「巽在牀下」，上窮也」者，處巽之極，其道窮困以至卑猥也。「正乎凶」者，上九本有剛明之德可以自斷，而反處一卦之極，无位之地，是失斷割之才于正道而凶也。

周易口義卷十

宋　胡瑗　撰

下經

兌

兌下
兌上

兌，亨，利貞。

義曰：按《序卦》云：「入而後說之，故受之以兌。」言人能以柔順之道入于人，則人皆說之，故次于巽。然謂之兌者，其象爲澤，其性爲悅，所以爲天下說之之法也。然澤者，水之所聚而滋息萬物，以爲生成之功，使之皆得滋養而說懌也。然不謂「說」而謂之「兌」者，蓋聖賢之人將欲感天下之心，必當以仁義之道、恩惠之事，固不可以言語口舌而爲說，故去其「言」而爲「兌」也。亨者，言聖賢發仁施惠布德澤以說天下之人，使天下之人皆感說之，故得其亨通也。「利貞」者，夫感說之道多失于邪，若小人之人止以淫聲媚色、雕墻峻宇、流連荒亡以說于心，巧言令色、柔佞邪諂以苟容于人，如此，皆所以喪身敗德，以至亡家失天下，是說非正然也。故聖賢之人施其感說之道皆本于至正，則无所不利也。

《象》曰：兌，説也。剛中而柔外，説以利貞，是以順乎天而應乎人。説以先民，民忘其勞。説以犯難，民忘其死。説之大，民勸矣哉。

義曰：「剛中而柔外，説以利貞」者，言此卦內二爻爲剛，外爻爲柔。言所以感説人者，當內有其剛，外示以柔。然而止有剛則至暴，而无以感説天下之心，故當外示之以柔。內既剛，外復柔，以此説人，則人皆説而歸之，是得其正而无所不利也。「是以順乎天而應乎人」者，夫天之體之德，運動而不已，是至剛者也，及其降氣以生成萬物，則至柔而不失其柔也。人之情莫不好安逸而惡危亡，説仁義而懼鄙吝。今聖賢之人內有剛明之德，而外示柔順之道，施其仁義，發其恩惠，以説于天下，是上能順乎天之心，而下能應乎人之情也。「説以先民，民忘其勞」者，民之情皆欲安而惡勞，若聖賢之人將欲役使之，必當發其仁義恩惠感説之，則民從其役使而忘勞苦之心也。夫就死者，人之所難也。「説之大，民勸矣哉」者，夫施説之道，固非小小之事可犯大難至于死地，則民亦説樂而從之，无有怨也。夫就死者，人之所難也。聖賢先能發仁義德澤，然後使之冒犯大難至于死地，則民亦説樂而從之，无有怨也。以感懷天下之心，必須有仁義德澤以偏施天下，使民雖從其勞役，犯其死難，皆无怨心，況乎納之以善教，民固勸而説從之矣。

《象》曰：麗澤，兌。君子以朋友講習。

義曰：上下二體皆兌，是二澤相麗也。夫水之聚于一澤之中，則能滋息萬物，而使之皆得其説懌；而況二澤相麗，是其説之大者也。君子觀是象，凡施説之道，必當施之于大而至于久遠。若小人惟以淺近爲説，以快己之欲，然至于久遠，則不能无厭倦之心。厭倦既生，至喪身、亡家、敗國、失天下，皆由于此，故君子

之人當説其大者，惟朋友講習。蓋朋友之道，同心同德，其志氣相契，所講者聖賢之事業，日聞其所不聞，日見其所不見，使道德事業愈久而愈新，皆无其厭倦之心，是爲説之道莫重于此也。

初九，和兌，吉。《象》曰：「和兌」之「吉」，行未疑也。

義曰：和，謂中和也。夫兌者，西方之卦也，以四時言之則爲秋，秋所以成萬物，萬物皆説而成也。君子之人在上以義制天下之民，使之感説而歸之，故當廣發其中和之教，所應不係于一，无心于物，而使之自然感説而從之，則不失其兌之義也。今初九居兌之始，是能剛中而柔外，以施其説也。何則？蓋以其有剛明之才，故曰剛中，體夫兌説，故曰柔外。夫内既剛，外又柔，是能以中和之道説天下之人。心无所係，而行不在私，故以此而施説于人，則人皆説而從之，復何所疑哉？《象》曰「和兌」之「吉」，行未疑也」者，初九能以中和之道，上不係應，而行不在私，故以此而施説于人，則人皆説而從之，復何所疑哉？

九二，孚兌，吉，悔亡。《象》曰：「孚兌」之「吉」，信志也。

義曰：此爻以陽居陰，履非其正，本有悔者也。然以剛居中，是其有至信發之于中而施説于人，不爲邪僻，不爲非妄，使天下之人皆必信之，以至歡心而歸，一獲其吉，是得其所以爲説之道，悔遂亡矣。《象》曰「孚兌」之「吉」，信志也」者，能以由中之信發于己之志，而施説于天下，天下之人莫不説而歸之。

六三，來兌，凶。《象》曰：「來兌」之「凶」，位不當也。

義曰：夫感説之道必須至公至正，无所偏係，使天下之人自然而説之則可也，固不可以言語、口舌、柔邪以苟取于人而求其説。今六三當施説之世，以陰居陽，又在一卦之上，是履不得中，行不得正。以不中不

正之道，是欲以柔邪、諂佞、姑息、苟且以來天下之說，雖天下之民一時懌心而說從之，終无其道以久說斯

民。以是施說，非凶而何？

九四，商兌未寧，介疾有喜。《象》曰：九四之喜，有慶也。

義曰：商，謂商議裁制也。寧，安也。介，隔也。疾，謂六三也。九四以剛明之資居上卦之下，切近九五

之君，是居得大位與持重權者也。既爲權位之臣，則邪媚之人皆欲以甘言巧語、柔佞之道以苟說于己，將

以希進用之地。然小人之徒止欲榮進一身而已，若使進而有位，則上必爲害于君，下必爲害于民，君民之

間皆被其疾害。是則九四既有權位，人求說己及己之說人皆當商議裁制其所說之義，則不失其正。然既

商議裁制，則旦夕憂慮，常恐小人之進，故未能斯須遑安也。「介疾有喜」者，六三既以柔邪欲說于己，欲

圖進其身，苟進之，則爲君民之害矣，故九四則當施剛明之德以裁制而介隔杜絕之。既能介隔六三之小

人，則天下之賢者得以進，天下之民皆得其安，上以致國于太平，下以納民于富壽之域，是有其喜慶者也。

《象》曰「九四之喜，有慶也」者，九四所以有喜者，蓋由能介隔六三諂佞之小人，使不得進，所以杜君民之

害，使賢者得路以施仁義於天下，獲其福慶之事也。

九五，孚于剝，有厲。《象》曰：「孚于剝」，位正當也。

義曰：孚，信也。剝，刻也。夫聖賢之人皆以仁義爲先。若使之進于有位，則上可以致君于无過之地，下

可以躋民於富壽之域，使天下罔有一民一物不得其所，而不被其福慶也，此聖賢之所用心也。小人則不

然，外以柔邪諂佞，内以貪殘狠毒爲心，若使之見用，于上必爲亂于君，于下必爲害于民，以至天下皆被其

剥刻。然則爲天下者欲治于民，莫若以至誠委任天下之賢，使推其仁義之心，以布澤流惠，則天下不勞而

治矣。今九五以剛明中正之德居至尊之位，爲兑之主，是有可致之資。既有其資，則當信任其賢明有德

之人以輔助于己，故天下皆被其賜矣。且五雖本應于九二，九二有剛正之德，而己不能盡柔巽以任用之，

反比于上六邪佞不正之臣，是所信者剥刻之小人也。既信剥刻之小人，則賢者退而朝廷昏亂，紀綱廢弛，

以至害于國而及乎天下，是其危屬之甚也。《象》曰「『孚于剥』，位正當也」者，此聖人戒之之辭也。言九

五居可致之位，操可致之資，反委任上六柔邪之小人以剥刻君子，自取危屬，故于此切戒之，責于五也。

上六，引兑。《象》曰：上六「引兑」，未光也。

義曰：引者，牽引之辭也。言上六以陰柔居一卦之極，當无位之地，故欲以柔邪不正之道苟且以牽引天

下之民，欲使盡歸説于己。《象》曰「上六『引兑』，未光也」者，夫施説之道一失其正，則皆爲私邪而不可

行，況其以柔佞欲苟説于人乎？今上六既然，故雖得人之説，其道亦未足爲光大也。

渙

坎下
巽上　渙

渙，亨。王假有廟，利涉大川，利貞。

義曰：按《序卦》云：「説而後散之，故受之以渙。」渙，散也，離也，釋也。言人樂極則憂，歡極則悲，歡樂之

極久而不已，以至離散，故渙次于兑。然渙者是人心睽離，上下違散之謂也。亨者，言上下所以渙散，故

民所以睽離，蓋由道有所壅塞，志有所不通，是以渙散。故君子當此之時，必以權變之術，剛明之德釋去

民之險難，以和衆情，以導衆志，使皆得萃聚而至于亨通，故曰「渙亨」也。「王假有廟」者，言人精氣、體魄

萃則生，散則死。精氣散之于天則爲神，體魄歸之于地則爲鬼，冥冥然，恨恨然，幽邈而不知所之。爲人

子者思欲追念其容貌，竭心以奉養，雖有悽愴之懷，不可得而見之，故先王因此渙散之義，思欲萃聚其親

之神靈，故假立其廟，以狀先祖之容貌。于是四時追感，設爲祭祀之禮以薦享之，所以表追念悽愴之心，

而又燔燎羶薌以達諸陽，酌鬱鬯芬香之酒沃之于地，以達諸陰，所以盡孝子思親之志，教天下追思奉先之

道也。「利涉大川」者，大川，險阻之謂也。夫渙散之時民心違離，上下相戾，必不能涉其大川，是故聖賢

君子必起而濟之，雖甚大險必往救其生靈，不可懼其患難，是利在涉此大川以拯天下渙散，使皆萃聚，不

至離散，而各得其濟也。所以能然者，蓋巽體屬木，涉于川而无沉溺之患，故古之聖人刳木爲舟，剡木爲

楫，舟楫之利以濟不通，是巽木能涉于水也。猶聖人有才智而又有剛健之德，能拯民之患難，无有不濟者

也。「利貞」者，言離散之時不以正道而拯濟之，則人心愈肆，而邪僻之事從而至矣，故聖賢之人當此之

際，利守正道，則可萃天下之民也。

《象》曰：「渙，亨」，剛來而不窮，柔得位乎外而上同。「王假有廟」，王乃在中也。「利涉大川」，乘木有功也。

義曰：「剛來而不窮」者，此言九二有剛陽之德，來居坎險之中，而上无所應，然己有剛明之才，終不陷身

于窮困也。「柔得位乎外而上同」者，此言六四以陰居陰，居得其正，而在上卦之下，是位乎外也。既居外

卦之下，下无其應，然上比九五之君，九五亦无應，故與之志合而相得，同心戮力，上與五同，渙散天下之

難，萃聚天下之民而濟之也。「『王假有廟』，王乃在中也」者，言人體魄既散，幽陰而難見，是故王者假立

此廟以萃其容貌，四時祭祀以表悽愴之心。然而，立其廟宇，設其祭祀，追思念舊，不可以瀆，不可以疏，是王者教人之孝亦在中道者也。「利涉大川」，乘木有功也」者，言川者，水之聚，濟之以舟楫。今下體坎，坎爲水，故爲川。上體巽，巽爲木，故爲舟。《繫辭》曰：「剡木爲舟，剡木爲楫。」是唯舟楫爲能利涉大川，猶聖賢當此渙散之時，必須冒涉險難，使渙散者皆萃聚之，故往則有功也。

《象》曰：風行水上，渙。先王以享于帝立廟。

義曰：夫風行水上，渙然而散，是得渙之象也。帝，即天帝也，以形言之謂之天，以氣言之謂之陰陽，以主宰言之謂之帝。言先王當此渙散之時，設其郊祀，備其物儀，薦享于天地，以報成功也。立廟者，言萃聚先祖之精神，立爲廟貌，四時祭之，以表悽愴之心，奉先之道也。

初六，用拯馬壯，吉。《象》曰：初六之吉，順也。

義曰：夫渙散之時，人民既違散，上下既乖離，救之緩則情僞交作，姦邪並起，无所不至，事難濟矣。今此初六以陰柔之質居一卦之下，又在渙散之始，是往而拯之不可後，時固當用剛壯之馬，急于解民之難，使得萃而不散，吉之道也。《象》曰「初六之吉，順也」者，言當此渙散之時，固不可以剛暴拯濟之，苟尚剛暴，則民愈怨而心愈離。今初九既以陰柔居于卦下，而復在事初，能執柔順之道以拯濟之，故得其吉也。

九二，渙奔其机，悔亡。《象》曰：「渙奔其机」，得願也。

義曰：机者，人所倚憑，謂初六也。此九二當渙散之時，以陽居陰，失正者也。上又无應，是无同心同德合契之人也。既无合契之人，居又失正，是有悔者也。然而初亦无應，能知事始用拯濟之馬以救天下之

渙。今二若能奔從于初，則是得其所憑倚之地也。既得其所憑倚，則可以同謀合慮，以拯當時之難，使天下得其萃聚。天下既以萃聚，則其悔得以亡矣。《象》曰「渙奔其机」，「得願也」者，言二當渙散之時，上无其應，道不得行，志不得伸，其身不能有所濟。既能奔從于初，與之共謀爲慮，同心協志而有所憑依，則是得中心之所願也。

六三，渙其躬，无悔。《象》曰：「渙其躬」，志在外也。

義曰：夫有才者或无位，有位者或无才，或位崇而德薄，或志大而位小，皆不足以有爲也。今六三以陰居陽，履非其正，當渙散之時，其德不能安天下之衆，其才不能釋天下之難，在險之終，有悔者也。然而上有上九居一卦之極，有剛明之才以己爲正應。既以己爲正應，是以不能固其所守，往從于上。然雖不能大濟天下之事，亦可以釋一身之患而无悔咎也。《象》曰「渙其躬」，志在外也」者，言三雖居非其位，而得上九爲之正應，思展其志于天下國家也。

六四，渙其羣，元吉。渙有丘，匪夷所思。《象》曰：「渙其羣，元吉」，光大也。

義曰：羣，衆也。天下之渙，起于衆心乖離，人自爲羣。六四上承九五，當濟渙之任而居陰得正，下无私應，是大臣秉大公之道，以濟天下之渙。且又得君以行其志，內掌國之機務，外宣君之德意，使天下之黨盡散，則天下之危以濟，天下之難以解，天下之心不至于乖離，而皆得以萃聚，上下悉有所歸。有此之功，故得盡善元大之吉也。「渙有丘，匪夷所思」者，夫爲人臣者當尊其君，爲人子者當尊其父，然後君父臣子之道正矣。丘者，巍巋不平之地。今六四上奉九五之君，下爲百官之長，當天下渙散乖離之際，其承君之

命令，宣君之德澤，以釋天下之難，一責于己，是其權既重，其職匪易，故六四常終日乾乾，終夜惕惕，竭其臣節，能自戁虩，不敢少安，而亦未嘗敢平其思慮也。《象》曰「渙其羣，元吉」者，言渙散之時，上下乖離，六四獨能執柔順之道以事其君，使天下之衆不至離散。如是，于于臣子之道，得其光明盛大者也。

九五，渙汗其大號，渙王居，无咎。《象》曰：「王居无咎」，正位也。

義曰：汗者，膚腠之所出，出則宣人之壅滯，愈人之疾。然且一出而不可反，猶上有教令釋天下之難，使天下各得其所者。今此九五居至尊之位，爲渙散之主，居得其正，履得其中，能出其號令，布其德澤，宣天下壅滯，使一令之出而不復反，一號之施而不復更，善者賞之，惡者罰之，使天下之人皆信于上，咸有所歸，是如汗之不反者也。「渙王居，无咎」者，言九五既居尊位，爲渙散之主，當是時，上能自正其位，下能任六四之臣，宣號令，布德澤，釋天下之大難，正天下之廣居，輔王者之尊位，使天下之人皆知上有明君，下有賢臣，无渙散之難，民得安堵，天下合洽，則九五之君所以居位而无悔咎矣。《象》曰「王居无咎」，「正位也」者，言九五居至尊之位，任賢明之臣，萃天下之民而免悔者，❶由所居之得正故也。

上九：渙其血去，逖出，无咎。《象》曰：「渙其血」，遠害也。

義曰：逖者，遠也。夫天下渙散之時，上下乖違，情僞叢生，利害紛起，必有所傷也。今此上九居上卦之

❶ 「萃」上，康熙本、《薈要》本有「能」字。

二九八

周易口義

極，處无位之地，能全其身，獨遠其難，不與衆兢，故「渙其血去」也。是能獨遠于難，所以无咎也。《象》曰『渙其血』，遠害也」者，既獨居上卦之上，是最遠于患害也。

節

坎下
兌上

節，亨，苦節不可貞。

義曰：按《序卦》云：「物不可以終離，故受之以節。」言凡物不可使之終有離散，故必節制之。然謂之節者，蓋節之道在于人之一身，則言語、飲食、心意、思慮、出處、進退，以至嗜欲，皆有所節，使父子有禮，上下有等，男女有別，長幼有倫，夫婦有制，內外有分，皆有所節。至于一國以及天下用度、禮樂、刑政、賞罰、號令、宮室、旌旗、車輿、服器，以至稅賦、徭役以其時，賢不肖各有所處，士農工商各守其業，富貴貧賤各當其分，如此之類，舉而言之，是修身齊家治國正天下，皆有所節，故謂之節。然其得亨者何？蓋人之修身，以至治天下，皆有所節，則所往之地，所爲之事，无不獲亨通也。「苦節不可貞」者，人之所難嗜者也，猶味之苦也。夫節之道不可過，過則人不樂從。以其一身一家節，過則猶无大害，若于治天下人民之衆，而節之太甚，則必不樂從。是故聖人預爲之備，曲爲之防，酌中立法，使其車輿、器用、宮室、旌旗、衣服、制度皆有其節，一合于中正。苟苦之，則天下未易治也。且如賦稅之設，非欲聚斂其財貨，厚取于民以自足已，蓋有郊廟之祀、賓客之供、兵儲之備，此爲國者不可廢也。是以不得已而取之，取之必有中道，故中者天下之通制。取之過甚，則在下者財匱而不能給；取之薄，則在上者用度不足。是

以量時之豐約，酌民之厚薄，使天下之人樂從而易于輸納，可謂得節之道也。故夏后氏五十而貢，殷人七

十而助，周人百畝而徹，皆什一法而得天下之中。

《象》曰：「節，亨」，剛柔分而剛得中。「苦節不可貞」，其道窮也。說以行險，當位以節，中正以通。天地節

而四時成，節以制度，不傷財，不害民。

義曰：此因二體以明節亨之義。上坎爲陽，陽爲剛。下兌爲陰，陰爲柔。「剛得中」者，九二、九五之交

也。夫節所以得亨者，陽本在上，今處于上，陰本在下，今居于下，是君臣上下各有分也，故曰「剛柔分」

也。「剛得中」者，言九二、九五以剛陽之質居剛陽之位，又居得其中，履得其正。當節之時，能爲節制之

道，使天下皆得中制，是以亨通也。「『苦節不可貞』者，夫節之道不可過，過則不能緣人之情，

而衆不樂從，是不可久行于世而爲萬代通行之法，窮困之道也。「說以行險」者，上坎爲險，下兌爲說，是

說而能行於險也。蓋言聖人緣人之情，酌中以爲通制，當節之時，雖有險阻，能以說行，則人亦樂從之

也。「當位以節」者，言九五有剛明之德，居至尊之位，爲節之主，是所居當其位而能酌民情爲之節制也。

「中正以通」者，此又言九五居中履正，所爲節制得其中又得其正。得其中，則无過與不及之事；得其正，

則不入于私邪。是中正所爲之道可以通行萬世，使天下得所以爲節制之義也。「天地節而四時成，節

以制度，不傷財」「不害民」者，此已下廣明節之道也。夫天地之道，陰陽之序，以生以成，皆有所節。至如

生成之道，則有風雨霜雪以殺之；殺之既終，復以春陽爲發生之始。是天地之道，始始終終，陰陽相盪，

寒暑往來，不失其序，所以能生成萬物，此天地盡其爲節之道也。聖人法天地之道，爲之節制，設其禮法，

各有常分，以至取予无不得其中。如是而行，自然財不傷而民不害也。

《象》曰：澤上有水，節。君子以制數度，議德行。

義曰：夫水之性，決之于江河，其性沛然；順于下，莫之與禦。今水在澤中，則不能順往而流，故有節制之象。數者，名數也。度者，制度也。言君子之人法此節之象，定其名數，立其制度，使禮樂之道、度量之分無得過差，盡合于中也。「議德行」者，夫人本五常而生，其性有全，有偏，唯聖人受性之全，賢人則才智有所偏。是以當節之時，必量其才之大小，隨其德之優劣以任用之：大才者置之大位，小才者置之小位，若其无德无行，則没身而不用。

初九，不出户庭，无咎。《象》曰：「不出户庭」，知通塞也。

義曰：户者，門之内牖之間也。夫人之情，莫不欲安逸，而惡節制之爲禁。此節者，節人之邪情，約人之私欲，過人之非，絕人之僞。然而節情、約欲、過非、絕僞，人莫不惡之。然當節制之始，典章未備，法度未詳，必當慎密之，不可洩機于人。苟所行不密，則必爲人所窺而敗壞成事。如是，則法未出而姦生，令未下而詐起，必不可以節制之也。今初九履下卦之下，居節制之初，是謀事之始，故當慎其幾密，不使宣露于人，使天下之人由之而不知之。而情僞不作，巧詐不生，則是能慎其幾密，不出户庭，不出户庭之間，所以成節制之道而无咎矣。《象》曰「不出户庭」，知通塞也」者，言初九居事之始，所以不出户庭者，非是藏其幾密，慎其法制，不宣布于天下，蓋當節制之初，典章法度未甚大備，不可以宣露于人，是能知其時可以通則通之，可以塞則塞之，通塞不失其宜也。故《繫辭》曰：「亂之所生，則言語以爲階。君不密則失臣，臣不密

則失身，幾事不密則害成。」言大凡幾密之事，必當慎之。苟宣露于人，則君失臣，臣失身，以至天下皆失

其節，如是則不能免于咎也。

九二不出門庭，凶。《象》曰：「不出門庭，凶」，失時極也。

義曰：在外謂之門。大凡居事之始，節人之情僞，必當慎重而幾密之。故初九在卦之始，處節之初，典章

未備，法度未完，故幾密而不宣露于人，是以不出戶庭也。今此九二居卦之中，是典章已備，法度已立，必

當宣布于天下以制節于人情，使其姦偽不敢萌，巧詐不得作，天下之人皆合于中制可也。今有可致之資

而反不出門庭之間，使制度不立，上下無別，以至天下之人皆亂其常，則是恣人之欲，速凶之道

也。《象》曰「不出門庭」，失時極也」者，言九二居其中而法制已成，當行而不行，當施而不施，使天下

之人情僞交作而上下無等。節制之道不出門庭之間，失時而不宣布，以至窮極亦不能行，凶其宜矣。

六三，不節若，則嗟若，无咎。《象》曰：「不節」之「嗟」，又誰「咎」也。

義曰：若者，語辭也。夫爲節之道，必須先正其身，然後可以正人身。既正，則天下孰不從之。今六三以

陰居陽，是爲不正，在下卦之上，是爲不中。既失其中，又非其正，且在卦之上，是居衆人之上者也。夫

居衆人之上，必也賞必信，罰必當。正身，立法度，平典章，宣政教，以節天下之人，則姦偽不作，巧詐不

生，而人自信從之矣。今反不能自正其身，又不能節制其人，是雖有嚴刑峻法，人亦不從，故反自生嗟怨

之聲，如是必不可爲節制之主也。「无咎」，蓋三以不正之身居衆人之上，不能節制，以至嗟若之凶皆已自

爲之，又何咎于人哉？故《象》曰「又誰『咎』也」。

六四，安節，亨。《象》曰：「安節」之「亨」，承上道也。

義曰：按此爻居上卦之下，近九五之尊，而又以陰居陰，履得其正，上承其君，下率其民。以柔正之道，上以節君之情，制君之欲，防君之邪僻，致君于正，又能宣君之令，以去天下人之邪僻，禁天下人之非僻，使天下之人一歸于正而得節制之道。是由以柔正自正其身，以至正君率民，安然而行其節制，故所往无不得其亨通也。《象》曰「安節」之「亨」，「承上道」者，言六四以柔正之道自正其身，上承于君以行節制，所以率天下之人得以亨通，是承君上之道也。

九五，甘節，吉。往有尚。《象》曰「甘節」之「吉」，居位中也。

義曰：甘者，味之甘人所嗜也。夫節之道是節人之情，防人之欲，人之所惡也。今九五以陽居陽，處得其正，又居上卦之中，履至尊之位，爲節制之主。當節之時，能以中正爲之節，无過无不及。施于當世，則天下之人无尊卑、長幼、上下，以至于遠近幽隱，皆悅然樂而從之，是九五爲節之道，使人樂從如嗜甘味也，所以得其吉矣。「往有尚」者，五以中正之道爲節制之法，可以爲世世之通行，而天下之民皆樂從之，是有所往，則爲人尊上者也。夫能通天下之情，不違其理，守大中之節，不失其時，以此而行，則合聖人中正之道。使天下之人皆尊尚而從之，則合聖人中正之道。今五居至尊之位，在上卦之中，是能正其身而爲節制之主。《象》曰：「甘節」之「吉」，「居位中也」者，言聖人通其情，故能達節，常人違其情，故多苟節。夫聖人通天下之情，不違其理，守大中之節，不失其時，以此而行，則合聖人中正之道。今上六過于九五，是居不得中者也。所爲節制之道皆過于

上六，苦節，貞凶，悔亡。《象》曰：「苦節，貞凶」，其道窮也。

義曰：夫節制之道貴乎中正，則人樂從之。今上六過于九五，是居不得中者也。所爲節制之道皆過于

中，是人所厭苦之也。以正道言之，則已凶矣，故曰「貞凶」。然「悔亡」者，夫節制有苦于天下，則害其事。

今上六居无位之地，但行于一己而自節，苦于一身則可以悔亡。故孔子曰：「禮，與其奢也，寧儉。喪，與

其易也，寧戚。」是言凡過節于一己，則可以无悔也。《象》曰「苦節，貞凶」者，以陰柔之質居

節制之極，所爲失中正之道，而天下之人厭苦之，是過爲節制之道，以至窮極也。

中孚

兌下
巽上　中孚，豚魚吉。利涉大川，利貞。

義曰：按《序卦》云：「節而信之，故受之以中孚。」言聖賢之人爲節之道，必當以信而行之，使久而不變，可

以爲萬世之法，故以中孚次于節。謂之中孚者，孚，信也，信由中出，故曰中孚。蓋二陰居中是虛中，而發

誠信于內，出之于性。孚信既發于中，施之于外，則天下必信之矣。「豚魚吉」者，豚是獸之至微者也，魚

是蟲之至隱者也。夫聖賢之人所立正教必須信于天下，使天下之人皆順從之，以至至微至隱之物皆被

其信，是故聖王作爲節制：斧斤，不時不入山林，數罟不入污池，昆蟲未蟄，不以火田。如是之類，是皆

取之以時，用之有節，使至微至隱之物皆遂其生而涵濡其性。豚魚，无識之物，猶且被澤而不妄有所傷，

則有識之類，其蒙信也可知矣，故曰「吉」。「利涉大川」者，川者，險難之地。大則有兵革之事，小則有寇

盜之虞，于天則水旱蟲蝗，于人則死亡疾疫，險難之事也。夫節制之道行于世，必以至信及于天下。不遺

微小，則天下相信，戚疏相睦。聖人以此拯濟天下之難，何所不利哉？若不以至信及于上下，苟涉大難

必有阻溺。此中孚之德猶已及于豚魚，則天下之人无不信服。上下和同，物情不違，故涉于大難无不利

矣。「利貞」者，夫信而不正，不若不信。故聖賢所節制必須不偏不黨，至誠不息，不爲邪欲所勝，則天下

皆信其上，是所利在于正也。

《象》曰：中孚，柔在內而剛得中，說而巽，孚乃化邦也。「豚魚吉」，信及豚魚也。「利涉大川」，乘木舟虛也。

中孚以「利貞」，乃應乎天也。

義曰：「柔在內」者，謂六三、六四也。言三、四以柔順處中，而四陽居外，二陰既處其中，則是虛其中也。

言誠信之道發于中，行于外，使天下之人皆信之，故曰「柔在內」也。「剛得中」者，謂九二、九五也，二爻皆

以剛居中而得正。夫剛而不中不正，則爲私，爲暴，不可信于天下，故剛以得中爲貴也。「說而巽，孚乃化

邦」者，言此卦下體爲兌，兌爲說；上體巽，巽爲風。是九五能以風教權變孚信于天下，則天下之人說順

而信矣。《左氏》曰：「小信未孚，神弗福也。」夫聖賢之人不可爲小小之信，必當立其大信，使天下之人皆

孚信之。上既以由中之信發之于中，施之于外，无偏黨私曲，皆合于中，則天下之人皆化上之信，姦僞不

作，巧詐不興，亦以至誠至信奉于上，故曰「乃化邦也」。「『豚魚吉』，信及豚魚」者，言豚魚所以得吉者，蓋

由孚信之所及至廣至遠，取之有時，用之有節，不傷其性，以至至微至隱皆被其德，故《小雅·魚麗》之詩

蓋言萬物衆多也。「利涉大川」者，下兌爲澤，澤者水也；上巽爲木，木在水上，舟之象也。

夫大川之深至險至浚，若以舟楫濟之而居于其中，所涉无不濟矣。是猶在上者能以節制之道，由中之信，

施爲號令，風教于天下，使天下之人上下以信相接，何所不從哉？若國有大患，人有大難，則可以使同心

戮力以順從于君而共拯之，无危險，而不獲其濟。「中孚以『利貞』，乃應乎天」者，夫天之道无所不正，无

所不信，故冬至則陽氣應之，夏至則陰氣應之，寒暑代謝，日月往來，皆无毫釐之差，是天地、陰陽、寒暑、

晝夜、日月皆有其信而不失其正，是天之不言而能信萬物者也。今聖賢之人能推由中之信，无偏黨之邪

以取信于天下，使天下皆信之，是應乎天也。

《象》曰：澤上有風，中孚。君子以議獄緩死。

義曰：澤與風皆生成之道也。夫風行澤上，物无不從，猶君子之人以由中之信施乎外，无所不及，无所不

順也。「議獄緩死」者，君子觀是之象，以謂獄者，繫獄之人，就苦而告之，以所死者不可復生，必推由中之

誠，原議冤枉，察其真偽，求其曲直，以緩恕其死，則可以盡其至信之道也。

初九，虞吉，有它不燕。《象》曰：初九「虞吉」，志未變也。

義曰：虞，度也。燕，樂也。此居兌之始，上有六四為之正應，然中有九二、六三間隔己之應，是以初九能

度四之正應，裁量其情以孚信于己，不為二、三間隔而變其志，自能虞度，終以至誠待之，故得吉也。「有

它不燕」者，初既以四為正應，雖有二、三間之，而能虞度之，以謂縱有它來從己者，己亦執心不變，不與之

為燕樂也。《象》曰「『虞吉』，志未變」者，此一爻居事之始，在兌之初，其志專一，與四為應，其志終不變

易矣。

九二，鳴鶴在陰，其子和之。我有好爵，吾與爾靡之。《象》曰：「其子和之」，中心願也。

義曰：夫信出于中，雖天地亦可以充塞。苟无信實，雖无識之物亦不已從。今九二以剛陽之德居兌之

體，在中孚之中而有由中之信以及于下，上无其應，无所私係，在三、四重陰之下，處幽暗之中，而不失其

信，是以聲聞于外，至于天下同類之人以孚信應之，若鳴鶴之在陰而其子自然應和。「我有好爵，吾與爾

靡之」者，言聖賢之人既以誠信達于天下，上下自然以誠信相交，故與之共天爵，共天祿，而无所離間。

靡，散也，言我有美好之爵與爾共散之也，蓋至誠所感，上下和悅之至也。《象》曰「其子和之」，中心願

者，言誠信之人願與同類相應，今得誠信而應之，是中心之所願也。

六三，得敵，或鼓或罷，或泣或歌。《象》曰：「或鼓或罷」，位不當也。

義曰：六三以陰居陽，履非其正，小人者也。切近于四，四以陰居陰，君子者也。夫小人而近君子，則必

陷于君子，是以六三得其所敵，故曰「得敵」。既敵必戰，則或鼓而進，故曰「或鼓」。然小人雖欲害君子，

君子執正道而无所變易，非小人之所能勝，則反自罷敝，故曰「或罷」。且小人既不克勝，而得罪于君子，

則懼其侵奪，故曰「或泣」。然君子守己薄責，不爲區區之行，不屑屑與小人校計，則小人獲存而得出于憂

懼之地，反有所喜，故曰「或歌」。以是見六三不中不正，所爲失道，而強弱憂喜之无常也，故《象》曰「位不

當也」。

六四，月幾望，馬匹亡，无咎。《象》曰：「馬匹亡」，絶類上也。

義曰：月者，陰之體。望者，光魄盈滿與日相望之時也。此一卦惟六三、六四以陰柔居于內，而六三以其

不正，故爲小人也。六四以陰柔之質居巽順之體，居得其正，奉九五之君，能布德教以孚萬邦，得臣道之

正也，如月之近望，光輝明盛，偏照天下。然懼招君父之疑，常自戒慎，不自滿假，故曰「幾望」也。「馬匹

亡，无咎」者，匹謂匹耦，羣類也。夫君子守其道德以務遠者大者，不與小人校分毫之利害。若以君子而與小人校其區區屑屑，則賢不肖混淆，而君子小人无間，以至患害所及。今六四雖爲六三所侵來與己争，然己得其正，犯而不校，是以絶其羣類，上承于五，固守其分，養成至德，故獲无咎也。《象》曰「馬匹亡，絶類上也」者，言匹馬而亡是獨行也，能下絶六三之類，上順九五之尊，是自能以正道上應于五也。

九五，有孚攣如，无咎。《象》曰：「有孚攣如」，位正當也。

義曰：攣者，牽攣之謂也。此九五居至尊之位，履正處中也。夫居尊而有中正之德，是有至誠至信之心發之于內而交于下，以攣天下之心，使天下之人皆以誠信奉于上。上下內外皆以誠信相通，是得爲君之道而獲吉，復何咎之有。

上九，翰音登于天，貞凶。《象》曰：「翰音登于天」，何可長也。

義曰：翰者，鳥羽之高飛也。此上九在一卦之上，居窮極之地，是其誠不能自內而出，无純誠之心，篤實之道，徒務其虛聲外飾，以矯僞爲尚，如鳥之飛登于天，邈然不見其形，杳然莫覩其迹，徒聞其虛聲而已。「貞凶」者，君子之人所爲所作，必皆本其純誠、篤實，光大以感于人，而人亦以誠實奉之，此君子之謂也。今乃居无實之地，任无誠之聲，以正道觀之可謂凶矣，故曰「貞凶」。《象》曰「何可長」者，言上九徒以虛聲外飾驕于人，殊无純誠篤實之行。以此而往，愈久愈凶，故聖人戒之曰：何可長如此。蓋欲人改過，反誠以信實爲本也。

小過

艮下
震上

小過，亨，利貞。可小事，不可大事。飛鳥遺之音，不宜上，宜下，大吉。

義曰：按《序卦》云：「有其信者必行之，故受之以小過。」言聖賢君子有由中之信，至誠之道，則不以小人之所疑謗而不行，固當發之于外，以拯天下之失，矯天下之弊，使至平治而後已，故以此次于中孚。然謂之小過者，蓋大過以四陽居内，二陰在外，本末皆弱，上下皆微，故聖賢之人以大才大德過越常分，以救天下之大難。今此小過以四陰在外，二陽居内，是綱紀未甚隳壞，天下之事少有差忒，故聖賢之人小小過行其事以矯正之。故若喪過乎哀，用過乎儉，是皆小有所過也。亨者，夫聖賢之君既推至誠之道行小事，以矯一時之失，則天下之人一歸于大中之道而得亨通也。天下皆奢矣，嗇儉一己以矯之者，晏子一狐裘而三十年是也。天下皆薄于喪也，哀毀一身以矯之者，曾子水漿不入于口者七日是也。蓋人情已弊，矯而行之，所以勸進于中道也。「利貞」者，夫小過之時，非常行之時也，苟不以至正之道，推至誠之心，則入于詭譎誕妄，天下不能信服之矣，故當率己以正，然後利也。「可小事，不可大事」者，夫當小過之時，本末未至甚弱，政教未至甚頹，天下之事小有所差，君子固當過越而行其小小之事，以矯世勵俗，使復趨大中之道可也。如當是時不能附順人情，而反大過其事，不近于民，則所爲迂遠，民无所濟矣。「飛鳥遺之音」者，夫鳥之飛騰于空虛，但聞其音而不見其迹，謂如君子過越中道，矯正天下之弊，但使民由之，而不使知之也。「不宜上，宜下，大吉」者，夫鳥之飛翔雖不見其迹，然又不可大過而愈上，若愈上而不已，則愈窮而

不得其所歸，故當下而附于物，則得其所棲止也。猶君子當小過之世，乘時藉位，矯過常分以正當時，不可大越其事，遠于人情，必當附近民心，約附所爲，然後獲吉也。

《象》曰：小過，小者過而亨也。過以「利貞」，與時行也。柔得中，是以「小事」吉也；剛失位而不中，是以「不可大事」也。有「飛鳥」之象焉。「飛鳥遺之音，不宜上，宜下，大吉」，上逆而下順也。

義曰：夫小過之時，天下之時小有過失，君子思欲拯濟之，不可大過其分，以矯一時之弊，然後得亨也。「過以『利貞』」與時行也」者，夫君子所爲觀時而動：時之大弊，則大過其分而行，時之小弊，則小過其分而行。約民中道，驅而納之，隨事制宜，適權應變，一皆必出于正，故曰「過以『利貞』」與時行也」。「柔得中，是以『小事』吉」者，夫大過二、五皆以陽居中，故曰可行大事，今小過二、五皆以柔居中，故不可大有所爲，但小有過爲之事則吉也。「剛失位而不中，是以『不可大事』」者，夫成大事，立大功必有剛明之才居于內，柔順之道行于外可也，今三、四雖有剛明之才德，而居失其位，行不得中，故不可以行其大事，惟小事過可也。「有『飛鳥』之象焉」者，按小過之卦自中孚而來，有飛鳥之象者，蓋中孚之卦四陽在外，二陰在內，內虛而外實，故上有飛鳥翰音之言。今小過四陰在外，二陽在內，是內實外虛，故有飛鳥之象也。「『飛鳥遺之音，不宜上，宜下，大吉』，上逆而下順」者，言飛鳥翔空，无所依著，愈上則愈窮，故有飛鳥之象也。下附物則身可安，是下則順也。猶君子之人過行其事，以矯世勵俗，欲民易從，必下附人情，是上則逆也，亦宜下而不宜上也。

《象》曰：山上有雷，小過。君子以行過乎恭，喪過乎哀，用過乎儉。

義曰：夫雷者出于地，今反在山之上，是小過之象也。君子當天下小有差弊之時，將以矯世勵俗，驅合于

大中之道，是以過行小事于身，使天下之人觀而化之。故若天下之人有所行過差，而失于傲慢，君子則過

恭以矯之；若天下之人居喪過差，而失于率易，君子則過哀以矯之；若天下之人用度過差，而失于奢侈，

君子則過儉以矯之。是皆君子之人過爲小事，以矯天下之大中也。

初六，飛鳥以凶。《象》曰：「飛鳥以凶」，不可如何也。

義曰：小過之時是君子過行小事，以矯一時之失，正當時之弊。眾所不爲，而己獨爲之，皆在于身，故取

飛鳥之象以明之。今初六一爻雖以柔而居下卦之下，然所應在四，故如飛鳥之愈上而無所附著，是以凶

也。何則？蓋小過之時不宜上，君子必須應機適變，隨事制宜，附近于人情而後可也。若其所行太過，

所爲已甚，雖位在下而志愈上，故獲凶也。《象》曰「飛鳥以凶」，不可如何」者，初六雖在下，而已升至窮

極而无所容，以罹其凶，將可奈何哉？故曰「不可如何也」。

六二，過其祖，遇其妣，不及其君，遇其臣，无咎。《象》曰：「不及其君」，臣不可過也。

義曰：祖，始也。妣，在內也。君，六五也。臣，六二也。夫小過之君子不可大有所爲，但小過而合其宜，

欲矯正天下，使一歸于中耳。今六二已過于初，以柔順處于內，故曰「過其祖，遇其妣」也。「不及其君，遇

其臣，无咎」者，小過之世不可爲已甚之事，事爲已甚，則有僭逼之嫌而罹其上逆之凶。蓋二在其下，比于

初，則爲過，比于五，則爲不及。今不敢過越其君以行事，正得爲臣之體，是所遇得其分，故无咎也。

《象》曰「不及其君」，臣不可過」者，爲臣之分則必奉君之職，而行臣之事，不敢及于君，蓋爲臣之道，不可

過越也。

九三，弗過防之，從或戕之，凶。《象》曰：「從或戕之」，「凶」如何也。

義曰：小過之時，蓋君子行大事以矯正天下，不使小人得過。夫既使小人得過，理已乖矣，而況復從而應之乎？應之則爲小人所戕害必矣。且小人之心常欲陷害君子，惟君子預自防閑，不使近于己，則得禦小人之術。今九三雖處剛陽之位，有明斷之質，然反不能過防上六之小人，而使之得過。今三爲小人所戕，蓋不能預防，以至優柔不斷，是凶禍之來皆自取之也。《象》曰「從或戕之」「凶」如何」者，言既爲小人所戕而致凶，將如之何哉？是不能過防之使然也。

九四，无咎，弗過遇之，往厲必戒，勿用永貞。《象》曰：「弗過遇之」，位不當也。「往厲必戒」，終不可長也。

義曰：小過之時，不宜上，宜下，則得其道也。今九四雖位上卦之下而應于初六，是能下附人情，故得无咎也。「弗過遇之」者，言小過之時，事小有差，君子宜過行而矯正之，乃權時之宜也。今四以陽居陰，雖不得正，是能過行其事而不至甚。而下附人情，使天下之愚不肖皆可企而及之，是弗爲過甚而遇得其道也。「往厲必戒，勿用永貞」者，言小過之事切近人情，但矯正風俗而已，是不可往而過也。若往而不已，將致危厲之災，必須戒慎之，不可用此爲永長貞正之道。此蓋聖人戒慎丁寧之辭也。

六五，密雲不雨，自我西郊，公弋取彼在穴。《象》曰：「密雲不雨」，已上也。

義曰：小過之時，小者過也。六五以陰居陽，履于至尊，是小者過而得中，小過之主也。然以柔居剛，又履至尊之位，是陰雖極而德未盛，其惠未行，故不能爲雨澤施于下，但爲西郊密雲而已。何則？夫雨者，

陽氣上騰，陰能固止之，則相蒸薄而爲雨。今陽艮止于下，不升而交于陰，則陰氣雖强盛于上而无陽以通，是以不能爲雨，而雲徒密結于西郊也。西郊，謂陰之正位也。「公弋取彼在穴」，言六五之陰極盛，故稱公也。弋者，所以射高也。穴者，所以隱伏而在下也。公以弋繳而取穴中之物，猶聖賢雖過行其事，意在矯下也。然五以柔而處至尊之位，无剛陽之德，故止可爲公之事也。《象》曰「『密雲不雨』，已上」者，「上」當爲「止」，傳寫之誤。言陽氣已止于下，故不雨也。豈有陰盛于上，陽止而不雨哉？蓋陽艮止于下，所以不雨也。

上六，弗遇過之，飛鳥離之，凶，是謂災眚。《象》曰：「弗遇過之」，已亢也。

義曰：上六一爻過而不已，不知所止，是亢極之甚而无所遇也。若鳥之高翔，不知所止，上而愈无所適，以至窮極而離于凶禍，不能反于下，以圖其所安。猶人之過而不已，不近人情，亢已而行，故外來之災，自招之眚，皆有之也。

既　濟

離下
坎上

既濟，亨小，利貞，初吉終亂。

義曰：按《序卦》云：「有過物者必濟，故受之以既濟。」既，盡也。言聖賢君子能過行其事，以矯天下之失，使天下生靈皆濟于治，无所不通，此既濟所以次小過也。然既濟者，是聖賢功業已成，教化已行，德澤已著，人情已安，倉廩衣食皆已實足，君臣上下皆已和正，軍旅皆已修練，四夷皆已賓服，无一民一物不得其

所，以至至纖至悉皆得通濟，故曰既濟也。「亨小」者，傳寫之誤。按《彖》曰「小者，亨也」，此當曰「小亨」，蓋言既濟之時朝廷已盡正，教化已盡行，故上下、遠近、纖悉、微隱、至小之物，皆得其所濟而亨通，況其大者乎。「利貞」者，言天下既濟之後，或不守之以正道，則无所不利也。「初吉終亂」者，初，謂天下之始治。夫天下既治，惟君子爲能兢兢慎持，惟恐有失，故其始則吉也。及其傳之子孫，流之後裔，則事或久而多弊，治或永而多闕，以至逸豫怠惰，居安而不思危，居存而不思亡，不念祖宗之重器，以至顛敗覆隕，皆由此漸，是其終則亂也。至如周治于文、武、成、康之初，而亂于昭、穆之後；漢治于高祖、文、景之後，而亂于武、元之後。以是知創業之主蓋得于憂勤，故多吉；守成之君蓋生于康樂，故多忽。聖人特于此言之者，將以爲萬世守成之戒，使之居安慮危，在治思亂，而豫爲之備，不使至于傾危也。

《象》曰：「既濟，亨」，小者亨也。「利貞」，剛柔正而位當也。「初吉」，柔得中也。「終」止則「亂」，其道窮也。

義曰：既濟者，天下之物无不濟也。「利貞」，剛柔正而位當也。雖物之至微至細者，亦皆遂其所，則大者可知矣。如《行葦》之詩仁及草木，夫草木无知之物，仁尚及之，他則不言而喻矣。以此知聖賢功業已成，德澤已流，人情皆得其安而教化大行矣。「利貞」，剛柔正而位當也者，言六二、六四以陰居陰，九三、九五以陽居陽，皆得其正。施之人事，則是君子小人各得其分，貴賤長幼各得其序，君君、臣臣、父父、子子、夫夫、婦婦、兄兄、弟弟各得其所，則中國爲中國，夷狄爲夷狄，不相揉亂，而天下萬事无所不濟，无所不利也。「初吉，柔得中也」者，謂六二也。言既濟之時，天下之民物，國家之教化，无所不濟，蓋在上者有中正之道，文明之德，然後

能致也。六二以陰居陰，不失其正，在下卦之中，居離明之體，是得寬柔中正文明之道以濟天下，故曰吉也。「『終』止則『亂』，其道窮也」者，夫民生于憂勤而死于安樂。天下久治，則人苟其安，萬務易墮，禍患不警，故持盈守成之道，當須至兢至慎，然後可以久濟。苟止于逸樂，不自省懼，以爲終安，亂斯至矣，故曰「『終』止則『亂』，其道窮也」。此聖人深戒之辭。

《象》曰：水在火上，既濟。君子以思患而豫防之。

義曰：坎上爲水，離下爲火。水火之性不相入，然相資而成功，有烹飪之利以濟于用，故得既濟之象也。「君子以思患而豫防之」者，既濟之時，天下既以治安，君子宜深思遠慮，豫爲之防，曲爲之備，居安思危，居存思亡，動作語默皆常戒慎，則可以久于既濟矣。

初九，曳其輪，濡其尾，无咎。《象》曰：「曳其輪」，義无咎也。

義曰：夫既濟由未濟而來。初九居一卦之始，是天下之未濟而險難之未平也。聖賢處此之時，當此之責，則焦勞思慮，經營心志，欲濟天下之患難，使至于安平，是以不顧險難之在前，衝冒而往，欲行之速，故至于搖曳其輪，濡潤其尾。雖然曳輪濡尾，其心无他，蓋能憂天下之患難而已，故雖難冒于難，終得无咎也。《象》曰「『曳其輪』，義无咎」者，言初九以剛健之德居既濟之初，盡心竭力，不顧險難，但以既濟爲心，故至于搖曳其輪，濡潤其尾。如是，則于義自然无咎矣。

六二，婦喪其茀，勿逐，七日得。《象》曰：「七日得」，以中道也。

義曰：六二當既濟之時，處下卦之內，婦之象也。茀者，首飾也。婦之有茀，所以爲容也。按初爻則天下

未甚濟，至二則險阻已平，治道已成，萬事莫不盡濟。然此爻介于初九、九三之間，而又以柔弱之質，故必爲他人之所侵。然六二能執中道，持正不變，所應專在九五，而志不可奪，故所喪者但喪其首飾也。「勿逐，七日得」者，夫既濟之時，天下之民大和，雖有邪佞之人處于其間，終亦不容之也。故六二始雖喪茀，當此之時，則不待捕逐，凡七日之間自得之矣。是猶天下新治，民已見太平，紀綱未墮，上下方盛，然已能執正不回，雖有小人敢行侵侮，亦不能貽害，但如婦喪其茀，雖小有所失，不久之間亦當自復，故曰「勿逐，七日得」。《象》曰「七日得」，以中道」者，言六二喪茀，所以勿逐七日得之者，由其有文明陰柔之德，得中正之道也。

九三，高宗伐鬼方，三年克之，小人勿用。《象》曰：「三年克之」，憊也。

義曰：高宗，商之賢王也。鬼方，遠方也。九三處下卦之上，當離明之極。離爲日，日之過中，明則衰矣。然當是時，必有聖賢之君恢復先王之業，而起中興之治，故聖人取高宗以明之。言昔商運之衰，禮樂廢絕，王道衰微，綱紀將頹，逮乎高宗能興復商家之衰運，纘成基業，以致太平之治。然必伐鬼方者，蓋衰亂之後必有幽遠不賓之人，故當用師伐罪，以安定其民。然威服之道不可速成，故須三年，然後克勝之也。「小人勿用」者，夫復太平之功，必用賢明之士，然後功業有所濟矣。況中興之際，其勢衰弱，君子居之，其力猶憊，況用小人乎？是愈益于亂也，故戒之勿用此小人也。

六四，繻有衣袽，終日戒。《象》曰：「終日戒」，有所疑也。

三一六

義曰：繻者，盛美之服也。袽者，衣之破敝也。今六四以陰柔之質居得其正，當既濟之時，居坎險之地，是猶繻有袽也。夫九三當衰亂之後，而復能以剛明之道起中興之治，此六四當已治之時，當其教化之流行，仁義之洽浹，无所不濟之時也。若人君不得持盈守成，而逸豫怠惰，則傾覆之患復至矣，如盛美之繻服，久而必有弊敗。故居上者處至盛之時，知其必有傾覆在後，故當終日之間，兢兢戒慎，常以弊敗為慮，則可以永安泰而有磐石之固也。故聖人于此深戒之也。

《象》曰「終日戒」，有所疑」者，言六四雖居坎險之下，而能終日戒慎如此者，蓋能通天下之志，欲成天下之務，必有先見之幾，察事于未兆，故當自疑，恐其事久必壞，治久必亂，安久必危故也。

九五，東鄰殺牛，不如西鄰之禴祭，實受其福。《象》曰：東鄰殺牛，不如西鄰之時也。「實受其福」，吉大來也。

義曰：此一爻，聖人深切戒慎之辭。「東鄰」「西鄰」者，取文王與紂之事也。紂居東都，故言東鄰。文王居岐山，故言西鄰。紂，君也。文王，臣也。何以東西言之？蓋紂繼世有天下而暴虐无道，邦國凌遲，所存者位號也。文王身雖為臣而功德已被天下，故三分天下有其二以歸之，是有君民之德，故以鄰國稱之也。夫牛者，祭之豐也。禴者，祭之薄也。言紂雖在上以豐盛之祭，殺大牢以享于鬼神，然无至誠馨德充塞于前，故神亦不享；文王雖以薄約之祭薦于鬼神，然有至誠馨香之德，神則享之，蓋以誠實受福也。以是觀之，人君在德不在物，鬼神享德不享味也。是以商紂雖盡物，不如文王之得時也。「『實受其福』，吉
神，雖豐不享，祭得其時，雖甚薄約，福斯受矣。

大來也」者，言以至誠而享其福禄，則不惟慶及一時之身，且將延及其來系，故吉大來也。

上六，濡其首，厲。《象》曰：「濡其首，厲」何可久也？

義曰：物盛則衰，治極必亂，理之常也。上六處既濟之終，位在一卦之外，以柔乘剛，居物之上，其道窮極，至于衰亂也。故天下之事傾敗而不能支，如涉險而濡溺其首，是危厲之極也，皆由治不思亂，安不慮危，以至窮極而反于未濟也。《象》曰『濡其首，厲』，何可久」者，言上六當既濟之終反于未濟，至于濡沒其首，危亡不遠，故當翻然而警惕。然而改何可久如此乎？故曰「何可久也」。

未 濟

坎下
離上 未濟，亨，小狐汔濟，濡其尾，无攸利。

義曰：按《序卦》云：「物不可窮也，故受之以未濟。終焉。」蓋言既濟之後，在上者不能持盈守成，以至窮極而無所通濟，故以此次于既濟也。此卦自既濟上六而來，明天下之事既濟之後，治平已久，人心怠忽，恃安而不思其危，恃治而不思其亂，逸樂不已，亂所由生，是以濡其首，反既濟而爲未濟也。謂之未濟者，是天下法度敗壞，教化不興，故曰未濟。亨者，聖賢君子當是時欲復有所濟，使民心之安，教化之興，宜以仁義之道拯救之，是必先正其身，然後正朝廷，朝廷正，然後正天下，必使天下人民事物各得其濟而獲亨通也。「小狐汔濟，濡其尾，无攸利」者，汔者，幾也。狐之性，善涉水者也，然以小者渡之，雖幾至于濟，然勢力微小，必至濡溺其尾也。以人事言之，猶天下未濟，欲興太平之功，欲拯天下之難，必藉大才大德聖

賢之人與之戮力同心，一志畢慮，不顧險阻之在前，奮然往而濟之，則可以立大勳，圖大業，拔天下於困

厄，出天下于水火也。苟以小才小德，位卑勢寡之人當之，欲濟天下之險阻，是猶小狐之涉淵水，雖僅至

于濟，不免濡溺，无所利于拯難也。

《象》曰：「未濟，亨」，柔得中也。「小狐汔濟」，未出中也。「濡其尾，无攸利」，不續終也。雖不當位，剛柔

應也。

義曰：柔，謂六五也。言未濟之所由來者，以居上者所爲有過，不得中道所以然也。今六五能以柔順之質履

大中之位，委任九二剛明之臣與之同心竭力，共濟天下之事，所以獲其亨通也。「『小狐汔濟』，未出中也」者，

下坎爲險，以狐之小者往涉于水，其力微弱，未必能濟，猶以小才涼德之人欲濟險涉難，必不能出險難之中

矣。「『濡其尾，无攸利』，不續終」者，小狐之涉水雖幾及其濟，然以力弱不能自奮，故致濡尾，不能終濟也。

亦如人之濟難，其勢弱，其才薄，終无餘力以拯民于塗炭，不能卒有所成，故曰「不續終也」。「雖不當位」，剛柔

應」者，言九二、九四以陽居陰，六三、六五以陰居陽，所處皆不當位。位雖不當，然上下二體剛柔相應。施之

人事，猶君臣同心戮力而相應，則可以共濟天下也。

《象》曰：火在水上，未濟。君子以慎辨物居方。

義曰：夫水火相資，然後能濟于物，故曰既濟。今此二體火上水下，火自炎上，水自就下，水火相戾而不

能相資，是以有未濟之象。君子因此之象，則當精審其事，明辨于物，使各居其方，皆遂其所，則賢爲賢，

愚爲愚，貴貴、賤賤，法度昭明，各安其分，不相踰越，蓋取諸水下火上之義也。

初六，濡其尾，吝。《象》曰：「濡其尾」，亦不知極也。

義曰：欲濟天下之險難，拔生靈于水火者，非大才大德之君子，有可致之資，可致之勢，固不能也。今初六以柔弱之質居一卦之下，處坎險之底，且欲拯天下之難，除天下之害，謂不量力，不度德，反自取禍于躬，以至濡溺其尾也。夫以薄才，當未濟之時求安其身，猶未知其可也，況欲濟天下乎？故象曰「小狐汔濟，濡其尾。」言力不能濟，反自罹其害，誠可鄙吝也。《象》曰「濡其尾」，亦不知極者，言初所以濡溺其尾，蓋不量己才分，而不知道之極也。

九二，曳其輪，貞吉。《象》曰：九二「貞吉」，中以行正也。

義曰：夫欲泰天下之否，解天下之蹇，非剛明才德之君子未知其可也。今九二以剛明之才德居大中之位，雖未出于坎險，然所應在五，五又以柔順之道信任于己，與己同心戮力，往拯天下之危，經綸當世之治，以勞賚安定天下之民，雖搖曳其輪，盡力而退，固无咎也。「貞吉」者，爲其以陽居陰，所處非正，然己有濟難之力，苟能用大中之道，由大正而行，則吉可知矣。《象》曰「九二『貞吉』」，中以行正」者，言二本非正，以其有正中之德，可以行正道而獲吉也。

六三，未濟，征凶。利涉大川。《象》曰：「未濟，征凶」，位不當也。

義曰：六三以陰居陽，又在坎險之極，是不正懦弱之人也。以不正懦弱之人，身在坎險，欲拯天下之患難，濟天下之未濟，如之何其可乎？身且不正，反欲進救天下，是窮凶之道也。然云「利涉大川」者，蓋六三下近九二剛明中正之人，上比九四興衰撥亂之臣，處二、四之間而能依附之，則可以獲安而不至溺身于

險難，故曰「利涉大川」也。

九四，貞吉，悔亡。震用伐鬼方，三年有賞于大國。《象》曰：「貞吉，悔亡」，志行也。

義曰：九四出坎險之中，居離之位，是有剛陽之才。然以陽居陰，所履不正，是以有悔。苟能守正而上承

于大國」者，震，謂威震也。當未濟之世，風俗久漓，典章久墜，紀綱久闕，而九四有剛明之才，又居離明之

六五之君，竭力盡心以附順于上，以興天下之衰，則悔可亡，故曰「貞吉，悔亡」。「震用伐鬼方，三年有賞

位，是能用其威震，興師動衆，亦須三年，然後有功，使復于既濟，故聖人重其酬功報勞，以大國而賞之，所

以寵其成績也。然按既濟之卦，在九三亦言「伐鬼方」，而曰「高宗」，此但言「震用」者，蓋既濟九三有中興

之象，此九四則興衰之臣也。《象》曰「貞吉，悔亡」，志行也」者，言九四已出險難，志欲安濟于天下，故能

以剛明之才德，大正之道，施行其救難之志也。

六五，貞吉，无悔。君子之光，有孚吉。《象》曰：「君子之光」，其暉吉也。

義曰：六五以柔順位于至尊，未濟之主也。然以陰居陽，本亦有悔，故必守正，然後得吉而无悔也。「君

子之光」也者，以柔順文明之道所行得中，且下應九二剛明之臣，與之同心戮力，一志畢慮，與天下興利除

害，致天下于既濟，是君子光顯之德也。「有孚吉」者，言六五以柔順之質委任九二剛明之臣，與之共治天

下，當絕疑忌之心，以信相待，則興治之功畢而終獲其吉也。《象》曰「君子之光」，其暉吉」者，六五之君

能以柔接物，以信遇臣，興天下之治，是君子光暉之用无所不至，而獲其吉也。

上九，有孚于飲酒，无咎。濡其首，有孚失是。《象》曰：「飲酒」，「濡首」，亦不知節也。

義曰：夫六五柔順之主能下接九二剛明之臣，使既濟之道已成，至于上九則綱紀已振，教化已洽，法令已備，故己可以无爲而治，不勞聰明，委信于臣，而飲食宴樂以相和悅，所以无咎也。「濡其首，有孚失是」者，夫安不可恃，樂不可極，任臣不可以不察，如是則有苟簡敗壞浸潤之禍，至于濡溺其首，蓋失其所信之道，取不節之嗟，故曰「有孚，失是」。此聖人深戒之辭也。

周易口義卷十一

宋　胡瑗　撰

繫辭　上

《周易》言「繫辭」者，按《周易》始于伏羲畫爲八卦，至于文王定爲六爻，演爲六十四卦，又作卦下之象辭以解釋一卦之義，曲盡天地之道，總包萬事之宜，而又周公作其爻辭，以釋逐爻之義。然而聖人作卦，其道至大，以至纖至悉之事无不備載，雖有爻象之辭以解釋之，然其辭義深遠，其理精微，至淵至奧，不可以易曉，則于常常之人固難知矣，是故孔子復作「十翼」以釋之，欲使後世之人可以達聖人之淵奧，知聖人之行事也。所謂「十翼」之名者，曰上《彖》、下《彖》《大象》《小象》《文言》、上《繫》、下《繫》《説卦》《序卦》《雜卦》。凡此「十翼」，以釋六十四卦之義。上、下《彖》以解文王卦下之辭；《文言》以文釋乾坤二卦之理。此《繫辭》以統言天地之淵奧、人事之終始，《説卦》以陳説八卦之德業，《序卦》以序六十四之次叙，《雜卦》以辨衆卦之錯雜。此上《繫》是夫子分于六爻之下，以解周公之爻辭；《大象》以釋一卦之名義；《小象》以解釋一卦之義，然其辭義深遠，其理精微，至淵至奧，不可以易曉「十翼」之中第六翼，自「天尊地卑」而下至篇末分十一章，各列于後，今隨文而解之。

《繫辭》凡十二章：自「天尊地卑」爲一章，「聖人設卦觀象」爲二章，「彖者，言乎其象」爲第三章，「精氣爲

物」爲第四章，「顯諸仁、藏諸用」爲第五章，「聖人有以見天下之蹟」爲第六章，「初六藉用白茅」爲第七章，「大衍之數」爲第八章，「子曰知變化之道」爲第九章，「天一地二」爲第十章，「是故易有聖人」爲第十一章，「子曰書不盡言」爲第十二章。虞翻分一章，❶以「大衍之數」并「知變化之道」共爲一章取之。然分義之段數未盡意，隨文而別解之。然「繫辭」有二説，是聖人繫屬其辭于交卦之下，故此篇第六章云「繫辭焉以斷其吉凶」，第十二章云「繫辭焉以盡其言」，是繫者取其繫屬其辭于卦下，故謂之「繫辭」也。

天尊地卑，乾坤定矣。

義曰：此言天地之道者也。自此「乾坤定矣」而下至「天下之理得，而成位乎其中矣」爲一章，以釋聖人法天地之義也。夫易之所始，始於天地。天地之判，混元廓開，而萬物之情皆生于其間。既萬物之情皆生于其間，是故聖人仰以觀于天文，俯以察于地理，于是畫爲八卦，以類萬物之情，以盡天地之道、人事之理，以盡乾、坤、水、火、風、雷、山、澤之象，是《易》之卦始於天地者也。然則「天尊地卑」者，何也？夫天是純陽之氣，積於上而爲尊；地以積陰之氣居於下而爲卑。剛陽居上而有高之象，柔陰居下而有卑之分。二氣始交，分爲剛柔，是以交錯，以至生成萬物，覆載萬物，大无不包，細无不有其形狀，故天地爲乾坤之象，乾坤爲天地之用。天地尊卑既分，則乾坤之位因而可以制定也。然則首言天地尊卑者，蓋萬事之理、萬品之類皆自乾坤爲始，故先言天地尊卑也。

❶「分一章」，疑當作「分爲十一章」。

卑高以陳，貴賤位矣。

義曰：卑者，謂地體卑下。高者，謂天體高上。夫天地卑高既定，則人事萬物之情皆在其中，故六十四卦，三百八十四爻各有貴賤高卑之位，是以君臣、父子、夫婦、長幼皆有其分位矣。若卑不處卑，高不處高，上下錯亂，則貴賤、尊卑、君臣、父子、夫婦、長幼不得其序，夫如是无高卑之分位矣。故此貴賤之分皆自高卑之位既陳，然後從而定矣。

動靜有常，剛柔斷矣。

義曰：夫天以剛陽居於上則爲動，地以柔陰居於下則爲靜。天地之道生成萬物各有常度，動而有常則爲剛，靜而有常則爲柔。動靜既有常分，生成各有常理，則剛柔可以斷矣。以人事言之，夫君以剛德居於上，爲動，臣以柔道居於下，爲靜。君出其令而臣行之，臣納其善而君聽之。君臣動靜既有常理，則剛柔之分可以斷矣。若動而不常，則剛道不成；靜而不常，則柔道不立。夫如是，則剛柔不可以斷定也。然則此經雖論天地之性，然亦兼總萬物之動靜也。

方以類聚，物以羣分，吉凶生矣。

義曰：此已下言聖人法天地之象也。方者，道也。夫君子之人同道而齊術。道同於己者，則相推而類聚之。君子則以君子爲朋偶，小人則以小人爲類黨，爲士者則以士爲同道，爲農者則以農爲族黨，爲工者則以工爲同道，爲商者則以商爲類聚，是皆以同道爲之共處，各隨其類族矣。「物以羣分」者，上既言君子小人各從其類，此又言萬品之物亦各以其羣類而爲黨也。至如飛者則以飛者爲羣，走者則以走者爲羣，以

至昆蟲、草木、巖穴之物各從其羣，各從其分也。「吉凶生矣」者，夫上言「方以類聚，物以羣分」，此言「吉

凶生矣」者，何哉？夫吉凶生於異類，善惡由夫影響。同道齊術者則爲吉，非其類者則爲凶。若君子同

於君子之人則吉，小人入於君子之黨則凶，是吉凶之道生於非類，无所分別。若乖其所趣，則凶是以生

焉，若順其所同，則吉是以生焉。是吉凶之道生於非類者也。

在天成象，在地成形，變化見矣。

義曰：象，謂日月星辰也。形，謂山川草木也。夫天以剛陽之氣居於上而生物，地以柔陰之氣在於下而

承天。在於天者，則爲日月星辰之象。在於地者，則爲草木山川之形。是天地之道，生成之理，自然而然

也。「變化見矣」者，上既言「在天成象，在地成形」，此復言「變化見矣」，何哉？蓋天地之道生成之理

有全體而化者，有久大而化者，有驟然而化者，千變萬化，皆有形象，而人莫能究其實，但知其自然而

然也。

是故剛柔相摩，八卦相盪。

義曰：此已下明天地陰陽相推盪之事也。夫天本在上，地本在下。及夫天氣下降，地氣上騰，陽極則變

而爲陰，陰極則反而爲陽，陽剛而陰柔，陰消而陽伏，剛柔互相切摩，更相變化，然後萬物之理得矣。夫八

卦之始本於天地，剛柔二體法於陰陽，剛則爲陽爻，柔則爲陰位，爻位相錯雜，然後以成八卦，推盪於天地

之間。若十一月，一陽生而推去一陰；五月，一陰生而推去一陽。是八卦相推盪於天地之間，所以成於

六十四卦也。

鼓之以雷霆，潤之以風雨。

義曰：鼓者，動也。雷者，陰陽二氣相激搏，則其聲爲雷。霆者，怒雷則謂之霆。風所以生萬物，雨所以潤動植也。此至「一寒一暑」，重明上文「變化見矣」及「剛柔相摩，八卦相盪」之事也。夫天地二氣相盪而成八卦之象，相推而成萬事之理。又鼓之以震雷、離電，滋潤以巽風、坎雨，使天下之物无不遂其性者，天地之道也。然而風亦言其潤者，蓋風者是生成之氣，能滋生於萬物，故亦言其潤也。

日月運行，一寒一暑。

義曰：日者，太陽之精。月者，太陰之精。寒者，是純陰之氣。暑者，是純陽之氣也。夫天地之道生萬物，既鼓動以雷霆，又滋潤以風雨，以日而煦育之，以月而照臨之。及夫日月運行，以成晝夜，以成寒暑之候，以盡生成之功者，天地之道也。然而直云震、巽、離、坎，不云乾、坤、艮、兌者，蓋乾、坤之道上下備言，艮、兌非鼓動運行之體，故不言之。其實亦雷電風雨出於山澤，故亦兼包其義焉。

乾道成男，坤道成女。

義曰：道者，自然而生也，此言乾坤之道也。夫天以純陽在上，故爲乾。地以純陰在下，故爲坤。乾主乎剛健，坤主夫柔順。乾自然而爲男，則爲君，爲父，爲長，爲上。坤自然而爲女，則爲臣，爲子，爲婦，爲少。二氣交感以生萬物，故有男女之象。然則坤必言成者，蓋乾因陰而得爲男，坤因陽而得爲女，故言成也。

乾知大始，

義曰：「大始」者，是陰陽始判，萬物未生之時也。乾者，天之用也。夫乾以天陽之氣在於上，故萬物莫不始其氣而生，莫不假其氣而成。得其生者，春英，夏華，秋實，冬藏，承其氣而成者，則胎生、卵化、蠕飛，動躍。是乾知大始起於无形，而入於有形也。

坤作成物。

義曰：坤者，是地之形也。物者，萬品之物也。夫地以純陰之氣在於下，上承於天陽之氣，无所不載，无所不育，是乾始於无形而坤能載之，以作成萬物之形狀也。然乾言「知」，坤言「作」者，蓋乾之生物起於无形，未有營作；坤能承於天氣已成之物事，可營爲。故乾言「知」，而坤言「作」也。

乾以易知，坤以簡能。

義曰：夫乾之生物本於一氣，其道簡略，不言而四時自行，不勞而萬物自遂，是自然而然者也。「坤以簡能」者，夫坤之生物假天之氣，其道亦簡略，其用省默而已，不假煩勞而物自生，不假施爲而物自遂，是自然而然者也。然則乾言「易知」，坤言「簡能」者，何也？蓋乾體在上，坤道在下。萬物始於无形，而乾能知其時，下降而生之，坤道在於下，而能承陽之氣以作成萬物之形狀，其道凝靜，不須煩勞，故乾言「易知」，坤言「簡能」也。　若夫生成之道於物艱難，則不爲易知，若於事煩勞，則不爲簡能也。

易則易知，簡則易從。

義曰：此復說上「乾以易知」也。　夫天之道，寂然不見其用，杳然而不知其爲，及夫四時之代謝，萬物之生殺，不待煩勞而自然者也。　夫人君居兆民之上，爲生靈之主，天下之事固不可以一言而盡也，然而必當法

此乾道簡易之德，以總萬事之要目，則天下之道亦自然簡易而知也。「簡則易從」者，復解上「坤以簡能」也。夫地以純陰之氣上承於天以生萬物，不在煩勞而自然簡易，天下之物各遂其性者也。夫爲臣之道，爲國家之梁棟，作士民之冠冕，必當法此地道之簡易，承君之命，宣君之化，敷布於天下，簡其萬事之要，則天下可易從矣。

易知則有親，易從則有功。

義曰：此二句論聖賢法此乾坤簡易之理也。親者，親比也。言聖人法此天道，簡其萬事之要，不假繁冗屑屑於治體，惟在廣其仁義生成之道以及於天下，昭蘇萬有，養育萬民。夫如是，則天下之人皆悅而親比之也。「易從則有功」者，言人臣之道法此地道，奉君之命，行君之事，不在繁冗，使天下之人於事易從，不在冗屑，而其功易成也。

有親則可久，

義曰：此二句論人法乾坤久而益大也。物既和親，无相殘害，故可久也。言聖人既能法天之生物，順其萬物之情，成其至道之要，施之无窮，傳之萬世。天下之人既親比之久而不朽，此聖人之道至大者也。

有功則可大。

義曰：事業有功，則積漸可大。此言爲臣之道既能法地之道，承事其君，以成其功業，至大至廣，使人易從。

可久則賢人之德，

義曰：夫天之所以覆而不知所以覆之義，地之所以載而不知所以載之理，浩浩然其神之所爲者，天地之

功也。聖人顯諸仁，藏諸用，若日月之照臨而不知照臨之迹者，聖人之功也。然聖人之操心積慮，法天地

簡易之德，以生養天下，使天下之人不可名狀，以成其德也。

可大則賢人之業。

義曰：此言賢人之分，則見所爲之迹也。夫爲臣之道，既能法地之簡易，以成久大之功業，垂之萬世而不

朽，此賢人之業也。然則此聖人言德，爲臣者言業，何也？蓋聖人代天理物，法天行事，施其德澤以滋生

於天下，順其物情，以至昆蟲草木皆蒙其澤，无所不燭，故其功不可以形狀，如天之无不覆，如地之无不

載，故稱曰德。爲臣之道，法地之理以承君之命，行君之事，執其柔順之道，順從於人以成其功。然出一

令，行一事皆稟君上之命而可以形狀，故謂之業也。然此不言聖人而言賢人者，何也？此聖人垂教之法

也。言賢人亦可以法天之簡易而行事以生成於天下，恐後世之人止謂聖人可以法天之行事，故不言聖人

而言賢人也。且賢人尚可法之，則聖人固可知也。

易簡而天下之理得矣。

義曰：言聖人既能從其簡易，不在煩勞，發號施令，廣布德澤，以成天下之功，使天下之人，天下之物，長

幼上下，尊卑貴賤，各得其分。如此，則天下无爲而治，聖人之理得矣。

天下之理得，而成位乎其中矣。

義曰：言聖人既能順其簡易之道，順其萬事之理，使君臣、父子、夫婦、長幼各得其序，則天地之位皆由

此矣。

聖人設卦觀象，

義曰：此已下至「自天祐之」爲一章。上既言易之所起始於乾坤，然天地始判，而萬物之情已在其間，故易之所始因萬物之情而作，故曰易始於天地。此又言聖人設六十四卦之事。夫天地既判，而萬物之情已見於其間，是故聖人仰則觀象於天，俯則觀法於地，揆人事之理，盡萬物之情，乾、坤、水、火、風、雷、山、澤之象設爲六十四卦，以通天地鬼神之情狀，以爲萬世之法也。

繫辭焉而明吉凶，

義曰：六十四卦既設，其道至大，其理至深，聖人若不繫之以辭，散於諸爻之下，則後世之人不能曉聖人設卦之意也。然則卦爻之中有剛有柔，分陰分陽。陰陽相推盪於其間，則有凶有吉，有失有得，故六爻之下皆繫屬其辭，得其正者則其辭吉，失其處者則其辭凶。

剛柔相推而生變化。

義曰：此已下言天地人事之理也。夫天地既判，剛柔二氣互相推盪以生成萬物。有全體而化者，有漸而化者，有胎而生者，有卵而化者，千變萬化，自然而然，皆由剛柔之氣互相推盪以成變化也。如乾之初九交於坤之初六，其卦爲震。

是故吉凶者，失得之象也。

義曰：此總明諸卦象不同之事也。夫吉凶生於非類，悔吝生於動靜，故六十四卦、三百八十四爻有剛有

柔，有正有不正。若辭之吉者，是得之象也。辭之凶者，是失之象也。合於道而不失其正者，爲吉。不合

於道，悖於其理者，爲凶。是吉凶者，失得之象也。然觀六十四卦之中言吉凶者，義有數等，或吉凶之事

據文可知，或不須明言吉凶而吉凶自見。若《乾》之九五「飛龍在天」，尋文考義，是吉可知也，故不須云吉

也。若《剝》之「不利攸往」，《離》之九四「突如其來如，焚如，死如」之屬，據其文辭，其凶可見，故不言凶

也。亦有爻處吉凶之際，吉凶未定，行善則吉，行惡則凶。若《乾》之九三「君子終日乾乾，夕惕若，厲，无

咎」，若《屯》之六二「屯如邅如，乘馬班如，匪寇，婚媾。女子貞不字，十年乃字」，是吉凶未定，故不言吉凶

也。有直言「吉」者，若《坤》之六五「黃裳元吉」，以陰居尊，嫌其不吉，故直言其吉。有直言其「凶」者，若

《剝》之初六：「剝牀以足，蔑貞，凶。」若有一卦之內，或有一爻之中，得失相形，須言吉凶，若《大過》九三

「棟橈，凶。」九四「棟隆，吉」，是一卦相形也。《屯》之九五「屯其膏，小貞吉，大貞凶」，是一爻相形也。亦

有一事相形，終始有異，若《訟》卦：「有孚，窒惕，中吉，終凶。」有有咎而能改之者，若《豫》之上六曰：「冥

豫，成有渝，无咎。」

悔吝者，憂虞之象也。

義曰：事之小小已過，其意有可追悔者，曰悔。事之微小，可爲鄙吝者，曰吝。夫人始於得失微小之事，

雖不至於大咎，然亦當憂虞思慮之，不可謂之微小不思之。故事之小者必至於大，惡之漸者必至於著。

惡積而不可掩，罪大而不可解者，皆自細微以成之也。故《易》中所言吉凶者，是得失之象；言悔吝者，是

憂虞之象也。

變化者，進退之象也。

義曰：夫物之生有全體而化者，有漸而變者，此皆是進退之象也。夫進退之象有盛衰之理、生死之道、吉凶之驗皆自於盛衰，故來則為盛，往則為衰。故六爻之中有剛有柔，或從始而上進，或居終而倒退，往來不窮，互相推盪，以成進退之象也，若《乾》之上九言「亢龍有悔」，《復》之初九言「不遠復，无祗悔，元吉」。

剛柔者，晝夜之象也。

義曰：夫聖人設卦分其剛柔，以明人事之要，以盡萬物之宜。剛則為陽，為明，為晝。柔則為陰，為幽，為夜。剛柔相推以成晝夜幽明之理、變通之道，以成吉凶、悔吝、憂虞之象也。然推觀其上文，始總言「繫辭焉而明吉凶」，剛柔相推而生變化」，此又別言「吉凶者，失得之象。悔吝者，憂虞之象。變化者，進退之象。剛柔者，晝夜之象」者何也？蓋吉凶、悔吝、失得、晝夜之象皆由剛柔相推盪而致者，故得失有重輕，變化有小大，合之則同，分之則異，故始云「剛柔相推而生變化」，不云晝夜者，是總變化而言也。上文云「吉凶者，失得之象」，下文又云「悔吝者，憂虞之象」者，蓋吉凶之事皆由得失而成，得失之本皆由悔吝而成，悔吝之本皆由憂虞而有也。

六爻之動，三極之道也。

此復明變化進退之義也。夫《易》卦之中則有六爻，故下二爻以象地，中二爻以象人，上二爻以象天，是六爻之中三才之道畢矣。然六爻之道有變有動，有凶有吉，有得有失。若動而合于道，則為吉。動而悖於事，則為凶。是六爻之動，互相推盪，則是天地人三才窮極之事，故有吉凶、悔吝、得失、變化之道也。

是故君子所居而安者，易之序也。

自此已下言君子觀聖人設卦作《易》之意，以爲修身之法也。夫《易》卦之中有凶有吉，有否有泰，有悔有吝，有變有化，有剛有柔。夫君子之人觀此剛柔變化，吉凶得失，悔吝憂虞之象，知其易之序，以修其身，以行其事，以之居處進退，不惟尊卑、貴賤、貧困之間，皆得以安止也。至如《乾》之初九言「潛龍勿用」，是言君子之人可隱則當隱也；九二則言「見龍在田」，是言君子之人可進則當進之。又如居泰之時，則君子可引類而進於朝，居否之世，則有否塞不通之象，居於家人，則行治家之法；居旅之時，則爲行旅之事。如此之類，皆是用得其時，不失其道。不惟尊卑、貴賤、貧困，窮極安處、進退之間皆可行之，是易之序也。

所樂而玩者，爻之辭也。

義曰：夫君子之人既能知易之以序，以爲居處之術，又當樂玩其六爻之辭。夫六爻之辭有凶有吉，有否有泰，有得有失，皆隨時而變通。是故君子之人必當愛樂而玩之，見其善則思齊其事，見其惡則思懼而改，趣其治而去其亂，向其安而舍其危，以至吉凶之事，悔吝之道，至纖至悉，无不備於爻辭之間，故君子所樂而玩者，爻之辭也。

是故君子居則觀其象而玩其辭，

義曰：夫爻卦之間有凶有吉，有失有得。君子之人故當居處之間，觀其設卦之象，明其萬事之理，以貮樂六爻之辭，以知事之吉凶，明其事之得失，以至死生之道，變通之理，則无咎過之事。

動則觀其變而玩其占。

義曰：夫易以變而爲占，自六爻之中皆變而爲占，故古者取其蓍草之數，隨其變而占之，以明休咎之事，

以究鬼神之奧。故君子若觀此六爻之變，凡於動靜興作之間必知其休咎之驗矣。

是以「自天祐之，吉无不利」。

義曰：言君子之人既能居則觀其辭，動則玩其占，以奉順易象，則身无有凶害。如此，則自上天之所祐

助，鬼神之所協吉，何所不利也。

象者，言乎象者也。

義曰：疏以爲自此至「死生之說」爲一章，則非也。今觀其文辭，當從「辭也者，各指其所之」爲一段，自

「易與天地準」而下至「盛德大業」爲一章是也。「象者，言乎象者也」，自此以下至「辭也者，各指其所之」

爲一章。上章既言吉凶悔吝、聖人設卦繫辭之義，細意未盡，此復言文王作象辭分於諸卦之下，以釋一卦之

義。雖然，有周公爻辭散於諸爻之下，然文王之象其義淵深，孔子復作《象》辭以解之象者，總論一卦之

象，如《乾》之象「元亨利貞」曰「大哉乾元」，《坤》「元亨」曰「至哉坤元」，《屯》「元亨」曰「屯，剛柔始交而難

生」，《蒙》「亨」曰「蒙，山下有險」，是皆解一卦之辭也，故曰「象者，言乎其象也」。

爻者，言乎變者也。

義曰：夫六爻之設，內外二體，有變有動，有凶有吉，各隨時而變改之。然文王之作象辭以釋一卦之象，

然其義亦有未盡。周公復作爻辭，散於諸爻之下，總人事之要道，明萬事之吉凶，隨其爻而通變之，各順

其用。

吉凶者，言乎其失得也。

義曰：夫爻象之設有凶有吉，有剛有柔。若陽居陰位，則不得其正，或陰居陽位則或失其常，或近而不相得，或遠而有所比，合於道者則吉，乖於道者則凶，故吉凶之端，失得之義，盡在於爻辭之間矣。上文「吉凶者」，失得之象也。

悔吝者，言乎其小疵也。

義曰：疵者，病也。夫人禍發於細微，姦生於隱暗。事有至小而可以追悔者，行有至微而可以鄙吝者，故當憂慮而戒慎之。夫小惡不改以至於大惡，小善不積以至於大凶，至乎鄙吝之道皆由微小而生也，故君子之人觀此爻象之辭，則知動靜之理。積其小善以成於大善，積其小惡以至於大惡，捨其失而處其得，悖其凶而從其吉。故悔吝之來，皆由微小而至矣。

无咎者，善補過也。

義曰：夫人所以有咎者，蓋由操心積慮，過爲其事。小惡不改以成乎大惡，小過不防以至乎大過，所以有咎，如《噬嗑》上九「屨校滅趾」之類是也。此言「无咎」者，蓋言人之有失者善能自改，故六爻之中有能改過而无咎者，若《豫》之上六曰「冥豫，成有渝，无咎」《隨》之初九曰「官有渝，貞吉」，從正則吉也。

是故列貴賤者存乎位，

義曰：位者，即六爻之位。夫一卦之中凡有六爻，分其上下，有尊有卑，有小有大。若九五則言君位，九

三則言臣位，是尊卑大小各有其分，則貴賤之位從而定矣。

齊小大者存乎卦，

義曰：夫陽主剛明而有生成之德，故其德大；陰主柔順而有消剝之行，故其德小。故六十四卦皆本陰陽剛柔之理以定其位也，故有大有小，君子必當明辨之。至如乾之與坤，泰之與否，損之與益，小過與大過，既濟與未濟，是皆所用不同，有小有大，各隨時而用之也。

辨吉凶者存乎辭，

義曰：辭者，卦爻之下所繫之言辭也。夫六十四卦有陽居陽位，陰居陰位；有以陽居陰位者，有以陰居陽位者，有以臣居君位者，有以君居臣位者。如此之爻位多矣，聖人若不繫之辭，則凶吉无由見矣。至如《比》之六二居得其正，則其辭曰「比之自內，貞吉」；《小畜》之初九以陽居陽，則其辭曰「復自道，何其咎？吉」；《隨》之九四以陽居陰，則其辭曰「隨有獲，貞凶」；《觀》之初六以陰居陽，則其辭曰「童觀，小人无咎，君子吝」；《噬嗑》之上九以陽居陰，曰「何校滅耳，凶」。是吉凶之文皆在於所繫之辭也。君子之人若明辨吉凶之事，觀其辭則可知矣。

憂悔吝者存乎介，

義曰：介者，纖介也。悔吝者，小疵病也。夫人，小惡不改以成於大惡，小疵不補以成於大疵。勿謂小善无益而不爲，勿謂小惡无傷而弗去。及夫惡積而不可掩，罪大而不可解，以至何校滅耳，喪身夷族，然後悔之亦其晚矣。故聖人凡小疵、病、鄙吝之事必先憂虞之，所以獲其无咎也。然則萬事之理皆始自纖芥，

故聖人豫防之。故《坤》卦曰「履霜堅冰」者，則聖人教人防微杜漸之深戒也。

震无咎者存乎悔。

義曰：震者，動也。悔者，過也。夫人所以舉動而无咎者，蓋有剛明之才，有至正之德，知其吉凶之道，明其得失之迹。事之小疵者，預憂虞之；事之將失者，必改悔之；所以舉動而无咎者，蓋存乎悔也。

是故卦有小大，辭有險易。

義曰：其道光明則謂之大，其道消散謂之小。夫六十四卦之設有大有小，有通有塞，故六爻之中有變有動，有險有易。若履得其正，居得其中，行事无過，則卦爻之下亦有和易之辭；若履非其正，居非其位，行事失其中，則卦爻之下亦有險難之文。至如居泰之時，則言君子道長；居否之時，則言君子道消，明夷之時，則言明有所傷；大壯之時，則言大者壯也。以至吉凶悔吝，善與不善，惡與不惡，卦爻之下各繫其辭以明之。故上文所謂「齊小大者存乎卦」者，是也。

辭也者，各指其所之。

義曰：言六十四卦所繫之辭各指事而言也。至如適於泰卦則其辭和易，適於塞卦則其辭艱險，適於謙卦則其辭巽順，適於離卦則其辭文明，是各指其事之所變而言也。

易與天地準，

義曰：自此已下至「鼓萬物而不與聖人同憂，盛德大業，至矣哉」爲一章。上既言卦爻辭理之義，此又廣明易道深遠，可以與天地相參準也。夫天地之道，福善禍淫，善者則祐助之，惡者則傾覆之，以至生成萬

品之物皆以簡易之道，自然而然也。夫易之道本始於天地，故六十四卦、三百八十四爻所以統三才而妙萬物也。故爻之善者，則其辭善；爻之惡者，則其辭惡；得其正者，則其辭吉，失其正者，則其辭凶，以至總包萬事之理，皆以簡易之道自然而然也。是大易之道之可以準擬於天地也，至乾以健而法天，坤以順而法地之類是也。

故能彌綸天地之道。

義曰：彌者，縫也。綸者，經也。言易道微妙，包含萬象，知鬼神之情狀，明人事之終始，上可以彌縫補合於天道，下可以經綸牽合於地理，无所不載，无所不備者也。

仰以觀於天文，俯以察於地理，

義曰：天文者，則是日月星辰，布設懸象成文章，故稱文也。地理者，則謂山川原隰，高卑上下，各有條理，繁盛於地，故稱理也。夫易之本始，始於天地。聖人仰以觀於天文，俯以察於地理，揆萬物之情，盡人事之理，以至纖至悉无所不包，无所不備，是易之道也。

是故知幽明之故。原始反終，故知死生之說。

義曰：幽者，无形之謂也。明者，有形之義也。明則爲晝，爲陽；幽則爲夜，爲陰。夫聖人之作《易》，本準擬於天地，下總括於事物，鬼神之情狀，吉凶之萌兆，陰陽之運動，幽明之義理，莫不統包於其間矣。「原始反終，故知死生之說」者，夫易道深遠，知幽明之故以原究事物之終始，反復天人之本末，萬物之榮枯，四時之變化，吉凶之兆，動静之理，以至死生之說，莫不知之。

精氣爲物，遊魂爲變，

義曰：精氣者，則爲陰陽精靈之氣也，氤氳積聚而爲萬物也。遊魂者，伸爲物之積聚，歸爲分散之時則謂遊魂。夫天地之道，陰陽之精氣萃聚而生萬物，於萬物之間受陰陽之精氣而靈者則爲人。人受陰陽之精氣萃之於身，則有耳、目、口、鼻、心知、髮膚，而爲之體魄也。合於人身則謂之魂，故口能言，目能視，耳能聽。心能思慮則謂之神，故用思慮心知才能則謂之變。得精氣之多者則爲神，得精氣之少者則爲魄。及夫思慮既久，精神已倦，心知已勞，髮膚漸衰，及其死也，體魄降於地，骨肉斃於下，精神散之於天則爲神，體魄散之於下則爲鬼，是天地之精氣萃聚於人身則爲精神體魄矣。故《左氏》載子產之言曰：「心之精爽，是謂魂魄。魂魄去之，何以能久？」是言凡人得精氣之多者爲神，受精氣之少者爲魄。神魄萃之於身，久而必去，則精氣歸於天則爲神，骨肉斃於下，散而无所之，則爲鬼。又《禮記·祭義》曰：「氣也者，神之盛也。魄也者，鬼之盛也。合鬼與神，教之至也。眾生必死，死必歸土，此之謂鬼。骨肉斃於下，陰爲野土。其氣發揚於上，爲昭明，焄蒿悽愴，此百物之精也，神之著也。」是言人之生則精氣聚而爲神，死則骨肉散而爲鬼，而精魂改變，去形離體，則爲變化之道也。

是故知鬼神之情狀。

義曰：鬼神者，不疾而行，不言而信。視之弗見，聽之弗聞者，鬼神之道也。夫鬼神之道，本諸精氣體魄聚之而生，亦由骨肉體魄散之而有冥冥然，不知其所在。聖人以其爲无則曰不仁，以其爲有則曰不知，其有形狀可覩哉？然此言知其形狀者，蓋言易道至大，通於天地，達於幽明，不惟幽隱章顯之間，而易道可

以見矣。

與天地相似，故不違。

義曰：此已下言易道廣大，盡生死之理，幽明之故也。夫天地之道，春生夏長秋殺冬藏，包含萬彙，无小无大，高者下者，飛者走者，莫不生育之，故不可以一言而盡也。夫大易之道，陽剛陰柔，窮幽極遠，總括萬事，從无入有，至纖至悉，莫不總明之，故不可一言而盡也。推其本原，大易之道皆聖人窮神盡性而作也。上則準擬於天地，下則包言于人物。前乎天地，則其道不過；後乎天地，則其道不異，中於天地之間，則其道若合符契而无違越。是易之道與天地相似者也。

知周乎萬物而道濟天下，故不過。

義曰：聖人无物不知，是知周也。天下皆養，是道濟天下也。萬事皆得其宜，是不過也。夫聖人以仁知之德，才能思慮周及萬物，至於纖介之類皆蒙被之。又以仁義施及天下，使萬品之物、天下之人皆得其所，皆獲其濟，而又所行之事，合於大中无不及之事。

旁行而不流，

義曰：夫聖人中天下而立，正南面而居，拂其己之私邪，去其己之阿黨，所行之事中立而不倚，正行而不邪，以天下為一家，以萬民為一情，凡所動作莫不會合大中之道而行之。此言「旁行而不流」者，蓋言聖人非善於一身，以至正之德上符於天，下合於地，中合於人，无私无枉，无所不契，雖旁行於天下之間，亦无私邪淫過流蕩之事。所以然者，蓋至公至正而致然也。

樂天知命，故不憂。

義曰：順天施化是樂天，識物始終是知命。夫聖人順天施化，識物始終，以其不可改者，天命也。由是推測天道，以知己命。至於富貴、壽考、貧賤、夭折，皆繫於天，是以心无憂恤。雖在貧賤，亦不爲險詖之行，雖在富貴，不爲奢侈之心。故《孟子》曰：「莫之爲而爲者，天也。莫之致而至者，命也。」是言人之性命之理，死生之道，皆本於天，固无可奈何。然則富貴稟於天，死生繫乎命，既无可奈何，則宜順從於天道，樂天而知命，原始而思終，安静而居，則无憂恤也。

安土敦乎仁，故能愛。

義曰：安者，静也。愛者，養也。夫聖人稟天地之全性，五常之道皆出於中，天下有一物不被其賜者，若己内於溝壑。由是推己之性以觀天下之性，推己之仁以安天下之物，使天下之人、萬品之物皆安土而定居矣。人能安土，❶物既遂性，則父母兄弟，親疏上下，遞相親睦，而敦仁愛之心矣。

範圍天地之化而不過，

義曰：範，謂模也。圍，謂周也。過者，違也。夫聖人粹天地之靈，中天地而立。觀天地之性，然後正己之性。觀天地之情，然後正己之情。凡所行事，皆模範於天地陰陽之端。至如樹木以時伐，禽獸以時殺，春夏則生育之，秋冬則肅殺之，使物遂其性，民安其所，是範圍天地之化而无過越也。

❶「能」，康熙本、《薈要》本作「既」。

曲成萬物而不遺，

義曰：曲者，曲屈委細而成就萬物也。遺者，棄也。夫聖人宅天下之廣居，司萬物之性命，模範天地以施化，輔相天地以保民，雖事物之微，昆蟲之細，亦皆以仁信屈曲而成就之。至如網罟以時，不麛不卵，是皆物之微細而不遺棄也。

通乎晝夜之道而知，

義曰：通者，无所不通之謂也。晝則爲明，爲陽也。夜則爲幽，爲陰也。夫聖人得天之正性，秀出於人，上與天地合其德，與日月合其明，通曉陰陽之宜，默運鬼神之奧，雖晝夜之道，幽明之理无所不知，无所不曉。至如寒暑之代謝，星辰之相旋，陰陽之晦明，風雨之凄暴，未有不先知之矣。自此已上皆言神之所爲，精氣爲物，遊魂爲變之事，聖人能極神盡慮，推幽測隱，无所不知也。

故神无方而《易》无體。

義曰：神者，陰陽不測，幽微不可以測度，故曰「神」。「无方」者，不見所處，運動不息，是无方也。《易》者，即《周易》也。无體者，唯變所適，往來不窮，是无體也。夫天地之道，妙用无門，鬼神之道，寂然无迹，春生夏長，藏往知來，故不可以方隅而論之。夫大易之道，總括天地，包含萬象，惟變所適。道无常用，既不可以象類索，又不可以形器求，是亦不可以定體而論之也。是大易之道與天地之道相準，如鬼神之妙用也。

一陰一陽之謂道，

義曰：道者，自然之謂也，以數言之，則謂之一；以體言之，則謂之无；以開物通務言之，則謂之通；以微

妙不測言之，則謂之神；以應機變化言之，❶則謂之易；總五常言之，則謂之道也。上既言天地之神，大

易之道窮變盡神，妙用无方，不可以方隅形體而求之。此又言天地生成之道。夫獨陽不能自生，獨陰不

能自成，是必陰陽相須，然後可以生成萬物，故於冬至之日，陽氣下施，散而爲春夏，以生成萬物，以至洪

者纖者，高者下者，皆遂其生以盈滿於天地之間。然萬物既生不可不成之，故於夏至之日陰氣下施，散而

爲秋冬，以成就萬物，以至洪者纖者，高者下者，皆遂其性以成就於天地之間。是一陰一陽，互相推盪，天

覆而地載，日照而月臨，所以謂之道也。

繼之者善也，

義曰：夫天地之道，陰陽之功，生成萬物，千變萬化，以盈滿於天地之間，使高者得其高之分，卑者得其卑

之理，聖人得天地之全性，繼天地生成之功，以仁愛天下之物，以義宜天下之衆，使居上者不陵於下，在下

者不過其分，是聖人繼天養物之功，❷以爲善行也。故《乾》卦曰：「元者善之長。」是言天以一元之氣爲衆

善之長，聖人繼其元善之功，以理於物也。

成之者性也。

---

❶ 「言之」原闕，今據《薈要》本補。

❷ 「天」下，康熙本、《薈要》本有「地」字。

義曰：性者，天所稟之性也。天地之性，寂然不動。不知所以然而然者，天地之性也。然而元善之氣受

之於人，皆有善性，至明而不昏，至正而不邪，至公而不私。聖人得天地之全性，純而不雜，剛而不暴，喜

則與天下共喜，怒則與天下共怒，以仁愛天下之人，以義宜天下之物。繼天下之善性以成就己之性，既成

就己之性，又成就萬物之性。既成就萬物之性，則於天地之性可參矣。是能繼天地之善者，人之性也。

仁者見之謂之仁，知者見之謂之知，

義曰：夫聖人得天性之全，故五常之道无所不備。賢人得天性之偏，故五常之道多所不備，或厚於仁而

薄於義，或厚於禮而薄於信，是五常之性故不能如聖人之兼也。夫大易之道，卦於伏羲，重於文王，爻辭

於周公，是三聖人垂萬世法則之書。其間寫天、地、水、火、風、雷、山、澤之象，本準擬於天地，統鬼神之妙

用，惟變所適，量時制宜，故不可一義而求之也。若仁者見之則知聖人之仁，知者見之則知聖人之知，是

各資其分而已矣。

百姓日用而不知，故君子之道鮮矣。

義曰：夫聖人得天地之正性，繼天地之行事，故无所不知，无所不明。賢人得天地之偏，又可以仰及於聖

人之行事。然聖人之道至深至奧，賢人尚可以偏窺之，至於天下百姓，常常之人，得天性之少者，故不可

以明聖人所行之事。夫大易之道載聖人之行事，包乾坤之生育，鬼神之妙用，人道之終始无不備於其間。

聖人體其用，成其功業，發見於天下，則天下之人咸戴而行之，莫知所以然而然也。然而聖人君子雖能體

易道以爲用，觀易道以施化，然能悟君子之道者亦鮮矣。

顯諸仁，藏諸用，

義曰：上言神之所爲，此論易道之大與神功不異也。「顯諸仁」者，言道之爲體，顯見仁功，衣被萬物，是

其顯也。「藏諸用」者，謂潛藏功用，不使物知，是「藏諸用」也。夫天地之道，乾剛坤柔，日臨月照，春生夏

長，秋殺冬藏，使萬物緜緜而不絕者，天地生成之仁也，然不知天地生成之用也。夫聖人之道，恩涵澤浸，

政漸仁煦，薄賦輕役，恤孤軫貧，使百姓安其土而不遷，勸其功而樂其事者，聖人生成之仁也，然不知聖人生

成之用也。夫大易之道，寂然不見其體，杳然不見其形，以之悅懌生民，功業萬世，施爲德澤，則可以衣被

萬物，是「顯諸仁」也。及夫推究原本，測度云爲，不見其迹，是「藏諸用」也。是大易之與天地、鬼神无以

異也。

鼓萬物而不與聖人同憂，

義曰：夫天地之道，以時而生，以時而殺，雷霆以鼓動之，風雨以滋潤之，使萬物洪者纖者，高者下者，皆

遂其性。或萬物之中有夭折、暴亡、凶荒、札瘥者，皆任自然之理，不能憂恤之。夫聖人代天牧民，繼天之

善，以仁義之道生成於天下，物之夭折、暴亡、凶荒、札瘥者，常如己內於溝壑之中，是天地之道但能鼓舞

於萬物，而不能憂恤於萬物。聖人能生成於萬物，又能憂恤於萬民也。惜乎聖人所不得者，天地之權

也。故大易之道載天地生成之理，而不能與聖人同憂也。老子曰「天地之道，氣猶橐籥，以萬物爲芻狗」

者，此也。

盛德大業至矣哉！

義曰：此已下至「陰陽不測之謂神」爲一章，此是「十翼」之中第五章。今注疏之説皆以謂「顯諸仁，藏諸用」而下至「道義之門」爲一章，今觀「顯諸仁，藏諸用，鼓萬物而不與聖人同憂」三句，皆言上文天地不測之事，故自此「盛德」已下至「陰陽不測之謂神」爲一章，自「夫易廣矣大矣」而下至「易簡之善」爲一章。

「盛德大業至矣哉」者，夫天地之道，无所不生，以生成之功言之，其德至廣，而其功至大也。聖人法天之用，廣生成之道，萬物由之而通，政教由之而理，而又作工巧以便器用，立商賈以通有无，爲之網罟，則以畋以漁，爲之耒耜，則以耕以耨。天下之人，至於昆蟲草木，无不被其賜者，是聖人充盛之德，廣大之業至極矣哉。然必云「盛德大業」者，蓋施於行則爲德，行於事則爲業也。

富有之謂大業，

義曰：自此已下覆説大業盛德，因廣明易與乾坤之事。夫天之生物盈滿於天地之間，則謂之富。聖人法天之行事，布其德澤，施其教化，竭天下之財用，聚天下之民物，以爲之富有。富有天下，措當世於不拔，故謂之大業也。

日新之謂盛德。

義曰：夫天地之道，日往月來，陰極陽生，四時更變，寒暑相推，一日復一日，其德愈新，以至生成萬物，日日而盛大。聖人法此天地之道，增修其德，持循政教，適時之變，量事制宜，使其德日日盛大。

生生之謂易，

義曰：生生者，陰生陽，陽生陰也。天地之道，聖人之德，以富有言之則謂之大業，以日新言之則謂之盛

德。而又生成之道，變化死生，生而復死，死而復生，使萬物縣縣而不絕者，天地聖人之德業也。夫大易之道盡七、九、八、六之數，寫天、地、水、火、雷、風、山、澤之象，總陰陽生殺之理，包人事萬物之宜，變而必通，終而復始，隨時之變，因事制宜，準擬天地之間，則其功不異，是生生相續而不絕也。

成象之謂乾，

義曰：乾者，健也。夫天以一元之氣，仰而望之，其色蒼蒼。然下周於地，其狀如倚杵，南樞入地三十六度，北樞出地三十六度，一畫一夜凡行九十餘萬里，自古至今未嘗有毫釐之差忒，亦未嘗有分毫之不及，以至生成萬物皆以乾健而神其用，以成就萬物之形狀，非剛健之功則不能如是也。故伏羲始畫乾卦皆取健用爲象也。

效法之謂坤，

義曰：坤者，順也。夫坤地之道，承天之氣而始終，萬物無所不載，無所不生，皆效天而生育之，故伏羲畫坤之卦亦皆取效坤順之義而名曰「坤」。然則必言「成象之謂乾，效法之謂坤」者，蓋萬物之生必由天道剛健，然後成其形象；地道柔順，必得陽氣，然後順其物理。以人事言之，乾則爲君之象，坤則言臣之道。天下之事，非君不能立，庶政之設，非臣不能行也。

極數知來之謂占，

義曰：夫大易之道總包天地、動賾、鬼神。天下之事不言而自知，吉凶之道未萌而先見，皆聖人以蓍象之數占其事物之理，逆知來事之意，考其行事之驗，以成其文也。故下文所謂「將有爲也，問焉而以言，其受

命也如響」，此之謂也。

通變之謂事，

義曰：夫暑往則寒來，陽生則陰伏。物之所以理，事之所以通，生而後滋，周而復始，皆自於變化之力也。故黃帝「通其變，使民不倦，神而化之，使民宜之。易窮則變，變則通，通則久」，是皆自通變之道，然後成天下之事也。

陰陽不測之謂神。

義曰：夫萬物之生皆由天地陰陽之功以生成之，然生成之道周而復始，極而復生，不言而信，不疾而行，以至變化之理，及究其生育之形，不可得而知也。

夫易，廣矣大矣，

義曰：自此已下至「易簡之善配至德」爲一章，此「十翼」之中第六章，贊明大易之道至廣而至大也。夫易變化極於四達，是廣矣，窮於上天，是大矣，故下文云「廣大配天地」是也。

以言乎遠則不禦，

義曰：遠者，四遠之外而不禦止也。夫大易之道，至廣而至大，極天地之淵蘊，盡人事之終始，推於天下，則天下之事无不備，施之萬世，則萬世之事皆可知；窮於四遠，則四遠之處不能以禦也。

以言乎邇則靜而正，

義曰：邇，謂近也。夫邇近之地，目所可覩，耳所可聞，思慮之所可及之處也。故大易之道，雖於邇近之

間，窮理盡性。耳目之所覩，思慮之所及，寂然不見其形，杳然不見其迹，雖邪僻之不能干，至於幽，至於靜，默然而得其正者，大易之道也。

以言乎天地之間則備矣。

義曰：言大易之道至廣而至大，以言乎遐遠之間，則不可禦止；以言乎邇近之處，則其道靜默；以言乎天地變化之道，則无所不備矣。

夫乾，其靜也專，

義曰：乾者，天之用也。夫乾之體，至剛至健，一晝一夜，凡行九十餘萬里，其剛健之德也如此。夫然而生育之時，雖純陰用事，而坤道承陽之氣以發生萬物。雖當純陰用事之時，而陽氣凝然靜默，任其專一之道，以生於物也。

其動也直，

義曰：直，謂正直也。言乾之用，雖未生萬物之時，其靜也專，及其陽氣下降於地，以生萬物，其運轉則四時不忒，寒暑无差，剛而得正。

是以大生焉。

義曰：言天地之道，以其專一至靜之德運動而不失其正，是以能大生於萬物也。

夫坤，其靜也翕，

義曰：翕者，斂也。夫坤之道，凝然在下，承天陽之氣以生於萬物。當陽氣未降之時，則翕斂其氣，閉藏

其用也。

其動也闢，是以廣生焉。

義曰：夫坤之道，凝然在下，翕斂其氣，閉藏其用，而不動。及其陽氣下降之時，開闢其用，承陽之氣以生於物，是以其生育之道至廣而无限極也。

廣大配天地，

義曰：此已下申明大易之道也。言大易之道至廣而至大，无所不包，无所不備，上可以配之於天，下可以周之於地，其道至深而至遠也。

變通配四時，

義曰：夫易之道至幽至賾，惟變所適，生而不絕，周而復始。變通之道，无所常定，亦可以配於四時。至如乾坤之道，生殺之理：春則生之，生之不已，必夏長之，長之不已，必秋成之，成之不已，必冬幹之，是四時生殺皆有其時而變通。易有變通之理，所以配於四時也。

陰陽之義配日月，

義曰：夫易之中有陰陽，猶乾坤之有日月。夫日者，是至陽之精，照於晝而爲明；月者，是至陰之精，照於夜而爲明。故大易之道，變通之理，有剛有柔，有陰有陽，猶乾坤之有日月，運其寒暑，以成晝夜。

易簡之善配至德。

義曰：夫大易之道，包含萬象，至纖至悉，无所不載。然而其道簡易，不尚煩勞，可以配天地之至德也。

子曰：「易，其至矣乎！」

義曰：此已下至「成性存存，道義之門」爲一章，此贊美易道至大至廣也。

夫《易》，聖人所以崇德而廣業也。

義曰：夫大易之道，至廣而至極，上可以括天之高明，下可以包地之博厚。聖人用之，可以增崇其至德，廣大其功業也。

知崇禮卑，

義曰：夫萬物之理，萬事之原，不能出於聖人之知。然聖人之知必由禮而修飾之，故知崇則如天之高，至貴而人莫能及，故禮卑如地之下，至微而人不能出。是至崇者不能及於知之高，至卑者不能出於禮之用也。

崇效天，卑法地。

義曰：言聖人之知崇而上效于天，禮卑而下法於地。知以幽遠爲上則爲崇，禮以卑退爲本，故爲卑也。

天地設位，而易行乎其中矣。

義曰：夫天以純陽之氣積於上，地以柔陰之氣積於下。天地初判，二位既設，則大易之位，萬物之情，以行於天地之間矣。

成性存存，道義之門。」

義曰：性者，天所稟之性也。存存者，不絕之貌也。夫人稟天地之善性，至明而不昏，至正而不邪，至公

周易口義卷十一　繫辭上

而不私。若能觀天之性而成就己之性，則可以生成於天下，以盡萬物之性存存而不絕，而道

義之門自此塗而出也。若夫不能觀天之性以正己之性，則陷於邪佞，而放僻之事從而至矣，如是，則不能

成其道義之門，不能開通其物。故此大易之道，準擬於天地，至公至正，无私无曲，成其治性之道，存存而

不絕，成其道義之門，爲人之所出入而取法也。

聖人有以見天下之賾，而擬諸其形容，象其物宜，

義曰：自此已下至「負且乘，致寇至，盜之招也」爲一章。注以謂至「其臭如蘭」，則非也。上既言易道變

化，神理不測，此又明聖人見天下之賾以成萬物之形象也。賾者，幽賾也，人之難見者也。言聖人推測天

下之幽賾，以擬度萬事之理，以準擬萬物之形容，以象萬物之所宜，使皆各得其宜，各順其性。至如剛之

理則擬乾之形容，柔之理則擬坤之形容。艮之性則言其止，震之性則言其動。陽物則言其剛，陰物則言

其柔。若泰卦，則言泰之形容，象其泰之物宜。若否卦，則言否之形容，象其否之物宜。其六十四卦之

中，皆有所象矣。

是故謂之象。

義曰：此已上結成卦象之義也。夫言聖人因擬度萬物之形容，以象萬物之所宜，是故謂之象。象者，即

文王所作象辭，以明一卦之象也，則謂之象。然六十四卦之中皆謂之象，故前章云「卦者，言乎其象也」，

是言聖人因推測天下之理，以明萬物之宜，故謂之象也。

聖人有以見天下之動，而觀其會通，以行其典禮。

義曰：動，謂變動也。會，合也。通，謂通變也。言聖人觀此諸卦爻之變動，明其吉凶得失之要，以觀天地萬物會合變通之事。其有合於理，通於道者，則爲之常禮而行之；其有悖於理，違於道者，則舍而去之。是聖人明六十四卦動靜之理，變通之事，會合其典禮者也。

繫辭焉以斷其吉凶，是故謂之爻。

義曰：夫六十四卦有剛有柔，有變有動，會合於典禮者則爲吉，不會合於典禮者則爲凶。然而其義幽微，常常之人不能明曉耳，是以聖人於諸卦諸爻之下各繫屬其文辭以解釋之。若陽居陰位，則言其吉；若陰居陽位，則言其凶。或近而相得，則言其吉，或遠而不相比，則言其凶。或居泰之時而行君子之事，則吉；或居夬之時而行剛壯之道，則凶。是皆觀天下之變動，合剛柔之常理而繫屬其辭，以斷定其吉凶之效也，是故謂之爻。爻者，效也，效諸物之變動，明萬事之常理。得其正者爲吉，失其位者爲凶，是吉凶之效自爻之動靜而見也，故上章云「爻者，言乎變者也」。

言天下之至賾而不可惡也，

義曰：此覆説上文聖人見天下之賾也。夫小人之性爲讒，爲諂，常有害君子之心。然君子之人，凡所作事，使小人不得間而窺，不得伺而疑，故所行之事，坦然而行，小人不能以惡忌也。故大易之道，廣之如地，高之如天，君子小人之道无不備載於其間。然雖有黜小人之辭，然无心專在於小人，但人事得失皆備言之，故雖小人之心亦不能惡，大易之道也。

言天下之至動而不可亂也。

義曰：此覆説上文聖人見天下之動也。夫天下之動，吉凶是非，姦邪情僞，莫不錯雜於其間。既姦邪情

僞錯雜於其間，則天下從而亂矣。今此大易之道，亦无心於聖人，惟天地之通變，人事之終始，有會合於

典禮者則爲吉，悖亂於常道者則爲凶。其文皆散在諸爻之下，以明變動之理，雖小人之情僞亦不能錯雜

而紛亂之。

擬之而後言，議之而後動，擬議以成其變化。

義曰：「擬之而後言」者，此覆説上文「天下之至賾而不可惡也」。「議之而後動」者，此覆説上文「天下之

至動而不可亂也」。言聖人觀天下之運動，明人事之得失。一言之出，必深思遠慮，然後行之。何哉？

蓋言之有善有不善，若擬而出之，則其言必善，若不擬而出之，則言滿

天下无口過，故云夫人動靜之間，亦須合於道。若議論而動之，則无悔吝矣，若不議論而動之，則悔吝有

時而至焉。若議而動之，雖行滿天下亦无怨惡也。若能言動之間，擬之而後爲，議之而後行，則深思遠

慮，久而必精，則可以通天下之變化，爲天下之法則者也。

「鳴鶴在陰，其子和之。我有好爵，吾與爾靡之。」

義曰：上既言擬議於善，則善應之；擬議於惡，則惡應之。是猶鳴鶴之在陰，其同類者必相應之也。夫

「鳴鶴在陰」者，此《中孚》之卦九二之爻辭也。夫中孚之九二上應於九五。當中孚之時，二、五以至誠相

應，用心不私，然雖爲六三、六四以陰柔間厠於其間，進無所適，退无所遇，二、五雖不得相會，然至誠相

待，終得其應，此中孚之時卦象之如此也。是猶鳴鶴之在幽陰之中而聲聞於外，其子從而和之也。「我有

好爵，吾與爾靡之」者，亦是言至誠相待之故也。夫美好之爵不自獨有，宜與爾同類之人共分而靡之，是言結之深，用心不私，至公至正也。然此引而證之者，蓋明聖人之言行當擬議而行之，言之善者則善者應之，言之惡者則惡者應之。

子曰：「君子居其室，出其言善，則千里之外應之，況其邇者乎。

義曰：此孔子因言聖人之言，出於其近以行於遠，出於其內以及於外，出於其身以行於人也。故君子之人，凡居其室，出一善言，可以為天下之法，可以興天下之利，雖千里之遠而人皆從之，況於邇近之人乎。

居其室，出其言不善，則千里之外違之，況其邇者乎。

義曰：言君子之人，凡居其室出一言不善，則不可為天下之法，不能除天下之害，不能興天下之利，則千里之人皆違而不從之，況邇近乎。

言出乎身，加乎民，行發乎邇，見乎遠。言行，君子之樞機。

義曰：樞者，戶樞，司其通塞之道。機者，弩牙，主其矢之中否也。夫言戶樞之發，或明或暗，主其通塞之道。弩牙之發，或中或否，主其發矢之中，猶君子之人，言行有善有不善者也。夫君子之言行，出之於身，行之於外，自邇而及遠，由中而及外，若發而為善，則天下從而法則之；若發而不善，則天下從而違去之。

是言行之，為命，為令；有得，有失。若戶樞之主通塞，猶弩牙之有中否，中則為天下之榮，否則為天下之辱。

是言行者，君子之樞機也。

樞機之發，榮辱之主也。

義曰：言行者，本由君子之出，發之中與不中，是榮辱之主也。

言行，君子之所以動天地也，可不慎乎？」

義曰：夫君子之言行，有善有不善，必當思慮之。若思之不精，慮之不深，則言之不善矣。善與不善皆動

之於天地也，故《書》曰：「天聰明，自我民聰明。天明威，自我民明威。」言天體雖高，而下聽於卑矣。夫

君子之言，善則為號令，以除天下之害，以興天下之利，天下之人和樂而從之。民既和之，則善聲動於天。

善聲動於天，則上天降其福。若言之不善，不能興天下之利，不能除天下之害，則天下之人嗟怨而不從

之。天下之人既嗟怨而不從之，則怨氣瀆於天。怨氣瀆於天，則上天降之以禍。是君子之言行出則動乎

天地，必當精心而致思之，可不戒慎乎？

「同人先號咷而後笑。」

義曰：此是同人九五之辭。言同人之九五，下應於六二，然有九三、九四為己之寇難，六二以至誠相待，

雖為三、四寇難，終得為正應也。然此引之者，凡《易》之辭有理義未盡者，孔子復引而明之。言同人之九

五，始為三、四寇難，不得與二為應，是先號咷也。然二、五至誠相應，終得會遇，是後笑也。故因此言行，

陳其至誠之道，故引以為義也。

子曰：「君子之道，或出或處，

義曰：夫君子之人，懷才抱道，有經邦濟世之才，若遇其時，遇其君，則進登王者之朝，以濟天下之民，故

曰「或出」；若不遭其時，不遇其君，則守其至正之道，待時而動，故曰「或處」。

周易口義

或默或語。

義曰：夫君子之人，凡居於室不可以妄語，但寂然不言，默然不語。或當可言之時，必精思而慎慮之，然後可言也。夫如是，雖言滿天下无口過，行滿天下无怨惡，使天下之人莫不悦而從之，而其心一歸於大中之道也。然則君子之人同類相應，同心相得，不必同其道然後言之。至如禹稷事於堯朝，憂天下之饑如己之饑，憂天下之溺如己之溺。又顔子一簞食，一瓢飲，在陋巷，人不堪其憂。孟子謂禹、稷、顔回同道。又如箕子佯狂殷紂，比干諫而死，是皆其心異而其道同也。惟君子之言，必當擬而後言，議而後動，則語默出處，自然合於道矣。

二人同心，其利斷金。

義曰：金者，至堅之物也。夫君子之人推誠以待物，則物以至誠待於己。凡是同心同類之人皆感悦而從之，不必求同於己之道者，但其心一同則可也。至如二人同心，合謀共慮，成天下之能事，雖至纖至悉之利亦可以斷截堅剛之金，是同心之人至利者也。

同心之言，其臭如蘭。」

義曰：臭者，香氣也。蘭者，香草也。言君子之人既能同心同德，合謀共慮，吐言發語有馨香之臭氣，如芝蘭之馥郁芬芳，以達於天地之間也。

「初六，藉用白茅，无咎。」子曰：「苟錯諸地而可矣，藉之用茅，何咎之有？慎之至也。」

義曰：自此已下當連上文爲一章。注疏以此爲第七章之始，非也，當連上文則是。此是大過初六之爻辭

三五八

也。夫大過之時，政教陵遲，紀綱廢墜，上下失道，本末衰弱，惟是有大才德之人過越常分以拯救之。然

聖賢之人雖過越常分以拯救天下之事，然居事之始，不可不慎重之。苟不能慎重之，則害於成事，而以災

其身。夫置器於地，必安全而无傾覆之事，今置器於地，又以潔白之茅薦藉之，是過慎之至也。既過慎

之，則安全而无傾覆也。故孔子因論君子擬議其言行，故以此明慎事之始如置器於地，又藉以白茅，是慎

之至也，何咎之有乎。

夫茅之爲物薄，而用可重也。慎斯術也以往，其无所失矣。」

義曰：夫茅之爲物，雖柔弱菲薄，然祭祀之時必取而爲用，以薦藉宗廟之靈；雖爲物甚微，然有潔白柔順

之質，其用也重矣。聖人因其慎事之始，又取茅之所用之重，以明慎重之術，以此而往，則无所失。且大

過之事尚且如此，況於小小之事乎。

「勞謙，君子有終，吉。」

義曰：此是謙卦九三之爻辭也。夫謙之九三，以陽居陽，在下卦之上。以位言之，則居得其正，以身言

之，則在人臣之極位，上奉於君，下在百官之上，其責至重，其職非輕，是以上則勞謙以事於君，下則勞謙

以接於人，不以勤勞爲慮，常惟曠官之責。夫如是，是勞謙君子，有終者也。然則必言君子之終者，何

也？夫小人之性亦有謙順之時，然其心易變，朝行而夕改，不能終始而行之。唯其君子之人，慎始至終，

有其本末，故云君子終吉也，在古之時，惟周公可以當也。夫周公是文王之子，武王之弟，成王之叔，當周

之時而相武王伐紂，一戎衣而天下定。迨夫成王幼弱，已居三公之責，攝天子之位，握天下之重權，位非

不尊也，權非不重也，天下非不歸也，而周公盡人臣之忠節，竭人臣之思慮，以事於沖君，復制禮作樂，朝

諸侯於明堂，天下臣民陶然而歸之。然周公之心，猶且吐哺握髮，以下白屋之士，上盡忠節以奉於君，下

盡謙恭以下於人，自古至今未有如周公之德者也。

子曰：「勞而不伐，有功而不德，厚之至也」。

義曰：此孔子因言君子勞謙以成功業，又不自矜伐其功，退己之德，稱爲已善者也，在古之時惟夏禹可以

當也。夫夏禹事於堯舜之朝，洪水滔天，浩浩懷山襄陵，下民昏墊，天下之人物幾魚鱉矣。而禹獨以聖人

之德，盡己之力，竭己之謀慮，周行天下，疏河決導，尋源分派，以通水之性，成其功業，天下之人得免魚鱉

之患，此禹功之最大者也。自古至今，天下有及禹之功者也。然禹不自以爲功，故舜舉之曰：「汝惟不

伐，天下莫與汝爭功。汝惟不矜，天下莫與汝爭能。」是大禹不自矜伐其功德也，此是德厚至極者也。

語以其功下人者也。

義曰：上既言「勞謙，君子有終」「有功而不德」，故此大易之道語說謙卦之九三，能以謙順之功卑下於人

者也。

德言盛，禮言恭。

義曰：夫君子之德以盛爲本，苟不盛大之，則不足以爲德，故「德言盛」者，取其日新之謂也。「禮言恭」

者，夫君子之行禮，必以謙順爲本，以恭敬爲先，苟不能恭敬而行之，亦不足謂之禮。故「禮言恭」者，取其

恭順之謂也。

謙也者，致恭以存其位者也。」

義曰：夫君子之人，在人臣之極位，處百官之上，必當盡恭順之節以事於君，懷恭順之誠以接於下，然後可以存乎其位也。若居人臣之極位，在百官之上，不能盡恭順之節以事於君，不能懷恭順之誠以接於下，則不能保其祿位也。必須致恭，然後可存其位也。

「亢龍有悔。」子曰：「貴而无位，高而无民，賢人在下位而无輔，是以動而有悔也。」

義曰：上既明謙德保位，此明无謙則有悔也，故引乾卦上九之辭以證之。夫乾之上九處一卦之極，過於九五，在窮極之地，是知進而不知退，知存而不知亡也。夫君子之人，若能居富貴之位，不自高亢，執其謙順，則可保其位而獲吉也，若不能謙順，是爲亢龍之悔咎矣。子曰「貴而无位，高而无民」者，夫人君之位止於九五，今上九之爻過於九五，失其中道而在窮極之地，是天下之民不與也，故云「貴而无位」。「高而无民」者，夫欲率天下之民，莫非有才有位，然後可以无悔。今上九已過中道，越於九五，雖居德位之尊，奈何天下之民皆歸於九五，上九之爻則是「高而无民」也。「賢人在下位而无輔，是以動而有悔也」者，夫天下之賢，患乎不用，既得其用，患乎不才；既有其才，患乎无君，既有其君，即盡忠竭節以事之。今上九之爻過於九五，在窮極无位之地，則是无權之人也。雖天下賢才至衆，但甘於藜藿，處於蒿萊，不輔於上九過亢之人也，是以上九動靜之間，必須有其悔吝也。

「不出戶庭，无咎。」

義曰：此節卦初九之爻辭也。上既言乾之上九不知進退，恃其崇高之位，生其驕亢之心，以至其道窮極，

動有悔吝，此又言聖賢語默之間必當周密，故引此節卦初九之辭以證之。夫節之為道，節人之情，防人之

欲，禁民之非，止民之偽，天下之所惡聞，人情之所不願者也。凡君子之人為節之道，必當慎重而周密，不

可使人窺覘。若一漏洩其幾，則人之情偽姦詐萬狀叢然而生，壞於成事。如是則法出而姦生，令下而詐

起耳。故君子凡節天下，不可不周密之。苟能周密慎重，不露其芒角，使小人不得間而窺，則可免其過

咎矣。

子曰：「亂之所生也，則言語以為階。

義曰：階者，梯階，人之所履也。夫亂之所生也，皆言語以為之梯階。夫君子之人排斥姦邪，創立制度，

必當慎其言語，苟言之不慎，則亂之所由矣。是故亂之生，皆自言語以為之梯階也。

君不密則失臣，

義曰：夫為臣之道，盡忠竭節以諫於君，或興天下之利，或除天下之害，或斥言姦邪，或指陳僭忒，與君同

謀共慮。君不能慎密，彰露其事，為眾所共聞，則人生嫉妬之心，以至失臣之身也。

臣不密則失身，

義曰：夫人欲興天下之利，除天下之害，成一時之功，為萬世之法，以鼎新天下之法制者，必當慎其幾，藏

其密也。苟言行之有虧失聞之於外，為人之所疾害，則是自害失其身也。

幾事不密則害成，是以君子慎密而不出也。」

義曰：言君子之人，幾密之事不可不慎，苟一漏洩其幾，為小人之所窺覘，則姦邪互生，情偽交作，害廢於

成事，敗壞於法制，如是則天下從而亂矣。是以君子凡立成事，謀議姦邪，不可不爲之慎密，是以君子慎密而不出也。

子曰：「作《易》者，其知盜乎？」

義曰：此又言人之愛惡相攻，遠近相取，盛衰相變，情僞相易，釁隙相乘而成寇盜之事。故孔子因言《易》中知寇盜之事乎，故發而問之曰：「作《易》者，其知盜乎？」

《易》曰：「負且乘，致寇至。」

義曰：此解卦六三之辭也。夫解難之時，承蹇難之後，君子有才有位者，則可以釋天下之難。六三之爻，以陰柔之質居於陽位，以位言之則不中也，以身言之則不正也。夫以陰柔不中不正之小人而居君子之位，行其諂佞之行，荼毒良民，不可以久居其位，必爲盜之所奪，人之所不與焉，故曰「負且乘，致寇至」。

負也者，小人之事也。乘也者，君子之器也。小人而乘君子之器，盜思奪之矣。

義曰：負者，是負擔之小人。乘者，君子所乘之車也。夫人臣之位，佐君澤民，須賢者居之，則天下之人受其賜而太平之功可致矣。夫君子之器必君子居之，若以負擔之小人而乘君子之器，❶不惟天下之所厭棄，抑亦爲寇盜之所争奪也。

上慢下暴，盜思伐之矣。

❶ 「器」下，康熙本、《薈要》本有「位」字。

義曰：夫小人居君子之位，驕慢在下之人，暴虐爲政，不唯盜之所奪，抑亦爲盜之侵伐矣。然則居人臣之
位，處百官之上，必當任賢使能以居其位。今小人居君子之位，此蓋在上之人不能選賢任能，遂使小人乘
時得勢而至於高位，非小人之然也，蓋在上者選之不精也。

慢藏誨盜，

義曰：夫爵祿之位，寶器之物，必當慎而藏之。苟不能自寶藏之，常守不謹，則是教誨竊盜之人以取之，
是己之招也，非盜賊之然也。

冶容誨淫。

義曰：冶者，夭冶也。夫強暴之男不能侵人之正女，今女子不能内守閨門之行，反自妖冶其容，粧麗其
色，使外人之窺覷而生不軌淫慾之心，是教誨淫者使侵于己也。此蓋非外物之然，蓋己身之不正所招也。
至如小人在位，不能慎守其身，貪殘荼毒，恃其崇高，耽其驕慢，以至爲寇之所奪，亦由己之所招也，故復
引《易》「負且乘」云。

《易》曰「負且乘，致寇至」，盜之招也。」

義曰：言小人乘君子之位，必爲盜之所奪者，蓋由己身不正而然也。然則上文首尾皆稱《易》曰「負且乘」
者，蓋欲人慎重其事，故再言之。

大衍章釋義

義曰：按此一章有脱落之處，亦有倒錯之文。何以知之？按下文云：「子曰：『知變化之道，其知神之所

爲乎？」下文又不言「變化之道」。又一章言「天一，地二；天三，地四；天五，地六；天七，地八；天九，

地十」，下文又不言天地之事。大衍之數五十有五，而經文止言四十有九。以此推之，則此文倒錯而脫漏

矣。今當先言：「子曰：『知變化之道者，其知神之所爲乎？』」次言：「天一，地二；天三，地四；天五，地

六；天七，地八；天九，地十。」又次言：「天數五，地數五，五位相得而各有合。天數二十有五，地數三十。

凡天地之數五十有五，此所以成變化而行鬼神也。乾之策二百一十有六，坤之策百四十有四，凡三百有

六十，當期之日。二篇之策，萬有一千五百二十，當萬物之數也。」次言：「大衍之數五十有五，其用四十

有九。分而爲二以象兩，掛一以象三，揲之以四以象四時，歸奇於扐以象閏，五歲再閏，故再扐而後掛。

是故四營而成易，十有八變而成卦，八卦而小成。引而伸之，觸類而長之，天下之能事畢矣。顯道，神德

行，是故可與酬酢，可與祐神矣。

子曰：「知變化之道者，其知神之所爲乎？」

義曰：此言大易之道知變化之理，知神所爲也。夫天地生成之道，變化萬品，春生夏長，秋殺冬藏，自然

而然，莫知其變化神用之理，故大易之道知其變化之理，其知神之所爲乎。

天一，地二；天三，地四；天五，地六；天七，地八；天九，地十。

義曰：此言天地生成之數也。夫天以一生水，生數一。地以二生火，生數二。天以三生木，生數三。地

以四生金，生數四。天以五生土，生數五。此是天地之生數也。如是則陰无匹，陽无耦。故地以六成水，

故成數六。天以七成火，故成數七。地以八成木，成數八。天以九成金，成數九。地以十成土，成數十。

周易口義

陰陽有匹而物乃成，故謂之成數也。然數之所起，本起於陰陽，陰陽往來，見於日道。十一月，冬至日，南

極陽來而陰往。冬，水位也，以一陽生爲水數。五月，夏至日，北極陰進而陽退。夏，火位也，當以一陰

生，爲火數。陰不名奇數，必以耦，故以二陰生爲火數也。自冬至以及夏至，當爲陽來。正月爲春，木位

也，三陽已生，故爲木數。夏至以及冬至，當爲陰進。八月爲秋。秋，金位也，四陰已生，故四爲金數。三

月，春之季。季，土位也，五陽以生，故五爲土數。此其生數之由也。故五行始於水，而終於土者，此也。

然則天是純陽，故爲奇而稱九，地是純陰，故爲偶而稱十，是奇偶之數以分陰陽之象。故陽數奇者，一、

三、五、七、九是也；陰數偶者，二、四、六、八、十是也。故天地奇偶之大數，總而言之，五十有五。陽數

奇，故其數二十有五。陰數偶，故其數三十。是以天一加其地三是四，四又加其天五是九，九又加其天七是

十六，十六又加其天九，是二十五數也。地數自二者，自二加其地四是六，六又加其地六是十二，十二又

加其地八是二十，二十又加其地十是三十也。是以天地之數五十有五，以成變化之道，以盡生成之

數，所以成天下之務。故天之數合而成二十有五，地之數合而三十。自天一至五是天之五數，自地二至

十是地之五數也。故言「天數五，地數五」。

天數五，地數五，五位相得而各有合。

義曰：自天一合於地之六爲水，自地二合於天之七爲火，自天三合於地之八爲木，自地四合於天之九爲

金，自天五合於地之十爲土。是「五位相得而各有合」者也。

天數二十有五，

義曰：言天之數奇，自一、三、五、七、九合爲二十五也。

地數三十。

義曰：言地數偶，自二、四、六、八、十合而爲三十也。

凡天地之數五十有五，此所以成變化而行鬼神也。

義曰：此已下聖人因其揲蓍，以考天地幽賾之事，明其天地萬物之理，故以蓍草之數占之，以明陰陽之用也。言天地之數，自二十五至三十，總而合之，則有五十五數，以成陰陽奇耦之數，成其變化之道、萬品之數，而行乎鬼神之幽賾者也。

乾之策，二百一十有六，

義曰：夫乾坤二卦，陰陽之象。陽爻奇，故一爻有三十六策。陰爻偶，故一爻有二十四策。自乾坤而下，凡三百八十四爻，陰陽之數相半，故陽爻一百九十二，陰爻亦一百九十二，總而言之有三百八十四爻。故乾爲老陽，一爻有三十六策，二爻是七十二策，三爻是一百單八策，四爻是一百四十四策，五爻是一百八十策，六爻是二百一十有六策也。

坤之策，百四十有四，

義曰：夫坤爻偶，故一爻有二十四策，二爻有四十八策，三爻有七十二策，四爻有九十六策，五爻有一百二十策，六爻有一百四十四策。是乾坤之十二爻，奇偶之策，總而言之有三百六十。是故聖人因其乾坤奇偶之數成爲一歲，凡三百六十日也。

凡三百有六十，當期之日。

義曰：夫乾坤之策，凡三百有六十，聖人因之以成爲一歲。一歲之內，凡三百有六十日。然天之有三百六十五度四分度之一，故月行速，一月一周天；日行遲，一歲一周天。若以全數言之，則一歲三百六十日，餘其六度。又一歲有六小月，三年之中餘三十六日，故爲一閏。一閏之中又餘六日。又於五年之中積其二十四日，合前六日成三十日，又爲一閏，是五歲再閏也。此言期之日，爲一歲之期也。

二篇之策，萬有一千五百二十，當萬物之數也。

義曰：二篇者，言乾坤上下之二篇也。夫伏羲畫八卦已後，文王重爲六十四，以其易道廣大，卦義淵深，乾坤能始生萬物，故以乾坤爲上經之首，以坎離而終之，故爲上篇之終。自咸恒明人事之大，故爲下篇之首，以既濟未濟而終之，故爲下篇之終。凡此上下二篇，有三百八十四爻，陰陽之數各半，故乾之爻一百九十二，坤之爻亦一百九十二。凡陽爻三十六策，十爻是三百六十策，一百爻是三千六百策，二百爻是七千二百策，却於二百爻中退八爻，三八二十四，除却二百四十策，又六八四十八，又除四十八策，是乾之爻一百九十二爻，都總策數是六千九百一十二策。陰爻亦一百九十二爻，每一爻策數是二十四策，十爻是二百四十策，一百爻是二千四百策，二百爻是四千八百策，二百爻内除了八爻，二八一十六，是一百六十策，又四八三十二，又除三十二策，是坤之爻一百九十二爻，都總策數是四千六百八策，合乾之六千九百一十二策，合坤之四千六百八策，都合爲一萬一千五百二十策，以象萬物之數矣。然則陰陽奇耦之數，其中有萬，有千，有百，有十，故可以極天下之務，成天下之事。夫萬物之數，无所不備矣，然此皆是老陰

老陽之數也。而乾坤之間亦有少陰少陽之數也。故少陽之數七，四七二十八是少陽之數

八，故四八三十二是少陰之數也。自二十八至十爻二百八十，一百爻是二千八百，二百爻是五千六百。

又於二百爻內除八爻，二八一十六，一百六十策，又八八六十四，除了二百二十四策，內有五

千三百七十六策。少陰之數三百二❶，十爻三百二十，一百爻三千二百，二百爻六千四百策。却於二百

爻內除了八爻，三八二十四，二百四十策，又二八一十六，一十六策，內有六千一百四十四策。共計少陰

少陽之數一萬一千五百二十，當萬物之數，是少陰少陽與老陰老陽其數皆一也。此不言少陰少陽，止言

老陰老陽者，蓋易以變爲占，言其變則神其用，舉其大則明其小。蓋老陰老陽少陰少陽，其數皆一，亦有

萬一千五百二十，當萬物之數，故但言老陰老陽，而少陰少陽從可知矣。然必曰老陽老陰少陽少陰者，蓋

陽以老爲尊，陰以少爲貴。

大衍之數五十，其用四十有九。

義曰：按此大衍之數當有五十有五。何以明之？按上文言：天一，地二；天三，地四；天五，地六；天

七，地八；天九，地十。是天數二十有五，地數三十，總而五十有五也。今經文但言五十者，蓋簡編脫漏

矣。然則天地生成之道始於太極，是故聖人因其天地生成之道，自然之理，積其成數，總而五十有五，以

明天地之大法。今注疏之說，但言其用五十，殊不知天地生成之數。上言天一地二、天三地四、天五地

❶「百」當爲「十」字之誤。

周易口義卷十一　繫辭上

六、天七地八、天九地十之數，上文既言五十有五之數，豈得止言五十哉？此注疏之非也。歷代以來言之者甚衆，京房則「五十者，謂十日、十二辰、二十八宿也，凡五十其一不用者，天之生氣將欲以虛來實，故用四十九焉」。馬季長云：「易有太極，是北辰也。太極生兩儀，兩儀生日月，日月生四時，四時生五行，五行生十二月，十二月生二十四氣。北辰居位不動，其餘四十九轉運而用也。」荀爽則曰：「卦各有六爻，六八四十八，加乾坤二用，凡有五十。《乾》初九『潛龍勿用』，故用四十九也。」鄭康成則曰：「天地之數五十有五之數，五十有五者，其六以象六畫之數，故減之用四十九。」王弼則曰：「演天地之數，所賴者五十。其一不用者，以其虛无非所用也。」子夏則曰：「其一不用者，太極也。无可名之，謂之太極。」此皆殊无所據。獨鄭康成、姚信、董遇三人皆言天地之數五十有五，然而又不知四十九之用。今注疏之說，但言聖人推測天地之數止用五十，非數而數以之通，不用而用以之成。又言虛一以象虛无之氣，此皆近於莊老空空之說以惑後世。今止取五十有五之數，以其上文既言天數二十五，地數三十，是天地生成之數，自然之理。萬有一千五百二十，陰陽奇耦之數，天下人事之理，萬事之情，萬品之物，无不總此生成自然之數。然而其所賴者四十有九，何則？夫天數二十五，地數三十，是老陰老陽之數也。以數言之，陰數多於陽數，而陰者是臣之象也，陽者是君之象也。今地數三十，陰之盛於陽，臣之盛於君，子盛於父，卑盛於尊，此至逆之象也。是故聖人因其天地生成之數，自然之理，酌其老陰老陽之數，以其陰不可過於陽，卑臣不可盛於君，故合於坤之一策二十四，遂以地數以卑爲尊，故去其六數，止以二十四合於天數二十五，共爲四十九數。取其陰下於陽，臣下於君，子下於父，卑下於尊，此是至順

之道也。故其用四十有九，然後可以神其用矣。

分而爲二以象兩，掛一以象三，揲之以四以象四時，

義曰：夫大衍之數，始本五十有五，然其所賴者四十有九。然四十九數未分之時則爲一，以象太極，天地未判之際。次分而爲兩，以象陰陽分剖之理，於左手則爲陽，於右手則爲陰。然陰陽既分，而人事未備。又揲數之以象四時者，又

又於左手之中掛其一於小指之間以象三才，言天地人事萬品之類皆備於其間。

以左右手握之，四揲之，以象天之有春夏秋冬四時運轉、寒暑往來不絶之義也。

歸奇於扐以象閏，五歲再閏，故再扐而後掛。

義曰：言既揲數之，其有餘者，則歸之於左手所掛一之處，以象其閏。然則天之有三百六十五度四分度之一。日行遲，一歲一周天。月行速，一月一周天。以全數言之，則日一年行三百六十度餘有六度。是故聖人因此大衍天地生成之數推測幽隱，以其揲蓍之數四揲之，其有歸餘殘奇之數，則歸於所掛小指之間，以象其閏。既取歸餘殘奇之數以象其閏，然於二年之中爲閏，又其數未備，於三年之中爲一閏，又其數出剩。遂於五年再閏，則其數始足。故一歲之間所剩六度，又有六小月，是十二日也。三年之中，凡三十六日，故閏一月又剩六日，遂於五年之中積爲二十四日，加此六日即爲三十日，故五年再閏也。然揲蓍之數歸餘殘奇零，止有一二三爲殘奇。今注疏之說，以謂四爲殘奇，則非也。且四四數之，是全數也，若以全數爲殘奇，則无所據，但止有一二三爲殘奇也。若无餘，則再扐而後掛之，然後見成閏積分之數也。然謂再扐而後掛者，蓋上言歸奇於扐以象閏，五歲再閏，故再扐而掛之是也。

是故四營而成易，

義曰：是故者，連上文也。四營者，則謂四度經營而成變易也。四營者，則謂上揲之以四以象四時，歸奇於扐以象閏，五歲再閏，故再扐而後掛是也。凡此四度經營，然後成其變易之道。

十有八變而成卦。

義曰：凡言一爻，凡三度揲之則爲一爻。一卦六爻，三六一十八，是十有八變而成一卦也。

八卦而小成，

義曰：言伏羲所畫八卦，乾、坤、艮、巽、震、離、坎、兌是也。八卦既立，寫其天、地、水、火、山、澤、風、雷之象。水、火、山、澤、風、雷之象既立，是以健、順、動、止、明、入、陷、說之性畢備，此八卦之小成者也。

引而伸之，觸類而長之，天下之能事畢矣。

義曰：言文王因此八卦小成之後，遂引伸八卦爲六十四卦，又因其事物萬品之類而增長之。若觸剛之事類，以次增長其剛，；若觸柔之事類，以次增長其柔。是以天地之性，萬物之理，天下之情僞，萬物之本，至纖至悉，天下之能事，无不畢載於其間。

顯道神德行，

義曰：上既言天地之數、天下之能事畢載於《易》，故可以顯明其萬物之理、萬事之情，原其所由，不知所以然而然，又可以神其德行，莫見其迹也。

是故可與酬酢，可與祐神矣。

義曰：酬酢者，謂報答之辭也。言易之道，既言天地幽賾之事，又顯明萬事之理，又以蓍數明其吉凶之事。知其未來，明其已往，使人占兆之，知其吉凶之驗，使人從善而去惡，從吉而背凶，若響之應聲而應對之也。「可與祐神」者，言易道既言吉凶之事，使人占之從吉而懼凶，是可以祐明神之德而行事者也。

《易》有聖人之道四焉：

義曰：此已下至『《易》有聖人之道四焉』，此之謂也」爲一章，言大易之道探賾索隱以成其道，故所用之道有四焉。

以言者尚其辭，

義曰：言，則謂《大易》之中所述之言辭也。言聖人探賾索隱，作爲《大易》，聖人之情顯見於言辭之間，故君子之人欲觀《大易》之意，必觀聖人諸卦爻所繫屬之文辭，見聖人之情意也。

以動者尚其變，

義曰：動，則謂諸卦諸爻也。變，動也。言聖人仰觀俯察，作爲《大易》，設爲六十四卦，其爻有得位者有失位者，有變有動，有正有不正，有中有不中，有應有不應者，是諸卦之爻有變動者也。既有變動，則吉凶悔吝生乎動矣。有動而悖於理者，則凶。有動而合於道者，則吉。是故君子之人，凡欲知其吉凶悔吝、存亡之幾，必先觀其諸卦諸爻之變動，然後可以知吉凶之事，悔吝之虞，變通之理，然後趨其善而背其惡，向其吉而避其凶，所以致身於无過也。

以制器者尚其象，

義曰：象，則謂《大易》之中聖人所設六十四卦之法象也。至如伏羲作結繩而爲網罟，蓋取諸離；神農作

耒耜取諸益，宮室取大壯；弧矢取諸睽。如此之類，皆是尚其法象也。故君子欲觀制器之用，必觀聖人

設卦制器之法象也。

以卜筮者尚其占。

義曰：筮，則謂著策龜兆之占筮也。夫凡人之生，必有疑貳之事，得失之理不得以前知，是故聖人作爲

《大易》，設爲六十四卦，有變通之理，有吉凶之驗，以其凡人不能无疑，不能无吉凶。然吉凶之道，雖聖人

有所不知。聖人既有所不知，必謀之於鬼神，以明得失吉凶之事。然鬼神之道至幽至隱，不可以形覩，不

可以象窺，冥冥然莫知其所與。人有異然，聖人必謀之者，是故假其至誠，取其著龜之數，審之於天地之

數，明諸卦諸爻變動之理，以明過去未來之事，則必以卜筮占策，然後可以前知矣。

是以君子將有爲也，將有行也，問焉而以言，其受命也如響。

義曰：言君子之人既能觀此四者之事，凡有所施爲，凡有所行往，必先問焉而以言，考其著龜之靈，占筮

之策，通變之理，吉凶之道，然後其受命也如響之應聲。

无有遠近幽深，遂知來物。

義曰：言此大易之道告示於人，无有遐遠邇近，幽邃深密之間皆前知。其吉凶禍福之驗，天地陰陽之理，

將來之事，已往之失，皆前知矣。

非天下之至精，其孰能與於此？

義曰：言大易之道，若非至極精妙，通達天下，其孰能與於此哉！

參伍以變，錯綜其數，

義曰：參，則謂三也。伍，則謂伍也。言天一之數有三有五。至如天之一下交於地之六生水，地之十上

交於天之五生土，是天地之數三五通變，上下錯雜綜統，以成萬物之數。

通其變，遂成天地之文；

義曰：言天地陰陽之道，通變之理，化裁之迹，老陰老陽之數，交而相雜以成天地之文。若剛柔晝夜之

道，寒暑往來之功，青赤交雜之類，二百一十有六，以定乾之老陽之象；一百四十四策，以定坤之老陰之

象。如此之類，他皆可知也。

極其數，遂定天下之象。

義曰：言聖人窮極天下之數，遂定天下之象。

非天下之至變，其孰能與於此？

義曰：言大易之道極窮天地之數，以成天下之法象，若非天下至變至通之道，其曷能與於此哉？

易无思也，无爲也，寂然不動，感而遂通天下之故。

義曰：言大易之道能極盡天下之數，極盡天下之事。然而易之道不假思慮，任用自然，不須經營，任用自

動；寂然不見其迹，默然不見其形。若聖人以至誠之心感而行之，則通變之理、萬事之宜，自然而達矣。

非天下之至神，其孰能與於此？

義曰：夫非忘象者，則无以制象，非遺數者，无以極數。至精者，无筮策而不可亂；至變者，體一而无不

周；至神者，寂然而无不應。斯蓋功用之母，象數所由立也。言大易之道，若非道極微妙，變化如神，極

深研幾，探賾索隱，其孰與於此哉！

夫易，聖人之所以極深而研幾也。

唯深也，故能通天下之志。

義曰：此以下又明聖人作《易》之道。極窮幽隱，識照幾先，而作其《易》者也。深者，則謂未有其理，未見

其形，而聖人極深其用者也。幾，則謂有其理未形，則謂之幾也。言聖人作《易》以極其有理未形之幾也。

義曰：夫人之深，未有其理，而又天下之深，而聖人以己之深可以通天下之志。何

也？蓋天下之心雖億兆之心，而聖人以己之心可以見天下之心，以己之志可以見天下之志。何則？夫

人情莫不飽煖而惡其饑寒，人情莫不欲壽考而惡其短折，人情莫不欲富貴而惡其貧賤，人情莫不欲安

平而惡其勞苦。是故聖人以己之心推天下之心，億兆之眾，深情厚貌，皆可以見矣。雖億兆之心至多而

難見，而聖人但以一己之心，一身之勞逸，雖未見其理，未顯其形，則天下之心自然而見矣。

唯幾也，故能成天下之務。

義曰：幾者，是有理未形之謂也。夫君子之人，欲極天下之務，必先博學之，審問之，慎思之，明辨之，篤

行之。既能如是，則雖天下之務、萬事之微盡可見矣，所謂知至知終者是也。

唯神也，故不疾而速，不行而至。

義曰：夫大易之道極深研幾，无思无爲，寂然不動，能通天下之志，能定天下之務，是其功如神，不疾而速，不行而至者也。

子曰《易》有聖人之道四焉」者，此之謂也。

義曰：此又言大易能通微妙，以言者尚其辭，以動者尚其變，以制器者尚其象，以卜筮者尚其占，故天下之能事畢矣。然則，首尾俱言聖人之道四者，蓋爲此一章之中所陳者三事，一曰非天下之至精，二曰非天下之至變，三曰非天下之至神，皆是廣言大易之道。然三事之中亦不出於聖人之道四，故首尾總而結之也。

子曰：「夫易，何爲者也？

義曰：自此以下至「民咸用之謂之神」爲一章，此「十翼」之中第十。「子曰『夫易，何爲者』」，此蓋孔子歎大易之道，其功深賾，故假設此發問之辭以問之，曰：「夫易者，何爲者也？」

夫易，開物成務，冒天下之道，如斯而已者也。」

義曰：此夫子自釋易之體用也。開者，通也。冒者，覆也。言大易之道，其功宏博，能開通於萬物之志，成就夫天下之務，覆冒夫天下之物也。　至如《泰》卦則言「財成」之義，《履》卦則言「履素」之宜，《革》卦則言「治歷」之事，《鼎》則言「鼎新」之旨，《旅》則言「无敢折獄」，《遯》則言「遯尾」之屬，《大壯》則言「君子用罔」，《乾》卦則言「亢龍有悔」者，如此之類，是皆開通萬物之志，成就天下之務，覆冒天下之道。如斯之道，則大易之體用也，故云如斯而已。

是故聖人以通天下之志，

義曰：夫大易之道，其功廣大。「是故」，聖人以此之故，以通達天下之志者也。然則天下之人，心志至衆至繁，而聖人以大易之道以通天下之志者，何也？蓋聖人有深幾之見，極未形之理，以己之心可以見天下之心，以己之志可以見天下之志。雖天下之人，心志至衆至繁，然聖人以己之幾，深度人之情僞利害，極未形之理，可以見天下之志者也。

以定天下之業，

義曰：言聖人以此大易之故，極其幽深研幾，成天下之務，冒天下之道，以定天下之功業也。

以斷天下之疑。

義曰：言大易之道通於人事，一卦六爻有得位失位者，然吉凶悔吝雖聖人亦有所不知，於人事之間不能无疑。是故聖人雖以其蓍策占筮之，然亦不能无疑惑之心，而又謀之於鬼神，謀之於天地，以成其卦爻。又於卦爻之下繫屬其文辭，以決斷天下之疑也。至如《乾》之初九言「潛龍勿用」，《離》之六四言「突如其來」，如此，是斷其疑也。

是故蓍之德圓而神，

義曰：夫蓍策之數，未占已前，其吉凶悔吝人皆不可見，无有窮極，无有定止；其通變之道，天地之宜；其用如神，運而不窮，周流通暢也。

卦之德方以知，

義曰：言蓍策之數，未占之時，雖其用如神，其吉凶悔吝周流通變，運而不窮；及其揲蓍之後布成其卦，卦有六爻，卦爻之下有得位有失位，有中有正，有凶有吉，有悔吝，皆繫屬而不可變動，故言「方以知」者，是知其過去未來之事，極其未形之理，其情偽利害盡可見矣。然則必言蓍德圓而神、卦德方以知者，蓋神以知來，是來无方也；知以藏往，是往有常也。物既有常，猶方之有止，數无常體，猶圓之不窮。故蓍之變通，則无窮神之象也。卦解爻分有定體，知之象也。知可以識前言往行，神可以逆知將來，故蓍以圓象神，卦以方象知也。

六爻之義易以貢。

義曰：貢者，告也。言聖人因蓍策之數，以布設六十四卦。卦有六爻，以盡萬物之理。然爻有應有不應，有正有不正，其間吉凶悔吝皆不能告諭於人，故大易之道極未形之理，知過去將來之事，故六爻之下皆繫屬文辭以貢告於人也。至如《比》之初六言「吉」，《大過》上九言「凶」，如此之類，是皆告於人，使人從善而去惡，從吉而去凶也。

聖人以此洗心，

義曰：夫大易之道，至公至正，極天地之理，盡人事之宜，其吉凶悔吝皆繫屬於諸卦爻之下，聖人觀之可以洗蕩其心。至如萬物有疑則卜之，是洗蕩其疑心。行善則吉，行惡則凶，是洗蕩其惡心也。既洗蕩己之心，然後可以洗蕩萬物之心也。

退藏於密，

義曰：言此大易之道索隱窮神，能蕩滌萬民之心，雖有吉凶悔吝之變，仁義之術，而人不知自用，是其功如神之藏密也。故上文所謂「顯諸仁，藏諸用」者，此也。

吉凶與民同患。

義曰：夫人之生，愚夫愚婦者甚眾，其性昏蒙，憧憧然不知所以然而然，舉動之間雖有凶咎悔吝之事，而不知自止，是故聖人以此大易之故，明示其吉凶憂患，使趣其善者舍其惡，向其吉者背其凶，是大易之道與民同憂患也。

神以知來，

義曰：言大易之道知其未來之事，明其未形之理，故其用如神也。

知以藏往，

義曰：言大易之道知其過去已形之理，其妙皆知之也。然則必言知來藏往者，蓋蓍定數於始，於卦爲來；卦成象於終，於蓍爲往。

義曰：言此大易之道，因蓍之策知其過去已形之理，其妙皆知之也。然則必言知來藏往者，蓋蓍定數於始，於卦爲來；卦成象於終，於蓍爲往。

其孰能與於此哉！古之聰明叡知，神武而不殺者夫。

義曰：言大易之道神以知來，知以藏往，非此之故，其孰能與於此哉！惟是古者聰明叡知之人可以與之。耳無所不聞，故曰聰。目無所不見，故曰明。思無所不通，故曰叡。才無所不及，故曰知。言惟是聰明叡知之人有文有武，既能察微，又有剛斷，故於大易之間，卦爻之下，各隨動靜，神其吉凶之事，明其威明叡知之人有文有武，既能察微，又有剛斷，故於大易之間，卦爻之下，各隨動靜，神其吉凶之事，明其威福之理。示人以信，則人自然而威服之。至如弧矢取諸睽，刑罰取諸噬嗑，如此之類，皆是神其威武，不

用刑殺而天下自然威服也。

是以明於天之道而察於民之故，是興神物以前民用。

義曰：言聰明睿知之人既能神其威武而不殺，是以大明天地陰陽變化之道，大察天下情偽利害之故，又以神靈之物明其吉凶之驗，以前萬民之用，至於未來之事，皆繫屬其辭，使人通曉之，趣其善而去其惡者也。

聖人以此齋戒，

義曰：洗心則謂之齋，防患則謂之戒。言聖人以此大易之道齋心防戒其患害之事，使憂虞悔吝不能及於己，至幽至微之處皆得以先知也。

以神明其德夫。

義曰：言聖人既能以大易之道齋戒而防患，又能觀易道幽深以神明其德，使天下之人不知所以然而然也。

是故闔戶謂之坤，

義曰：此以下又廣明大易自乾坤而來也。夫坤者，陰也，主夫地。然坤之道主夫生成萬物，若陽降其氣，則坤能成而生之，若陽氣不降，則地道闔閉，主其收藏，如戶之閉也。

闢戶謂之乾。

義曰：乾者，陽也，主夫天。夫天陽之氣下生萬物，使萬品之物皆遂其生者，是乾為開闢之端，如戶之開

通者也。然則先言坤而後言乾者，蓋凡物先藏而後出，故先言坤而後言乾也。

一闔一闢謂之變，

義曰：言陰主其閉闔，又主其收藏；陽主其開闢，又主其施散。是一闔一闢以成變化之道，春生、夏長、秋成、冬幹者也。

往來不窮謂之通。

義曰：言天地之道，生成之理，往來之間，循環不絕，周而復始，无有窮極，常自通流，是謂之通也。

見乃謂之象，

義曰：言天地之道，陰陽之功，生而不已。自十一月建子，陽氣下復，至於丑寅之位，萬物顯見於世，有其形狀，故謂之象也。

形乃謂之器，

義曰：言天地之道，生成不已，故萬物始有其形。形之不已，乃可成於器用。是故聖人因此《大易》六十四卦之形象，凡創制器用，必觀其形象，爲之準範，然後成其法式也。

制而用之謂之法，

義曰：言聖人裁制其物，凡所施用，垂爲範模，後世以之爲法式也。

利用出入，民咸用之謂之神。

至如宮室取大壯，網罟取諸離，書契取諸夬，弧矢取諸睽，如此之類，皆是聖人制成器用，爲後世之法。

義曰：言聖人既制器用，或出於此，或入於此，使天下之人用之皆得其利。天下之人既皆得其利，是聖人之妙用如神，而人不知所以然而然也。

是故易有大極，是生兩儀。

義曰：此以下至「自天祐之，吉无不利」爲一章。「易有太極」者，言大易之道，始於太極。太極者，是天地未判，混元未分之時，故曰「太極」。言太極既分陰陽之氣，輕而清者爲天，重而濁者爲地。是太極既分，遂生爲天地，謂之兩儀。

兩儀生四象，

義曰：言天地之道，陰陽之氣，自然而然生成四象。四象者，即木、金、水、火是也。故上文謂「天一下配地六生水，地二上配天七生火」，如此之類，是天地陰陽自然相配生成金、木、水、火之象。然此止言四象，而不言土者，蓋天地既判，生爲五行，然二氣既分，則自然生而爲木金水火，則地之道本於土而成，但言四象，則土從可知矣。

四象生八卦，

義曰：言水火木金互相生成而成八卦。至如水生於坎，火生於離，金生於兌，木生於巽，土生於艮，如此之類，是四象五行之所生也。是故伏羲因此五行所生，畫爲八卦也。

八卦定吉凶，

義曰：言伏羲既畫八卦之後，又繫屬其爻辭於諸爻之下，明吉凶之變，凡事之得者爲吉，事之失者爲凶。

言於得失之間，以成吉凶之事，使人退省其身，日修其德，趨其吉而悖其惡，從其善而去其凶也。

吉凶生大業。

義曰：夫吉凶之兆也，皆在於六十四卦爻位之中，得其正者爲吉，失其位者爲凶。聖人又繫屬其辭，以明吉凶之驗，使人知自修省。人既知自修省，則能保守其分位以成其大業，故大業之成必自吉凶而生矣。

是故法象莫大乎天地，

義曰：法象，則謂吉凶之理，得失之迹也。夫天地之大，萬物之理，皆由二體互相推盪而生也。至於高者有其分，下者有其理，善者福之，惡者禍之，此常理也。聖人仰觀俯察爲之法象，善者賞之，惡者罰之，然其功其理皆本始於天地，故云莫大乎天地。

變通莫大乎四時，

義曰：言天地之道，陰陽之氣，變通之道，生成之功，春秋冬夏，生而不已，是以成之。成之不已又殺之，殺之不已又生之，是其天地之氣，生殺之功，千變萬化，皆由四時之氣推盪而成也。

縣象著明莫大乎日月，

義曰：言天地之道布縣，其法象星辰，其於著明運行不息，无所不照者，莫大乎日月也。

崇高莫大乎富貴。

義曰：上既言天地之道，陰陽之理，變通之事，日月之明，此後言以富貴而繼屬之者，何也？蓋聖人非以恃其崇高，極侈其位，夸恃其富貴，是故天地之道，但能生成萬物，不能生成天下之人。是故君子有大才

大德，凡居崇高極盛之位，代天理物，能以仁義教化，生成天下之人，若无富貴之位，則其功不能以及於天下也。是故其所以重富貴者，非重其位也，蓋重其行道於天下。故下《繫》曰「聖人之大寶曰位」，是言聖賢所保重者「曰位」，惟在行道而已。故以富貴次於天地、日月之後也。

備物致用，立成器以爲天下利，莫大乎聖人。

義曰：「備物致用」者，備天下之物，致天下之用也。「立成器」者，則謂建立成就天下之器用，以便於天下也。凡能便利天下者，无出於聖人也，聖人則无所不通，故能成天下之利也。至如包羲氏結繩爲網罟，以佃以漁；神農斲木爲耜，揉木爲耒，耒耨之利以教天下。又如弦木爲弧，剡木爲矢，弧矢之利，以威天下。又如黃帝刳木爲舟，剡木爲楫，舟楫之利，以濟不通。又如宮室取大壯，掘地爲臼，斷木爲杵，臼杵之利，萬民以濟。如此之類，皆是備物致天下之用，立器爲天下之利也。故唐元次山曰：「吾人之苦兮山幽幽，網罟設兮山不幽。吾人之苦兮水深深，網罟設兮山不幽。」是言聖人凡所創立其器，雖山川滄海之深遠，而聖人所作其器，无遠无近，无幽无深，皆得其利。故水之深而網罟不深，山之幽而網罟不幽，其功如是之廣，而人用之皆得其利也。非聖人孰能如此哉！

探賾索隱，鈎深致遠，以定天下之吉凶、成天下之亹亹者，莫大乎蓍龜。

義曰：探，謂探尋。賾，謂幽隱難見之處。言至幽至遠、至隱至近之處，鈎深極遠之事，天地幽隱之處，過去未來之吉凶，惟是聖人以卜筮之占皆得以知之也。若事得於道者爲吉，失於理者爲凶。以其吉凶之事，告示於人，使人趨善從吉，去惡避凶，雖愚者昧者皆勉勉而知勸。夫如是，定天下之吉凶，成天下之亹

亹者，皆由蓍龜之占筮也。

是故天生神物，聖人則之。

義曰：神物者，則謂神靈之物，蓍龜是也。灼龜以爲卜，揲蓍以爲筮。言天之所生者蓍龜之靈，知人之休咎，明人之得失，是故聖人取之爲法則，考人之行事也。

天地變化，聖人效之。

義曰：言天地之道，陰陽之氣，生殺之理，春生夏長，四時代謝，千變萬化。聖人效法之，當賞則賞之，當刑則刑之，事之久者必改其弊，器之泥者必革其新，是聖人法效天地之變化也。若據疏説，以爲「賞以春夏，刑以秋冬」，則非也。

天垂象，見吉凶，聖人象之。

義曰：言天之垂象，以示人之吉凶。若陰陽之慘舒，日星之災變，風雨之不節，霜雪之不時，如此之類，皆是天垂象以示於人，聖人必當象之。或祥之來，則象其吉，災之來，則應以凶，或修其德而平其政也。

河出圖，洛出書，聖人則之。

義曰：按此河圖是天之大瑞也。若聖人在上，至德動於天地，天下之人和洽，則和氣充塞於天地之間，則「河出圖，洛出書」，以爲瑞應之驗也。是故聖人所以法則之者，蓋法其時而行事，故曰「聖人則之」也。然按諸儒之説，以謂河圖、洛書出見於世，伏羲因得之而畫成八卦，感上天之美應者也。且上古洪荒之世，典章法度未立，伏羲以聖人之才德居位，是以經綸天地，畫成八卦，以爲萬世之法則。若河圖、洛書未出

見之時，伏羲亦當畫爲八卦，以爲後世之法。且河圖、洛書是天之大瑞，若果河圖、洛書已有八卦，則八卦不當言伏羲所畫也。又按洛書賜禹是亦八卦，更有聖人所畫矣。且按下《繫》曰：「古者包羲氏之王天下，仰則觀象於天，俯則觀法於地，觀鳥獸之文，近取諸身，遠取諸物，於是始作八卦，以通神明之德，以類萬物之情。」此八卦自是伏羲觀天地，取諸物而畫成八卦也，又豈得謂伏羲感河圖、洛書而畫八卦哉！若果河圖、洛書已有，則孔子不當言伏羲仰觀俯察而成八卦也。又曰：「河圖、洛書已有，則孔子不當言伏羲仰觀俯察而成八卦也。又曰：「龜龍在郊藪，河出圖，洛出書。」又如孔子曰：「鳳鳥不至，河不出圖，吾已矣。」夫是孔子因其見鳳鳥而爲書也。是亦因龜麟而至矣。此蓋孔子言麟鳳者，天之瑞物難見者也。若聖人在上，錫五福於人，庶政行於國，和氣充塞於天地，則河圖、洛書、龜麟、龍鳳出爲瑞應之驗，是以聖人法則其時，以行其事也，故云「聖人則之」。今鄭康成以《春秋緯》云「河圖有九篇，洛書有二篇」孔安國以爲「河圖爲八卦，洛書有九疇」皆失之矣。

易有四象，所以示也。

義曰：按此「四象」有二說。一說以謂天地自然相配，水、火、金、木以爲之象，所以示也。又一說，吉凶者失得之象也，悔吝者憂虞之象也，變化者進退之象也，剛柔者晝夜之象也。是言大易之道有此四象，所以示人之吉凶。疏，莊氏謂「六十四卦之中有實象，有假象，有義象，有用象」，則非也。又，何氏以爲「天生神物，聖人則之。天地變化，聖人效之。天垂象，見吉凶，聖人象之。河出圖，洛出書，聖人則之」，亦非也。

繫辭焉，所以告也。

義曰：上既言「天生神物，聖人則之。天地變化，聖人效之。天垂象，見吉凶，聖人象之。河出圖，洛出書，聖人則之。易有四象，所以示人之吉凶」。此言又繫屬其辭，明其得失，所以貢告於人，使人知憂患之慮也。

定之以吉凶，所以斷也。

義曰：言既繫屬其辭以明得失，又定其吉凶之驗以斷天下之疑惑，使人知其象，趨其吉，而背其凶也。

《易》曰：「自天祐之，吉，无不利。」

義曰：此大有上九之爻辭也。言易有四象，所以示也。繫辭焉，所以告也。又定之以吉凶，所以斷也。言天下之人，既知其吉凶之驗，禍福之理，又引此大有上九之爻辭以證之。言大有上九居大有之世，天下富盛，諸爻皆乘於剛，己獨下乘於陰。六五有「厥孚交如」之吉，己獨乘之，是以得「自天祐之，吉，无不利」也。此大有之時如此也。

子曰：「祐者，助也。天之所助者，順也。人之所助者，信也。履信思乎順，又以尚賢也。是以『自天祐之，吉，无不利』也。」

義曰：此孔子解釋之辭也。言大有上九所以得「自天祐之」者，蓋由己以陽承于六五柔順之君。天之所以祐之者，助其順也。人之所以助之者，信也。言六五居中，有信於天下，而上九承之，是履其信也。既已履信，則天下之人亦助以信也。既履其順，又履其信，則是崇尚賢德矣。夫既為崇尚賢德之人，則上天之所祐助，鬼神之所協吉，天下之人皆所信助。夫如是，何所不利哉？

子曰：「書不盡言，言不盡意。然則聖人之意，其不可見乎？」

義曰：自此以下至「默而成之」，是夫子總言大易之道，當連上文爲一章。「書不盡言」者，言聖人之言出則爲天下之則，爲天下之令，然於簡牘之中所載必不能盡聖人之言也。「言不盡意」者，言聖人之意，思慮宏達，无遠无近，无幽无隱，故三百八十四爻之間雖皆聖人之言，必不能盡其聖人之意也。如是，則書不盡言，言不盡意。「於聖人之意，其不可見乎？」此孔子歎美聖人之言。聖人之意幽深宏遠，不可以見之耶，故假發問之辭，疑而問之。

子曰：「聖人立象以盡意，

義曰：此夫子釋聖人之意有可見之理也。言聖人之言，書不能盡其言，言又不能盡其意，惟是大易之道，六十四卦之中，可以明之。至如天之道以乾爲名，取其天體剛健，生成不息，地之道以坤爲名，取其地體柔順，能承順於天。是聖人設乾坤之象，以盡聖人之意。宏功妙用，惟乾坤之象可以盡之。

設卦以盡情偽，

義曰：言聖人之言出則爲天下之則，然既言不能盡意，又立象以盡意，既立物之形象以盡其意，又觀萬物之象，萬事之理，天下得失之迹，設爲其卦，以盡人之情偽，以盡物之得失也。

繫辭焉以盡其言，

義曰：言聖人雖立象以盡其意，設卦以盡其情偽，又於三百八十四爻之下有得位失位者，有正有不正者，皆繫屬其辭，散於卦爻之下，以盡其言，使人通曉其意也。

變而通之以盡利，

義曰：夫萬事之理，萬物之情，若无其通變之道，以至窮極，必至於敗壞也。惟是聖人立象以盡意，設卦以盡情偽，繫辭焉以盡其言，而又裁制創立，千變萬化，隨時措置，立成其事，无有壅滯，量時制宜，變而通之，以盡天下之利也。

鼓之舞之以盡神。」

義曰：此總結立象盡意，設卦盡情，繫辭盡言之意。言聖人以其仁義之道以盡天下之情偽，以說天下之心，又鼓發之，致天下舞樂之。然則鼓舞何以為發樂之義？蓋聖人以仁義之道，教化之術，漸染於天下之人，天下之人雖冥然无所知識，然被上之教化，其心康樂，不知手之舞之、足之蹈之也。既不知手之舞之、足之蹈之，自不知聖人之道所以然而然，是聖人之道漸染於人，如神之功。

乾坤，其易之緼邪？

義曰：上既言聖人立象盡意，此又言大易之道本始於天地。緼者，藏緼也。言天地初判之時，而大易之道已緼藏於天地之間。然天地之道，萬物之形象，萬事之理，皆藏緼於大易之道，是大易之道本始於乾坤，故乾坤為大易緼積之根源也。

乾坤成列，而易立乎其中矣。

義曰：言天地設立，陰陽之端，萬物之理，萬事之情，以至寒暑往來，四時代謝，日月運行，皆由乾坤之所生。然乾坤既設，而大易之道，變通之理以立乎中矣，是大易之道本始於天地也。

乾坤毀，則无以見易。易不可見，則乾坤或幾乎息矣。

義曰：言大易之道皆本起於乾坤，凡是天地之道，萬物之理，變化之道，皆在大易之中。至如乾生三男，坤生三女，而爲八卦，變而相重爲六十四，分爲三百八十四爻。易之根源皆自乾坤而來，故乾坤成，而易道變化建立乎其中矣。若乾坤毀棄，則无以見易之用。夫易既毀，則无以見乾坤之用，如是則乾坤或幾乎息。

是故形而上者謂之道，

義曰：言天之道始於无形而終於有形，皆由道之所生。道者，人可以爲之法，由而通之謂之道。前乎天地則混於元氣，散乎方隅則潛於象類，浩然而不局於器用，推於天下則无所不通，舉而措之則曲盡其變。茲乃道之本也，然始於无形，而終於有形也。

形而下者謂之器。

義曰：器者，是有形之實。言天始於无形而生於有形，故形於下者則爲其器。器者，則爲有形之用，但可止一而用之也。故在形之外者謂之道，在形之內者謂之器也。

化而裁之謂之變，

義曰：言聖人因其无形之道，有形之器，推而化之，裁制創立，設爲仁義教化，以至凡所器用以利天下，无有窮極，无有凝滯，故謂之變。

推而行之謂之通，

義曰：言聖人因其天地陰陽之道思之於心，縕之爲事業，推而行之，无有壅滯，皆得其亨，故謂之通。

舉而措之天下之民，謂之事業。

義曰：言聖人因其變通之道，措置其用，施之於天下，各從其時，以成天下之功業也。

是故夫象，聖人有以見天下之賾，而擬諸其形容，象其物宜，是故謂之象。

義曰：此以下皆覆言上文「聖人立象以盡意，設卦以盡情僞，繫辭以盡其言」，明言以爲教化之術也。象

者，萬物之形象也。言聖人推其天地之理，萬物之形容，以象萬物之宜，故謂之象也。至如乾爲龍之

象，❶坤爲地之象，離爲日之象，艮爲山之象，如此之類，皆是推廣形容而爲之也。

聖人有以見天下之動，而觀其會通，以行其典禮，繫辭焉以斷其吉凶，是故謂之爻。

義曰：言聖人以見天下之變動，觀萬物之形容，有會合通變之道，以行典常之禮。又於諸卦之下繫屬其

文辭，有合於道則爲吉，有悖於理則爲凶，以定其吉凶得失之理，以示於人，故謂之爻也。爻者，效此

者也。

極天下之賾者存乎卦，

義曰：言聖人窮極天下之幽賾，萬物之情僞，以存諸卦之中，使人觀之，以爲法則也。

鼓天下之動者存乎辭，

❶ 「龍」，康熙本作「馬」，《薈要》本作「天」。

義曰：鼓，謂發揚天下之動。有得有失，有吉有凶，存於爻辭之間，使人觀之，知其吉凶之如此也。

化而裁之存乎變，

義曰：言聖人觀此萬事之理，萬物之情，天地之道，日月之經，創制裁度，立成其器，施爲仁義道德，千變萬化以及於天下，故存乎變也。

推而行之存乎通，

義曰：言聖人觀此大易變化之道，推而行之，隨時措置，无有窮極，无有凝滯，故存乎通也。

神而明之存乎其人，

義曰：言聖人既能極天下之賾存乎卦，鼓天下之動存乎辭，化而裁之存乎變，推而行之存乎通，以成其易，若章顯其功，則其用如神。仁者見之謂之仁，知者見之謂之知，无有窮極，是存乎其人矣。

默而成之，不言而信存乎德行。

義曰：德行者，則謂聖人素蓄其德業行實也。言聖人素積其德，素蓄其行，內存忠恕，外有全德，如此則默而成之，雖不言而人自信從之。故《中庸》曰：「不怒而民威之，如鈇鉞者也。」此蓋素蘊德行之如此也。

周易口義卷十二

宋　胡瑗　撰

繫辭　下

義曰：此「十翼」之中第七翼也。然按上《繫》、下《繫》之說，先儒議者多矣。何氏則曰：「上篇明无，故曰『易有太極』。下篇明幾，故曰『知幾其神』。」或曰：「上篇論易之大理，下篇論易之小理。」皆失之。蓋以簡編重大，故分爲上《繫》、下《繫》也。

八卦成列，象在其中矣。

義曰：自此已下至「禁民爲非曰義」爲一章。言伏羲始畫八卦，取天、地、水、火、山、澤、風、雷之象，畫爲乾、坤、艮、巽、震、離、坎、兌之卦。八卦既成列，而天地萬物之象莫不在於八卦之中也。

因而重之，爻在其中矣。

義曰：夫伏羲始畫八卦，以盡天、地、水、火、風、雷、山、澤之象。然於萬物之情，萬事之理，在伏羲之時，世質民淳，情僞未遷，利害未作，雖八卦之設三畫可以盡人事之宜。迨乎後世，民欲叢生，巧妄交作，則八卦不能盡吉凶之變。文王因於羑里，極天地之淵蘊，明人事之終始，是以取伏羲所畫之八卦，因其數而重

為六十四卦，分為三百八十四爻，以盡天地之蹟，人事之理。有得有失，有吉有凶，有應有不應，有正有

邪，有利有害，盡在此卦爻之中。然則爻者，效也，使後世之人效而法之，故卦爻之中有情偽之理，有是非

之道，有變通之常，有動靜之事，有剛柔之限。凡人觀其爻，則知其效法此象而行事也。然重卦之說，先

儒議者多矣。或曰伏羲所重，或曰神農所重，或曰夏禹所重，皆失之。蓋見下文「包犧氏之王天下」，作結

繩而為網罟，蓋取諸離。神農氏作，斲木為耜，揉木為耒，耒耨之利以教天下，蓋取諸益」。又因《尚書》之

文有「洛書錫禹」之言，故有此說。殊不知《繫辭》是仲尼所作，蓋仲尼因其聖人制立器用，以取合於聖人

之卦，以其結繩為網罟，取其有附麗之義，因其耒耜有益於人，蓋合德於益卦，以其有相

資益之義。先儒不究原本，故疑而有此說也。且六十四卦，既是伏羲、神農所重，則文王何心哉？不然，

何以仲尼曰：「易之興也，其於中古乎。作《易》者，其有憂患乎。」且伏羲之時，又非中古；神農之時，又非

憂患。推此以言，文王重卦之心，又可見也。

剛柔相推，變在其中矣。

義曰：剛者，陽也。柔者，陰也。夫六十四卦之中，卦有六爻，陽為剛，陰為柔，陽主其生，陰主其殺，故剛

柔之位則有變有通，有動有靜。故事之久靜則動，物之久動則靜。動靜之道則有變有通，是故聖人因其

剛柔二氣互相推盪於六爻之間，然後成其生養之道也。故上《繫》曰「剛柔相推而生變化」者是也。然則不

言「陰陽相推」，而止言「剛柔」者，蓋陰陽者天地之氣，剛柔者是陰陽之體，言剛柔，則陰陽之功可見矣。

繫辭焉而命之，動在其中矣。

義曰：言聖人既因剛柔二氣互相推盪，而爲生成之道，又恐後世之人難曉，故於諸卦諸爻之下各繫屬其

文辭，以明得失之道，吉凶之變，情僞之端，萬事之理，使人觀其得則可以知其失，趨其吉則可以明其凶。

逆順之道，動靜之理，在所命之辭，皆可見矣。

吉凶悔吝者，生乎動者也。

義曰：夫六十四卦有六爻，有吉有凶，有悔有吝，皆由爻位之動者也。若動而合於理，則爲吉；動而昧於

道，則爲凶。有事之微小可以追悔者，有事之萌兆可以鄙吝者，皆繫在於卦爻之變動也。是故聖人因卦

爻之變動，明人事之大體，推其情僞之端，明其得失之迹，使人觀之不失於動靜之道也。

剛柔者，立本者也。

義曰：言伏羲始畫八卦，始窮變於天地陰陽之理，以成剛柔之道，以爲萬事之大本，以成天下之大法，天

下之人皆本此以爲法則也。故六十四卦之所本，君臣父子之所法，皆由此剛柔之象爲之根本者也。至如

剛定體爲乾，柔定體爲坤，陽卦兩陰而一陽，陰卦兩陽而一陰，是立其卦本而不遺也。

變通者，趣時者也。

義曰：凡六十四卦，卦有六爻，一卦之體象其一時，一爻之義象其一人，六爻之道，上下相應而成變通，所

以趣就一時者也。至如屯之卦言天下屯難之時，故其卦體以象其屯，故初六居卦之始，❶當屯難之時而

❶「初六」，當爲「初九」之誤。

「磐桓，利居正，利建侯」，以蘇息天下之人。至於六二言「女子貞不字」，言女子守正，應於九五，雖爲初

九、九六寇難，❶然則專應於五，不改其節。至於六四「乘馬班如」，退守其正，待時而行。如此之類，是皆一

卦則言其一時，其諸爻各言其一人，以趣就其時也。然則君子之人凡所動作必從其時，不失其中，故《中

庸》曰「君子而時中」，是言君子之人，動作之間，皆從其時也。

吉凶者，貞勝者也。

義曰：貞者，正也。夫有動者，則未免乎累；殉吉者，則未免乎凶。盡會通之變而不累於吉凶者，其唯貞

勝者。故六十四卦之內，人事之端，情僞之作，吉凶之驗，无不備載於其間。若爻位之吉，又能行其大正

之道，則其事愈吉；若居爻位之凶，而能行大正之道，則其事不至於凶。惟是貞正之道，則能勝於凶

吉也。

天地之道，貞觀者也。

義曰：觀者，爲天下之所仰觀，則謂之觀。夫天本在上，地本在下，天地之性本不相得，及夫天以純陽之

氣降於下，地以純陰之氣騰於上，二氣上下交相通感，然後以成生長之道。是天地之道，生成之理，皆本

正一，故爲物之仰觀者也。

日月之道，貞明者也。

❶ 「九六」，疑爲「上六」之誤。

義曰：夫日爲陽德，月爲陰精。運行四時，晝夜不息者，日月之明也。然而往來不停，照臨下土，不混其

光者，蓋各得貞一者也。

天下之動，貞夫一者也。

義曰：夫少者，多之所貴；寡者，衆之所宗。故天下之情僞，人事之動靜，皆歸一而後可正也。然則天下

之廣，周於萬里，人心至衆，萬孔千狀，執一何由而治哉？蓋萬化一術也，天下一統也，若以至正之道、純

一之德而治之，則天下自然而治矣；若不以純一之德而治之，則天下自然而睽乖矣。故王輔嗣嘗曰：「夫

衆不能治衆，治衆者，至寡者也。夫動不能制動，制動者，貞夫一者也。」是天下之動，必由寡之所治，貞其

一而已。

夫乾，確然示人易矣。

義曰：此又言天得一之道也。確者，則謂剛健者也。夫乾以剛健之德運行不息，生成萬物，示人以和易，

由其得一之故也。故无爲而物成，不言而時化，是示人易也。

夫坤，隤然示人簡矣。

義曰：隤然，則謂柔順者也。此言地之得一也。夫坤之道，以柔順之德承天之氣，生成萬物，不煩而物

成，不勞而物遂者，亦由其得一故也。故不須經營而萬品自化，是示人簡也。若乾不得專一之道，或有隤

然，則不能示人易矣。若坤不得專一之道，或有確然，則不能示人簡矣。且以乾坤之道，生成之理，確然

隤然示人易簡，況爲天下之君者哉？夫尊爲聖人必法此乾之剛健之德，生成天下，不至於煩勞，則天下

從而治矣。夫爲人臣者必法此坤之柔順之德，承君之命，行君之事，則天下不勞而治矣。 若爲君爲臣能

法易簡之道，則天下國家可正也。

爻也者，效此者也。

義曰：夫六十四卦分三百八十四爻，有動有靜，有邪有正，有凶有吉，有是有非，故通變之道皆在諸爻之中，爲人之所效法也。故所謂爻者，效物之變動者也。

象也者，像此者也。

義曰：夫六十四卦之象皆法於天、地、水、火、風、雷、山、澤之象也，如乾以天爲象，坤以地爲象，艮以山爲象，坎以水爲象。如此之類，是皆象其卦之所本之像也，注所謂「象此物之形狀也」。

爻象動乎內，吉凶見乎外，

義曰：夫六十四卦之象，三百八十四爻，爻象之間有正有不正，有應有不應，有善有不善，有吉有不吉。

若爻象之發動於一卦之內，則吉凶之事顯見於一卦之外也。

功業見乎變，

義曰：言聖人用此大易之道，觀其卦爻之變動，可行則行，可止則止，推而求之，以立成天下之功業，以通天下之心志。

聖人之情見乎辭。

義曰：辭者，則爻象之辭也。夫六十四卦之中，有情僞之端，得失之理，其吉凶悔吝皆在爻辭之間，欲知

聖人設卦之情意者，觀其爻象之辭則可見矣。至如《乾》之初九言「潛龍勿用」，則聖人勿用之情可知矣；

《比》卦上六曰「比之无首，凶」，則聖人无首之情可見矣。如此之類，皆在爻辭間可見矣。

天地之大德曰生，

義曰：夫天地之大德者，惟是陰陽二氣上下相交，生成萬物，周而復始，无有限極，故其德常大。若生之

不常，運之有極，則所生之道不廣也。

聖人之大寶曰位。

義曰：寶者，愛也。位者，所守之位也。夫聖人之大寶者，惟在其位。然則聖人之大寶何以在乎位？蓋

聖人之有才德，若无其位，則其功不能及於天下；若有其至尊至寶之位，則其功可以及於天下，无有遠

近，皆被其澤，皆被其功德也。是故聖人重德行道於民，故大寶其位也。

何以守位曰仁，

義曰：言聖人既有才德，又能大寶其位，何以守其位哉？必須法天元之德，以仁愛之道生成於天下，使

天下之人皆被己之仁德，然後父子有禮，上下相親也。

何以聚人曰財，

義曰：夫聖人何以萃聚於人哉？必曰財而已。財者，使衣食豐足，用度常備，仰有所奉，俯有所畜，則天

下有戴君之心；若其衣食不足，用度不備，則不能萃於天下之民。是故古之聖人修其水、火、金、木、土五

行之事，正德利用厚生，使天下之人各得其所，如是則父子兄弟遞相親睦矣。至於為農者勤於耕，為商者

勤於貨，爲工者勤於器，如此之類，則可以保六親。六親既相保，則親族内外自相親愛，如是聚人曰財也。

理財正辭，禁民爲非曰義。

義曰：言聖人既能守位以仁，又能聚人以財，使天下父子各有所養，各得其所。然而貨財之道必主於均平，使多者不得積其私，少者皆得盡其養。又須與正其辭爲之節制，以禁民之有非僻者，使皆合於義而得其宜矣。然則所謂義者，蓋裁制合宜之謂義也。

古者包犧氏之王天下也，仰則觀象於天，俯則觀法於地，觀鳥獸之文，與地之宜，近取諸身，遠取諸物，

義曰：自此已下至「蓋取諸夬」爲一章。言包犧氏以聖人之才德以王天下，爲天下之主。然於上古洪荒之世，典章法度未立，而包犧氏仰則觀象於天，俯則觀法於地，既觀察天地之象，又觀鳥獸之文與地之宜，以畫成其八卦也。然則上既言「觀法於地」，下又言「與地之宜」，既言「觀鳥獸之文」，下又言「遠取諸物」者，何哉？蓋上文言仰則觀象於天，俯則觀法於地者，蓋是伏羲始觀象之初也。此又言鳥獸之文者，蓋東方之宿則爲蒼龍，南方之宿則爲朱鳥，西方之宿則爲白虎，北方之宿則爲龜蛇。如此之類，是伏羲仰觀天之垂象之宿，鳥獸之文，又觀其地之動植、山川、丘陵之象，萬物所生之宜。既觀天之垂象之文，又觀地之所生之宜，然後近取諸身者，至如乾爲首，坤爲腹，震爲足，艮爲手。又近取人之一身，其有思慮口鼻之屬，如此之類，是近取諸身也。既近取諸身，又遠取諸萬物之象，若乾爲龍，坤爲馬，山、澤、風、雷之類是也。

於是始作八卦，

義曰：作者，起也。言伏羲因此天地萬物之象，然後興起八卦，以象動植之宜也。

以通神明之德，

義曰：神明，即謂天地之道，陰陽之運，變通不測之宜，吉凶未兆之事。如此之類，則謂之神明。是八卦通此神明之德也。

以類萬物之情。

義曰：夫萬物之情狀至繁至眾，故不可得而知之也。聖人作此八卦，取其天、地、水、火、山、澤、風、雷之象，以類聚萬品之情偽，皆可見也。

作結繩而爲罔罟，以佃以漁，

義曰：網罟者，取魚獸之物也。言伏羲既畫八卦以通神明之德，以類萬物之情，以至天地之始終，人事之淵蘊，无不畢備於其間。然而於人事之間未有所食之物，是故伏羲又結繩以爲網罟，以佃以漁，使人取其魚獸，以爲所養。

蓋取諸離。

義曰：蓋者，疑之之辭也。離者，麗也。言山之高而禽鳥麗之，水之深而魚鼈麗之。然則山之高，水之深，而人莫能及之，而聖人創立其事，結繩而爲網罟，使人用之。雖禽鳥居山之高，魚鼈居水之深，皆得而取之，是使人麗而用之也。然謂之「蓋」者，即疑之辭也。言聖人創立其事，不必觀此卦而成之，蓋聖人作

事立器，自然符合於此之卦象也，非準擬此卦然後成之，故曰「蓋取諸離」。

包犧氏没，神農氏作，斲木爲耜，揉木爲耒，耒耨之利，以教天下，蓋取諸益。

義曰：言包犧氏既没之後，又有神農氏以聖人之才興起於世。以其人既得其網罟以佃以漁，然而未有飲食之道，神農氏是以樸斲其木以爲之耜。耜者，博五寸，其首有華觜以爲耕作之用。又揉其曲木，其曲有鈎以爲之耒。耒耨之利，以教於天下之人，使四時耕作之種，其禾黍之利，以爲飲食之養，蓋取諸益。益者，取其有益於人，爲萬世之利也。

日中爲市，致天下之民，聚天下之貨，交易而退，各得其所，蓋取諸噬嗑。

義曰：言於日中爲其市，以貿遷於貨財，以萃聚於天下之人，使皆貿易之相交，民之无者從而有之，民之有者從而散施之。既貨財交易，貿遷有无，天下之民各得其所，各得其宜，故曰市也。然必取於日中者，蓋日之早而遠者必不能及，若日之晚而又失其時，必於日中之時，取其遠近之人皆得以及矣，故於日中爲市也。然則蓋取噬嗑者，以其噬嗑之卦上體是離，下體是震，震動於下，離明於上，是下動而上明，聚之則爲之市也。又頤中有物曰噬嗑，凡頤中有剛梗之物，必囓而去之也，然後得其通，而物有所合也。

神農氏没，黄帝、堯、舜氏作，通其變，使民不倦，

義曰：夫法之久則必弊，弊則物有所不通。法既不通，則人情多至怠惰，而有厭倦之心。是故神農氏没之後，復有黄帝以聖人之才德繼世而興起，能通人事之理，以其伏羲既結繩而爲網罟，而斲木爲耜，揉木爲耒，又聚天下之民財以交易之爲之市。然事之久必有其弊壞，故黄帝能通其變化而裁之，引而伸之，隨

其物之變通，因其時而更造之，以爲萬世之法，使民宜之，皆得其利用。民既得其利用，則无怠倦之心也。

神而化之，使民宜之。

義曰：「神而化之，使民宜之」者，言天下之民既得其利用，則不知聖人之制作所以然而然也，既不知所以

然而然，則所作爲用皆得其宜也。

易窮則變，變則通，通則久。

義曰：言黃帝既能通其變，使民不倦，神而化之，使民宜之。如此者，蓋得大易通變之道也。夫大易之

道，窮極而復變，變極而必通。天地生成之道，人事終始之理，无有限極，周而復始，无有窮際，可以永久

爲萬世通行之法也。

是以「自天祐之，吉，无不利」。

義曰：言黃帝之法如此爲萬世久行之道，則自天而下至於鬼神皆祐助之。在鬼神尚且祐助，況於天下之

人乎？鬼神、人民既以祐助，則盡善盡美之功，所往之處何所不利哉？故引《易》文而證之。

黃帝、堯、舜垂衣裳而天下治，蓋取諸乾坤。

義曰：自此已下，凡有九事，皆黃帝、堯、舜因象而立制也。夫上古之時，世質民淳，民皆敦樸，則上如槁

枝，下如野鹿，則上下自然而正矣。迨黃帝、堯、舜之世，垂衣裳而天下治，以其乾有剛陽之德在於上，故

爲尊；坤有柔陰之德在於下，故爲卑。爰作衣裳，以分尊卑、上下、貴賤之等，此蓋取乾坤之象也。然則

黃帝、堯、舜連言之者，蓋衣裳之起始於黃帝，成於堯舜之時，故以黃帝、堯、舜而通言之也。

四〇四

刳木爲舟，剡木爲楫，舟楫之利，以濟不通，致遠以利天下，蓋取諸渙。

義曰：剡者，謂刳木之中，虛其中以爲舟也，以濟於水，使人乘載之，以濟不通，免其沈溺之患也。「剡木

爲楫」者，又剡削其木，以爲舟之用也。凡人有川險之深而不可以涉之，而黃帝能刳木之中爲舟，又剡削

其木爲楫，以濟川險之患，使人乘之皆得以濟，致遠之處皆得以利。「蓋取諸渙」者，蓋渙之卦，上是巽，下

是坎，巽爲木，坎爲水，故其彖辭曰「利涉大川，乘木有功也」，是言巽木爲舟，有涉川之象也。又曰「渙者，

散也」，能散釋其民難，令爲舟以濟於天下，使人免其沈覆之患，故此亦得變通之一端也。

服牛乘馬，引重致遠，以利天下，蓋取諸隨。

義曰：夫物之重者，人力不能及之，地之遠者，人力不能至。是故聖人服習其牛，調習其馬，使重者得

以及之，遠者得以至之。然則牛馬本无知之物，而聖人能馴服之，使其至重之物亦得以行之，至遠之地亦

得以至之。重者引之，遠者利之，天下之人皆得其利，蓋取諸隨也。然則隨者是動作必隨於人，以之遠則

亦隨於人，以之近則亦隨於人，是動作所在，皆隨於人也。

重門擊柝，以待暴客，蓋取諸豫。

義曰：夫治平之世，不能无姦宄之人，是故聖人用其兩木相擊，昏夜之間擊其聲以爲之警備，使其姦人暴

客不能踰越也。然而必取諸豫者，蓋豫者樂也。按《豫》卦「雷出地奮，豫」，言雷自地奮出，以發生萬物。

物既生，各遂其安，故曰「豫，樂也」。此「重門擊柝，以待暴客」而云「蓋取諸豫」者，蓋言凡人居治平之時，

外既有警備，則姦人不能犯。姦人既不能犯，則在內者自然安矣。

斷木爲杵，掘地爲臼，臼杵之利，萬民以濟，蓋取諸小過。

義曰：言聖人既能教民以粒食五穀，然又不能精治其五穀以爲飲食之養，是故後世聖人復斷其木爲杵，

又掘其地爲臼，以其臼杵之利，以精治其五穀。夫既精治其五穀，則天下之萬民皆得以濟，故取諸小過

焉。然則必取小過者，蓋小過之卦，聖賢之人過爲其事，以矯過於人。今此杵臼而取小過者，蓋聖人既教

人粒食以自養，又教人精治其五穀，是小有過爲其事故也。

弦木爲弧，剡木爲矢，弧矢之利，以威天下，蓋取諸睽。

義曰：夫治平之世，不能无姦暴之人；堯舜之代，不能无逆命之人。是故聖人雖立刑罰之事以懲戒之，然

其間亦有不庭不軌之人，非刑罰之威可以懲也，是故復以弦繫於木上以爲弧。弧者，即弓也。既以弦於

木爲弓，又剡削其木，取其矯厲，故爲矢以中於人。弧矢既成，以威中於不庭不軌之人。威既中於不庭不

軌之人，則天下之姦暴者皆畏而懼矣。然蓋取諸睽者，蓋睽者離也，言人心之乖離者必用弧矢以威之。

至如蠻夷之人，當奉於中國，反抗衡於中國，有離叛之心。又如諸侯當尊奉於王者，今不能貢賦，反有倍

於王者之心。又如姦猾之俗不能歸奉於上，反有離二之心。如此之人，聖人因其有睽離之心，故制弧矢

以威服之，故云蓋取諸睽也。然則弧矢、杵臼、服牛、乘馬、舟楫皆云利者，此蓋器物有益於人，故稱利也。

然「重門擊柝」不言所「利」者，蓋擊柝之事，止以禦暴客，是亦利之異名也。「垂衣裳」不言「利」，此亦隨便

立義，故云「天下治」。「治」亦利也。此皆義便而言，故不可一例取也。

上古穴居而野處，後世聖人易之以宮室，上棟下宇，以待風雨，蓋取諸大壯。

義曰：夫上古之時，未有宮室，當此之時，人但冬則居營窟，夏則居層巢。人既安居，然於風雨之時无可

禦止，是故後世聖人易之以宮室，上隆其棟，下爲之宇，以待風雨有所棲止，故取諸大壯也。然必取諸大

壯者，以其制度宏壯，有便於人，故取大壯也。

古之葬者，厚衣之以薪，葬之中野，不封不樹，喪期无數，後世聖人易之以棺槨，蓋取諸大過。

義曰：夫上古之時，凡人之死不能蔽蔭其尸，但厚衣之以薪。及葬之中野之間，又不能封土以爲之墳，是「不

封」也。又不能種樹爲別，是「不樹」也。及其哀戚，又无時而止，但哭除則止。喪之期制又无其日月之

限，是无數也。其於死者知耶？不知耶？是故後世聖人以木合爲之棺槨，以蔭庇其尸，又封其土，以

爲之墳，又種其樹，以爲之別，又立五服之制，三年之喪，使其哀戚有時者也。然則「蓋取諸大過」者，原

大過之卦，是聖人大有所爲，過越常分，以拯救天下，則爲之大過。今此人之死不能蔽蔭其尸，而取此大

過者，何也？蓋聖人重人之生。孝子哀戚之情，以其人之生必有其死。蓋死者是人之終。人之既終，孝

子之大事。重其死者，人之大事。故爲棺槨以蔭庇其尸，又封土以爲之墳，種樹以爲之別，立其五服之

制，又立饗祀之禮，其事過越至大，故取諸大過也。

上古結繩而治，後世聖人易之以書契，百官以治，萬民以察，蓋取諸夬。

義曰：夫上古之時，世質民淳，情僞未遷，凡人有事必結其繩而取信。若有大事，則結之以大繩；若有小

事，則結之以小繩。迨及後世，情僞已遷，利害漸作，巧詐萬狀，不可以救正之，是故後世聖人易之以文

書，成之以契券。文書所以取其信驗，契券所以取其要約。文書既立，契券既明，則百官之事皆得其治，

萬民之情皆得以察。然而「蓋取諸夬」者，蓋夬者，決也，能明決其事，驗人之情僞，以決斷之。自此而後，民之利病，事之姦詐，不可以隱也。

是故易者，象也。

義曰：自此已下至「小人之道」爲一章。夫大易之道皆本諸萬物之形象而成。至如乾爲龍，坤爲馬，艮爲山，兌爲澤，如此之類，皆是本於物象也。

象也者，像也。

義曰：言聖人立六十四卦之象，皆因其物像而名也。至如兼山艮，麗澤兌，巽爲木，坎爲水，離爲火，如此之類，皆是本諸象也。

彖者，材也。

義曰：彖者，即六十四卦下彖辭也，如「乾，元亨利貞」「坤，元亨，利牝馬之貞」。此類皆聖人設其彖辭，以象一卦之材德而成之也。

爻也者，效天下之動者也。

義曰：夫六十四卦，一卦則象其一時，一爻則象其一人。然而爻有變動，位有得失，變而合於道者爲得，動而乖於理者爲失，人事之情僞，物理之是非，皆在六爻之中，所以象天下之動，使人效法之也。

是故吉凶生而悔吝著也。

義曰：夫六十四卦之爻，有得位有失位者，有凶有吉者，皆繫於爻之動靜也。若動得其道，則吉；動失其

道，則凶。然動靜之間，有可追悔者，有可鄙吝者，皆繫於爻之變動也。若能慎於動靜，則凶害不生矣；若不能慎於動靜，則凶咎著焉。是吉凶悔吝著見於外，皆繫於爻之變動也，故上文所謂「吉凶悔吝生乎動者也」。

陽卦多陰，

義曰：陽者，即剛也。陰者，即柔也。夫八卦之設，有純陽之卦，有純陰之卦，有一卦有二陽者，有一卦有二陰者。至如坎之一卦，上下二陰，而一陽在其中矣。艮之一卦，一陽在上，而二陰在其下矣。震之一卦，二陰在上，而一陽在其下矣。是陽卦多陰也。

陰卦多陽，

義曰：夫八卦之中，有陰卦而多陽者。至如離之卦，二陽在外，一陰在內矣。兌之一卦，一陰在上，而二陽在下矣。巽之一卦，二陽在上，而一陰在下。是陰卦多陽也。

其故何也？

義曰：此是孔子疑問之辭也。言陽卦多陰，陰卦多陽，其故果如何多也？

陽卦奇，陰卦偶，

義曰：此是孔子復陳陽卦多陰，陰卦多陽，各有本末也。言陽卦所以多奇者，蓋陽卦純一，故多奇也。陰卦多陽者，蓋陰卦純二，故多偶也。是故聖人因其奇偶之數，所以如此也。

其德行何也？

義曰：此孔子又發問之辭。言陽卦所以多奇，陰卦所以多偶，其於德行果如何哉？

陽，一君而二民，君子之道也。

義曰：此是孔子又自釋「陽卦奇，陰卦偶」之所由也。言陽之卦是君，陰之卦是民，一陽在上，則衆陰歸之；一君在上，則二民歸之。猶天下一統，衆歸於一主，則成邦國之道。是至治之本，此是君子之道者也。

陰，二君而一民，小人之道也。

義曰：言陰者，是小人之象也。夫二陰在上，而一陽歸之，是由二君在上，而在下之人无所的從。在下之人既无所的從，則天下不能統一。如此則乖邦國之道，是致亂之本。此是小人之道也。

《易》曰：「憧憧往來，朋從爾思。」

義曰：自此已下至「德之盛也」爲一段。「憧憧往來，朋從爾思」者，此是《咸》卦九四之爻辭。凡《易》卦中有義理深遠，卦爻之內未能盡其義者，孔子特引於此而明之。言天地之道，生成之理，不能感於物，蓋物自然而咸感之。聖人之道亦不求感於人，蓋但任仁義之道以行於世，則天下之人自然而歸之。今九四，以陽居陰位，是不正也。當咸感之時，以不正之身不能任以仁義之道以感於人，反自思慮其朋以求所感，故所感之道不廣，但其憧憧然朋從爾思之，惟是己之朋黨者則感之也。

子曰：「天下何思何慮？」天下同歸而殊塗，

義曰：此孔子自釋九四之辭。言天下之大，萬宇之廣，爲感之道聖人未嘗思之，但任其仁義之道以感於天下，則天下雖廣，而人自感悅而隨之，故云「同歸而殊塗」。

一致而百慮，

義曰：言人之百慮雖然煩多，及其歸也，終歸於一致也。

天下何思何慮？

義曰：此重言之者，言聖人凡有天下之眾，為感之道不在思慮以感於人，如是則所感之道至廣也。

日往則月來，月往則日來，

義曰：此已下又明天地之道，陰陽之端，人事之理，萬物之情，亦自然而然也。言日往則月來，月往則日來，日月相推而明生焉。

義曰：此已下又明天地之道，陰陽之端，人事之理，萬物之情，亦自然而然也。言日往則月來，月往則日來，日月之道互相推盪於天地之間，而晝夜之道自然明矣。然則日月之道不求照耀於人，而天下之人物自然感日月之照臨也。

寒往則暑來，暑往則寒來，寒暑相推而歲成焉。

義曰：夫天地之道，晝則為陽，夜則為陰，以陰陽之道互相推盪而成寒暑，寒暑之道互相推盪而成歲功。然則寒暑之道非自求成其歲功，蓋歲功自然而隨於寒暑也。

往者屈也，來者信也，屈信相感而利生焉。

義曰：此一節又明萬事之理，亦皆本於自然而然也。屈者，去也。信者，進也。往者既去，來者求進，屈信之間而利害生焉。是利害自然而生於屈信也。

尺蠖之屈，以求信也。龍蛇之蟄，以存身也。

義曰：夫尺蠖之屈雖一本於天賦，然而凡於動靜之間非自樂也，蓋所以求其信也。龍蛇之蟄，潛其所處，

蓋所以求其安身也。

精義入神，以致用也。

義曰：夫人得天性之自然，稟五常之至正，然而有服君子之事者，有服小人之事者，何也？蓋曰操心積慮，學而致諸善，不學而致諸不善也，惟是聖人得天地之全性，凡所動作，精思遠慮，以合於義，以通神妙，及發於外也，可以措天下之用，興天下之利也。至如網罟取諸離，書契取諸夬，宮室取諸大壯，凡百所為之事，有利用於民者，皆由聖人精義入神，然後能也。

利用安身，以崇德也。

義曰：言聖人既能精義入神，以致天下之用，又能宴樂以安其神，飲食以養其體，居富貴而不自充詘，在貧賤而不自隕穫，如此則安於身而崇大其德業也。

過此以往，未之或知也。

義曰：言聖人舍其精義入神以致用，利用安身以崇德，舍此二道而往，則雖聖人亦不能知之也。

窮神知化，德之盛也。

義曰：言聖人既能精義入神，利用安身，如是則可以窮極鬼神之情狀，通曉變化之終始。此是德之至盛者也。

《易》曰：「困于石，據于蒺藜，入于其宮，不見其妻，凶。」

義曰：此是困卦六三之辭也。言六三之爻，以陰居陽位，是不正也；在下卦之上，是不中也。夫君子之

人，凡欲求進，必須俟其時。今此六三，居困之時，其性動而欲上進，是故爲九四之所止，故困於石也。既上不能進，復退其居，又下乘九二之剛，故曰「據於蒺藜」。上既无所進，下既无所適，是猶入於其宮，不見其妻，凶之道也。夫妻者，至親之人亦不可得而見之，況於他人乎。

子曰：「非所困而困焉，名必辱。

義曰：此已下是孔子之辭。言此六三所以困於石者，非是所困而困焉。蓋六三居困之時，躁而求進，爲九四之所止。然君子之名必求榮，今爲九四所困，是其名必辱也。

非所據而據焉，身必危。

義曰：夫君子之人，進必以道，動必合義，不惟澤天下之人，又且先安其身而不陷於過惡也。今六三既下乘九二之剛，爲九二之所據，爲九四之所止，是必不能安全其身，而身必自至於危厲也。

既辱且危，死期將至，妻其可得見邪？」

義曰：言六三既非所困而困，非所據而據，既辱且危，是不知死期將至也。既死期將至，雖屬至親之人，必不可得而見也。

《易》曰：「公用射隼于高墉之上，獲之，无不利。」

義曰：此是解卦上九之辭也。隼者，貪殘之禽也。墉者，牆也。言解難之時，而六三以陰柔不正之身居於下卦之上，是不正之小人也。夫居解之時，而以小人居君子之位，是猶貪殘之禽居於墉牆之上，必爲人之所射而獲之。既射而獲之，則何所不利哉！

子曰：「隼者，禽也。弓矢者，器也。射之者，人也。

義曰：夫弓矢之事，皆是威天下之器，除天下之害者也。今君子之人欲去貪殘之禽，必以弓矢而射去之，然後可也。

君子藏器於身，待時而動，何不利之有？

義曰：言君子之人，凡去小人，必須有其才，有其德，有其時，有其位，然後可以有所施爲，有所動作也。若无才德，无時位，欲去非類之人，必自取敗亡之道。是故君子之人必當藏畜其器，韜光其業於身，待其時而動之，則所往必有所獲也。

動而不括，是以出而有獲。語成器而動者也。」

義曰：括者，結也。夫君子之人，凡能畜積其德，韜藏其器，則无有括結凝滯之事，如是則沛然莫之能禦也。以至凡有所施爲，有所動作，必有所獲，所在必有所成功，是語成其器而動者也。

子曰：「小人不恥不仁，不畏不義，

義曰：此已下又言小人之道也。夫小人之性不常，亦不知仁義，不知廉恥，不以刑法威之，則不畏不義。是故古者聖人設其鞭朴之事、刑法之威者，蓋爲小人不恥不仁所以設之，使知畏而爲義也。

不見利不勸，

義曰：言小人之心專在於利，凡事不見其利，則不知有所勸勉也。是故聖人立爲廛市，使得交相貿易，立農桑，使得互相耕養而有所勸也。

不威不懲。

義曰：夫小人以小善爲无益而弗爲也，以小惡爲无傷而弗去也，但恣縱其心，而放僻邪侈之事无不至矣，若不以刑而懲之，則不知懲戒者也。

小懲而大誡，此小人之福也。

義曰：言君子之人既以刑懲於小人，亦非君子之素心也，蓋爲小人不耻之故也。然雖小有所懲，而若能戒懼不爲大惡，此亦小人之福也。

《易》曰：『屨校滅趾，无咎。』此之謂也。

義曰：此是噬嗑初九之爻辭也。夫噬嗑之卦是先王用刑以去剛梗之俗。今此初九居卦之初，是受刑之始也。然居受刑之始，其罪未至大，其惡未甚著，故但屨校其足，滅没其趾而能改之，所以无咎。今此小人若小懲而能戒慎之，則其罪亦不至於大，此是小人之福，故引此噬嗑之初九而證之，故曰「此之謂也」。

善不積不足以成名，惡不積不足以滅身。

義曰：言凡人若能積小善以至於大善，積之不已，以至著見於外，則可以成萬世之名也。若小善不積，則不能以成其名也。若以小惡爲无傷而弗去，及小惡積之已久，反成大惡，及其著見於外，不惟受戮，亦致滅没其身也。

小人以小善爲无益而弗爲也，

義曰：夫小人之性，以小善不能益於身，是以因因循循，至於老耄不能脩飾而不爲，以致喪身取咎，自取滅亡之道也。

以小惡爲无傷而弗去也。

義曰：言小人以惡爲无傷，積小惡以至大惡，從微至著，日復一日，不能悛改而弗去，以至惡大罪深也。

故惡積而不可掩，罪大而不可解。

義曰：言小人既不能積其小善，反自爲其小惡。小惡之積久而不已，及夫惡大而彰顯於外，不能以掩閉，罪大而及於身，不可以解脱，如是則滅身受戮也宜矣。

《易》曰：『何校滅耳，凶。』

義曰：此是噬嗑上九爻辭也。言初九居受刑之始而屨校其足，其罪亦未甚大。至此上九居受刑之終，不能悛改其惡，但以小惡爲无傷，以至惡積罪深，而其身受戮，滅没其耳，何校其首，此是大凶之道也。

子曰：「危者，安其位者也。

義曰：夫君子之人所以危者，蓋由安然居位，恃其泰不爲之備，恃其安不知其亂，以至泰久必否，安久必亂，所以致其不安而社稷之危也。若能居安慮危，居治思亂，然後可以保其位而不失也。

亡者，保其存者也。

義曰：夫人之所以亡者，蓋由恃其安不思其危，恃其存不思其亡，任其放僻邪侈之事，所以致其身之危亡，基業之隕墜也。若能常自深思遠慮，不爲奢侈之行，則可以保其存而不亡也。

亂者，有其治者也。

義曰：言人居安平之時，但恃其天下之治，不能思慮存亡之機，不能憂恤天下之人，恣其驕盈之志，不知亂之所生也。

是故君子安而不忘危，

義曰：言君子安平之時，若能居於安平之時常自戒慎，恐有傾危之事，則可以獲吉也。

存而不忘亡，

義曰：言君子之人，若能居於安平之時常自戒慎，恐有傾危之事，則可以獲吉也。

治而不忘亂，

義曰：言平易之時，能常思其危亡之事，所以保其存而不亡也。

是以身安而國家可保也。

義曰：言居治平之時，當自恐懼修省，鑒其前車之覆，則无禍亂之事也。

義曰：言君子之人既能安而不忘其危，存而不忘其亡，治而不忘其亂，夫如是，其身可以安，其國家社稷可以永保也。

《易》曰：「其亡其亡，繫于苞桑。」

義曰：此是否卦九五之爻辭也。言當否塞之時，小人在下皆失其道，獨九五能休去天下之否，常思其社稷之危亡。言我其亡乎，我其亡乎，是猶繫其社稷於苞桑之上者也。桑者，即是其根深固而不拔。苞者，即是叢生之類。言九五既居否塞之時，能休去天下之否，常自思慮戒懼，是猶繫其社稷於苞桑之上，而其

根深固不可以拔也。

子曰：「德薄而位尊，

義曰：夫居君子之位必有才有德，然後可以居也，若才之薄，德之寡，而居於尊貴之位，必不可也。

知小而謀大，

義曰：言人之才知之小，反欲謀國家之大事，是必不可也。然居幽闇之時，尚不免其誅戮，而況居於明盛之時，其有不不受君之誅戮者鮮矣。是小知者，不可謀國家之大事也。

力小而任重，鮮不及矣。

義曰：夫小力之才必當任其輕小之用，若任以國家之重器，其勝任者亦鮮矣。

《易》曰：『鼎折足，覆公餗，其形渥，凶。』言不勝其任也。」

義曰：此是鼎卦九四之爻辭。言九四以陽居陰位，是不正也。夫以不正之身，居於大臣之位，而才力之不勝其職，是猶鼎之折足而傾覆公家之美實，而又且污染其鼎也。然則君子之人，必須有其才，有其德，然後可以稱國家之大任也。若无才无德而居大位，是猶鼎之九四以不才之身而居國家之重位，而傾覆公家之美實，敗壞國家之綱紀，是大凶之道也。如此之人，所謂「不勝其任」也。然則謂之「言不勝其任」者，此是孔子引此鼎卦之辭，以釋德薄位尊、知小謀大、力小任重之人，故以此爻而結言之。

子曰：「知幾其神乎？君子上交不諂，下交不瀆，其知幾乎？

義曰：此一節是孔子釋豫卦六二之辭。「子曰『知幾其神乎』」者，幾者，是有理未形之謂也。● 神者，妙微

无方之謂也。夫君子之人有先幾之識，深思遠慮，凡有所施爲，必能極未形之理、未萌之兆者也。既未形

之理，未萌之兆皆先知之，是其知如神之妙用而通於靈也。「君子上交不諂」者，夫常常之人，凡於有權位

之人，則必行苟諛佞媚，甘言巧語，以求其進。是故君子之人知其諂諛佞媚之道不可以求進，

是以守其正，自潔其身，切問近思，博聞强識，待時而動，不以邪佞之道以求其進，不以甘言巧語以說其上

也。「下交不瀆，其知幾乎」者，夫常常之人，凡見其下交之人必以強暴之性，苟悅之道，以瀆亂於下。是

故君子之人，凡居上位，雖於下交亦以中正之道，至正之德，以待於下，未嘗敢以柔邪苟媚之道以瀆亂於

下者也。言如此之人，既上交不諂，下交不瀆，又極於未形之理，未萌之兆，是知幾之人也。

幾者，動之微，吉之先見者也。

義曰：言人知其有理未形之事，極其禍福萌兆之來，則於動靜之間，戒其微小之事。動得其道則吉，動失

其道則凶，是以從其吉而背其凶，去无道而就有道，是幾者吉之先見者也。

君子見幾而作，不俟終日。

義曰：君子之人，既知未形之理，慎其微小之事，夫如是，則吉凶之變，不俟終日之間而可以明見矣。

《易》曰：『介于石，不終日，貞吉。』介如石焉，寧用終日，斷可識矣。

● 「未」原誤作「之」，今據康熙本改。

義曰：此是豫卦六二之爻辭也。言豫之時，九四以剛陽之德居上卦之下，是居人臣之重位，必爲在下之所歸向。是故初六以陰柔之質，居豫之初，爲九四之正應，當豫之時，不能守其正

道，但以柔邪諂媚以說於上，以求其進，故爲九四之所見從，但有聲名虛譽以聞於外，是虛譽也。故其爻辭曰「鳴豫，凶」。至於六三比於九

四，亦以柔邪諂媚之道以悅於九四，故其爻辭曰「盱豫，悔」。惟此六二以陰居陰，居豫之時，在下卦之上，履非其位，不爲富貴以

易其志，不爲貧賤以易其心，堅然守一介之節，確然守不變之心，履得其中，居得其正，雖下比於初六，亦

未嘗敢以非道而褻瀆，雖近於九四，亦未嘗敢以柔順而苟求，但堅執其心，動靜之間，幾微之事，未嘗不知。

既幾微之事未嘗不知之，則吉凶之來又寧用於終日之間而斷可見矣。此是知幾之人也。若見事於已萌

之後，則是不知幾也。然則「介如石焉，寧用終日，斷可識矣」者，此是夫子解釋六二之爻辭也，言六二有

如此之美，故仲尼稱美之也。

君子知微知彰，

義曰：此已下至「无祇悔，元吉」爲一節，以解復卦初九之辭也。言君子之人，凡所施爲動作之間，必慎其

微小之事。夫微者，亦是幾微之事，有理未形者也。唯君子之人，凡所動靜，凡有思慮，吉凶之兆，禍福之

理，未萌之前而已知之。既知之，則舍其凶而趨其吉，此是知微也。既知其微，逆知禍福，雖有其理，未有

其形，更不可使彰露顯然而著聞於外，如此是知彰也。

知柔知剛，萬夫之望。」

義曰：夫事之萌漸必始於柔小，得失之理亦自於幾微，以至凡百之事皆是自小而至於大，自柔而至於剛也。

是故君子之人極未形之理，既知其本，又知其末，本末之間不使吉凶之道形著於外，夫如是，則可以爲萬

夫之所瞻望，天下之所仰賴也。

子曰：「顏氏之子，其殆庶幾乎？有不善未嘗不知，知之未嘗復行也。

義曰：此孔子言知微知彰，知柔知剛也。自古已來，惟顏子一人而已，其庶幾可以近之。夫「顏氏之子」

者，即孔門之高弟，亞聖之上賢，能知禍福之萌，吉凶之兆，有不善未嘗不知，有一惡未嘗不悟，及其知也，

便從而改之，未嘗復行於事業。故孔子曰：「有顏回者好學，不遷怒，不貳過，不幸短命死矣。」是言顏子

能修其身，能深其慮，凡有吉凶不善之事，未嘗不知，既知之亦未嘗復行，故唯顏子庶幾可以近乎。

《易》曰：『不遠復，无祇悔，元吉。』

義曰：此是復卦初九之爻辭。夫復之初九，以陽之德居復之初，當羣陰用事之時，獨以一陽而反於地下

以萌生萬物，是復之初九而來復之速者也。亦猶賢人君子得天之性，凡思慮之間，亦有不善之事，則能早

辨之，明其心，復其性，使過惡不形於外，所行之事皆合於中道。自古聖賢之中，惟顏氏之子知有不善，未

嘗不速改之，以復於善道，故三千徒中，惟此顏子一人而已，故孔子特稱舉之，曰「不遠復，无祇悔」者，惟

顏子一人而已。

天地絪縕，萬物化醇，

義曰：此已下至「言致一也」，解損卦六三之爻辭。絪縕者，蓋薰蒸之貌。夫天地之道，陰陽之氣二氣相

薰蒸而成交感之象，是以萬物皆得以亨通也。

男女構精，萬物化生。

義曰：言男女相構和會，而萬品之物亦得以變化而生也。

《易》曰：「三人行，則損一人；一人行，則得其友。」言致一也。

義曰：此損卦六三之辭也。夫損之時，損下以益於上，損民以益於君。今此六三、六四、六五以三陰上

進，歸於上九之陽，是其志不能醇一也，必損於上九之陽者也。然則天地之道皆尚於醇一，故一陰一陽之

謂道，男女相遇亦在於醇一。今若以三陰上進，必損上九之陽，若但六三獨往之，則得正應之道，然後得

其友也。

子曰：「君子安其身而後動，

義曰：自此已下至「立心勿恒，凶」，解益卦上九之爻也。「君子安其身而後動」者，言君子之人，凡欲動作

施爲，必先安其身，若身不安，則行事之失是必。凡所施爲，必先安靜其身，然後動作施於行事，則无有所

失者也。

易其心而後語，

義曰：言君子之人，凡欲形於語默，必先平易其心，安靜其志，深其思慮，然後形於言語。夫如是，則言无

可擇，所出皆中於節，所行皆合於道也。

定其交而後求。

義曰：言君子之人，凡欲求進，必須先定其交，觀其人之可否，量其人之賢愚，可與之求，則求之；不可與之求，則退之。其或不觀人之可否，不量人之賢愚，不素定其交分，躁而求之，則自取窮辱之事。

君子脩此三者，故全也。

義曰：言君子若能安其身而後動，易其心而後語，定其交而後求，能脩此三者，故所行之事，得其全者也。

危以動，則民不與。

義曰：言君子之人，若不能安其身而以危而動，必爲民之弗與也。

懼以語，則民不應也。

義曰：言君子之人，若不能安易其心，深思遠慮，反自以言語之間自恐自懼，所出之言，必爲民之所弗應也。

无交而求，則民不與也。莫之與，則傷之者至矣。

義曰：言君子之人，若不能先定其求，素結其分，妄而求之，必爲人之所不與也。既爲人之所不與，則傷害之事從而至矣。

《易》曰：『莫益之，或擊之，立心勿恒，凶。』

義曰：此是益之上九之辭也。當益之時，損上以益於下，損君以益於民。今此上九，當益之時，反自求於下，既求於下，心又无厭，故爲人之所不與也，故云「莫益之」。「或擊之」者，言不惟所求之人不與，抑亦爲

人之所擊棄也。既爲人之所擊棄，如此者，蓋是立心勿恒，所求无益之故也。

子曰：「乾坤，其易之門邪？」

義曰：此已下至「其當衰世之意邪」爲一章。言天地初判，乾坤已有形狀，而大易亦已行於其中矣。是故

大易之道、變化之理，皆由乾坤而出，是以聖人迹乾坤而成諸卦之名。是乾坤者，其爲易之門户也。

乾，陽物也。

坤，陰物也。陰陽合德而剛柔有體，

義曰：言乾體剛健，爲陽物也。坤體柔順，爲陰物也。是以陰陽二氣上下相配合，而成生育萬物之道。

若乾坤上下不相配合，則萬物不生。故陰陽相配合，則萬物得以生。萬物得以生，則其剛柔之體、上下之

象自然而成也。

以體天地之撰，

義曰：撰者，數也。言陰陽相配合而生萬物，自然而成剛柔之體。以是而分陰陽，奇耦之數由此而成也。

以通神明之德。

義曰：「神明之德」者，即爲妙用无窮，不可測度也。今此大易之道，變化之理，可以通於神明

之德，窮於萬事之理也。

其稱名也，雜而不越。

義曰：言大易之道，其爻卦錯雜，物理煩碎，其稱名也雜，然雜而各有倫理，不相干亂，不相踰越也。

於稽其類，其衰世之意邪？

義曰：稽，考也。類，物類也。言上古之時，世質民淳，情僞未作，典章法度未立，伏羲畫爲八卦，以爲萬

世之法。歷夏及商，世漸澆漓，民欲叢生，是故文王以伏羲所畫之八卦重爲六十四卦，盡其天地人事之

道，變通之理，吉凶悔吝之由，无不盡載於諸卦諸爻之間。然稽考其義類，其皆因衰世之意邪。

夫易彰往而察來，而微顯闡幽。

義曰：自此已下至「以明得失之報」爲一章。夫大易之道，至深至粹，明其吉凶之理、得失之迹，彰明已往

未來之事，皆由易道可明也。既彰明已往未來之事，至於微小幽闇之理，凡事不可以明者，亦皆由此易道

而顯闡之，故曰「微顯闡幽」。

開而當名，辨物正言，斷辭則備矣。

義曰：開，謂開釋爻象，各當諸卦之名，辨其事物之理。正，謂正其聖人之言，斷定其吉凶悔吝之事，皆繫

屬之爻辭，无所不備矣。

其稱名也小，其取類也大。

義曰：言諸卦之名皆取其類而稱之，至如乾則稱龍，坤則稱馬。然則龍與馬皆天下之一物耳，雖稱名也

小，然其取類也至大，故於人事，則爲君臣、父子、夫婦、兄弟、長幼之道，天地之理、陰陽之端无不備於

此矣。

其旨遠，其辭文，

義曰：旨者，意也。言其易之旨至近至遠，其理雖委曲，然於其辭則有文采，不尚質朴者也。至如「龍戰

於野」，是近明龍戰之事，遠明陰陽鬥爭之理，是其旨遠也。又如《坤》言「黃裳元吉」，不直言居中得位，乃

言「黃裳」者，是其辭文也。

其言曲而中。

義曰：言變化无恒，不可爲體例，其言必隨物之屈曲，而各中其理。

其事肆而隱。

義曰：肆者，陳列也。言《易》之所載之事，於爻象之間，雖其文皆陳列其事，然其義幽隱，不可驟然而曉之。

因貳以濟民行，以明失得之報。

義曰：貳，則謂吉凶二理也。言得失之理，吉凶之道，二者之理以濟萬民之行事。然萬事之理，有得位得正者爲吉，有失位不得正者爲凶。失則有凶報，正則有善應，因此二者之理以濟民之行事，以明得失之報，使人趨其吉而背其凶，向其善而違其惡也。

《易》之興也，其於中古乎？作《易》者，其有憂患乎？

義曰：自此已下至「巽以行權」爲一章。夫《易》之起始於伏羲。上古之時，世質民淳，情僞未形，巧妄未作，世凝然而不撓。當此之時，雖八卦亦盡萬事之情。歷夏及商，至於桀紂，暗君在上，情僞漸遷，巧妄已作，澆浮崇尚不可勝說。文王罹於憂患之中，有聖人之才，上懼君之見去，下慮民之情僞，是以取伏羲所

畫之八卦，重爲六十四卦，以盡天地之淵蘊，以明人事之終始。至於吉凶之道，得失之理，憂虞之象，悔吝

之事，无不備載於其間，使人知其吉而背其凶，向其善而捨其惡，以爲萬世之法，使人防患於未萌也。

是故履，德之基也。

義曰：此已下九卦，是修身防患之術也。然則六十四卦皆是防患之術，何以特取此九卦者，蓋此九卦最是修德之基，爲人事之先，故特陳此九卦也。履者，禮也。言人踐行其禮，敬事於上，不失其尊卑之分，如此此是「履，德之基也」。

謙，德之柄也。

義曰：柄者，人之所以操持也。夫人雖有爵禄之分，崇高之位，若无謙順之德，恃其驕盈必至於傾失。是故君子之人，若能居爵禄之位，必當持謙順之德，則雖危而不失，雖高而不危，如此是「謙，德之柄也」。

復，德之本也。

義曰：言君子之人，若能復其性，明其心，至於思慮之間有不善之事，必先改之，如此是復其性，爲德之根本也。

恒，德之固也。

義曰：言爲德之時，常能執守，終始不變，如此則其德固，故恒卦爲德之堅固也。

損，德之脩也。

義曰：言君子之人，若能謙損以自增新，降損其志，此是脩身之本也。

益，德之裕也。

義曰：裕者，寬大也。言人凡所作事，能利益於人，日新一日，則其德寬裕而有所包容也。

困，德之辨也。

義曰：言君子之人，居於治平之時，恣其安逸之性，多不知艱險之事，惟是居困否之時，備歷艱苦，知其君子小人之道，然後能明辨困否之事者也。

井，德之地也。

義曰：夫君子之身可貴可賤，可貧可富，而其志不可易，其心不可變，其德不可改，猶井之居地不可遷改也。

巽，德之制也。

義曰：夫愚民之性，蚩然而无所識，其非辟姦偽无所不至矣，是故聖人必行號令以示其法制。然行號令之始，必以權變之術而巽入於人心，然後民可制也。此已上九卦，各與德爲用也。

履，和而至。

義曰：此已下又復明九卦之德也。履者，禮也。言人有恭敬之德，有剛直之行，必須與人和同。既與人和同，則可以至於道也。

謙，尊而光。

義曰：夫人有其才有其德，雖在崇高之勢，必須謙恭以自卑，謙遜以接下。如是則德益大，而身益光也。

復，小而辨於物。

義曰：物者，萬物之理也。言人於性之初，吉凶未形之時，始於微小之事，❶有其不善，便從而改之，使无能爲之咎也。

恒，雜而不厭。

義曰：言君子之人，能守其常道，不變其節，雖錯雜混處於小人之間，亦其心不厭倦於事。

損，先難而後易。

義曰：言凡人若不能謙損於己，反欲他人謙損而奉於己，則失爲人之道。是故君子之人，必須先減損其身，謙讓其己，以及於他人，是損己以益於下，損身以尊於人，是先難也。及其性既復，行既成，所言皆合於道，所行皆中於禮，不失其法度，是後易也。

益，長裕而不設。

義曰：言君子之人，先求仁義以益於身。身既益，則其仁義之道可以推及於天下。然其仁義既及於物，則可長裕於天下，因其所利而利之，不待先爲施設而行之，而天下之人自有其餘者也。

困，窮而通。

義曰：言君子之人，雖居困窮之時，身即困窮而其道得以亨通也。

井，居其所而遷。

❶「微」，原誤作「爲」，今據康熙本改。

義曰：言井之道，居其所不可以遷改，而其澤可以遷施於人。猶君子之德固不可遷易，不可變改，而其道可以濟人。

巽，稱而隱。

義曰：巽者，是聖人之權也。言聖人以權變之術行其號令以及於天下，而人不知所以然而然也。

履以和行，

義曰：言凡人有剛直之性，溫良之行，必以禮而和之，故《論語》曰「禮之用，和爲貴」者是也。

謙以制禮，

義曰：言人性能謙順，自卑，尊人，則可以裁制其禮法而行之也。

復以自知，

義曰：言人既於事微小之初，知其不善而能改過，是自知也。

恒以一德，

義曰：言人能守其常道，不變其節，終始不移，雖居富貴而不自恃，雖居貧賤而不自移，是純一其德者也。

損以遠害，

義曰：言人能自降損其身，謙沖其德，以尊於人，則无患害之事也。

益以興利，

義曰：言人能以仁義之道自益於身，又益於他人，因其所利而利之也。

困以寡怨，

義曰：言人居困窮之時，守節不移，上不怨天，下不尤人，但守其正而已。

井以辨義，

義曰：言井之道，居其地而不移。其濟天下之義，故於井之道可以明辨其義也。

巽以行權。

義曰：權者，反經而合道也。言聖人凡發號施令，則以巽順之德而行之，以順其物性，以洽於人心也。既能順時，故能行權也。

《易》之爲書也不可遠，

義曰：自此已下至「道不虛行」爲一節。言大易之道，其爲書言天地陰陽之事，吉凶之理，萬事之情僞，人事之終始，无不備載於其間。然於人之行事也不可遠之，故上文謂「吉凶悔吝生乎動」。是故君子所居而安者，易之序也；所樂而玩者，爻之辭也。君子居則觀其象而玩其辭，動則觀其變而玩其占，是言《易》之爲書也不可遠也。若一遠之，則是吉凶悔吝所生者也。

爲道也屢遷，

義曰：屢者，數也。言易之爲道，傚法陰陽，其變化之理，爻象之間數有遷易也。

變動不居，

義曰：言六爻之位互相更變，无有定止，或陰居陽位，或陽居陰位，是變動不居也。

周流六虛，

義曰：言一卦六爻有陰有陽，上下周徧，互相更易，在於六位之間也。

上下无常，

義曰：言六爻之位，位无常定，或上或下也。若九月剝卦一陽在上，十一月一陽在下復是也。

剛柔相易，

義曰：言六爻之位，交相錯雜，或剛或柔，剛柔之道互相推盪於其間，或陽易陰位，或陰易陽位是也。

不可爲典要，

義曰：言大易之中，剛柔二氣既互相推盪於六爻之間，則不可爲常典，不可爲要約，隨時所變而已故也。

唯變所適。

義曰：言隨其六爻之變動，以適萬事之用也。

其出入以度，

義曰：言大易之道，六爻之位，周流六虛，上下无常，剛柔相易，不可爲常典，不可爲要約。既上下无常，不可爲典要，然其或出或入，或居或處，皆不失其法度，皆不失其倫理。若明以處暗，豐不至奢，是皆出入以度者也。

外内使知懼，

義曰：言大易之道，明其吉凶之理，得失之道，以至過去未來之事，朕兆之間，使人自内自外觀此大易之

道，皆知戒懼而不敢爲非僻之事，明其用捨，則趨其吉而背其凶也。

又明於憂患與故，

義曰：言此大易之道，不惟言天地陰陽之理，亦言人之憂患之事，使人明曉之，不敢爲非也。

无有師保，如臨父母。

義曰：言大易之道，其卦爻之辭言其萬事之理，吉凶之朕兆。其教人也雖无父母之教，如臨父母之慈，使人一歸於善道也。

「如臨父母」者，自上而下爲之臨。言大易之道，其示人也雖无師保之嚴，如有師保之教也。

初率其辭，而揆其方，

義曰：率，循也。揆，度也。方，道也。言人初能率循大易之文辭，則可以揆其大易之道，而知典常之理，明其義之所歸也。

既有典常，

義曰：言人既能率循大易之文辭，則知變化之理，典常之道也。

苟非其人，道不虛行。

義曰：言人既能率循大易之文辭，又揆度其道，知其常典，是易之道得行於世。然大易之文皆聖人所用之道，若非通聖之人，則不能曉達易之道理，則大易之道不虛行也。

《易》之爲書也，原始要終，以爲質也。

義曰：自此已下至「觀其象辭則思過半矣」爲一章。質，體也。言大易之道，其爲書也，不獨明人之得失之理，憂患之事，而又原其萬事之始，要其萬物之終。至如《乾》之初九曰「潛龍勿用」，上九曰「亢龍有悔」；《坤》之初六曰「履霜」，上六曰「龍戰於野」。此是原始要終之大本也。既原始要終，則窮其大本以爲大易之體質，以成諸卦之用也。

六爻相雜，唯其時物也。

義曰：言一卦之中，六爻之位，剛柔上下交相錯雜，唯其時物之事，得失之理，皆隨其時事而言之。若《屯》之初九言「磐桓，利居貞」，六二言「屯如邅如」，如此之類，是隨其時而言之，其諸卦諸爻皆由此而可明也。

其初難知，其上易知，本末也。初辭擬之，卒成之終。

義曰：言一卦之始，始於細微。雖一卦之大義，吉凶之理，情僞之端，皆始於初始之間。然其爻象未備，萬事之理雖有其理，雖有其意，然於人事未能顯見矣，是難知也。「其上易知」者，上，則謂上卦之上也。言一卦之事，雖有其理在於初爻，則其道難見。至於上九之時，其下五爻皆布列其位，剛柔之體，得失之理，吉凶之道，有正有不正者可見矣。是其道已成，其理已定，其爻象以正也，是「易知」矣。「本末也」者，言大易之道，既原其始，又要其終。原其始終，則知本末。是初難見，則爲本；終易知，則爲末。已下終始之間，本末可見也。初擬其辭者，言六爻之位，剛柔之體，始雖擬度其萬事之宜，萬物之理而成其辭，是始於微而至於著者也。「卒成之終」者，言至終之時，卦之上是卒成之時者也。夫卒成之時，而其象以分，

卦體以定，而吉凶悔吝之道皆可見矣。是事之卒了，成就皆在於上也。

若夫雜物撰德，辨是與非，則非其中爻不備。

義曰：此又言六爻之義。六爻之位，上下之體，交相錯綜，雜聚天下之物，撰數聖人之德，辨定是之與非，則非中爻而不可明也。中爻者，則六二、六五、九二、九五是也。夫得之與失，正之與邪，惟在二、五之爻斷可明矣。故初則不及其中，三則又過於中。過於中者，則凶危之道有時而至矣，不及中者，悔吝之事亦有時而至矣。唯在二、五之爻居得其中，履得其正，雖有其失，必不至於大咎也。至如《乾》之九二曰「利見大人」，九五曰「飛龍在天，利見大人」。又《坤》之六二曰「直方大」，六五曰「黃裳元吉」。是皆中爻可以辨攝一卦之是非也。然則一卦六爻各主其物，各主其事，惟是中爻即可明辨其得失也。

噫！亦要存亡吉凶，則居可知矣。知者觀其象辭，則思過半矣。

義曰：噫者，歎美之辭也。言凡欲知其存亡、凶之與吉，則其在中之一爻所居之位則可知矣。若失其中，則是凶而不知其吉，亡而不知其存，如此是大凶之道也。惟欲知吉凶存亡，但觀中爻所居之位，則可知矣。「知者觀其象辭則思過半矣」者，言大易之道，一卦之理，以至萬事之端，皆在於卦下所屬之象辭。然象辭之間雖未能盡萬事之理，一卦之情偽，然知者觀其象辭，則一卦之大義，吉凶之理，思慮之間已知一卦之本末已過半矣。然則謂之象者，則如《乾》則言「元亨利貞」，《坤》則言「元亨，利牝馬之貞」，如此之類，皆是卦下之象辭。若聰明賢智之人觀之，則一卦之理已過半矣。

二與四同功而異位，其善不同。二多譽，四多懼，近也。

義曰：自此已下至「其剛勝邪」爲一章。言六十四卦之中一卦六爻，六爻之內惟二與四皆是陰位，而得其

位者故當以陰爻而居之，是同其功也。然而「異位」者，言二則在下卦之中，四則在上卦之下，是異位

也。「其善不同」者，言二居下卦之中，行得其順，不失其中正之道，故其善也大矣。四居上

卦之下，失其中道，故其善與二不同也。「二多譽」者，譽者，謂嘉美之譽也。言二居中而不失其正，又所

行之事无過无不及，故有嘉美之譽以傳聞於外也。「四多懼」者，言六四居上卦之下，上比於五是至尊之

位也；下在九三之上，是權臣之上也。上則逼近於君，下則逼近於臣，故當恐懼之，是四多所懼也，故言

「四多懼」也。

柔之爲道，不利遠者，其要无咎，其用柔中也。

義曰：此覆解上「四多懼」之意也。夫獨陰不立，必須比附於陽，則其功可以成，若遠於陽，則其道不能

利。若欲要其无咎，必須用其柔中之道則可也。若非居得其中，履得其正，則必有咎也。

三與五同功而異位，三多凶，五多功，貴賤之等也。其柔危，其剛勝邪。

義曰：言九三與九五皆是陽位，故其功同也。然而三在下卦之上，五在上卦之中，是異位也。「三多凶」

者，三在下卦之極，失於中道，故多凶咎之事。「五多功」者，五在上卦之中而有人君之位，其功德可以被

於天下，爲天下之所歸向，是多功也。五爲貴，三爲賤，是貴賤之等也。五與三俱是陽位，若以剛陽居之，

則克勝其任；若以柔陰居之，則失其所處，而必至於傾危也。

《易》之爲書也，廣大悉備，有天道焉，有人道焉，有地道焉。

義曰：自此以下至「吉凶生焉」爲一章。言大易之道至廣至大，无不悉備於其間也。有天道、人道、地道

者，言伏羲始畫八卦，以三爻爲一卦，故上一爻以象天，中一爻以象人，下一爻以象地。三爻既立，則天地

人之事，萬物之理，无不備載於其間也。

兼三才而兩之，故六。六者，非它也，三才之道也。

義曰：言伏羲畫卦始以三爻爲一卦，天地之事，萬物之理，无不畢備。後世聖人又從而兩之爲二體，兩而

爲六爻，故上二爻以象天，中二爻以象人，下二爻以象地，所以六之者非他也，蓋象三才之道也。

道有變動，故曰爻。

義曰：言六爻之內有變有動。動而合於道者，爲吉；動而悖於理者，爲凶。變動之間必合於道也，故

曰爻。

爻有等，故曰物。

義曰：言六爻之位，有陰有陽，有貴有賤，有等有差。至如乾之爻稱「龍」，故爲陽物；坤之爻

稱「馬」，故爲陰物。如此之類，故曰物也。

物相雜，故曰文。

義曰：物者，類也。言六爻之間，

義曰：言萬物之類皆在六爻之間。六爻之間，有陰有陽，有柔有剛，互相錯雜而成文章，以顯著於外也。

文不當，故吉凶生焉。

義曰：言剛柔錯雜而成文章。若文妨於事，則有凶，有吉，有邪，有正。若文當其事，則吉凶不生。若不

當位，則遺於道者爲凶，順於理者爲吉。吉凶之道，皆生於文不當矣。

易之興也，其當殷之末世，周之盛德邪？當文王與紂之事邪？

義曰：自此以下至「易之道也」爲一段，明易之興起在紂之末世者也。夫大易之道始於伏羲，仰觀俯察而成八卦，以爲萬世之法，以盡天下之事。然而寫其乾坤健順之性，天地之大象，人事之大紀，无不畢備於其間。是以歷夏及商，至於桀紂之世，民欲叢生，巧詐互起，左右前後，皆非正人端士，小人在朝，君子在野，天下紛然，不可以整之。文王有大聖人之才，罹於憂患之中，極天地之淵蘊，極天下之能事，民之情僞，吉凶之理，无不備載於其間，故曰易。是易之興也，其當殷之末世焉。

是故其辭危。

義曰：言文王演其大易之道，因其桀紂之君无道在上，故使天下之人思慮之間姦僞互起，以至天下大亂。文王罹於憂患之中作爲《大易》，盡萬民之情僞，極天下之險阻，以至憂患之事无不備言於諸卦之下，是其辭危也。然則卦下之辭至簡至約，然有四德者，有一德者，有三德者，如此之類，推究卦義，是其辭危也。

危者使平，易者使傾。

義曰：言易之道，六爻之位，有凶有吉，有得有失，皆在爻辭之間。若人觀此大易之道，見其凶事能小心畏慎者，則危者使之平易，其文辭亦言其平易。若人觀此大易之道，見其吉事而慢易者，則易者使之傾喪，則其所繫之辭亦言其凶。是使人舍凶從吉，趨善背惡也。

其道甚大，

義曰：言此大易之道，示人之吉凶，明人之情僞，其爲道至廣而甚大也。

百物不廢。

義曰：言大易之道，无所不包，至纖至悉之事，百種之物，皆无有廢棄，如《泰》卦曰「包荒，用馮河，不遐遺」者是也。

懼以終始，其要无咎。

義曰：言大易之道，若人觀其六爻之位，吉凶之理，若能觀其始而知懼，慎其終而思戒，終始之間極其思慮，常自戒慎。如此則要其无咎，此是大易之道也。

夫乾，天下之至健也，德行恒易以知險。夫坤，天下之至順也，德行恒簡以知阻。

義曰：自此以下至篇末爲一章，總明健順之美，兼明易道愛惡相攻之事。夫乾，天下之至健也。乾有剛健之德，以一元之氣下生萬物，故德行常易，不至於煩勞而知艱險之事。夫坤，天下之至順也，承天之氣，以時而生成萬物，故德行常簡，不至於煩勞而知艱阻之事。以天地之道至健至順，簡易之德、生成之理自然，不言而四時成，不勞而萬物得，而知險阻之事，其生成之理故可知矣。

能說諸心，能研諸侯之慮，

義曰：按此「能研諸侯之慮」，其「侯之」二字蓋是後人習慣其言而傳寫之誤也。若順其文而言之，則「能研諸侯之慮」於義无取，當言「能研諸慮」也。言聖人作此大易之道能自悅美其心，又能研究人之思慮，使其情僞之道不作，憂虞之理不生也。注疏之說皆失之矣。

定天下之吉凶，成天下之亹亹者。

義曰：言聖人作《易》，既能悅懌諸心，又能研精諸慮，又定天下之吉凶。有得其理者爲吉，失其理者爲凶。既定吉凶於諸卦爻之中，則「成天下之亹亹者」使人勉勉而從善，不陷於邪佞也。

是故變化云爲，吉事有祥。

義曰：言大易之道，有變有化，有施有爲。若合於道則吉，違於道則凶。若行得其吉，則有嘉美之祥而應之也。

象事知器，占事知來。

義曰：言人觀此大易之象，則知作器之方；觀其占策之數，則知未來之事。是大易之中，總此諸德者也。

天地設位，聖人成能。

義曰：言天地設其上下之位而生成萬物，聖人由是乘天地之正，以生成天下，以成就天地生成之功者也。如泰卦所謂「財成天地之道，輔相天地之宜」是也。

人謀鬼謀，百姓與能。

義曰：言聖人，凡欲施爲，凡所舉動之時，必先與衆謀其得失之理。謀之卿士，謀及庶人，詢及衆庶，謀及鬼神，以明其得失，以別其吉凶。然而鬼神之道，至幽至隱，不可以形見，而聖人與之爲謀者，蓋聖人取其卜筮之兆，占蓍之策，以考於天地鬼神，然後思慮之間不煩憂戚，決然而行之。又與百姓參合而行，則得其吉而不凶，向其善而獲福。夫如是，則天下之百姓樂推而與之。百姓既與之能，則不勞探賾而吉凶自

見，不役思慮而得失自明，以至萬物之情僞自然而見矣。

八卦以象告，

義曰：言伏羲所畫八卦，寫其天、地、水、火、風、雷、山、澤之象，凡吉凶之事皆以象告於人，知其吉而背其凶也。

爻象以情言。

義曰：此又明卦爻剛柔變動、情僞相感之事也。言伏羲畫八卦之後，文王重爲六十四卦，爻爲三百八十四爻。又於諸卦之下繫屬之彖辭，以明險阻之事，得失之理、憂虞之端皆以人之情僞而言之也。

剛柔雜居，而吉凶可見矣。

義曰：言六爻之內有剛有柔，剛柔之位上下錯雜，有得有失，有正有不正，得於理者爲吉，逆於理者爲凶，吉凶之道自然可見矣。

變動以利言，

義曰：言六爻之內有變有動，皆以利告於人，使人由而勸之，以盡天下之利，以利天下之物也。

吉凶以情遷。

義曰：言大易之道，爻象之內，有變有動，有凶有吉，動而合於道則吉，變而失其理則凶。然則吉凶之道、變動之理皆由人之情僞遷移者也。

是故愛惡相攻而吉凶生，

義曰：言吉凶所生皆由人之情性有所貪愛，有所忿憎，兩有所攻，或愛攻於惡，或惡攻於愛，是吉凶之道由此生矣。

遠近相取而悔吝生，

義曰：遠，謂內外兩卦上下相應之類也。近，謂爻位相比近也。言六爻之內有近而相得者，有近而不相得者，有遠而有應者，有遠而无應者。遠而有應，近而相得，則爲吉；遠而无應，近而不相得，則爲悔吝。悔吝之道，皆由遠近相資取而生也。

情僞相感而利害生。

義曰：言人之情實感物而動，得其理則爲利。人之虛僞感物而動，失其理則爲害。情者，則情實也。僞者，則虛僞也。是情僞相感而利害生於其間者也。既利害生於情僞之間，則吉凶之事由此而至矣。

凡易之情，近而不相得則凶。

義曰：言大易之道，六爻之情，有近而相得者，則吉；有近而不相得，則凶。故吉凶之道生於爻位之間也。

或害之，悔且吝。

義曰：夫凶咎之道亦有輕重，人之情僞亦有淺深。雖爻位相近，亦有不相得者，然不至於大咎。或有害之者，或有可悔之者，或有可鄙吝之者，如此雖有失，必不至於大咎也。

將叛者，其辭慙。

義曰：言人之情或有叛違於己者，則其辭不同。位雖相親，而其容常有慙赧之色，其辭不以實告於人也。

中心疑者，其辭枝。

義曰：言人中心之間有所疑惑，則言辭各異。其心不定，其辭一出紛然有異，若樹之有枝葉，紛然盛多者也。

吉人之辭寡，

義曰：言吉善之人，其辭寡少，不在言語，但默而成之，安而行之者也。

躁人之辭多。

義曰：言剛躁之人，其辭繁多，不假思慮而言辭紛亂而出者也。

誣善之人，其辭游。

義曰：言誣罔善人之人，其心矯詐，其言虛誕，架虛爲實，從无入有，自然其言辭游蕩虛浮者也。

失其守者，其辭屈。

義曰：言人居失其時，失其所守，不遂其志，志无所伸，必其辭屈撓者也。凡此六事，皆大易之中六爻之位述此之意者也。

説　卦

義曰：夫《周易・説卦》者，此是孔子第八翼也。以其伏羲畫八卦之後，文王重爲六十四，復作爻象之辭以明卦爻之義。然其理或有未盡之事，孔子又作此《説卦》，以陳説諸卦之情僞，爻象之義理，故謂之《説

卦》。

昔者聖人之作《易》也，幽贊於神明而生蓍，

義曰：言昔者聖人之作爲大易之道，以盡天地之理，人事之要，又通明贊助於鬼神，以生用蓍之法，然後揲蓍以求其萬物之數者也。

參天兩地而倚數，

義曰：言聖人既畫成八卦作爲《大易》，上準擬於天地，下幽贊於神明，是以生其用蓍之法，以揲求天地之數。是以「參天兩地而倚數」者，因其天地生成之數，以分陰陽、奇偶之數也。生數，則以一、三爲天之生數，二、四爲地之生數。因其天地之生數，又有七、九、八、六之數，以爲天地之成數。然後分天地、奇偶，老陰、老陽、少陰、少陽之數自此而立矣。

觀變於陰陽而立卦，

義曰：言聖人因其天地生成之數，分其奇偶之象，是以觀其奇偶之數，陰陽變動之理，而立成一卦者也。

發揮於剛柔而生爻，

義曰：言聖人既能參天兩地而倚數，又觀陰陽之變動而立成一卦，又察其變化之道，得失之理，發越揮散

剛柔之體，互相資取而生於六爻也。

和順於道德而理於義，

義曰：言八卦之位，大易之道，上以通於天地，下又和合參順聖人之道德，又窮極萬物之象、人事之義理，

以成變化之道者也。

窮理盡性以至於命。

義曰：言大易之道，爻象之設，上既通於天地，下又贊於鬼神，又發揮剛柔之體而分其爻，又和順聖人之

道德而理於義，又窮極萬物之理以盡萬物之性，以至于命者也。命者，則謂長短、凶折、夭亡之類是也。

然則大易之道皆能盡萬物之性，又能盡人之性者，蓋性者，皆天所禀受之善性者也。若能守己之性不陷

於邪佞，則其命可以知矣；若人不能守己之性，而放僻邪侈，无所不至，則其命不能固矣。是故大易之

道，爻象之間，有變有動，皆所以盡人之性命者，使人觀之則趨吉背凶，向善改惡也。

昔者聖人之作《易》也，將以順性命之理，

義曰：自此已下至「六位而成章」為一章，以明卦爻之意也。言古者聖人所以畫為八卦作為《大易》者，蓋

以上順天地之命，下順萬物之性。既能順天地萬物生成之性命，則其言吉凶之道、情偽之理无不備載於

其間也。

義曰：言大易之道既以盡天地萬物生成之性命，是以立天之道曰陰與陽，其地能承受天之氣而生成萬

物，是以立地之道曰柔與剛。言其天地陰陽剛柔二氣上下交感，而成剛柔之理也。

是以立天之道曰陰與陽，立地之道曰柔與剛，

立人之道曰仁與義。

義曰：天地既立，則人生於其間。人既生於其間，則立仁義之道以本於人。仁者，博愛之謂仁也。義者，

行而宜之合於道則謂義。又因其人而立仁義之道，以生成於天下也。

兼三才而兩之，故《易》六畫而成卦。

義曰：言伏羲既畫八卦之後，但以三爻爲一卦，故上一爻以象天，中一爻以象人，下一爻以象地，以盡三才之道。後世聖人因而兼之，重其三才之道，兼而兩之，以六畫而成一卦，故上二爻以象天，中二爻以象人，下二爻以象地，六爻既備，以成一卦之理。

分陰分陽，迭用柔剛，故《易》六位而成章。

義曰：既以六畫而成卦，又以一、三、五爲陽位，二、四、六爲陰位，分爲陰陽之道，陰則爲柔，陽則爲剛。因其六爻之位，分其陰陽之象，用其剛柔之理，交相錯雜，或升或降，故此大易之道，六爻之間，上下變動，而成其文章者也。

天地定位，山澤通氣，雷風相薄，水火不相射。八卦相錯，數往者順，知來者逆，

義曰：此一章言伏羲畫卦之始，始因天地定位之後作爲八卦。故因天地之道畫爲乾坤之象，取山之象爲艮，澤之象爲兌，雷之象爲震，風之象爲巽，水之象爲坎，火之象爲離。因天地定位之後，取此山、澤、雷、風、水、火之象畫爲八卦，以盡萬物之理，萬事之情。後世聖人觀其天地生成之體，又見有止靜之德，澤有潤物之性，山、澤之象其氣可以相通。又因雷之能震動萬物，風之能發生萬物，又取雷、風之象能相擊搏以生萬物。又觀水、火之性不相資射。言水之性，其性濕而潤下；火之性，其性燥而炎上。因其水火之性不相資射以成。八卦之象互相變動，互相錯雜，以推測其物理，以稽考其人之情僞。分其奇偶之數，人

之過去未來之事，若數其已往之事，則以順而數之，言其易知也；若數其未來之事，則以逆而數之，言其難知也。是故聖人因此大易之象，逆人之吉凶之兆，皆以逆數之術，以前萬民之用，以前萬民之用，使人知其吉而背其凶也。

是故易逆數也。

義曰：言此大易之道，八卦之理，交相錯雜，以盡吉凶。然而皆逆知來事，以前萬民之用也。

雷以動之，

義曰：此一節總明八卦養物之功也。

風以散之，

義曰：言雷能鼓動萬物，風能散育萬物也。

雨以潤之，

義曰：潤，滋也。萬物之生，非雨而不潤也。

日以晅之，

義曰：既雨以潤之，又曰以乾晅之。

艮以止之，

義曰：艮以止靜之德止於萬物，而不使過其分也。

兌以説之，

周易口義卷十二　説卦

四四七

義曰：兌能和説萬物，使之成就也。

乾以君之，

義曰：乾以剛健君臨於物也。

坤以藏之，

義曰：坤以柔順能含藏於物也。此八卦交相錯雜，然後能成於物也。

帝出乎震，齊乎巽，相見乎離，致役乎坤，説言乎兌，戰乎乾，勞乎坎，成言乎艮。

義曰：帝者，生物之宗，以尊而言之則謂之帝。此復言八卦之用也。言帝之始生萬物必自震而始，潔齊萬物則在乎巽，令萬物相見而繁盛必在乎離，致役萬物則在乎坤，和説萬物必在乎兌，陰陽相戰必在乎乾，受賜萬物則在乎坎，能成萬物則在乎艮者也。

萬物出乎震，震，東方也。齊乎巽，巽，東南也。齊也者，言萬物之潔齊也。離也者，明也，萬物皆相見，南方之卦也。聖人南面而聽天下，嚮明而治，蓋取諸此也。

義曰：言「萬物出乎震，震，東方」者，以震是東方之卦。斗杓指東爲春，主生，故萬物皆由震而出也。「齊乎巽」者，以巽是東南之卦。斗杓指東南之時，萬物潔齊而不相瀆亂也。離者，明也，以離是南方之卦。萬物盛大必假離而臨照之，故萬物相見必自離而後可明也。然而聖人之治天下，必法此離爲日之象，以

明天下之事，取其明无所不瞩之義也。坤也者，地也，萬物皆致養焉，故曰致役乎坤。兌，正秋也，萬物之所説也，故曰説言乎兌。戰乎乾，乾，西北

之卦也，言陰陽相薄也。坎者，水也，正北方之卦也，勞卦也，萬物之所歸也，故曰勞乎坎。艮，東北之卦也，

萬物之所成終而所成始也，故曰成言乎艮。

義曰：坤者，地也，以地能生養萬物，是有勞役之事，故曰致役乎坤。兑者，説也，萬物説兑必在於秋，故

兑爲正秋之卦也。然不言方而言秋者，以兑説萬物非止於一方，故言秋也。「戰乎乾」者，以乾是純陽之

卦，主於西北。西是陰地而乾居之，是有陰陽相薄之義，故曰戰乎乾。坎者，水也，北方之卦也。上下皆

坎，有水之象焉。水行不舍晝夜，所以爲勞。萬物之生，非水而不滋益，故曰萬物之所歸也。艮者，東北

之卦也。萬物之所成終，萬品之所成始，皆由艮以本之，其位在丑寅，故曰東北之卦也。

神也者，妙萬物而爲言者也。

義曰：此已下一節明八卦生成之用也。言八卦運動，交相錯雜，以妙萬物。然而求其真宰之用，无有遠

近，不知所以然而然，是其用如神也。然則謂之神者，以其无形、无狀，人之所不見者也。

動萬物者，莫疾乎雷。撓萬物者，莫疾乎風。燥萬物者，莫熯乎火。説萬物者，莫説乎澤。潤

乎水。終萬物始萬物者，莫盛乎艮。故水火相逮，雷風不相悖，山澤通氣，然後能變化，既成萬物也。

義曰：動者，鼓動也，言鼓動萬物莫疾乎雷。震者，雷之象，故不言震而言雷也。撓散萬物者，莫疾乎風，

風者，巽之象。乾燥萬物莫熯乎火，火者，離之象也。兑説萬物莫説乎澤，兑者，澤之象也。滋潤萬物莫

潤乎水，水者，坎之象也。終始萬物者，莫盛乎艮，艮者，止之象也。水火之性雖不相入，然而相逮，有相

資之理。雷風相薄而不相悖逆，山澤相懸而能通氣，夫如是，然後能成變化之道，生成之理也。然則艮不

言山而言艮者，以其動撓燥潤之功，是雷風水火之性，至於終始萬物之義於山爲微，故言艮而不言山也。

然而雷風相薄而不言相逆者，蓋雷風若相悖逆，則生物之理息，故言相薄而不言悖逆也。

乾，健也。坤，順也。震，動也。巽，入也。坎，陷也。離，麗也。艮，止也。兌，説也。

義曰：此一節説八卦名訓也。乾象天，運行不息，故爲健。坤象地，能承順事，故爲順。震象雷，能奮動

萬物，故爲動。巽象風，无所不入，故爲入。坎象水，水居險陷，故爲陷。離象火，能著於物，故爲麗。艮

象山，山有止靜之德，故爲止。兌象澤，能澤潤萬物，故爲説也。

乾爲馬，坤爲牛，震爲龍，巽爲雞，坎爲豕，離爲雉，艮爲狗，兌爲羊。

義曰：此一節説八卦畜獸之象也。所謂遠取諸物者，此也。乾爲馬，健速之物也。坤爲牛，至順，能任重

也。震爲龍，潛動而變於陰也。巽爲雞，體多陽，輕舉之物，主於下也。離

爲雉，有文章也。艮爲狗，狗能善守，禁止外人，故爲狗。兌爲羊，外柔而不害物也。

乾爲首，坤爲腹，震爲足，巽爲股，坎爲耳，離爲目，艮爲手，兌爲口。

義曰：此一節説八卦人身之象也。所謂近取諸身者，此也。乾尊在上，故爲首。坤能包容萬物，故爲腹。

震動在下，故爲足。巽順於人，故爲股。坎陽明在內，故爲耳。離陽明在外，故爲目。艮能止靜其物，故

爲手。兌能和説於人，故爲口。

乾，天也，故稱乎父。坤，地也，故稱乎母。震一索而得男，故謂之長男。巽一索而得女，故謂之長女。坎再

索而得男，故謂之中男。離再索而得女，故謂之中女。艮三索而得男，故謂之少男。兌三索而得女，故謂之

少女。

義曰：此一節明乾坤六子父母之道也。索者，求也。乾爲天，父之道也。坤爲地，母之道也。二氣相求勝，而男女生也，得父氣者爲男，得母氣者爲女。乾初求於坤而得長男，曰震，乾生於坤也。坤初求於乾而得長女，曰巽，坤生於乾也。乾之再配於坤，得中男，曰坎。坤再配於乾，得中女，曰離。乾三配於坤，得少男，曰艮。坤三配於乾，得少女，曰兑。二氣相推，八卦著矣，男女之道備矣，天下之情見矣。

乾爲天，爲圜，爲君，爲父，爲玉，爲金，爲寒，爲冰，爲大赤，爲良馬，爲老馬，爲瘠馬，爲駁馬，爲木果。

義曰：此已下廣明卦象之義也。「乾爲天」者，此廣明乾之象也。乾爲天，剛健不息，萬物之宗也。「爲圜」，周萬物也。「爲君，爲父」，有尊嚴之道也。「爲金，爲玉」，性堅剛也。「爲寒，爲冰」，氣凝嚴也。「爲大赤」，老陽之色也。「爲良馬」，行健也。「爲老馬」，行健之久也。「爲瘠馬」，无其膚，其骨堅也。「爲駁馬」，堅猛之至也。「爲木果」，老而爲實，生之本也。

坤爲地，爲母，爲布，爲釜，爲吝嗇，爲均，爲子母牛，爲大輿，爲文，爲衆，爲柄。其於地也爲黑。

義曰：此一節明坤之象也。坤爲地，能生育萬物，故「爲母」。「爲布」，取其廣載也。「爲釜」，取其化生成熟也。「爲吝嗇」，取其生物不移也。「爲均」，取其均平也。「爲子母牛」，取其生育之順也。「爲大輿」，取其能載萬物也。「爲文」，取其色雜也。「爲衆」，取其載物不一也。「爲柄」，取其生物之本也。「其於地也爲黑」，取其極陰之色也。

震爲雷，爲龍，爲玄黃，爲旉，爲大塗，爲長子，爲決躁，爲蒼筤竹，爲萑葦。其於馬也爲善鳴，爲馵足，爲作

足，爲的顙。其於稼也爲反生。其究爲健，爲蕃鮮。

義曰：此一節廣明震之象也。「爲雷」，能震於物也。「爲龍」，陰中之畜也。「爲玄黃」，取其蒼雜之色也。

「爲尃」，取其敷布而生也。「爲大塗」，取其剛動而上柔，萬物之出也。「爲長子」，以其爲初求也。「爲決

躁」，以其剛性之甚也。「爲蒼筤竹」，取其堅貞而上虛也。「爲萑葦」，以其類而列也。「其於馬也爲善

鳴」，取其象雷聲之遠聞也。「爲馵足」，取其剛在下也。「爲作足」，取其一動也。「爲的顙」，取其陽下應

於上也。「其於稼也爲反生」，取其反甲而出也。「其究爲健」，取其剛行也。「爲蕃鮮」，取其蕃育之盛也。

巽爲木，爲風，爲長女，爲繩直，爲工，爲白，爲長，爲高，爲進退，爲不果，爲臭。其於人也爲寡髮，爲廣顙，爲

多白眼，爲近利市三倍，其究爲躁卦。

義曰：此一節廣明巽之象也。「爲木」，取其可揉而順也。「爲風」，取其陽在上也。「爲長女」，取其初求

也。「爲繩直」，取其齊一也。「爲工」，取其能揉物爲器也。「爲白」，取其能潔於物也。「爲長」，取其風行

之遠也。「爲高」，取其風性高遠也。「爲進退」，取其隨物之上下也。「爲不果」，取其能樂於物也。「爲廣

顙」，取其有容也。「爲多白眼」，取其色多白也。「爲近利」，取其躁人之情，多近利也。「市三倍」，取其生

物之盛也。「爲躁卦」，取勢躁急也。

坎爲水，爲溝瀆，爲隱伏，爲矯輮，爲弓輪。其於人也，爲加憂，爲心病，爲耳痛，爲血卦，爲赤。其於馬也，爲

美脊，爲亟心，爲下首，爲薄蹄，爲曳。其於輿也，爲多眚，爲通，爲月，爲盜。其於木也爲堅多心。

義曰：此一節廣明坎象也。「爲水」，取其北方也。「爲溝瀆」，取其水行无不通也。「爲隱伏」，取其水行地

中也。「爲矯輮」，取其曲直得所也。「爲弓輪」，取其激矢運行。「其於人爲加憂」，取其險難也。「爲心病」，

取剛在中也。「爲耳痛」，取其主聽也。「爲血卦」，取其水行地中也。「爲赤」，取其血色也。「其於馬也爲美

脊」，取其陽在中也。「爲亟心」，取其急也。「爲下首」，取其水流向下也。「爲薄蹄」，取其水流行也。「爲

曳」，取其行地也。「其於輿也爲多眚」，取其重載也。「爲通」，取其水行也。「爲月」，取其水之明也。「爲

盜」，取其潛行也。「其於木也爲堅多心」，取其剛在內也。

離爲火，爲日，爲電，爲中女，爲甲胄，爲戈兵。其於人也爲大腹。爲乾卦，爲鼈，爲蟹，爲蠃，爲蚌，爲龜，其

於木也爲科上槁。

義曰：此一節廣明離之象也。「爲火」，取南方也。「爲日」，取其火精也。「爲電」，取有明也。「爲中女」，取

再求也。「爲甲胄」，取剛在外也。「爲戈兵」，取外剛利也。「其於人也爲大腹」，取其陰在內也。「爲乾

卦」，取其日所烜也。「爲鼈，爲蟹，爲蠃，爲蚌，爲龜」，皆取剛在外也。「其於木也爲科上槁」，取其陰在中

而空也。

艮爲山，爲徑路，爲小石，爲門闕，爲果蓏，爲閽寺，爲指，爲狗，爲鼠，爲黔喙之屬。其於木也爲堅多節。

義曰：此一節廣明艮之象也。「爲山」，取其靜而不動也。「爲徑路」，取其可上而行中也。「爲小石」，取

其陽堅也。「爲門闕」，取其止出入也。「爲果蓏」，取其陽在上也。「爲閽寺」，取其禁止也。「爲指」，取其

止物也。「爲狗，爲鼠」，取其止人也。「爲黔喙之屬」，取其剛喙而能喙物也。「其於木也爲堅多節」，取其

陽生也。

兌爲澤，爲少女，爲巫，爲口舌，爲毀折，爲附決，其於地也爲剛鹵，爲妾，爲羊。

義曰：此一節廣明兌之象也。「爲澤」，取潤下也。「爲少女」，取三索也。「爲巫」，取其能口說人也。「爲毀折」，取其缺於上也。「爲附決」，取柔附上，非所麗也。「其於地也爲剛鹵」，取其下堅而上潤也。「爲妾」，取其少女也。「爲羊」，取其中壯而外順也。

序　卦

義曰：夫《序卦》者，所以序說六十四卦之義也。按文王既繇六十四卦，分爲上下二篇，其先後之次，其理未見，在於常常之人故難曉矣。孔子就上下二篇各序其相次之義，以序說六十四卦之本，因以發明大易之淵蘊，故謂之《序卦》。自乾坤而下，至於既濟、未濟，皆言相受之理也。

有天地，然後萬物生焉。盈天地之間者唯萬物，故受之以屯。屯者，盈也。

義曰：夫乾卦是伏羲所畫八純之卦。乾者，天之用也，生成之祖宗也。萬物之生，必自乾而始，故乾爲六十四卦之首也。然而獨陽不生，獨陰不成。陽不得陰，不能成生物之道。天不降地，无以爲育物之理。故有天，然後有地。地者，載萬物之本也。坤者，地之用也。坤能順承於天，以生成萬品之物，故以坤次於乾也。故乾坤者，天地之用，萬事之本始者也。然天地之生萬物，必須屯難，然後成也。故草木之生萌甲之時，必先屯難，而後至於盛大，盈滿於天地之間也，故屯卦所以次於乾坤也。

屯者，物之始生也。物生必蒙，故受之以蒙。蒙者，蒙也，物之稚也。物稚不可不養也，故受之以需。需者，

飲食之道也。飲食必有訟，故受之以訟。訟必有衆起，故受之以

比。比者，比也。比必有所畜，故受之以小畜。物畜然後有禮，故受之以

義曰：夫物既屯難而生，未至於盛大，故必蒙。然而盤屈盤屈不已，然後盛大，故以蒙卦次於屯也。然物

生蒙昧，若不滋潤之以成生養之道，則不能成也，故以需卦次於蒙也。然而需者，養也，飲食之道也。飲

食之道，養而不已，必有其爭訟之事，故以訟卦次於需也。然而爭訟不已，物情乖離，必有行師用兵之事，

故以師卦次於訟也。行師不已必須親比，故以比卦次於師也。然而親比之道貴於得正，既得其正，必有

所畜，故以小畜次於比也。物既畜聚，必須合禮，故以履卦次於小畜也。

履而泰然後安，故受之以泰。泰者，通也。物不可以終通，故受之以否。

義曰：能行禮者，其身必安，故以泰卦次於履也。安之既久，必有其否，故以否卦次於泰卦也。然而否之

既久，其道必亨，必須和同，故以同人之卦次于否卦也。

與人同者物必歸焉，故受之以大有。有大者不可以盈，故受之以謙。

義曰：既與人同，衆物必歸，必須大有其衆，故以大有次於同人也。既大有其衆，不可剛暴，必須謙順，故

以謙卦次於大有也。然而既大有天下之衆，又能謙順，則人必悅豫而隨之，故以豫卦次於謙也。

豫必有隨，故受之以隨。以喜隨人者必有事，故受之以蠱。蠱者，事也。有事而後可大，故受之以臨。

義曰：天下既悅豫，則人樂然而隨之，故以隨卦次於豫也。然而以喜隨人，久而必極，必敗於成事，故以

蠱卦次於隨卦也。事既已久敗，必須有才德之人以臨治之，故以臨卦次於蠱也。

臨者，大也。物大然後可觀，故受之以觀。可觀而後有所合，故受之以噬嗑。

義曰：臨人之道必在中正，中正必有可觀，故以觀卦次於臨也。觀民之道，必以德化，德化既行，必須去其剛梗之物，故以噬嗑次於觀也。

嗑者，合也。物不可以苟合而已，故受之以賁。賁者，飾也。

義曰：物既相合，必須脩飾於外，故以賁卦次於噬嗑也。

致飾然後亨則盡矣，故受之以剝。

剝者，剝也。物不可以終盡剝，窮上反下，故受之以復。

義曰：物既文飾，久而必敝，故以剝卦次於賁也。

復則不妄矣，故受之以无妄。有无妄然後可畜，故

義曰：物不可終剝，必復其性，故受之以復。

受之以大畜，物畜然後可養，故受之以頤。頤者，養也。不養則不可動，故受之以大過。

既復其性，必有由中之信以行於己，故以无妄次於復也。物无妄，必有可畜，故以大畜次於无妄也。物既大畜，必有所養之道，故以頤卦次於大畜也。養之必以其道，苟失其節，必致於大過，故以大過次於頤卦也。

物不可以終過，故受之以坎。坎者，陷也。

義曰：物既大過，必至險陷，故受之以坎卦次於大過也。

陷必有所麗，故受之以離。離者，麗也。

義曰：險難既久，必須明德之人以治之，故以離卦次於坎也。自此以上，凡三十卦，爲上經，統言天地之

道，故以坎離而終之，其實三才之道皆備矣。蓋咸恒首明人事，夫子以丁寧而説之，後人以簡編重大而分之也。

有天地然後有萬物，有萬物然後有男女，有男女然後有夫婦，有夫婦然後有父子，有父子然後有君臣，有君臣然後有上下，有上下然後禮義有所錯。

義曰：自此以下凡三十四卦，咸恒首明夫婦之道，人倫之本，故爲下經之首也。「有天地然後有萬物」者，此廣明夫婦之道必自陰陽爲本始也。夫天地交錯而生萬物，而有男女。男女既成，則有夫婦。夫婦既正，則有父子。父子既立，則有君臣。君臣既正，則有上下。既有上下，則禮義之道有所注錯，此正天下，治邦國，人倫之大本也。

夫婦之道不可以不久也，故受之以恒。恒者，久也。物不可以久居其所，故受之以遯。遯者，退也。

義曰：夫咸者，感也。艮體在下，兌體在上，艮爲少男，兌爲少女，以少男下於少女以成夫婦，以成咸感之象，此萬世不易之法也。然而咸道貴速，故以二少而言之。夫婦之道不可不久，以須常久，然後可以成室家之道也，故以恒卦次於咸也。物既常久，必至退遯，故以遯卦次於恒也。

物不可以終遯，故受之以大壯。

義曰：物不可以終遯而退處之，必須用剛壯之道以出其所處也。不動則不能出，故以大壯次於遯也。

物不可以終壯，故受之以晉。晉者，進也。

義曰：物既大壯，動而出乎遯，必須進之，故以晉卦次於大壯也。

進必有所傷，故受之以明夷。

義曰：物不可以久進，進之不已，必爲人之所不與。人既不與，必有所傷，故以明夷卦次於晉也。

夷者，傷也。傷於外者必反其家，故受之以家人。

義曰：傷於外者必反於家，故以家人之卦次於明夷也。

家道窮必乖，故受之以睽。

義曰：夫治家之道必須嚴正，然後无咎。苟失嚴正，則其道必乖，故以睽卦次於家人也。

睽者，乖也。乖必有難，故受之以蹇。

義曰：物既乖離，必成蹇難之事，故以蹇卦次於睽也。

蹇者，難也。物不可以終難，故受之以解。

義曰：物不可以久難，必須解而散之，故以解卦次於蹇也。

解者，緩也。緩必有所失，故受之以損。

義曰：解人之難，必有所損，故以損卦次於解也。損

之不已，必須益之，故以益卦次於損也。益之不已，必須決去之，故以夬卦次於益也。

夬者，決也。決必有所遇，故受之以姤。

義曰：剛決之道必須以正。既以正而決之，則君子有所喜遇也，故以姤卦次於夬也。

姤者，遇也。物相遇而後聚，故受之以萃。萃者，聚也。聚而上者謂之升，故受之以升。升而不已必困，故受之以困。

困乎上者必反下，故受之以井。井道不可不革，故受之以革。

義曰：君子既有所遇，則萬物莫不萃聚之，故以萃卦次於姤也。既萃之上必須升進，故以升卦次於萃也。

升而不已，其道必困，故以困卦次於升也。升之既久必反於下，故以井卦次於困也。井道既得其所，不可

不革治之，故以革卦次於井也。

革物者莫若鼎，故受之以鼎。

義曰：革之必得其道，有鼎新之義焉，故以鼎卦次於革也。

主器者莫若長子，故受之以震。震者，動也。物不可以終動，止之，故受之以艮。艮者，止也。物不可以終

止，故受之以漸。漸者，進也。進必有所歸，故受之以歸妹。得其所歸者必大，故受之以豐。豐者，大也。

窮大者必失其居，故受之以旅。旅而无所容，故受之以巽。

義曰：物既鼎新，凡所主者莫非長子，故以震卦次於鼎也。物不可以終動，動必有所止，故以艮卦次於震

也。止物必有所漸，故以漸卦次於艮也。漸必有所歸，故以歸妹次於漸也。物既歸之，可以致天下於豐

大，故以豐卦次於歸妹也。時既豐大，或有所過失而為旅，故以旅卦次於豐也。既居為旅，不可以剛強，

必須巽順，故以巽卦次於旅也。

巽者，入也。入而後說之，故受之以兌。兌者，說也。說而後散之，故受之以渙。

義曰：人既巽順，物亦和說，故以兌卦次於巽也。說之既久，不可偏係，必須散之，故以渙卦次於兌也。

渙者，離也。

義曰：物既渙散，必致於乖離也。

物不可以終離，故受之以節。

義曰：物不可以終離，必須有止節之道也，故以節卦次於渙也。

節而信之，故受之以中孚。

義曰：為節之道，必須由中之信以符合之，故以中孚次於節也。

有其信者必行之，故受之以小過。

義曰：孚信之道或失其正，或過越其事，必須小有所過，故以小過之卦次於中孚也。

有過物者必濟，故受之以既濟。

義曰：事既過越，凡矯過者必附人而行之。既附人而行之，則有所濟，故以既濟之卦次於小過也。

物不可窮也，故受之以未濟。終焉。

義曰：物既得所濟，或居安不能慮危，故以未濟之卦次於既濟也。然觀六十四卦，始於乾坤，終於未濟者，以其乾坤是生成之宗，故為六十四卦之首也。必以未濟而終之者，以其常人之性多失成事，或居安不能慮危，居存不能思亡，以至自取其咎，故以未濟而終之也。此聖人垂教之深旨也。

雜　卦

義曰：夫《周易》所以言《雜卦》者，蓋孔子取其六十四卦之中人所常行之事，交相錯雜，以陳其義也。以其事无常定，物无常體，可以施則施之，可以止則止之，故揉雜諸卦之義，以為行事之本，故謂之雜卦也。

四六〇

此「十翼」之中第十翼也。

乾剛坤柔，比樂師憂。

義曰：夫乾用剛健，必以柔順而資之，故曰「乾剛坤柔」。夫親比之道貴於和順，和順則人心樂。樂得其道則正，樂失其道則憂，必致於行師動衆也。

臨觀之義，或與或求。

義曰：夫防民之道，貴於中正，既中且正，則可以風化於天下。既可以風化於天下，則爲下之所相與，或爲下之來求也。

屯見而不失其居。

義曰：夫屯難之世，是君子經綸之時，必須利建侯以安天下，使天下之人皆安其居，不失其所，此則是君子治屯之事也。

蒙雜而著。

義曰：夫蒙昧之人未知所著，必求賢者以發明之。然而既得賢者以發明之，則无所錯雜而自然著見也。

震，起也。艮，止也。損益，盛衰之始也。

義曰：震，東北之卦，能起生萬物也。艮有止靜之德，故爲止。損益之道，與時偕行，可損則損之，可益則益之，故曰「盛衰之始也」。

大畜，時也。

義曰：夫物既无妄，天下之人所共信，故爲大畜之時也。然大畜，其道必須以正，然後畜其物也，是因

其時而畜之也。

无妄，災也。

義曰：夫无妄之時，天下之所共信，人心之所樂與。若以不信之人厠於其間，則自取其災也。

萃聚而升不來也。

義曰：夫萃聚之時，天下之所和洽也，故能聚。聚之不已，其道必上進可也。若進不由其道則凶，進得其

道不還可也。

謙輕而豫怠也。

義曰：夫謙恭之道，不自尊大，是「謙輕」也。然而爲逸豫之道，又自怠也。

噬嗑，食也。賁，无色也。

義曰：夫雷電相合，如口頤之中噬去其剛梗之物也，故言「食也」。夫山火之賁貴其文飾，但合於中而已，

不在煩多之色，是无所定也。

兑見而巽伏也。

義曰：夫爲兑説之道，必貴其顯見。顯見於外，合於正，則吉也。夫巽順之道，貴其卑伏，若不能卑伏，則

非爲行巽之道也。

隨，无故也。蠱，則飭也。

義曰：夫隨時之義，不在於有，故可行則行之，可止則止之，故云「无故也」。夫蠱敗之事，必須整飭之，然

後事有濟也。

剝，爛也。　復，反也。　晉，晝也。　明夷，誅也。

義曰：夫五陰一陽，小人剝君子之象也，衆陰消萬物之義也，故云「爛」。夫五陰在上，一陽在下，是陽氣

反復之時也。夫晉者，日出地上爲陽，陽爲晝，故曰「晝」也。夫明入地中，明有所傷，必有誅傷之事。

井通而困相遇也。

義曰：夫井以濟人爲德，故曰「通」也。　夫物既久困，必須所遇有賢德之人以出之也。

咸，速也。

義曰：夫夫婦之道貴於得正。兌爲少女，艮爲少男，以少男下於少女，是貴速也，故有咸之象也。

恒，久也。　渙，離也。　節，止也。　解，緩也。　蹇，難也。　睽，外也。

義曰：夫婦之道，貴於長久，故曰久也。渙散之久，物必乖離也。物不可以久離，必須節止之。解，緩者，

言天下塞難，解而緩散之。蹇者，山上有水，故曰「難」也。睽者，乖也。物既乖離，必居於外也。

家人，内也。　否、泰，反其類也。　大壯則止，遯則退也。

義曰：夫家人之道，必處於内也。夫天氣下降，地氣上騰，泰之象也。天氣在上，地氣在下，否之象也。

是否、泰二卦反其類也。雷在天上，大壯之道。物不可終壯，則必止遯之乃可也。

大有，衆也。　同人，親也。　革，去故也。　鼎，取新也。　小過，過也。　中孚，信也。

義曰：夫火在天上，明有所矚，故可大有天下之衆也。與人同者，必親也。革，去其故舊者也。鼎，有自新之義也。小過者，人情小有過差也。中孚者，有孚信及於天下也。

豐，多故也。親寡，旅也。

義曰：豐，言盛大，高者懼危，滿者懼溢，故多憂也。親者寡少，故曰旅也。

離上而坎下也。

義曰：離爲日，故宜在上也。坎爲水，故宜在下也。

小畜，寡也。

義曰：小畜者，言風行天上，不能徧及於物，故曰寡也。

履，不處也。

義曰：履以謙爲本，隨人而行，故不可定處也。

需，不進也。

義曰：需者，養也，但待其時而養焉，故曰「不進也」。

訟，不親也。

義曰：天水相違，訟之道也，故曰「不親」。不親者，不相親洽也。大過者，上下相陵，本末顛錯，故曰「顛也」。

義曰：大過，顛也。

姤，遇也，柔遇剛也。漸，女歸待男行也。

義曰：姤者，遇也。天下會遇之時，柔遇剛也。漸者，進也，男女之行必以漸而進之，然後成其夫婦之道也。

頤，養正也。

義曰：養正也。

義曰：山下有雷，爲頤之象，故曰養也。養其正則吉。

既濟，定也。

義曰：定也。

義曰：言水火相濟，君臣相得，是天下大治，物性大定之時也。

歸妹，女之終也。

義曰：夫女者，有適人之義，若從男得其道，以成夫婦，此則是「女之終」者也。

未濟，男之窮也。

義曰：夫男子之道，多失於怠事，故居安不能慮危，以成其未濟，是自取窮之道也。

夬，決也，剛決柔也，君子道長，小人道憂也。

義曰：夫五陽一陰，是五剛而決一柔也，五君子而決一小人也，故君子之道得以長，小人之道所以憂也。

此「十翼」之中惟《文言》繫在乾坤之卦內，更不必詳解之。

附錄

序

晁氏《讀書志》云：胡安定《易傳》十卷，乃門人倪天隱所纂，非其自著，故「序」首稱「先生」。按今所刊《口義》，即此書也。安定，故泰州人，此書仍得之於其鄉，大抵詳於義理，而略於象數。

蓋自漢以來，言《易》者多泥於象數之學，未免有穿鑿傅會之弊。至王輔嗣一舉而空之，專以義理爲主。唐人疏解獨宗輔嗣，而諸家之說遂廢。宋邵堯夫始得先天圖於李挺之，以爲天地萬物之理盡在其中。「圖」出自希夷，四傳而至堯夫。堯夫得之，遂明於象數之學。而伊川之《易》則異於是。其言曰：「至微者理也，至著者象也。體用一原，顯微無間。」又曰：「有理而後有象，有象而後有數。因象以知數，得其義則象在其中矣。」議者以爲《易》有聖人之道四，而伊川專求之於辭，似乎有闕。然而自宋迄今，學者言《易》，莫不以伊川爲大備。何也？象數固不在義理之外，舍義理而言象數，雜以機祥，墮於隱怪，此焦、京、管、郭之術，非儒者之所務也。然人皆知伊川之《易》爲大備，而不知其淵源實由於安定。

方安定在太學時，以「顏子所好何學論」試諸生，得伊川作，大奇之，即請相見，處以學職。其獨知之契如此。他日，伊川示人以學《易》之方，亦令先讀王輔嗣、胡翼之、王介甫三家《易》。三家者，皆詳於義理，而

睪於象數者也。此可以知其淵源之所自來矣。然輔嗣之《易》，宗旨不離老氏；而介甫多偏駁之說，其解

《易》亦未必盡當。求其粹然一出於正而不詭於聖人之道者，未有如安定此書者也。大路託始乎椎輪，八音

造端於土鼓。讀程《易》者惡可忘其所自哉！

睢陽湯潛菴先生，當世大儒也。是書初出，先生篤信而深好之，書以告余，余得而讀之，曠若發矇，遂刊

之以惠來學。讐校文字，省視鑴工，則皆訓導丁德明之力也。

倪天隱，不知何許人，其所述上下經《口義》十卷外，又有《繫辭》上下及《說卦》三卷。此三卷者，晁氏所

不載，而《宋·藝文志》有之。但既列《易傳》十卷，復列《口義》十卷，而《揚州志》亦仍其目，誤也。蓋安定講

授之餘，欲著傳而未逮，天隱述之。以非其師之親筆，故不敢稱「傳」而名之曰「口義」。傳諸後世，或稱

「傳」，或稱「口義」，各從其所見，實無二書也。

嗟乎！孟喜假田生，劉炫假連山，張弧假卜子夏，阮逸假關子明。《易》之依託名字者多矣，而此書獨

源流井然，無可訾議，學者當潛心玩味，以爲入道之門，慎勿與嚮者矯誣之徒同類而並疑之也。

康熙二十六年歲在丁卯孟春下澣，吉水李振裕維饒氏謹書於澄江官舍

洪範口義

〔北宋〕胡　瑗　撰

曹書傑　校點

校點説明

《洪範口義》二卷，北宋胡瑗講述，門生整理。

胡瑗（九九三—一〇五九）字翼之，泰州海陵（今江蘇泰州）人，祖籍安定，故世稱安定先生。早年與孫復、石介「同讀書泰山，攻苦食淡，終夜不寢」（《五朝名臣言行録》卷十）。景祐二年（一〇三五），范仲淹知蘇州，請建州學，聘胡瑗教授於州學。寶元二年（一〇三九），滕宗諒知湖州，聘其主持州學，「弟子去來常數百人，各以其經轉相傳授，其教學之法最備。行之數年，東南之士莫不以仁義禮樂爲學」（《歐陽文忠公文集》卷二十五《胡先生墓表》）。范仲淹任參知政事後擴建太學，舉薦胡瑗入太學。後歷任太子中舍、殿中丞、光禄寺丞、國子監直講、大理寺丞、太子中允及天章閣侍講「管勾太學」（《資治通鑒長編》卷一百八十四，嘉祐元年十二月乙卯紀事）。自其入太學，「學者自遠而至，太學不能容，取旁官署以爲學舍。禮部貢舉歲所得士，先生弟子十常居四五」（《胡先生墓表》）。嘉祐四年（一〇五九）以太常博士致仕，「東歸之日，太學之諸生與朝廷賢士大夫送之東門，執弟子禮，路人嗟歎以爲榮」（《胡先生墓表》）。同年六月逝於杭州，享年六十七歲。

洪範口義

胡瑗是宋代理學的先驅，與孫復、石介並稱爲「宋初三先生」，以胡瑗影響最大，程頤曾從其遊。《洪範口義》是胡氏理學思想的代表著作之一，是學生根據聽課筆記整理而成，故曰「口義」。《洪範》作爲《尚書》中的一篇，主要講天人關係。古來注釋《洪範》者，自「伏生《大傳》以下逮京房、劉向諸人，遠以陰陽災異附合其文，劉知幾排之詳矣。宋儒又流爲象數之學，惟《圖》《書》同異之是辯，經義愈不能明」（《四庫全書總目提要》卷十一），而胡瑗《口義》於象數無涉，以闡述孔孟中庸、君王之道爲要旨，故清代學者給予很高評價：「瑗生於北宋盛時，學問最爲篤實，故其説惟發明天人合一之旨，不務新奇。如謂『天錫洪範』爲錫自帝堯，不取神龜負文之瑞；謂五行次第爲箕子所陳，不辨《洛書》本文之多寡；謂五福六極之應通于四海，不當指一身而言：俱駁正注疏，自抒心得。」（《四庫全書總目提要》卷十一）如所論六極之「惡」「弱」有云：「惡與弱，皆不好德者也。好德者，由乎中道也。惡與弱，皆過乎中道與不及中道也。惡者，罷而無所不至；弱者，懦怯而終無所立也。此二者，人行之窮極，故入在六極之內。」又如對「建用皇極」的解釋：「皇，大，極，中也。言聖人之治天下，建立萬事，當用大中之道。所謂道者，何哉？即『無偏無黨』『無反無側』『無有作好，遵王之道。無有作惡，遵王之路』是也。」所論「皇極」，實在申述自韓愈、柳宗元以來即已形成

四七二

的所謂「皇極」即中庸之道。宋學建立者對中庸之道非常重視，最終使得《中庸》這部書成爲「四書」之一。《洪範口義》是一部具有政治哲學意義的教科書，體現了胡瑗的政治理念，即君王的賢明與否、君子小人消長決定國家盛衰：小人得勢，損下益上，民不聊生，國勢以弱；君子得勢，仁義之道實行，損上益下，賦稅制中，國泰民安。

《洪範口義》原本一卷，《郡齋讀書志》著録作「《洪範解》一卷」，當是其別名。是書久佚，今本乃四庫館臣從《永樂大典》中輯出，析爲上下二卷。原書本「其門人所録，無銓次首尾」，文句多不規整。明人將其散入《大典》，復經清人輯出，幾經鈔録，錯訛不少。其版本有清嘉慶《墨海金壺》據《四庫全書》刊本，惟多有校改。《叢書集成初編》據《墨海金壺》本排印。今以影印文淵閣《四庫全書》本爲底本，校以《墨海金壺》本（簡稱「墨海本」），再校以引據之書，更據上下文句校勘之。四庫館臣對經文或有校勘，以雙行小字附於經文句末，兹仍其舊。胡瑗生平見於《四庫全書總目・周易口義》提要中。

楊棟、劉書惠兩位同志幫助比勘校對，在此表示感謝！

校點者　曹書傑

四庫全書總目·洪範口義

臣等謹案：《洪範口義》二卷，宋胡瑗撰。瑗有《周易口義》，已著錄。是書《文獻通考》作《洪範解》，朱彝尊《經義考》註云「未見」。今其文散見《永樂大典》中，尚可排纂成書。《周易口義》出倪天隱之手，舊有明文。晁公武《讀書志》謂此書亦瑗門人編錄，故無銓次首尾。蓋二書同名《口義》，故以例推，其爲瑗所自著與否，固無顯證。至其説之存于經文各句下者，皆先後貫徹，條理整齊，非雜記語録之比，與公武所説不符。豈原書本無次第，修《永樂大典》者爲散附經文之下，轉排比順序歟？抑或公武所見又別一本也。

《洪範》以五事配庶徵，本經文所有。伏生《大傳》以下逮京房、劉向諸人，遂以陰陽災異附合其文，劉知幾排之詳矣。宋儒又流爲象數之學，惟《圖》《書》同異之是辯，經義愈不能明。瑗生於北宋盛時，學問最爲篤實，故其説惟發明天人合一之旨，不務新奇。如謂「天錫洪範」爲錫自帝堯，不取神龜負文之瑞；謂五行次第爲箕子所陳，不辨《洛書》本文之多寡；謂五福六極之應通于四海，不當指一身而言：俱駁正注疏，自抒心得。又詳引《周官》之法，推演八政，以經注經，特爲精確。其要皆歸于建中出治、定皇極爲九疇之本。辭雖平近，深得聖人立訓之要，非讖緯術數者流所可同日語也。《宋史》本作一卷，今校定字句，析爲二卷。

乾隆四十六年九月恭校上。

總纂官臣紀昀、臣陸錫熊、臣孫士毅，總校官臣陸費墀。

洪範口義卷上

宋胡瑗撰

洪範

夫武王既勝殷殺受，乃立其子武庚爲後，遂以箕子歸，武王於是問以天道。箕子陳述天地人之常經，聖王治國之大法，無出於洪範，故作《洪範》之篇。此篇得入《周書》者，以此篇箕子爲武王述大法九類之書，故得入《周書》也。

惟十有三祀，王訪于箕子。

此武王訪箕子之年。周既受命，惟十有三年四月伐紂而歸京師，既告武成，太平天下。武王以箕子大賢，遂訪而問焉。故曰：「惟十有三祀，王訪于箕子。」

王乃言曰：「嗚呼，箕子！惟天陰騭下民，相協厥居，

王乃問而言曰「嗚呼，箕子」，欲問箕子而先嘆者，所以重之也。言天不言而默定下民之命，又騭，定也。

洪範口義

且相助合協其居，而使有常生之資。定下民之命者，或貧或富，或貴或賤，或夭或壽，莫匪天定之使然
❶然則既有短長之命，又定其貴賤之材，而且助合其居，使有恒產，則如懋稼穡以足食，勤蠶桑以有
衣，使樂歲上可以供給父母，下可以畜妻子，凶年免於死亡，莫非天之佑而使然也。故曰：「王乃言曰：
『嗚呼，箕子！惟天陰騭下民，相協厥居。』」

「我不知其彝倫攸叙。」

此言上天之定民固有常道如此，❷我不知其常道之次叙者何哉，❸故曰：「我不知其常道之次叙。」

箕子乃言曰：「我聞在昔，鯀陻洪水，汨陳其五行。

自此以下至「彝倫攸叙」，是箕子既承武王之問，遂爲王而言。曰我聞往古之時，鯀塞洪水，亂陳五行之
道。夫水性罔有不就下者，當堯之時，水逆行於中國，汎濫天下，率土成江河，人民爲魚鼈，故命鯀治之。
鯀不能順水之性，導之通之使歸於江海，反陻塞而壅遏之。如是則何有其成功哉？故《禮·祭法》曰「鯀
障洪水而殛死」是也。鯀既陻洪水，是亂五行之道，故曰：「箕子乃言曰：『我聞在昔，鯀陻洪水，汨陳其
五行。』」

❶ 「匪」，墨海本作「非」。

❷ 「上」，墨海本無此字。「定」下，墨海本有「下」字。

❸ 「其」，墨海本無此字。

四七八

「帝乃震怒，不畀洪範九疇，彝倫攸斁。

帝，謂堯也。堯見鯀陻洪水，亂陳五行之道，於是震動而忿怒，乃不與大法九章，此常道所以敗。然則謂

之不與者如何？夫陻洪水，亂五行之道，不能行帝堯洪範九疇之義，則堯不與之也。故曰：「帝乃震怒，

不畀洪範九疇，彝倫攸斁。」

「鯀則殛死，禹乃嗣興，彝倫攸敘。」

夫鯀以無功而竄逐之，《虞書》曰「殛鯀於羽山」是也。禹爲人之子，其父不成功，不可不紹而終之。《書》

曰：「咨！禹，汝平水土，惟時懋哉！」則是鯀以殛而死，禹繼父而興也。故曰：「鯀則殛死，禹乃嗣興。」

「天乃錫禹洪範九疇，彝倫攸叙。」

天，帝稱之者，尊貴之也。夫禹既興起，則反乎父業之所爲，乃導江浚川，水患大息。堯善禹治水之故，乃

與大法九章，此常道所以叙。然則水患既下，百穀既登，天地無不得其成平，故《虞書》曰「地平天成」

也。然則亦謂之與者，又如何哉？❶ 亦以其導江浚川，順水之性，能行夫帝堯洪範九疇之義，則是帝堯

與之也。

「初一曰五行，

自此以下至於「威用六極」，箕子總陳九疇之名，以説九章次叙之事也。 五行者，即謂水、火、木、金、土是

❶ 「如何」，墨海本二字互乙。

洪範口義卷上

四七九

夫有天地，然後有陰陽，有陰陽，然後有五行；有五行，然後有萬物。是則五行者，天地之子，萬物之
母也。然謂之行者，以其斡旋天地之氣而運行也，故謂之行。夫人既稟五行之氣而生，亦由逆五行之氣
而死，聲音乎是，氣味乎是，性乎是，色乎是，舉天下之萬類未有不由於五行而出，是則五行豈不大乎？
故「五」者因其數，明其性，成其氣，辨其味，著其臭，彰其色，爲其物各以類而推之，則可見矣。所
謂數者何？即天地之生成數，天奇地偶，日月暑度，星辰躔次，歲時曆象，律呂損益是也。所謂性者，潤
下、炎上、曲直、從革、稼穡，爲仁、爲義、爲禮、爲智、爲信是也。所謂氣者，在四時則爲春❶夏、秋、冬，
溫、涼、寒、燠是也。所謂味者，酸、鹹、辛、苦、甘是也。所謂臭者，朽、焦、腥、羶、香是也。所謂聲者，宮、
商、角、徵、羽是也。所謂色者，青、赤、白、黑、黃是也。所謂物者，介蟲、鱗蟲、倮蟲、羽蟲、毛蟲是也。在
人則爲五事。若居五福之世則其數弗乖，其性不悖，其氣不愆，其味不變，其臭不亂，其聲不謬，其色不
異，其蟲不怪，皆順其常；若居六極之世則皆逆其常，天反時爲災，地反物爲妖，人反德爲亂，亂起則妖
生，各以其類而推之，亦可見也。故五行者，聖人爲國之大端，萬類之所祖出而冠於九疇，故曰：「初一曰
五行。」然而不言「用」者，蓋以五行斡二儀之氣，❷天所以生成萬物者也。❸豈聖人所用治國之物乎？故

❶「爲」，墨海本作「有」。

❷「斡」下，墨海本有「旋」字。

❸「天」下，墨海本有「地」字。

不言「用」。

「次二日敬用五事，案《漢書·五行志》作「羞用五事」，《隋書·五行志》作「庶用五事」。胡氏所定經文多從《孔傳》。

五事者，貌、言、視、聽、思也。貌者萬民所瞻仰，言則爲命令萬民之所聽。視不明則及邪，聽不聰則容姦，思不睿則失謀。此五者，聖人治國之大本，檢身之常法也，其可不敬而後用之乎？故五事謹則長興，慢則取亡。然次之於五行之後者，以五行陳天地之德，而五事者人君之所爲。人君蓋體天而御邦，故以次於五行也。

「次三日農用八政，

八政者，謂食、貨、祀、司空、司徒、司寇、賓、師是也。食以勸播種，貨以通有無，祀以事鬼神，司空以均土地，司徒以行政教，司寇以正賞罰，賓以明禮，師以立威。此八者，皆國家所急之政，則當厚用之，政乃和平。繼於五事者，以人君既嚴五事以當國，然後謹民以八政也。

「次四日協用五紀，案《漢書·五行志》作「叶用五紀」，顏師古曰：「叶，讀爲叶，和也。」古者「叶」「叶」「協」三字通用。

五紀者，歲、月、日、星辰、曆數也。歲有四時，月有晦朔，日有甲乙，星有運行躔次，作爲曆數以節之也。夫聖人仰以觀天，俯以察地，南面而聽天下，將欲三光全、寒暑平、百穀登、四時叙，未有不用五紀而調和之。然此五紀繼於八政之後，聖人爲政未有不得於天時者，故用五紀而協和之，所以次八政也。

「次五日建用皇極，

洪範口義

皇，大；極，中也。言聖人之治天下、建立萬事當用大中之道。所謂道者，何哉？即「無偏無黨」，❶「無反

無側」，「無有作好，遵王之道。無有作惡，遵王之路」是也。下文備詳：使天下賢者則不過，愚則跂而及

之，平平然蕩蕩然，而使民無傾危之過者，皇極之義也。故一門之內得其中，則父義、母慈、子孝、兄友、弟

恭；朝廷之內得其中，則君義臣忠，四海無淫朋之人，一鄉一黨則無遺親，此皇極之道行也。故皇極行則

五行不相侵，五事不相徇，八政以之成，五紀以之明，三德以之平，卜筮以之靈，庶徵以之順，五福來臻，六

極不至矣。然皇極獨不言數者，何也？蓋皇極者，萬事之所祖，無所不利，故不言數。❷以此觀之，包括

九疇，總兼萬事未有不本於皇極而行也，故處於中焉。

「次六曰乂用三德」，案《漢書·五行志》作「艾用三德」，顏師古曰：「艾，讀爲乂。」❸「艾」「乂」二字古通用。

德者，内則得之於心，外則得其理，故謂之德。德有三者，即正直、剛、柔是也。世之平康則用正直之德治

之，世有强悍不順則用剛德治之，世之和順則用柔德治之。此三德者，聖人既由中道而治天下，又慮執中

無權猶執一，故用三德者，所以隨宜制民，一歸安寧之極也。故「皇極」則見聖人之道，「三德」則見聖人之

權，故曰：「次六曰乂用三德。」

❶ 「無偏無黨」，墨海本作「無黨無偏」。
❷ 「數」下，墨海本有「也」字。
❸ 「爲」《漢書》作「曰」。

四八二

「次七曰明用稽疑，

稽，考也。聖人有疑事必用考疑之物決而明之，即下文謂「擇建立卜筮之人」而命之曰雨、❶曰霽、曰蒙、曰驛之類是也。然卜筮以決疑惑、定猶豫無出於此，故聖人凡舉一事、發一政，若有疑於心者，必用卜筮以決之。故卜筮得爲決疑之物。然則聖人果有疑乎？曰無也。既無其疑，何用其卜哉？夫聖人至聰明也，至周盡也，故《易》曰：「聖人與天地合其德，❷與日月合其明，與四時合其序，與鬼神合其吉凶。」《中庸》亦曰「從容中道」「不勉而中，不思而得」。然則又何疑乎哉！猶謂之考疑者何也？即見聖人不專任其斷，而思與天下同之也。故下文謂汝則有大疑，謀及乃心，謀及卿士，謀及庶人，謀及卜筮。汝則從，卿士從，庶民從，龜從，筮從，是之謂大同，然後見聖人無過舉。故上文能「乂用三德」以適變，此然後明於考稽而與衆定之。故曰：「次七曰明用稽疑。」以疑事不一，故不言數。

「次八曰念用庶徵，

庶徵者，即謂休徵五、咎徵五，統而稱之，故曰「庶徵」。君能與衆同欲，君臣上下無相奪倫，蠻夷戎狄莫不寧謐，❸故五行爲之遂性，天地爲之昭感，則休徵胡爲而不至哉！休徵之實有五，曰雨、曰暘、曰燠、曰

❶ 下「之」字，疑衍。
❷ 「聖人」，《周易》作「大人」。
❸ 「蠻夷戎狄」，墨海本作「四方萬國」。

洪範口義卷上

四八三

洪範口義

寒，曰風是也。休徵至則五者皆順其時，五者各得其叙，而爲執五事之應也。故曰：肅，時雨順之也；乂，

時暘順之也；哲，時燠順之也；謀，時寒順之也；聖，時風順之也。此蓋和氣之所感召也。若君不能與衆

同欲，君子小人各反乎所爲，遠近大小罔有寧謐，則五行爲之失性，二儀爲之怨和，如此是咎徵爲之而不

至哉！❶故咎徵至則五者不順其時，不得其叙，則爲悖五事之應也。恒雨順之，貌之狂也；恒暘順之，言

之僭也；恒燠順之，視之豫也；恒寒順之，聽之急也；恒風順之，思之蒙也。此蓋逆氣之所感召也。❷以

此衆徵莫不本人君之感召，故王者作一事必念一事之應，行一政必念一政之報。事謹則休徵至焉，事悖

則咎徵至焉，人君敢不恭承天而謹於御國乎？❸故曰：「次八曰念用庶徵。」然此次於「稽疑」之後者，夫

龜筮共從於人，神明胥契其道，則庶徵莫不至，故次於「稽疑」也。不言數者，蓋「休」「咎」總而言之也。

「次九曰嚮用五福，威用六極。案《史記·宋世家》引《洪範》作「畏用六極」。

五福即一曰壽、二曰富、三曰康寧、四曰攸好德、五曰考終命是也。六極即一曰凶短折、二曰疾、三曰憂、

四曰貧、五曰惡、六曰弱是也。嚮，勸也；威，畏也。以五福者天下之民所共欲，故王者用是五福之道勸

民慕而歸之，以趨於治也；六極者天下之民所共惡也，王者用是六極之道威民畏而懼之，以避其亂焉。

❶「是」，墨海本作「則」。

❷「蓋」，墨海本作「皆」。

❸「謹」，墨海本作「敬」。

四八四

是五福、六極，莫非聖人用人以爲天下之數，故曰：「次九曰嚮用五福，威用六極。」然次於九疇之末者何

也？首陳五行，是聖人法天地以爲德，漸次爲治，故天時順而休徵至，則五行皆得其性矣。庶徵即叙，則

政教之成敗著焉，故彝倫叙而政教成，則五福之道彰；彝倫敗而政教悖，則六極之報應。五福者，君子之

吉成德也，六極者，人道之窮也。如是則王道終始斯可見矣，故因而終於九疇焉。注以謂天以五福❶、六

極嚮勸、威沮於人，則不然矣。按下文「建用皇極」曰「斂時五福，用敷錫厥庶民」，彼注云：❷「斂是五福之

道以爲教，用布與眾民以慕之。」❸以「嚮」「威」而言則曰天，以「皇極」而言則曰教，何義之異也？以五

福、六極，民各有命，非人力之使然，故稱天，以皇極錫於民者君也，故稱教。前言乎天不繫乎教，後言乎

教不繫乎天，是亦依文而解之，非達其所以爲教也。然則五福、六極果天使然耶？曰：君

使然者存乎教，故《中庸》曰「率性之謂道，修道之謂教」是也；天使然者存乎命，故《易》曰「乾道變化，各

正性命」是也。言乎命，一人之私也；言乎教，天下之公也。洪範九疇何嘗以私言哉！然則嚮非天之

勸，威非天之沮，果誰歟？曰君也。何以知乎？夫九疇之類，惟五行不言用，蓋爲天所任，非人君所用

❶「謂」，墨海本作「爲」。

❷「彼」，墨海本作「復」。

❸「與」，墨海本作「於」。「以」《正義》作「使」。

為教也；餘八者皆言用，蓋人君所用為教也。故王者用五福則民勸而歸治焉，❶用六極則民畏而避亂焉，

是福、極者治亂之大本也。故人備五福者全福之人也，人備六極者窮極之人也，其次則福、極雜得之，不

可定矣。夫人既壽、既富、既康寧、既考終命，其間凶惡懦弱者有之矣；既好德而凶短折者有之矣、疾憂

貧者有之矣。然惟好德者雖憂、雖貧、雖凶短折不害爲君子，惡而弱者雖富、雖壽、雖康寧、雖考終命不免

爲小人。各以稟受而得之者命也，非教也。命有定分，教隨變化，故聖人言教不言命也。安國之《傳》何

失之遠哉！然此福、極別而言之者何也？夫五福、六極切於教化，故析而言也。且五行者萬事之本，故

首於九疇；八事得則福，八事失則極，故以福、極終之。

「一，五行：一曰水，二曰火，三曰木，四曰金，五曰土。」

自此以下至終篇，皆是箕子歷説九疇之名，廣演九疇之義。此「初一曰五行」至「稼穡作甘」説五行之一

節，「一曰水」至「五曰土」，解五行之名也。夫潤萬物莫如水，燥萬物莫如火，木可揉而曲直，金可范而成

器，土則兼載四者而生殖其中也。故人之飲食必待水火而烹飪，宮室必待金木而斲樸，土稼穡之利，欲百

穀之生，未有不在乎土也。聖人豈不修之哉！故《傳》曰「天生五材，人並

用之」是也。然則一曰水，五曰土，❷何也？此以生數、成數言之也。按《易・繫辭》曰：「天一，地二。天

❶ 「治」，原作「至」，據墨海本改。

❷ 「土」下，墨海本有「者」字。

三，地四。天五，地六。天七，地八。天九，地十。」此即是五行生成之數。天一生水，地二生火，天三生木，地四生金，天五生土，此其生數也；地六成水，天七成火，地八成木，天九成金，地十成土，陰陽各有匹偶而數得成焉，謂之成數。故五行始於水，終之於土，是其義也。

「水曰潤下，火曰炎上，

自此至「作甘」皆說五行之性，順其勢而行，各有不同也。夫水之性無有不潤下，火之性罔有不炎上。故水之性決之東則東流，決之西則西流，引之穴坎之間則莫不盈積，是則水之性可見矣。燥萬物而升上者莫如火之性，故《易·乾卦》曰「水流濕，火就燥」，類相感也。故聖人之治天下，若能順五行之性，修其水德，導達溝瀆，濬治河渠，號令不違其時，水性無有壅遏，如是則潤下矣。故也。故舜曰：「地平天成，六府三事允治，萬世永賴，時乃功。」若其河渠不通，溝瀆不濬，政教違時，水行不由其道者，是水不潤下故也。聖人能順五行之性而修火德，鼓鑄有時，焚萊有節，號令當，火政修，如是則火炎上矣。故堯有洪水汎溢中國，❶禹能下矣。鯀之所以治洪水九載功用弗成者，水《周禮·司烜氏》「中春以木鐸修火禁於國中」是也。❷若其焚萊不時，鼓鑄無節，火官廢，火政墮，則災宮館，災宗廟，此火不炎上也。鄭鑄刑鼎後乃有災亂，火不炎上故也。故潤下炎上，皆性之自然也。

❶ 「溢」，墨海本作「濫」。

❷ 「國中」，原互乙，據墨海本改。

洪範口義

「木曰曲直，金曰從革，

此亦自然之性也。木可揉而爲曲直方員，❶故爲之相，其方則中矩，員則中規，直則中矢，方則中興。又員中輪，曲中鈎，惟矯之何如爾。《荀子》曰：「木之鈎者必將待檃栝，矯然後直。」❷又曰：「木直中繩，揉以爲輪，其曲中規，雖有槁暴不復挺者，揉使之然也。」是曲直者木之性也。人君順五行之性，修其木德，營建宮室不奪農時，斧斤以時入山林，材木不可勝用，若是則木順其曲直矣。從革者，以金性雖至剛，方隨鼓鑄而變，❸故鎔之則流形，范之則成材供非度之用，如此則木不曲直矣。

器，利可以爲劍戟，銳可以爲戈矛，惟鎔范之如何耳。革者豈非金之性哉！故人君能順五行之性而修其金德，兵興以法，師出以時，持旌仗鉞，❹臨戰誓士，足以抗威武而誅叛逆，此之謂金從革矣。則如周有牧野之命，湯有南巢之兵是也。若其師出踰時，兵興無法，好攻戰之事，輕百姓之命，以致殺人滿野，傷人盈城，如此則金不從革矣。故古之秦皇黷武，漢之孝武窮兵是也。

❶ 「員」，墨海本作「圓」。下同，不一一出校。
❷ 「矯」上，墨海本有「烝」字。
❸ 「方」，墨海本作「亦」。
❹ 「旌」，墨海本作「旄」。

四八八

「土爰稼穡。」

爰，於也。始種而生謂之稼，將斂而成謂之穡。土之性厚，待於稼穡然後見其性也。惟聖人能修五行之德，故春耕之百穀然後生，秋斂之百穀然後成。土之性厚，載華岳而不重，振河海而不泄，含厚於下者也。

順其土性，陋宮室，省臺榭，闢土地之事，勸耕鑿之業，❶不奪農時而深耕易耨，乃「土爰稼穡」矣。故禹卑宮室，堯有土堦，而民厚生者此也。若其侈宮室，華臺榭，離宮廣闢，別館閎開，國多苦役之事，野無加闢之田，如此則不稼穡矣。故秦築阿房，漢罷路臺，何興亡之異也！

「潤下作鹹，

此說五行之味也。水性本甘，由浸漬於地，發味而爲鹹。《月令》云「其味鹹」是也。

「炎上作苦，

火本炎上，焚物則焦。夫氣既焦則味發而爲苦。《月令》云「其味苦」是也。

「曲直作酸，

木之結實者味成多酸。《月令》云「其味酸」是也。

「從革作辛，

金就鎔鑄即有腥氣，非苦非酸而近於辛者，金之味。《月令》云「其味辛」是也。

❶ 「勸」，墨海本作「勤」。

洪範口義卷上

四八九

「稼穡作甘。」

百穀之味甘可知矣，然百穀本由土地而生也，甘者實爲土味。《月令》云「其味甘」是也。所引《月令》之文者，皆五行所屬之月而味之屬也。

「二，五事：一曰貌，

自此以下至「睿作聖」，皆說五事之節也。貌者，即謂威儀容貌，人可觀望者皆謂之貌。此分解五事之名。

「二曰言，

凡有號令天下，使天下之人莫不從者，王者之言也。

「三曰視，

夫善觀人者，觀其情，情得則人斯見矣。

「四曰聽，

夫納蒭蕘之言，來廊廟之語，而求天下之情者，未有不自君耳聽之。

「五曰思。」

夫天下茫茫，萬事籍籍，神而明之，研思極慮。然而首曰貌而終曰思者何？夫民之先見者君之貌，次而禀受者君之言，視不待號召而神化，言必有戒諭而順從。思者，包括四事，一本於心矣。

「貌曰恭，

此一節，言王者必須持謹五事。夫君之貌爲人所觀，仰則必端嚴恭莊，而後民望而畏之。故行步有佩玉

之聲，登車有和鸞之節，錯衡養目，蘭茝養鼻，在田獵而有三驅之制，在飲食而有饗獻之禮，出入有節，動

靜有時，凡舉一事，未有不由禮而行之，如是則「貌曰恭」矣。若其起居無時，行步無節，馳騁田獵，喪棄禮

儀，如是則貌不恭矣。故王者之貌，必須恭敬者也。

「言曰從，

夫君有言則四海皆仰而聽之，是故雖在巖廊之上，言出而可行；雖在九重之內，令出而可從。使民有時，

用民有節。有功者必賞，有罪者必罰。如此則言乃可從矣。若其政教二三，號令反覆，功者未必賞，罪者

未必罰，使萬民也不永安而欲逸，戒百官也惟朝定而夕移，若是則君之出言而豈有從者哉！故必至

當也。

「視曰明，

夫王者將欲觀人情，則紛華盛麗不可閱也，淫哇柔曼不可蔽也。分別賢佞，殊異適庶，官人有序，舊章不

迷，如此則視之謂明矣。❶ 若其耽色悦聲，信譖放賢，亂其適庶，不肖與賢者淆混，如此則視不明矣。故

王者之視，必明而後可。

「聽曰聰，

❶ 「謂」，墨海本作「爲」。

洪範口義卷上

夫十室之邑有邪有正，況四海之内有佞有賢。訪芻蕘有廊廟之語，面恭有欺天之言，苟非人君廊廟莊繢之

塞，❶舉未進之賢，可謂耳之不聰也。故堯命龍作納言而不使讒説殄行，得耳聰之道也。若其親嬖倖、遠

忠良，如此則正士退、讒夫興，此率耳之不聰也。

「思曰睿。」

思者，深微之義。夫聖人既有天下之廣，四海之大，萬幾之叢脞，庶政之至煩，未有不思而得也。朝不暇

食所以慮之，夜不安寢所以思之，利於民則行之，益於國則行之，思深則事當，事當則可久矣。此聖人所

以思慮至深微也。若其思之不深，慮之不遠，雖苟取一時之利，豈無後世之患乎？

「恭作肅，」

前文既定「貌曰恭」以下五事皆由一人之身，五事當可以成天下之化。君貌恭，天下皆知有所敬，❷故近

則臣敬之，遠則民敬之，由乎一國，達乎四海，天下莫不敬上者，君恭德使之然也。

「從作乂，」

夫言既可從，則政教有一定之制，天下無反汗之號，言出則天下莫不從風而起治矣。然則四海百官皆從

聽而爲治也。《中庸》曰「言而世爲天下法」是也。

❶ 「莊」，墨海本作「絑」。

❷ 「有」，墨海本作「其」。

「明作哲，案「哲」字，《孔傳》作「哲」，正義曰：「王肅及《漢書‧五行志》皆云「悊，智也」，鄭本作「哲」。」與《孔傳》同。「悊」，古「哲」字也。❶胡氏定從「哲」，爲蔡氏《書傳》所本。

夫君視既明，貌恭心狠則不能容於國，堯言桀行則不能留於朝，惟賢德是用，惟邪佞是除。若天地之無不覆載，日月之無不照臨，苟非至明，何以能取人若是哉！故唐虞命羣臣而登於朝，放四凶而流於野。故曰知人則哲，能官人，明可知矣。

「聰作謀，

夫君耳既聰則能立事，故來廟堂之語，納芻蕘之言。良籌碩策，日聞於朝；深規極諫，日達於耳。若是則何患不能謀天下之事哉？能成天下之謀者，惟在君之聰爾。

「睿作聖。」

聖者，無所不通之謂也。夫君之所以治天下之務，思慮之深則無有不通矣。政無小大，能通之也，情無昭隱，皆見之也。舉天下之大，四海之遠，人所及者莫不通於耳，雖天地鬼神亦能通之也。《中庸》曰：「建諸天地而不悖，質諸鬼神而無疑。」《詩》曰：「鳶飛戾天，魚躍于淵。」上下察則聖可知矣。

「三，八政：一曰食，

自此而下至「八曰師」，皆說八政之目也。食者，即嘉穀可食之類也。夫聖人之治天下，未有不以足食爲

❶「哲」，原作「哲」，據墨海本改。

本，故鑿井耕田，勸農而厚業，❶使民無遊手而人皆種作於田畝，所謂「倉廩實然後語榮辱之分，衣食足然後議廉恥之事」。故堯命四子而節授時候，舜命后稷而播時百穀，皆爲此也。

「二曰貨，
貨者，即布帛可衣之類也。夫古之聖王治天下，既不欲一民之餒，又不欲一人之寒，於是環廬樹桑，勸蠶繭，力組紃，勤織紝，❷女無棄業，室無停機，如此則通貨之道也。故《易》曰「日中爲市」，聚天下之民，通天下之貨，交易而退，各得其所。斯邦厚民富之道也。

「三曰祀，
上郊天所以答陽功，下祀地所以報陰道，享宗廟所以奉先祖，昭孝心示民有尊也。又且内有腰臘之事，外有山川之舉，以至門行户竈，丘陵原隰皆有其祭者，是聖人之廣極其敬，而有所尊也。於是羞其籩篁，陳其邊豆，薦其黍稷，饋其牢醴，外盡備物，内竭至誠，如此則鬼神幽明，胡不享哉？故祭祀所以爲教本。
《禮》曰「使民不忘本」，此之謂也。

「四曰司空，
夫聖人既有天下之廣，四海之大，民人之衆，生齒之繁，欲安其土而不遷，敦其業而阜盛，何以至哉？故

---

❶ 「厚」，墨海本作「授」。

❷ 「紝」，原作「使」，據墨海本改。

王者立司空之爲此責也。土維有瘠壤，❶此辨之也；地居有上下，此相之也。故《禮》曰「量地以制邑，度地以居民」，又《周官》「司空掌邦土，居四民，時地利」，此其司空之任也。

「五曰司徒，

夫民既有棟宇以避燥濕，有衣食以禦飢寒，然則教化不行，禮義不著，何以成至治之道？故司徒之官所以教也。父之未義者教之以義，母之未慈者教之以慈，兄與兄則言友，弟與弟則言恭，人子之道孝弟而已矣。夫能教此五者，則天下莫不驅鄙之行而臻廉讓之域者也，❷司徒之教使然矣。故《書》云「契作司徒，敬敷五教，在寬」，又《周官》「司徒掌邦教、敷五典、擾萬民」，皆責於司徒也。

「六曰司寇，

夫聖人之治天下，雖欲以仁愛之道行化於四海，然其間有姦猾則奈何？故大則四夷之不賓，小則諸侯之不臣，凶夫肆逆，頑臣姦驕，若是則如何制哉？故司寇者所以爲禦寇之官也。《周禮》曰「司寇詰邦國，刑百官」，又《周官》曰「司寇掌邦禁，詰姦慝，刑暴亂」，乃掌嚴邦法，修度天威，小大之刑無有不正，所以討天下之亂臣賊子，無非繫於司寇之官也，皆其責矣。

「七曰賓，

❶ 「土維有瘠壤」，墨海本作「土壤有肥瘠」。
❷ 「驅」，墨海本作「祛」。

夫聖人既不能獨治，必建賢諸侯，所以爲王室之輔也。然則分茅受土，何以得其懽心哉？故限之朝覲之禮，分之會同之事，爲之享燕之節，設其委積之事。始來也有郊共之禮，示愍懃之意也；及其還則有餞送之道，致丁寧也。若此，則四海之內，凡爾諸侯，烏有不親睦哉！《振鷺》詩曰「有客宿宿，有客信信」，此周家之客，其親睦也可知矣。故人主治天下，當延其賓客也。

「八曰師。」

師者，師保之師也。夫能探天下之術，論聖人之道。王者北面而尊師，則有不召之師。師之猶言法也，禮義所從出也，道德以爲法也。故王者有疑則就而問焉，謀而有成，言而可行，率能備王者之疑，輔人主以道。故湯學伊尹而商祚所以興，成王事周公而姬邦所以昌。武王之聖尚有呂望之請，明帝之盛亦有桓榮之尊，自古聖帝明王，未有不由師而後興也。故《傳》曰：「國將興，尊師而重道。」又曰：「三王四代，惟其師。」故師者，天下之根本也。

然八政之次，首曰食而終曰師者，何也？夫食者萬民之命也，一日而不可闕，故居於首焉。❶ 有食必有衣，故貨居二焉。食貨充盈，莫不由明靈祐之，故《傳》曰「聖王先成民而後致力於神」，此祀所以居其三也。雖有養身之具，必有安身之居，司空主民土，故叙之於四也。雖有安民之道，非禮義不能立，故司徒教之，居於五也。教之不能入，不能無小人之行者，故司寇主刑詰之，居於六也。姦猾既去，則天下皆相

❶「於」，墨海本作「其」。

親，遠域來朝，則賓禮待之，居其七也。夫然行七者之事，未有不決於師，明其義，達其禮，教而行之，所以終於八也。

「四，五紀：一曰歲，

此説五紀之一節也。歲有四時，春夏秋冬，以推移天地之氣是也。

「二曰月，

自朔至晦是爲一月，每歲十有二月是也。

「三曰日，

自甲至癸凡有十日，此之謂也。❶

「四曰星辰，

二十八宿分見於四方，日月相會之次謂之辰，辰之由言時也，❷專以正時候之節也。

「五曰曆數。」

曆者陰陽之紀，曆數則謂紀周天三百六十度。夫一歲之間日月之推移，星辰之運轉，❸聖人作，爲之曆，

❶ 「謂」下，墨海本有「日」字。

❷ 「由」，墨海本作「猶」。

❸ 「運轉」，原互乙，據墨海本改。

洪範口義卷上

四九七

洪範口義

紀其運行伏見之事，可以調一歲之氣而節授人時，使人東作西成南訛朔易，不愆耕鑿之候，以承天地之和，曆數明之致也。故堯則命四子，舜則在璇璣，而寒暑平、四序均，❶謂之正也，得五紀之效也。然而首曰歲終曰曆者，❷歲可統月，月可統日，星辰運行在天，曆數者所以紀四者而正一歲之候也。然則皆謂之紀者，括陰陽之運行，爲天地之大化，故皆言紀。

❶「序」，墨海本作「時」。

❷「曆」下，據經文當有「數」字。

四九八

洪範口義卷下

宋胡瑗撰

「五，皇極：皇建其有極，

自此而下至「天子作民父母，以爲天下王」，是箕子廣皇極之義也。以大中之道至深，聖人之教至廣，故箕子懇懇丁寧而備言之。皇，大；極，中也。自聖人治天下，當大立其大中之道而後可。然則謂之中道者如何？夫王者，由五常之性取中而後行者也。剛則不暴，柔則不懦，賢則不過，愚者亦能，及推而使施諸天下，使天下之人莫不能由而行之者，聖人之中道也。故《記》曰「從容中道」又《語》曰「允執厥中」是也。然則謂之大者何哉？無限極之辭也。夫聖人既有天下之廣，四海之大，將欲叙彝倫之法，行九疇之義，上則際乎天，下則接乎地，舉天地覆燾之義，❶莫不臻坦蕩之風也。非聖人廣大無限極而行，何施而後可哉？

「斂時五福，用敷錫厥庶民。

「斂時五福，用敷錫厥庶民。」案《宋世家》作「用傅錫厥庶民」。「敷」「傅」二字古通用。

❶ 「燾」，墨海本作「幬」。

洪範口義

夫聖人既能由大中之道，然化天下之民，如何致哉？故人君斂時五福之道以爲教，用布於民，使慕而勸之。五福生於五事，五事皆謹則五福集而歸之。夫福既有可驗之迹，故聖人斂此可致五福之道，使民慕而歸之，則行善者得其福，不善者不得其福。故樂其業則爲富，遂其生則爲壽，知廉耻則爲好德，無疾憂則爲康寧，不爲非僻而不墮於刑戮則爲考終命矣。惟行善者可以語此五福之道。

「惟時厥庶民于汝極，錫汝保極。」

夫君既有五福之教，衆民皆動其心，仰慕教化，皆就其君酌取中道而行之；既能行之，朝廷莫不同風，遠邇以之一化，皆與君安於中道也。

「凡厥庶民，無有淫朋，人無有比德，惟皇作極。」

夫民既稟君之教化，皆安處于中道，如是則天下之人何有淫佚乎？則使過度而失中者，朋黨而構惡者，❶阿比而爲邪者，皆修大中之道而行之。

「凡厥庶民，有猷有爲有守，汝則念之。」

夫中道既行之後，淫朋者不作，阿黨者不爲，是則足以驅小人之行而循君子之途。故衆民之間，有所謀足以興天下之事，有所爲足以興天下之功，有所守不變君子之節，汝則當念之，於是與之高爵，加之厚禄。所以然者，以勸人趨於中道也。

❶ 「惡」，墨海本作「怨」。

五〇〇

「不協于極，不罹于咎，皇則受之。」

雖然，爵者以勸中人之道也。若其間亦有智慮未深服、教化未甚悟，不能盡合于中道，雖不合於中道，亦不至墮於大惡，汝則無限極受之，待其修飾，於是進用。所以然者，聖人不欲遽絕乎人，待民于大中之域，如此則道之甚大也。

「而康而色，曰予攸好德，汝則錫之福。」

然則勸人之法，不可驕慢也，不可傲易也。又當和汝之辭氣，安汝之顏色，以待于人。人若能改其前行，克新厥心，而乃曰我今所好者，德爾！如此則可以入大中之域也，汝當以爵祿報之矣。

「時人斯其惟皇之極。」

大凡素不能行中道者則君勸之以至於中道，素非君子者則勸之皆爲君子，皆由勸導之甚厚。故若此之人率然盡納于大中之道，思棄其偏詖之行也。

「無虐煢獨而畏高明。」案《宋世家》作「毋侮鰥寡」。

煢獨者，則是無兄無弟無子煢獨之人。高明者，則是有權有位寵盛之人，人情之中附之者衆也。在聖人之心則不然矣，雖有鰥寡，未嘗暴虐也；雖有權位，未嘗畏憚也。故不虐鰥寡則天下無窮民，不憚權位則天下無驕臣。苟非聖人節以中道，胡能若是哉？

「人之有能有爲，使羞其行而邦其昌。」

此又言用臣之法。若人之有能有爲，有能謂才能之人也，有爲謂興爲之士也。有才能足以經綸國家之

政，幹整國家之事，有棟隆之任，無覆餗之凶者，才能之人也。有興爲者則能源國家之大利，❶除國家之

大害，奮不世之策，❷立千古之功者，有爲之士也。夫然有能有爲之人，人君當頒爵禄，以敦勵其節，❸修

進其行，如此則國乃取其昌盛之道。蓋人有所勸則不墮，其後効廣得人，則可樹太平之基矣。

「凡厥正人，既富方穀。」

此又言馭臣之法也。夫正直之人，既以爵禄任之，又當以善道接之。爵所以馭其貴也，禄所以馭其富也，

爵禄者固臣之有也。然則既有爵禄之道，又必當推心以任之，言聽計從，溫顏改容，推誠屈體，內既盡其

信，外又盡其禮，如此則恩義充浹，烏有不得天下之心者哉？若其雖有爵禄以貴其己，奉其身，然而言色

不溫，誠既不厚，禮亦不充，如此則犬馬畜其臣也。惡有天下之士而肯就犬馬之恩哉？故君能盡其待臣

之道，臣下所以感恩，竭力進謀樹勳，可以固於磐石矣。故曰：「凡厥正人，既富方穀。」

「汝弗能使有好于而家，時人斯其辜。」

夫臣之在位，既優之以高爵，又接之以善道，如此則感恩戴德，進謀樹勳，有好善於國家者，衆矣。若其人

之在位，推誠不甚專，待之不甚厚，禮遇疎薄，恩義衰微，言未必行，計未必用，如此則皆將奮衣而去，安能

❶ 「源」，墨海本作「興」。
❷ 「不」，墨海本作「百」。
❸ 「勵」，墨海本作「厲」。

久處於朝廷哉？故曰：「汝不能使正直之人好善于國家，其人若被罪而去，殊不知待之無素也。」

「于其無好德，汝雖錫之福，其作汝用咎。」

夫無好德者，即是行之惡者也。行之惡者，外則險陂其行，內則脂韋其心，惟嫉媢其忠良，不願人之治理。

其行之惡者，君屏棄之可也。故舜流四凶而海內悅服者是也。若其行之惡者，汝反與之爵祿，置之朝廷，

則雜忠比邪，賢害良退，❶間其君臣，願聞一日之治不可得也。此皆用惡行以敗汝善道，何以任哉？言

勸善則可以享天下之治，不用惡則所以防天下之亂也。

「無偏無陂，遵王之義。案「陂」字，古本作「頗」。胡氏從開元改本。

此又言王者行大中之體也。偏之言私也；陂之言曲也。夫聖人中天下而立，四海一道也，萬民一情也。

近何殊也，遠何異也。故欣然莫不如赤子而視之者，聖人之情同也。然則又何偏爲一人而有厚薄，曲爲

一人而有愛憎？故不敢偏私，不敢陂曲，一循先王正義而行。蓋先王者亦以此而有天下，未嘗偏也，未

嘗曲也。

「無有作好，遵王之道。無有作惡，遵王之路。

夫好者，天下所同好也；惡者，天下所同惡也。故今有道義之人，君子之行，行之善者也，何人不好之？

---

❶ 「則雜忠比邪賢害良退」，墨海本作「則是奸邪比黨，善良退」。

而王者好之，同天下之所好也。❶ 有暴慢之人，小民之行，❷行之惡者也，何人不惡之？而王者惡之，同天下之所惡也。夫好既同天下之所好，則有賢必登，有善必進，位之高爵，食之厚祿，天下胡爲而不勸哉？《記》曰「君子不賞而民勸」是也。惡既同天下之所惡，則有惡必誅，有罪必去，加之刑典，置之海隅，天下胡爲而不畏哉？《記》曰「不怒而民威」是也。聖人能均其好惡，酌中道而治天下，如此也。若或好非天下之所公好，則愛者未必有善，賞者未必有功，伸己之私而不與衆同，則天下之人何有勸者矣？若惡非天下之所公惡，則所誅者未必有罪，所去者未必有惡，若此則天下之人何有畏者矣？賞罰既不公，畏勸既不行，天下何由而治哉？故王者不敢私其所好，不敢私其所惡，一遵於先王道路而行，其得中道可知矣。❸ 既得中道，烏有不治者哉！

「無偏無黨，王道蕩蕩。無黨無偏，王道平平。夫聖人既無一人之私欲，亦無一人之阿黨，又且好惡一同於天下，則王者之治道何偏何黨乎？是皆「蕩蕩」而通達於四闢矣。平平，平治之義也。夫既無自私之意而無所黨，亦不爲物所累而有所偏，如此則王道莫不平平然坦平矣。

❶ 「所」原無，據墨海本補。

❷ 「民」，墨海本作「人」。

❸ 「道」原無，據墨海本補。

「無反無側，王道正直。」

反，則反覆之義；側，則傾側之義。夫王者既由中道而行，無反覆於中道者，則王者

之道莫不一歸諸「正直」，則是無毫髮之偏也。正直，則爲聖人大中之道矣。

「會其有極，歸其有極。」

夫王者既無所私邪，去其所阿黨，所履者一歸於正，所守者一歸於直，以四海爲一家，以萬民爲一人，其情

則天下同也。舉萬事而無有過者，無有不及者，是聖人會合大中之道而後行之。聖人非要中道於一身，

蓋所爲爲天下之教也。故天下之人既仰觀君子之法則，稟受君子之教化，爲人子爲人父爲兄爲弟爲僚友

者，閨門之内朝廷之上者，由乎一國，達乎四海，致乎天下，舉天下之人莫不納於君子之途者，由上會合而

行之也。

「曰：皇極之敷言，是彝是訓，于帝其訓。」案《宋世家》作「于帝其順」。

「曰」者，大其皇極之義而言之。「皇極之敷言，是彝是訓」者，言聖人立大中之道，於是布之爲言，擴而爲

教，是可爲治國之常法，使民可以順而行之。「于帝其訓」者，天且順，而況於人乎？天順之者，即如行皇

極，則全五福之道，獲美驗之應，況於人乎？皇極行則人莫不羞其小人之行，而願納諸君子之途，則是皇

極大矣。

「凡厥庶民，極之敷言，是訓是行，以近天子之光。」

此又言大中之道至矣，何但出於天子之貴？夫民承教化之後，而亦有中和之心。凡其衆民之心，所出之

言言大中之道，信可奉順而行之，竭蹶而爲之，痊除頑鄙之性，願躋君子之域，以附近天子光輝之盛德，則可知所以然者，見上行而下效，君唱而民隨。言身能唱率大中之道，然後可以感天下之心，成皇極之風教也。

「曰：天子作民父母，以爲天下王。

此於皇極之終，❶又大其皇極之義，人君可不加意哉！❷夫天生蒸民，有欲無主乃亂，於是命其君而司牧之。民不能自衣，君爲勸其蠶而使衣。民不能自食，君爲勸其耕而使食。民不自安，❸君爲營棟宇以居之。民不知仁義，君爲設庠序以教之。是天子之於兆民不啻若父母之於赤子，恩愛之甚也。然則天子既爲民父母，以爲天下之所歸往，如何而治？舍皇極之道不可也。故大中之道行，天下無叛道之士，四海無違教之民，皆知禮義，皆爲君子也。皇極之道廢，則天下未必皆康，四海未必皆安，人黨偏者有之，人怨曠者有之。以是觀之，欲一民無不得其所，欲一物無不受其賜，舍中道何以哉？故堯舜以此道而能爲二帝，禹湯以此道而能爲三王，周公思兼三王，致成王於有道，孔子不得其位則著之於六經。不得志者則可

❶「於」，墨海本作「以」。

❷「人君可不加意哉」墨海本作「見人君不可不務之意」。

❸「不」下，墨海本有「能」字。

以卷懷於一身，得志者則可擴充於天下。❶ 夫欲極天地之彝倫，治國家之大法，而將登太平之域者，惟用皇極而後可。

「六，三德：一曰正直，此極言正直無邪回之義。❷ 故聖人所謂中道也。

「二曰剛克，至剛之德，然後能斷。

「三曰柔克。

凡爲和柔者，亦能治事。正中，道也，剛過則剛，柔過則柔。三者當隨時制宜而用之也。❸

「平康正直，此又言三德各有所宜之民。而平安既無傾欹之事，亦無反側之慮，彼既中道而行己者，則以中道而治之也。

「彊弗友剛克，

❶「可」下，墨海本有「以」字。

❷「邪回」，墨海本此二字互乙。

❸「用之」，墨海本作「行」。

洪範口義卷下

五〇七

洪範口義

若民之有彊悍不順，大則諸侯之不賓，四夷之不臣，小則姦宄矯詐，悖德慢禮，非可和顏悦色而諭之也，

必須以過剛之德而治之，大則甲兵，小則鞭撻，皆謂治彊禦惡之道也。❶ 故曰「彊弗友剛克」。

「燮友柔克。

燮，和也。若民之行爲和順者，人君當以和順而接之，屈體以下之。彼既過恭而順于己，則安得不過禮而

待之哉！

「沉潛剛克，案《宋世家》作「沉漸剛克」。

沉，深；潛，藏也。前既述聖人之三德，此又恐未盡剛柔之宜，故重言以戒之。夫聖人之剛德不可露見於

外，則必深藏於内，待其犯者然後發見。且若有所不賓之諸侯，有所不臣之四夷，頑嚚姦宄，悖亂紀綱，君

然後大則致其誅討，出則利其甲兵，所以征姦猾而詰暴亂也。如此則海内罔有不肅不畏者，此得用剛之

道也。若其人君惟好傷人肌膚，殘民性命，誇示威嚴，暴露剛德，用刑無度，出兵無時，如此則非所以禦暴

之道，而自賊之本也。故《蒙卦》曰「不利爲寇，利用禦寇」者，用剛深戒也。

「高明柔克。

夫聖人既有柔順之德，不可深潛蘊蓄，必顯明於外而行之，發於面、盎於背，形於動静，著於四體。俱常恭

謹則天下之人敬之，俱常謙和則天下之人懷之。不待刑罰而民自畏，不待鈇鉞而民自戒，此柔德之所致

❶ 「謂」，墨海本作「爲」。

也。故深藏剛德於内則天下之人無不畏也；大明柔德於外則天下之人無不愛之。❷ 在《泰》之《象》曰「内陽而外陰，内健而外順」，斯君子之道也。若夫高明其剛，沉潛其柔，若此則内陰而外陽，内柔而外剛，則是小人之道也。以此觀之，剛柔之道人君不可不慎。

「惟辟作福，惟辟作威，惟辟玉食。

福，賞也。威，罰也。玉食，珍食也。謂玉爲珍，以至珍惟金玉耳，故玉食爲珍食也。前既言「彊弗友剛克」，則彊暴弗順者，以剛克之，此以下言大臣有專威福者，不可不誅也。夫賞者，所以爲天下勸善也。威者，所以爲天下誅惡也。盛饌，天子所宜有也。夫此三者，天子之用，何人臣可得爲哉？

「臣無有作福、作威、玉食。臣之有作福、作威、玉食，其害于而家，凶于而國。人用側頗僻，民用僭忒。

夫臣，佐君而爲治者，故君唱則臣和，君動則臣隨，以至凡出一號令，行一政教，未有不承于君而後爲者也。故賞、罰、盛饌莫非天子所有，臣下安敢爲之？爲臣者，何有專盛饌、賞、罰之禮哉？故曰「惟辟作福」「作威」「玉食」。若其臣心僭踰、竊弄君權、有作威福玉食者，豈惟肆惡于汝家，❸亦將禍及于汝國矣。

洪範口義卷下

❶「也」，墨海本作「之」。
❷「之人」，原無，據墨海本補。
❸「豈」，原作「此」，據墨海本改。

五〇九

夫大臣既爲此行，則小臣觀之能不危側而頗僻，則天下之人能不僭差而離於中道哉？❶ 若大臣不道，則

亡家亂國喪天下者，未有不由此而致也。然三德本以治天下之民而自持，以衆民之中，若有彊禦之人弗

友順者，易爲克也。以大臣柄君之權，享其重位，密邇天子，一有不法，則如何而制之？或專賞罰、或玉

食者，有其一行則必誅之，若誅之不速，則漢之莽、卓，皆由此致也。故《易》曰「辨之不早辨也」，其此之謂

乎？以此觀之，則大臣不可不防。特言之者，以爲萬世之警戒也。

「七，稽疑：擇建立卜筮人。

夫聖人有大疑，非至神之物不可決之，於是灼龜以爲卜，揲蓍以爲筮。故卜筮者，所以決疑於天下，定四

海之猶豫也。然則灼龜以爲卜，揲蓍以爲筮，非通曉孰能之？是以必選賢能，通其卜筮之人，以建立之。

「乃命卜筮，

既擇有才之人爲卜筮之官，因命之以卜筮之事。

「曰雨，曰霽，案《宋世家》「霽」作「濟」。

此即卜筮之事也。灼龜之兆，其種有五。兆者即是以火灼龜，而其分拆者爲兆，其兆文有雨飛而淋流者

曰「雨」，其兆又若雨而舒豁者曰「霽」也。

「曰蒙，案《宋世家》「蒙」作「霧」。

---

❶ 「能」，墨海本作「孰」。

其氣蒙昧而連沿者曰「蒙」。

「曰驛，案《正義》引鄭康成注「驛」作「圛」，許氏《說文》引《洪範》亦作「圛」。

其氣絡驛而不連屬者曰「驛」。

「曰克，

其文交相往來而相參錯者曰「克」。

「曰貞，曰悔，

此卜筮卦之法，❶始揲而定，則爲內卦，因而重之，故爲外卦。是卦體本是內起，故謂之「貞」；❷因而有所終，故謂之「悔」，取晦終之義也。

「凡七。卜五，占用二，衍忒。立時人作卜筮，三人占則從二人之言。案此處原本有闕文。夫卜以火灼龜，筮以揲爲筮，二者之事又以推衍其義而知差忒，然後吉凶可以辨，禍福可以知也。既立知卜筮之人，而因命卜筮之事，故卜龜揲蓍皆取三次而驗之。若一人言凶而二者言吉，則從二者之吉，違一人之凶也；若二人言凶而一人言吉，則從二者之凶，違一人之吉也。蓋卜筮事大，故取其眾而驗吉凶也。

❶ 「卜」，墨海本作「乃」。

❷ 「貞」，原避諱作「正」，據經文及墨海本回改。

洪範口義卷下

「汝則有大疑，謀及乃心，謀及卿士，謀及庶人，謀及卜筮。

此又言將求卜筮，必先斷之心，謀於臣，謀之民，❶次與卜筮相合之意。夫君有大疑，惟是立君、遷國、平治危亂、征討不臣，國之大事猶豫不決，必求衆志以決之。然則謀及其心，則思慮之淵而爲興事之主，未有不先果決之也。然雖已決而未可行，又諮之於卿士之官，以卿士者惟其才智之人爲之。然則諮之既畢，猶未爲當，又就衆民而爲之謀慮。且庶民雖鄙賤而爲之謀者，芻蕘之間亦有廊廟之語，如何而敢違棄哉！❷ 諮民既畢，乃就卜筮而決之。卜筮者，問天地之情，考鬼神之意也。然則聖人舉事必先諮之於人，然後問之於卜筮者，何哉？兹見聖人將有爲，未嘗不與人謀，謀之既同，則天下之情往往合矣。

「汝則從，龜從，筮從，卿士從，庶民從，是之謂大同。

若其君心既從、筮從，卿士從，庶民亦從，五者皆然，夫是之謂大同。龜筮從者則是鬼神之情協同，卿士與庶民從者則是人心悅順。夫人心爲之悅順，鬼神爲之相通，聖人有不舉則已，動則未有不獲其吉。故舜命禹而得此道也。《書》云「朕志先定，詢謀僉同，鬼神其依，龜筮協從」如是豈不謂大同之驗哉！

「身其康彊，子孫其逢吉。

夫鬼神既從，卿士民人爲之悅豫，聖人有動，豈惟享一身之利，獲一時之安佚？雖千萬世而子子孫孫亦

❶ 「之」墨海本作「於」。

❷ 「哉」墨海本作「者」。

當遇其厚福也，以其得人心故焉。

「汝則從，龜從，筮從，卿士逆，庶民逆，吉。」

君心既從，龜亦同，筮亦同，卿士違，眾違。龜筮從則是天地之情已和，卿士與庶民違者則是人心有所不順，雖不能全進，然王者戴天履地而治也，順天地而行，亦可以獲吉矣。

「卿士從，龜從，筮從，汝則逆，庶民逆，吉。」

君臣之情雖不同，天地之心亦應，故得爲中吉。

「庶民從，龜從，筮從，汝則逆，卿士逆，吉。」

民雖與上異心，❶然天地之心尚應，亦可爲次吉。

「汝則從，龜從，筮逆，卿士逆，庶民逆，作內吉，作外凶。」

鬼神之心猶相違，君民之心亦未合，惟可小事，不可大事。祭祀婚冠可也，出師征伐不可也。

「龜、筮共違于人，用靜吉，用作凶。」

龜筮者，所以求情也。今天地之情皆不與而眾人之心亦不同，如是則不可舉事，惟安靜而無爲則可。❷

若有興事者，不惟大小，皆取凶也。

❶「上」，墨海本作「卿士」。
❷「安」，墨海本作「好」。

洪範口義卷下

五一三

「八，庶徵：曰雨，曰暘，曰燠，曰寒，曰風，曰時。

蓋王者修五事有恭與不恭，叙五行有順與不順，及其陰陽以之交感，天地爲之見象，如是則衆徵至焉。然則所爲徵者，即雨、暘、寒、燠、❶風是也。雨以潤萬物，暘以乾萬物，長乎萬物者惟燠，成乎萬物者惟寒；風者春生夏長，秋成冬藏，鼓舞萬物而不知其所以然，莫疾乎風也。五者皆天地陰陽之氣，而種植萬物者，未有不由此而出也。王者豈可不修德而召之哉？謂之時者，各得其時，若順時而來則爲嘉爲瑞，若不時而來則爲災爲孽，❷五者各以其時，然後爲庶徵之應，故用時而結之。

「五者來備，各以其叙，庶草蕃廡。

此言五者得其時，然後可以爲庶草蕃廡。若五者備，各以其次序，即如須雨則雨至，須風則風至，久雨而思暘，久寒而思燠，如是則五穀如何而不登熟，草木如何而不蕃滋哉！

「一極備，凶。一極無，凶。

此又言此五者不時致凶災之道。「一極備，凶」者，一者備極過甚，則如不當雨而却雨，不當風而風至，暘不以時，寒不以節，凶之道也。「一極無，凶」者，一者極而不至，則如當雨而不雨，欲風而無風，冬而氣不寒，夏而氣不燠，亦爲凶之道也。

❶ 「寒燠」，墨海本互乙，與經文一致。

❷ 「孽」，墨海本作「逆」。

「曰休徵：

王者有美行之實，天從而有感應之徵，下文「雨若」「暘若」之類是也。

「曰肅，時雨若；

貌之既恭，是謂之肅。肅者，民觀威儀而莫不整肅也，❶於是則有時雨順之。時雨順之，百穀草木皆被其膏澤之德。《詩》曰「有渰萋萋，興雨祁祁。雨我公田，遂及我私」，雨之順時也。必知貌肅而雨應之者，雨者木之氣，❷貌得其理則木氣應之，❸故有雨順之事也。

「曰乂，時暘若；

言之既從，❹是謂之乂。乂者，民稟號令而從治也，於是則有時暘順之。則是百穀草木皆荷其乾烜之力。故《易‧繫辭》曰「日以烜之」，❺暘順時之謂也。必知言乂而暘應之者，暘者金之氣，言得其理則金氣應之，故有暘順之事。

「曰哲，時燠若；

❶「觀」原作「勸」，據墨海本改。

❷「者」原作「則」，據墨海本改。

❸「貌得其理則木氣」七字，原無，據墨海本補。

❹「既」原作「可」，據墨海本改。

❺「辭」原無，據墨海本補。

洪範口義

視之既明，是謂之哲。哲者，人君能知人之謂也，於是則有時燠順之，則是百穀草木蕃茂皆蒙其溫煦之力。春則有溫風，夏則有暑雨，燠之順時也。必知視明而燠應之者，以燠者火之氣，視得其理則火之氣應之，故有燠順之事。

「曰謀，時寒若；

聽之既聰，是謂之謀。謀者，納言而成天下事也，於是則有時寒順之。時寒順之，則是百穀草木無不荷摯斂肅殺之德。故《詩》云「十月蟋蟀入我床下，嗟我婦子，聿為改歲，入此室處，寒之順時也。」必知能謀而寒應之者，以寒者水之氣，聽得其理則水氣應之，故有寒順之事也。

「曰聖，時風若。

思之既通，是謂之聖。聖者，萬事無不通之謂也，於是則有時風順之。則是百穀草木皆荷其鼓舞之力也。故舜之《琴歌》曰：「南風之時兮可以阜吾民之財兮，南風之薰兮可以解吾民之慍兮。」此風之順時也。必知聖然後風應之者，以風屬土之氣，思得其理則土之氣應之，故有風順之事。

此以上，皆是王者謹五事則有美徵之道。夫修五事，政令明，教化行，民有歡愉之心，無怨嗟之聲，和氣充塞於天地之間，美徵如何而不至哉？故五行各得其叙，五者各來以時，則五穀豐登，草木蕃廡可見矣。舉萬事之疇類，莫不納之於亨嘉之會者，一歸五事之所致也。

「曰咎徵：

王者有惡行之實，天亦從而報之以咎徵之事也。

「曰狂，恒雨若」，案「恒」字，原本避宋諱作「常」，今改正。

夫貌之不恭，是謂不肅，則反而爲狂。狂者，君行妄之甚也。威儀不嚴，舉措無節，於是恒雨順之，則百穀不免乎水潦之苦，所謂秋有苦雨是也。必知狂而恒雨順者，以雨屬木，今貌既不恭，謂之不肅，金之氣沴木，故罰有恒雨之災。

「曰僭，恒暘若」，

夫言之不從，是謂不乂，乃轉而爲僭差者，君言不當之謂也。於是恒暘順之，則百穀不免乎旱暵之苦。《詩》曰：「旱既太甚，滌滌山川。旱魃爲虐，如惔如焚。」此暘之過甚也。必知僭而恒暘順之者，以暘屬金，今言既不從，謂之不乂，則木之氣沴金，故罰有恒暘之災。

「曰豫，恒燠若」，

夫視之不明，是謂不哲，乃反轉而爲逸豫者，窺視失宜之致也。無憂勤之行，惟耽樂之從，於是有恒燠順之，則百穀不免乎疫殄之苦，所謂冬有愆陽是也。必知豫而致恒燠者，以燠屬火，今視既不明，謂之不哲，則水之氣沴火，故罰有恒燠之災。

「曰急，恒寒若」，

夫聽之不聰，是謂不謀，則反轉而爲卞急者，謂君不納人言而好用己見也。於是則有恒寒順之，則百穀不茂，艱于長養也，所謂夏有伏陰是也。必知急而致恒寒者，以寒屬水，今聽既不聰，謂之不明，則火之氣沴水，故罰有恒寒之災。

洪範口義卷下

五一七

「曰蒙，恒風若。

夫思之不通，是謂不聖；乃反轉而爲闇蒙者，君行暗昧之甚也。舉事不知其宜，臨政惑於所爲，於是則有

恒風順之。恒風順之，則不無偃禾拔木之異。《詩》所云「終風且霾」「不日有曀」風之過甚者也。必知蒙

而致恒風者，以風屬土，今思既不通，謂之不聖，金、木、水、火四者皆涔於土，故罰有恒風之災。

此在上者不謹五事之所致也。夫五事不謹，政令不明，教化不行，民多窮困者，道有嗟怨者，愁恨之聲塞

於天地之間，則咎徵之事至矣。故五者不以時，百穀以之灾傷，草木以之衰落，舉萬物之類莫不受其害

者，君不謹五事所致也。❶

「曰王省惟歲，卿士惟月，

此以下，廣説爲君能供君之職，爲臣能盡臣之道，如是則不惟百穀豐登、致美徵而已，可以長保國家福禄

之道；若其爲君不能守君之職，爲臣不能盡臣之道，亦不惟致百穀灾傷，招咎徵而已，所以招天下之亂。

故「王省惟歲，卿士惟月，師尹惟日」，此先舉君臣之職、之分、之道。夫歲所以兼總四時，而成一歲之功

也。王者之治天下，綱紀百官，總統萬幾，斡旋天下之事而歸乎治者也。是王者之所省職，至廣大，還如

一歲之兼載四時也。卿士惟月，夫月者自朔至晦，兼總三十日者也。九卿之官、衆士之職不得擬之於王，

但使各分其曹，掌其事，如一月之有別也。

❶ 「所」上，墨海本有「之」字。

「師尹惟日。」歲月日時無易，

夫日者，自早至暮之謂。月則有三十日，歲有三百六十日，眾正官之使，既不得比之於王，又不得擬之於

卿士，但陳力就列，分職共治，還如日之統屬於歲、月然。「歲月日時無易」，爲君者專供君之職，爲臣者各

盡臣之道，上下無差僭，堅慤而無變易故也。

「百穀用成，乂用明，

教化興行，和氣充塞，然後百穀用成，年豐登也；治道用明，政大行也。故曰：「百穀用成，乂用明。」

「俊民用章，家用平康。

「俊民用章」，賢者進也。「家用平康」，國家安而長保其福也。

「日月歲時既易，百穀用不成，乂用昏不明，俊民用微，❶家用不寧。

君不供君之職，臣不盡臣之道，上或侮於下，下或僭於上，則變易形矣。「百穀用不成」，年凶荒也；「乂用

昏不明」，其政亂也；「俊民用微」，小人進也；「家用不寧」，國家所以顛覆之道起，是上下失職之所致也。

「庶民惟星，星有好風，星有好雨。

冥冥無知，蚩蚩無識，民之性也。以民繁眾而處于國，一如眾星之在于天，則眾星之間有好風者，箕星是

也；有好雨者，畢星是也。星有好惡，則民之性有好惡可知矣。

❶ 「微」，孫星衍《尚書今古文注疏》作「違」。

洪範口義

「日月之行，則有冬有夏。」

周天三百六十五度四分度之一。日行遲，一日行一度，一歲然後周行於天。月行速，一日十三度十九分度之七，一月然後周行于天。是日月之行，自有常度也。又如日南極則爲冬至，日北極則爲夏至，是日月迭運於天，自有冬夏之常候。

「月之從星，則以風雨。」

月經于箕則多風，離于畢則多雨，亦如政教失常以從民欲，❶亦所以亂。故王者莫非一正其德，深飭于下，無相奪倫，順其職次，然後可以安於大治也。

「九，五福：一曰壽，

民得永年者爲壽，即如《詩》稱「爲此春酒，以介眉壽」者，爲永年之人也。注謂「百二十年」者，未可限也。

二曰富，

民樂業而勤農桑，仰足以事父母，俯足以畜妻子，樂歲終身飽，凶年免於死亡，富之道也。注謂「財豐備」，亦未必然。

三曰康寧，

和氣充盈，兵革寢息，天下無疾疫之苦，戎役之勞，民安濟之道也。

❶ 「政」，原作「正」，據墨海本改。

五二〇

「四曰攸好德，

人孝出悌，❶愛賢慕能，德之所好者也。

「五曰考終命。

天與人之命，有短者，有長者，人但隨其短而善終，任其長而吉盡，不爲征戰之所殞滅、刑罰之所桎梏，無橫夭毀傷而死者，❷皆自成天命以終也。

「六極：一曰凶短折，

人之窮極之事有六。「凶短折」者，不以善而終。既不得其壽，又不得考終命，是謂凶短折之人。或因征戰之所死，或被桎梏之所殄，皆不遂天命也。注謂「短未六十，折未三十」，皆不然矣。

「二曰疾，

陰陽乖則風雨暴、和氣隔塞、天災流行，民則疾癘矣。

「三曰憂，

上未有以奉父母，俯又闕于畜妻子，無安堵之業而勞征伐之行役，日虞流轉于溝壑，即民憂之甚也。

「四曰貧，

❶ 「人孝出悌」，原作「出孝入悌」，據墨海本及《孟子·滕文公下》改。

❷ 「夭」，墨海本作「殀」。

洪範口義卷下

五二一

洪範口義

繇役頻，租斂煩，男不耕，女不織，田畆荒，機杼空，民貧之道也。

「五曰惡，六曰弱。」

惡與弱，皆不好德者也。好德者，由乎中道也。惡與弱，皆過乎中道與不及中道也。惡者罟而無所不至，弱者懦怯而終無所立也。此二者，人行之窮極，故入在六極之內。

然則人君教化不行，禮義不著，民不知有盛德之事，所以致如此應也。則知六極者，皆反五福者也。五福「曰壽」「曰考終命」，六極「曰凶短折」，此一極而反二福也。五福「曰康寧」，六極「曰疾」「曰憂」，二極而反一福也。五福「曰富」，六極「曰貧」，此一極而反一福也。五福「曰攸好德」，六極「曰惡」「曰弱」，此亦二極而反一福也。六極與五福，通貫而言之則可，若離而解之，則殊失聖人之意。夫五福者，天下之至美者也，六極者，天下之至惡者也。

聖人不能獨爲之教，是必兼講九疇而用之，然後可以驗於民也。「昔鯀陻洪水，汩陳五行。帝乃震怒，不畀洪範九疇，彝倫攸斁。鯀則殛死，禹乃嗣興，天乃錫禹洪範九疇」「初一曰五行」至「九曰嚮用五福，威用六極」者，何也？夫王者，體五行以立德，謹五事以修身，厚八政以分職，協五紀以正時，建皇極以臨民，又三德以通變，明稽疑以有爲，念庶徵以調二氣，彝倫攸叙，是謂至治之世，五福被於民。彝倫攸斁，是爲至亂之世，❶六極傷於民。

❶ 「爲」，墨海本作「謂」。

夫五行者，水、火、金、木❶土，在天則爲五星，在地則爲五行，在人則爲五事。王者五事皆謹，則五常不

失其道，五行皆順其性，五星不失其明，五事謹之致也。厚八政則食以足，務稼穡則貨以通，有祭祀以事

鬼神，司空以平土地，司徒以均教化，司寇以正刑罰，賓所以明禮，師所以爲法。協五紀則四時不差，建皇

極則民履中道，乂三德則馭下有方，明稽疑則與衆同欲。如是則君子在位，小人在野，君臣上下交相和

同，❷蠻夷戎狄無不寧謐，❸然後可以驗於庶徵也。庶者則「曰雨，❹曰暘，曰燠，曰寒，曰風」，五者皆順其

時，各得其驗，則爲謹五事之應也。故經「曰肅，時雨若」至「曰聖，時風若」，此和氣之感召也。故下文云「王

省惟歲」至「家用平康」，此美徵之大者也。故美徵既至，則五福被於民矣。舒泰則各盡其壽，壽不必百二

十歲爲限，民樂康則各得其富，富不必以財豐爲備。無疾憂所以康寧，知禮讓所以好德，不經于征戰，不

被于刑戮，爲考終命之道。以此觀之，王者兼講九疇而次序之，則可以獲五福之應。

若王者不能謹五事，則五行失其性，五星失其度，八政由是而隳焉。❺農失業則食不足，

商失業則貨不通，祀失時則鬼神惡，司空失職則土地曠，司徒失職則教化衰，司寇失職則刑罰濫，賓失職

❶「金木」，墨海本從經文互乙。

❷「交」，墨海本作「均」。

❸「蠻夷戎狄」，墨海本作「四方萬國」。

❹「庶」下，疑脫「徵」字。

❺「隳」，墨海本作「墮」。

洪範口義卷下

則禮壞，師不嚴則道不尊。五紀亂則時令差，皇極傾則王道塞，三德乖則政治廢，稽疑逆則眾心異。夫然則小人在位，君子在野，上下交相侵陵，蠻夷戎狄擾于中國，❶故有咎徵者，悖五事之應也。五事悖，而貌不恭反而爲狂，言不從則反而爲僭，視不明則反而爲豫，聽不聰反而爲急，思不睿反而爲蒙，故經「曰狂，恒雨若」至「蒙，恒風若」，此逆氣之所感召也。故下文云「日月歲時既易」至「月之從星，則以風雨」，此咎徵之大者也。咎徵既著，則六極然後被于民矣。民死於征戰而困於刑戮，所以「凶短折」；陰陽不調，所以「疾」；不得其所，所以「憂」；衣食不充，租斂急厚，所以「貧」；庠序不設，教化不興，不知君子之正道，徒著小人之邪行，故爲「惡」與「弱」。以此觀之，王者不能用九疇爲治本，所以有六極之道。然則五福、六極莫非聖人爲教之道，可以驗王道成敗之迹，故因以終焉。

❶ 「蠻夷戎狄擾于中國」，墨海本作「邊隅不靖，擾攘無窮」。

《儒藏》精華編選刊

即出書目（二〇一三）

白虎通德論
誠齋集
春秋本義
春秋集傳大全
春秋左氏傳賈服注輯述
春秋左氏傳舊注疏證
春秋左傳讀
道南源委
桴亭先生文集
復初齋文集
廣雅疏證

龜山先生語録
郭店楚墓竹簡十二種校釋
國語正義
涇野先生文集
康齋先生文集
孔子家語・曾子注釋
禮書通故
論語全解
毛詩後箋
毛詩稽古編
孟子正義
孟子注疏
閩中理學淵源考
木鐘集
群經平議

三魚堂文集　外集

上海博物館藏楚竹書十九種校釋

尚書集注音疏

詩本義

詩經世本古義

詩毛氏傳疏

詩三家義集疏

書疑　東坡書傳　尚書表注

書傳大全

四書集編

四書蒙引

四書纂疏

宋名臣言行錄

孫明復先生小集　春秋尊王發微

文定集

五峰集　胡子知言

小學集註

孝經注解　溫公易説　司馬氏書儀　家範

挐經室集

伊川擊壤集

儀禮圖

儀禮章句

易漢學

游定夫先生集

御選明臣奏議

周易口義　洪範口義

周易姚氏學